東洋古典譯註叢書 54

# 譯註 唐宋八大家文抄

## 蘇軾 1

成百曉 譯註

傳統文化研究會

# 東洋古典譯註叢書를 발간하면서

우리의 古典國譯事業은 민족문화 진흥의 기초사업으로 1960년대부터 政府 支援으로 古文獻 現代化 작업을 추진하여 많은 成果를 거두었다. 당시 이 사업 추진의 先行課題로 東洋古典이라 일컬어지는 중국의 基本古典을 먼저 飜譯하여야 한다는 學界의 주장이 있었음에도 불구하고 우리 고전이 아니라는 일부의 偏狹한 視覺과 財政 事情 등으로 인하여 배제되어 왔다.

전통적으로 중국의 기본고전은 우리 歷史와 함께 숨쉬며 각종 교육기관의 敎科書로 활용됨은 물론이고 지식인들의 必讀書가 되어 왔으며, 우리 文化의 基底에 자리잡고 거의 모든 방면의 體系와 根幹을 형성하여 왔다. 그래서 학문연구의 기본서 역할을 해 왔을 뿐만 아니라 오늘날에도 우리의 國學徒 및 東洋學 硏究者들에게 같은 역할을 하고 있음은 주지의 사실이다. 그럼에도 불구하고 中國古典은 우리 것이 아니라 하여 專門機關의 飜譯對象에 포함하지 않음으로써, 대부분 原典에서의 직접 번역이 아닌 重譯이나 拔萃譯의 방식이 주를 이루면서 敎養水準으로 出版되어 왔다.

오늘날 東洋 三國 중에서 우리의 東洋學 연구가 가장 부진한 이유는, 東洋基本古典에 대한 폭넓은 이해의 부족과 漢文古典 讀解力의 저하에 기인함을 우리는 솔직히 인정하여야 한다. 따라서 이들 중국고전에 대한 신뢰할 만한 國譯이 이루어지는 것이 한국학 연구를 촉진시키는 시급한 先行課題라 할 수 있다.

이에 韓國學 및 東洋學의 연구와 古典現代化의 基盤構築을 위해서는, 전문기관으로 하여금 동양고전을 단기간에 각 분야의 專門 硏究者와 漢學者가 상호 협동하여 연구 번역하여 飜譯의 傳統性과 效率性, 硏究의 專門性을 높일 수 있도록 政策的 配慮가 있어야 한다.

이에 本會에서는 元老 및 中堅 漢學者와 斯界의 專攻者로 하여금 協同硏究飜譯하여 공부하는 사람들이 믿고 引用하거나 깊이 있는 註釋 등을 활용할 수 있게 하고, 知識人들의 敎養을 증진시켜 줄 수 있는 東洋古典의 國譯書 간행을 지속적으로 추진해 왔다. 근래에 다행히 이 사업에 대하여 각계 지도층의 폭넓은 이해와 지원에 힘입어 2001년도부터 國庫補助를 받아 東洋古典譯註叢書를 간행하게 되었다. 이를 계기로 우리 先學의 註釋과 見解를 반영하는 등 국역사업의 內實을 기하게 되었음을 이 자리를 빌어 衷心으로 감사드리며, 아울러 國譯에 參與하신 관계자 여러분의 勞苦에 깊은 謝意를 표한다.

끝으로 우리의 이러한 작업은 오랜 역사 위에 축적된 先賢들의 業績과 現代學問을 이어주는 튼튼한 架橋와 礎石이 되어 진정한 韓國學과 東洋學 발전에 기여할 것을 굳게 믿으며, 21세기를 우리 文化의 世紀로 열어 가는 밑거름이 되도록 우리의 力量을 本 事業에 경주하고자 한다. 江湖諸賢의 부단한 관심과 지원을 기대해 마지않는다.

社團法人 傳統文化硏究會 會長 李啓晃

# 解 題

成百曉(한국고전번역원 한학교수, 본회 부회장)

## 1. 序 論

≪唐宋八大家文抄≫는 明나라 학자인 茅坤[1]이 편찬한 책이다. 모곤은 明代 前後七子들의 '文必秦漢'이란 주장에 반대하여 王愼中・唐順之・歸有光 등과 함께 唐宋의 古文을 배울 것을 주장하였으므로 文學史上 明代의 唐宋派로 알려져 있다. 일찍이 당순지가 周나라부터 宋나라까지의 문장을 뽑아 ≪文編≫을 편찬하면서 唐宋시대에서는 韓愈, 柳宗元, 歐陽脩, 蘇洵, 蘇軾, 蘇轍, 曾鞏, 王安石의 문장을 선별하였는데, 모곤은 당순지가 선별한 8인의 작가를 唐宋八大家로 칭하고 그들의 문장만을 따로 선별해 이 책을 편찬한 것이다. 기록에 의하면 明初 朱右(1314~1376)가 이들의 문장을 뽑아 ≪八先生文集≫을 엮었다고 하는데, 지금은 전하지 않는다.

茅坤이 엮은 ≪唐宋八大家文抄≫는 총 164권으로, ≪韓愈文抄≫ 16권, ≪柳宗元文抄≫ 12권, ≪歐陽脩文抄≫ 33권, ≪蘇洵文抄≫ 10권, ≪蘇軾文抄≫ 28권, ≪蘇轍文抄≫ 20권, ≪曾鞏文抄≫ 10권, ≪王安石文抄≫ 20권으로 구성되어 있다. 매 편마다 목록 앞에 引과 本傳을 두어 작가의 산문 특징 및 文學史에서의 지위와 작가의 생애를 각각 기술하였으며, 또한 제목 아래 그 문장의 요지 및 특색에 대한 評語를 달았다. 淸代의 桐城派가 ≪古文約選≫, ≪古文辭類纂≫ 등을 편찬할 때에도 이 팔대가의 고문을 위주로

---

1) 茅坤(1512~1601)은 歸安(現 浙江省 吳興) 사람으로 字는 順甫, 號는 鹿門이다. 嘉靖 연간(1522~1566)에 진사에 급제하였으며, 廣西兵備僉事를 지냈다. 古文에 통달하였고, 병법을 논하기 좋아하였으며, 司馬遷과 歐陽脩의 문장을 본받고, 明나라 唐順之(1507~1560)를 존중하였다. 그가 大名副使로 있을 때 總督 楊博에게 재능을 인정받아 조정에 추천되었는데, 그를 시기하는 자들이 모함하자 관직을 버리고 고향으로 돌아가 평생 저술활동에 전념하였다. 저서로는 ≪白華樓藏稿≫, ≪玉芝山房稿≫, ≪史記抄≫, ≪浙省分署紀事本≫, ≪徐海本末≫ 등이 있다.

하였을 만큼 이 책은 중국 역대 名文을 총집한 고문 학습의 典範書로서의 역할을 하였다. 무엇보다 唐宋八大家라는 명칭이 이 책에서 처음 비롯되었다는 것에서 후세에 미친 영향이 얼마나 컸는지 짐작할 수 있다.

≪唐宋八大家文抄≫는 明나라 萬曆 연간에 杭州에서 初刊되었는데, 후에 모곤의 손자인 茅著가 〈五代史抄〉와 〈新唐書抄〉를 첨가해 訂正한 重刊本이 崇禎 연간(1631)에 나와 통행본으로서의 자리를 굳혔다. 우리나라에 들어온 것도 이 茅著의 중간본이다. 본서가 과거공부를 위한 八股體를 표준으로 삼아 選錄하였다는 점이나 그 評語 중에는 잘못된 곳이 많고 圈點이 요령이 없다는 점 등은 비판받아 왔지만, 고문의 모범이자 文章의 淵府라고 할 수 있는 팔대가의 산문을 選錄해 학자들에게 편리하게 제공했다는 데서 중요하다는 평가를 받아온 것은 변함없는 사실이다.[2)]

우리나라도 正祖가 본서의 글을 다시 정선해 ≪八家百選≫을 편찬하여 팔대가의 글을 문장의 전범으로 삼게 하였으며, 일본 ≪漢文大系≫에 실린 沈德潛의 ≪唐宋八家文讀本≫도 본서를 바탕으로 하였을 정도로 동아시아 한문학에 큰 영향을 끼쳤다.

본 번역서는 ≪唐宋八大家文抄≫ 중 ≪蘇文忠公文抄≫ (이하 ≪東坡文抄≫로 약칭함)를 번역한 것이다. 蘇軾은 북송 시기의 文人이자 뛰어난 官僚로서 30여 년간 중앙과 지방 정치에 종사했을 뿐 아니라 詩, 詞, 文, 書, 畵에 이르기까지 모든 文藝 분야에 뛰어난 성과를 거둔 걸출한 문학가였다. 詩에 있어서는 黃庭堅과 병칭되어 蘇黃이라 불렸고, 詞에 있어서는 辛棄疾과 함께 蘇辛으로 칭해졌으며, 글씨에서는 蔡襄, 黃庭堅, 米芾과 함께 北宋四大家로 일컬어졌고, 그림에서도 文同과 함께 湖州竹派를 이루었다.

무엇보다 문장에 있어서 唐宋八大家의 일인으로 歐陽脩와 함께 北宋 文壇을 주도하여 4,800여 편이 넘는 주옥같은 글을 남겼는데, 특유의 호방하고 독자적인 문풍으로 후세 문인들에게 심대한 영향을 미쳤다. 이 중 茅坤은 250여 편의 글을 뽑아 ≪東坡文抄≫로 편찬하였다. 본서에 실린 작품은 東坡(蘇軾)의 전체 글 중 5%에 불과한 적은 수이지만 본서의 영향이 지대하였기 때문에 이 작품들은 동파의 작품 중 가장 많이 읽혀지고 그의 사상을 대변하는 글이 되었다.

---

2) "今觀是集 大抵亦爲擧業而設 其所評語 疏舛尤不可枚擧……又謂其圈點批抹 亦多不得要領 而詆爲小小結果 皆切中其病 然八家全集浩博 學者徧讀爲難 書肆選本又漏略過甚 坤所選錄 尙得煩簡之中 集中評語 雖所見未深 而亦足爲初學之門徑 一二百年以來 家弦戶誦 固亦有由矣" ≪四庫全書總目提要≫

아래에서는 소식의 생애와 사상, 본서에 실린 작품의 내용과 특징을 모곤의 평과 연관지어 살펴보고, 東坡에 대한 중국과 우리나라의 평가를 통해 후세에 끼친 그의 영향을 간략히 살펴보겠다. 아울러 끝에 본 번역서에 실린 소식의 작품 목록과 그 저작연대, 모곤의 평을 한눈에 살펴볼 수 있도록 표로 작성하였다.[3)]

## 2. 蘇軾의 生涯와 思想

소식의 생애와 행적을 알 수 있는 자료로는 ≪宋史≫ 〈蘇軾傳〉과 아우인 蘇轍이 지은 〈墓誌銘〉, 소식의 작품 등이 있는데, 中華書局에서 출판된 孔凡禮의 ≪蘇軾年譜≫가 많은 전적을 참고하고 최근의 연구성과까지 포함하여 소식의 생애를 가장 상세하게 기술하고 있다. 개인의 사상과 학문은 그가 성장한 환경과 분리될 수 없으므로 소식이 살았던 지리적 환경과 가문, 시대적 배경을 아울러 함께 살펴보아야 할 것이다.

蘇軾은 北宋 仁宗 景祐 3년 丙子年(1036) 12월 19일[4)]에 眉州 眉山(現 四川省)의 전형적인 문인 집안에서 태어났다. 조부인 蘇序는 이름난 시인이고, 부친 蘇洵도 문장가였으며, 동생 蘇轍 또한 문단에서 이름을 떨쳤으니, 소순, 소식, 소철은 三蘇라 불리며 모두 唐宋八大家에 포함되었다. 한 가문에서 이런 문학적 성취를 보인 것은 중국문학사상 찾아보기 힘든 일로 소식의 문학적 성취가 집안의 영향을 많이 받았음을 알 수 있다.

蘇軾 집안의 분위기를 알 수 있는 고사가 하나 있다. 소식의 어린 누이인 蘇小妹 역시 詩文에 정통하였는데 秦觀과 결혼한 첫날밤 詩歌를 지어 신랑을 놀려주니, 진관도 뛰어난 문장가였지만 對句를 짓지 못해 애태우다가 소식의 도움으로 겨우 짝을 맞출 수 있었다. 그 후 佛印禪師는 그녀가 回文詩를 잘 이해한다는 말을 듣고는 連理轉折詩를 지어 동파에게 주었는데, 260자가 모두 똑같은 글자가 둘씩 모여 130개의 짝으로 되어 있었다. 동파가 끝내 이것을 이해하지 못하자, 그녀는 이것을 보고 "무엇이 어렵습니까?

---

3) 작품연보의 저작연대는 대체로 ≪唐宋八大家文鈔 校注集評≫을 참고하였지만, 정확한 연도가 논란이 되는 몇몇 작품은 좀더 많은 자료를 참고한 ≪蘇軾年譜≫를 기준으로 하였다.

4) 병자년(1036) 12월 19일은 음력이므로 양력으로 환산하면 1037년 1월 8일이 된다. 따라서 각종 기록에 소식의 생년이 1036년과 1037년 두 가지가 모두 나타나 있다. 본고에서는 孔凡禮의 ≪蘇軾年譜≫를 따라 1036년으로 하고 이후 소식의 나이 추산도 이에 따랐다.

이 또한 折卸玲瓏의 詩體이니, 우리들의 連理詩를 따라 지었을 뿐입니다. 제가 읽을 터이니, 오라버님께서는 들어보십시오."라고 하며 유창하게 낭송하였다.[5] 詩題는 '野鳥啼'로 내용은 소식이 벼슬길에서 은퇴하지 않음을 풍자한 것이었다. 蘇氏 집안의 文才를 가늠할 수 있는 일화라 하겠다.

그가 성장한 眉州란 지역은 바로 예전의 蜀 지방으로 다양한 문화와 학술적 발전이 이루어진 곳으로서 司馬相如, 揚雄, 李白 등 수많은 문학가가 배출되었으며 杜甫도 오랫동안 머물렀던 곳이다. 소식은 고향 미주의 풍속에 대해 자부심을 가지고 다음과 같이 말하였다.

> "우리 眉州의 풍속은 古風에 가까운 것이 세 가지가 있다. 사대부들이 經學을 귀하게 여기고 一族을 중시하는 것, 백성들이 관리를 존중하고 법을 두려워하는 것, 농부가 함께 농사지으며 서로 돕는 것이니, 이는 三代와 漢唐시대의 유풍으로 다른 고을이 미칠 수 없는 바이다. 과거 조정에서 辭賦로 선비를 취하였으므로 天聖(宋 仁宗의 年號) 이전 타 지역의 학자들은 여전히 五代 문장의 폐단을 답습하였지만 유독 우리 고을의 선비들만은 經書에 통달하고 古文을 배워서 西漢의 문장을 宗師로 삼았다."[6]

이처럼 소식은 당시 유행했던 騈儷文이나 辭賦가 아닌 經術과 古文을 중시하는 환경하에서 성장하며 아버지 소순에게 직접 가르침을 받았다. 소순은 시보다 산문에서 뛰어난 성취를 보였으며 특히 정사를 논하는 策論에 뛰어났는데, 소식도 그 영향을 받아 일찍부터 經史에 두루 통달하고 ≪戰國策≫과 賈誼, 陸贄의 글을 좋아하였으며, 뒤에는 ≪莊子≫까지 섭렵하여 자신의 사상을 넓혀나갔다. 소철은 소식의 修學과 문장에 대해 이렇게 말하였다.

> "공의 문장은 하늘에서 얻은 것이었다. 어려서 나와 함께 先君에게 배웠는데,

---

5) "佛印禪師聞知小妹善解回文 寫了一篇連理轉折詩 寄與東坡 詩曰……東坡細看此詩 詩二百六十字 一百三十對 竟解不出來 小妹曰 有何難哉 此亦折卸玲瓏之體 不過依我們連理之詩而作 待我讀與兄聽之" ≪東坡詩話≫

6) "吾州之俗 有近古者三 其士大夫貴經術而重氏族 其民尊吏而畏法 其農夫合耦以相助 蓋有三代漢唐之遺風 而他郡之所莫及也 始朝廷以聲律取士 而天聖以前 學者猶襲五代文弊 獨吾州之士 通經學古 以西漢文詞爲宗師" 〈眉州遠景樓記〉

처음엔 賈誼, 陸贄의 글을 좋아하여 고금의 치란을 논함에 空論을 하지 않았다. 얼마 뒤에 ≪莊子≫를 읽고 나서는 크게 탄식하며 '내가 예전에 마음으로 안 것이 있어도 말로 표현하지 못하였는데 이제 ≪장자≫를 보니 내 마음을 터득하였구나.'라고 하였다. 이에 〈中庸論〉을 지었는데 그 말이 미묘하여 모두 고인이 미처 말하지 못한 것이었다."[7)]

소식은 〈莊子祠堂記〉에서 "莊子는 孔子를 돕는 자이다."라고 하고, 또 〈南華長老題名記〉에서는 "儒學과 佛教는 도모하지 않아도 같으며…… 서로 반대되지만 서로 쓰임이 되는 관계이다."라고 하였다. 소식의 사상은 유학을 기본 바탕으로 하고 있음에도 불구하고 儒家사상이 道家와 서로 모순되지 않고 보완관계에 있다고 여겼으며, 유가의 주요 경전인 ≪中庸≫과 ≪周易≫을 이해하는 데도 도가의 개념을 이용하였다. 동파 문학의 주요 특징이 된 儒·佛·道 융합 사상은 이러한 젊은 시절 수학과정의 영향도 있었는데, 사실 程朱學이 나오기 이전까지는 대체로 유학자들도 老莊思想을 수용하는 경우가 많았다. 특히 ≪周易≫에 있어서는 王弼의 주석 자체가 도가의 사상을 많이 내포하고 있다.

仁宗 嘉祐 2년(1057)에 22세의 소식은 소철과 함께 아버지를 따라 京師인 開封에 와서 禮部試에 응시하였다. 이때 〈刑賞忠厚之至論〉으로 당시 考官이었던 歐陽脩의 감탄을 자아내었던 일화는 유명하다. 본서의 권17(試論)에 실려 있는 이 글은 6백여 자에 불과하지만 仁義에 기본을 둔 정치사상과 맹자의 풍모가 엿보이는 樸實한 문체로 소식의 이름을 떨치기에 충분하였다. 科擧를 통해 文風을 혁신하고자 했던 구양수는 梅堯臣에게 편지를 보내어 "소식의 글을 읽자 나도 모르게 등에서 땀이 흘렀으니, 통쾌하고 통쾌하오. 老夫는 의당 이 사람이 한 걸음 나오도록 자리를 피해야겠소."라고 하였다. 이후 구양수는 소식에게 아낌없는 후원을 보냈으며 소식 또한 구양수를 자신을 문단으로 이끌어준 스승으로 모셨다.

嘉祐 5년(1060, 25세)에 모친상을 마치고 다시 경사로 돌아온 소식은 26세에 制科에 급제하였는데, 이를 전후로 策文과 政論 등을 왕성하게 저술하여 고금 치란에 대한

---

7) "公之於文 得之於天 少與轍皆師先君 初好賈誼陸贄書 論古今治亂 不爲空言 旣而讀莊子 喟然歎息曰 吾昔有見於中 口未能言 今見莊子 得吾心矣 乃出中庸論 其言微妙 皆古人所未喩" 蘇轍, ≪欒城集 亡兄子瞻端明墓誌銘≫

평가와 北宋의 정치상황에 대한 자신의 견해를 기술하였다. 1062년 鳳翔에 재직하고, 1065년 登聞鼓院判官에 임명되었다가, 1066년 부친상을 당하여 귀향하였다.

北宋은 초기부터 교육제도와 과거제도를 통해 관리를 선발함으로써 唐代 이래의 門閥貴族 사회가 지식인 위주의 士大夫 사회로 재편되었고, 이에 따라 정치, 사회, 문화의 모든 방면에서 문인들의 활약이 증가하던 시기였다. 아울러 산업혁명에 비견될 만한 비약적인 생산성의 증가로 강남 지역을 중심으로 농업과 상업이 발달하여 경제적 풍요를 누리고 있었다. 하지만 취약한 국방력으로 인해 契丹과 西夏 등 북방민족의 침입에 시달렸고, 이를 외교적으로 무마하기 위해 막대한 비용이 들어가 결국 국가재정이 파탄의 위기에 처하게 되었다. 이러한 재정적 위기를 해결하기 위해 나온 것이 王安石의 개혁이었는데, 이를 계기로 宋나라 정국은 왕안석의 新法을 지지하는 新法黨과 歐陽脩, 司馬光처럼 구체제를 지지하는 舊法黨으로 갈라졌다.

蘇軾이 熙寧 2년(1069) 부친상을 마치고 조정으로 돌아오자, 神宗은 그를 召對하고 국정 전반에 대한 의견을 말하게 하였다. 소식은 왕안석의 지나치고 급진적 개혁, 특히 학교제도와 과거제도, 전매제도, 병역제도의 개혁 등에 반대하는 상소를 연이어 올려 신법당의 미움을 사게 되었다. 1069년에 〈上神宗皇帝書〉, 다음해 〈再上皇帝書〉를 올려 신종의 신임을 얻었고, 翰林學士인 范鎭이 그를 중용하도록 천거하였다.

1071년 왕안석은 이를 저지하기 위해 御史 謝景溫을 시켜 소식이 부친상을 당해 返葬할 적에 소금을 밀매했다고 탄핵하게 하였다. 이에 급작스럽게 御史臺에 압송되자 소식은 죽을 것을 각오하여 소철에게 집안일을 당부하고 식구들과 결별한 다음 揚子江에 투신하려 하였으나 죽지 못하고 감옥에 갇혔다. 이때 죽이지 않겠다는 황제의 밀지가 내려지고 결국 사실무근임이 밝혀져 풀려날 수 있었다. 그가 남긴 글을 보면 비록 단기간이긴 하지만 소식에게 있어 이때가 가장 절박한 시기였던 것으로 보이며, 그동안 지었던 글들도 이때 많이 소실되었다 한다.

이후 소식은 신법당의 끊임없는 질시에 위협을 느껴 스스로 외직을 청하였다. 1073년 38세에 杭州通判에 임명된 것을 비롯하여 密州, 徐州, 湖州의 知州로 임명되었다. 이때 가는 곳마다 堤堰을 쌓고 水利事業에 힘쓰며 救荒정책을 실시하는 등 자신의 경륜을 펼쳐 백성들의 생활을 돌보았으며 이로 인해 민심을 얻고 정치적 능력을 인정받기도 하였으니, 이 시기 소식은 지방관이었지만 자신의 능력을 맘껏 펼칠 수 있었던 비교적

순탄한 시기라 할 수 있다.

그러나 1079년 44세에 소식은 烏臺詩案이라 불리는 큰 환란을 맞아 그의 인생에서 사상적으로나 문학적으로나 전환점을 맞게 된다. 烏臺는 바로 御史臺를 말하는데 御史 李定, 何正臣, 舒亶 등은 소식이 관례적으로 올렸던 〈謝湖州表〉의 내용이 불순하다고 고발하고 이어서 소식이 읊은 詩에 황제를 범하는 내용이 있다고 무함한 것이다. 이에 소식은 御史臺獄에 투옥되어 갖은 고초를 겪으며 자신의 시문에 대해 일일이 해명하였고, 결국 몇 편의 시에 대해서는 조정을 비방하는 것이었음을 인정하여 사형까지 언급되었다. 그를 아끼는 많은 사람들의 구명과 神宗의 배려로 네 달 만에 풀려났지만, 이후 黃州에서 4년간 유배생활을 하며 50세 때까지 탄압과 감시를 받는 불안하고 궁핍한 생활을 하였다. 이는 宋나라의 가장 유명한 筆禍事件으로 소식의 일생에 있어서 큰 좌절과 고난을 겪은 사건이다.

그러나 이 황주 시기는 소식의 문학에 있어서 새로운 도약을 하는 시기로 꼽히기도 한다. ≪蘇軾選集≫을 편찬한 王水照는 “두 차례의 중앙관직 시기는 소식문학에 있어서 창작의 흉년기이다. 훌륭한 글은 몇 편 안 되고 주제도 협소하며 사교시가 대부분이었다. 그러나 황주 시기와 海南島로 유배된 때는 창작의 변화기이자 풍작 시기이다.”라고 평하였다. 천고의 절창이라 불리는 〈赤壁賦〉를 비롯해 〈方山子傳〉, 〈石鐘山記〉 등이 바로 이 시기에 지어진 작품이다. 소철 또한 이 시기에 소식의 문장이 자신이 미칠 수 없을 정도로 크게 진보하였으며, 거기에는 道家와 佛家의 사상이 영향력을 미쳤음을 밝히고 있다.

> “일찍이 공이 나에게 말씀하기를 ‘내가 오늘날 학자들을 보건대 오직 그대만이 나와 비슷할 수 있을 뿐이다.’ 하였다. 그런데 공이 황주로 유배된 뒤에 문을 닫아걸고 기거하면서 문장에 힘을 쏟자 그 문장이 크게 변하여 강물이 막 쏟아지는 것과 같았으니 나는 눈이 휘둥그레질 뿐 따라갈 수 없었다. 후에 불가의 글을 읽고는 實相을 깊이 깨달아 孔子와 老子의 학문을 서로 뒤섞어서 조금도 막힘없이 두루 변론하였는데 크고 넓어서 그 끝을 알 수가 없었다.”[8]

---

8) “嘗謂轍曰 吾視今世學者 獨子可與我上下耳 既而謫居於黃 杜門深居 馳騁翰墨 其文一變 如川之方至 而轍瞠然不能及矣 後讀釋氏書 深悟實相 參之孔老 博辯无涯 浩然不見其涯也” 蘇轍, 앞의 글.

우환을 겪은 뒤 이를 극복하기 위해 소식은 이전부터 관심을 갖고 있던 도가사상과 불교사상에 더 깊이 몰입하였고, 현실의 상황을 벗어날 수 있는 개인적인 해탈을 추구하였다. 이로써 儒·佛·道가 융화된 다양한 주제를 통해 物外에 의탁한 자유로운 정신을 표현할 수 있었다. 아울러 소식 스스로도 진정한 의미에서의 문학창작을 자각하여 독창적이고 예술적인 기법에 더욱 신경을 쓰고 문장을 구사하였기 때문에 이전의 글과 자연 다른 경지에 오르게 된 것이다.[9)]

1085년 50세에 신종이 세상을 떠나고 哲宗이 즉위하여 宣仁太后가 섭정을 하면서 구법당이 집권을 하게 되자, 소식은 다시 조정에 올라 中書舍人에 임명되고 翰林學士 知制誥가 된다. 이후 司馬光이 新法을 모조리 폐지하려고 하자, 소식은 오랜 지방관의 경험을 가지고 신법에도 취할 바가 있으니 백성들의 이해득실을 헤아려 장점을 활용할 것을 주장하여 구법당과 갈등을 빚게 된다. 또 程頤 등의 洛黨이 소식을 중심으로 하는 蜀黨이 지나치게 기세를 부린다고 공격하여 불화를 빚게 되었다.

이 때문에 스스로 조정을 떠나 외직을 청하여 1089년 54세로 16년 만에 다시 杭州를 맡았다. 이때 소식은 항주의 西湖에 제방을 쌓아 농경지의 灌漑와 선박의 유통에 큰 이익을 주었는데, 백성들은 이를 蘇公堤라 부르며 집집마다 소식의 畵像을 붙여놓고 밥먹을 때마다 축원하였으며 生祠堂을 지어 그의 공적을 기렸다고 한다.

이를 통해 보면 소식은 신종 시기엔 구법당의 상징처럼 여겨져 신법당의 표적이 되었고, 구법당이 득세한 시기엔 또 구법당으로부터 제2의 왕안석이라는 지척을 받았으니, 소식은 구법과 신법의 당파적 입장을 떠나 백성의 안위를 위한 정사를 추구하는 爲民思想을 시종 독자적인 정론으로 주장하였음을 알 수 있다.

57세에 召命을 받고 돌아와서 禮部尙書로 端明殿學士 兼翰林侍讀을 역임하였으나, 선인태후가 죽고 철종이 친정을 하면서 다시 신법당을 重用하자, 소식은 재상 章惇의 미움을 받아 惠州로 유배 가게 된다. 이때가 1094년으로 소식의 나이 59세였다. 이후 62세에 海南島(儋州)로 유배지를 옮겨 65세에 방면될 때까지 황주 시기보다 더 어려운 나날을 겪게 되었지만, 노년의 악조건 속에서도 소식은 특유의 樂天的인 성격과 曠達한 기질로 고난을 이겨내어 창작을 그치지 않았다.

---

9) 이시기 소식 산문의 문체별 특색에 대해서는 金桂台의 〈蘇軾의 黃州時期 散文硏究〉(연세대학교 박사학위논문, 2002)에 자세히 서술되어 있다.

陶淵明의 시에 和韻하는 시를 쓰는 등 소식의 글은 더욱 담박해지고 세속을 초탈한 깊은 면모를 보이게 되었는데, 황주 시기에 이어 문장의 깊이와 광채가 한층 빛나는 때로 평가되고 있다. 스스로 자신의 화상을 두고 지은 〈自題金山畵像〉을 보면 "마음은 이미 재가 된 나무요, 몸은 매이지 않은 배로다. 네 평생의 공업이 무엇인가, 황주와 혜주, 담주라네.〔心似已灰之木 身如不繫之舟 問汝平生功業 黃州惠州儋州〕"라고 하여 자신의 문학적 성취가 두 번의 유배생활 동안 이루어졌음을 서술하고 있다.

1100년 철종의 죽음으로 元祐大臣들이 대거 방면되면서 그해 11월 소식도 유배에서 풀려나 朝奉郎에 복직되었지만, 이듬해 1101년 병에 걸려 常州에서 치사하고 7월 28일에 66세의 나이로 별세하였다. 다음해 6월 汝州 小峨眉山에 장사하고 소철이 묘지명을 지었다.

소식의 저술에 대해 ≪宋史≫ 〈蘇軾傳〉에서는 ≪易傳≫, ≪論語說≫, ≪書傳≫ 등의 저술 외에 ≪東坡集≫ 40권, ≪後集≫ 20권, ≪奏議≫ 15권, ≪內制≫ 10권, ≪外制≫ 3권, ≪和陶詩≫ 4권을 들고 있다. 이는 대부분 생전에 간행된 것으로 여기에 ≪應詔集≫이 더하여져 이른바 '東坡七集'이라 불리며 明初까지 전해졌으나 현재는 전하지 않는다.

明나라 成化 4년(1468)에 이를 바탕으로 ≪蘇文忠公全集≫이 간행되었고, 嘉靖 13년(1534)에 다시 중간되었다. ≪四庫全書總目≫에 의하면 "75권의 ≪東坡先生全集≫이 있는데 산문만 있고 시는 실려 있지 않아 누락된 글이 많으며, ≪蘇文忠公全集≫은 114권으로 판은 좀더 개선되었으나 편집체제가 잡혀 있지 않다."라고 하였다.

이외에 明代에도 여러 차례 문집의 간행이 이루어졌으며, 選集과 評集의 편찬이 셀 수 없을 정도로 무수히 이루어졌는데 茅坤의 ≪唐宋八大家文抄≫ 중 ≪東坡文抄≫도 그 중의 하나라고 할 수 있다.

### 3. ≪東坡文抄≫의 특징과 수록 내용

王水照는 동파의 산문을 크게 세 가지로 분류하였다. 첫 번째는 政論과 史論으로, 이 부류는 문장의 배치와 전개, 주도면밀한 분석, 도도한 변론, 일사천리의 기세가 뛰어나 소식의 장점이 두드러지는 글인데, 그 예로는 〈留侯論〉, 〈敎戰守策〉 등이 있다. 두 번째는 記, 傳, 序인데, 비교적 높은 문학적 가치를 지닌 글로 敍事, 描寫, 議論이라는 기문의 일반적인 순서와 형식을 타파하고 세 가지 요소를 주제 전개의 필요성에 따라 변화하여 다양한 구성을 보이고 있는바, 〈超然臺記〉, 〈凌虛臺記〉, 〈方山子傳〉 등이 있다. 세 번째는 書簡, 題跋, 雜著 등 문학적 예술성이 가장 높은 작품이다. 신변의 자질구레한 이야기, 인생에 대한 감개, 세상에 드러나지 않는 사건, 풍토와 인정을 기록하면서 손 가는 대로 붓 가는 대로 자연스럽게 흘러나오는 특징이 잘 나타나 있다.[10)]

동파의 산문 중 어떤 것을 중시하는가 하는 문제는 사람에 따라 의견이 다르겠지만, 이를 보면 왕수조는 동파의 자유로운 사상이 드러나는 글과 문학성을 중시하였음을 알 수 있다. 소식이 평생에 걸쳐 지은 글은 詩, 詞를 제외하고 산문만 해도 4,800편이 넘는다. 이 중 모곤은 〈東坡文抄引〉에서 "制策 2편, 上書 7편, 箚子 14편, 狀 12편, 表·啓 27편, 執政大臣과 친구에게 준 편지 22편, 論 70편, 策 25편, 序·傳 10편, 記 26편, 碑 6편, 銘· 贊 ·頌 15편, 說· 賦· 祭文· 雜著 15편" 등 250여 편을 문체별로 選錄하였는데, 구성상 다음과 같은 몇 가지 특징이 보인다.

첫 번째는 前期 작품을 많이 채록하여 시기적으로 편중되었다는 점이다. 소식의 산문은 앞에서도 언급했듯이 44세(1079)에 발생한 烏臺詩案 사건을 계기로 전기와 후기로 구분되는데, 본서에 실린 모든 글이 저작연대가 밝혀진 것은 아니지만 대략 전기의 글이 후기보다 두 배가량 많이 채록되었다. 특히 젊은 시절 과거공부를 위해 쓴 策文, 政論, 史論들이 대거 채록되었는데, 이 때문에 본서가 과거를 위한 문장공부에 쓰이는 책이란 평가를 받은 것으로 보인다.

두 번째는 내용상 儒家사상에 기초하여 작성된 글을 많이 채록한 점이다. 소식의 사상적 특징이 儒·佛·道의 융합에서 나온 자유롭고 초탈한 모습이라고 지적되는 데 반해, 본서에 실린 글은 대부분 유가사상을 바탕으로 지어진 글이 압도적으로 많은 편수를 차지하고 있다. 이는 편찬자인 모곤의 사상을 반영한 결과이기도 하지만 첫 번째 특징과도 연관된다. 후기로 가면서 道家나 佛家 사상을 통한 개인적 해탈을 추구하는 글이 많은데, 본서에는 전기의 글이 많이 실려 있으므로 자연 현실적인 문제해결을 위해 의론을 주장하는 내용이 많이 실리게 되었고, 따라서 유가정치 사상에 기반한 글이 주로 채록된 것이다.

세 번째는 문체상의 편중이다. 본서가 唐宋시대의 명문장을 뽑아놓은 것임에도 불구

---

10) 曺圭百, ≪譯註蘇東坡散文選≫, p.296.

하고 오히려 政論, 策文과 上疏, 表, 啓, 狀 등 公車文과 奏議類가 많으며, 일반적으로 문학성이 높다고 평가되는 記·序·跋, 편지, 祭文, 碑銘 등은 매우 적은 편수만 실려 있다. 따라서 세간에 회자되는 〈秋陽賦〉, 〈思堂記〉, 〈李太白碑陰記〉, 〈六一泉銘〉, 〈二疏圖贊〉 등과 특히 소식의 문장론과 철학이 담겨 있는 〈與李公擇書〉, 〈南行前集序〉, 〈自評文〉, 〈試筆自書〉 등은 본서에 실려 있지 않다. 참고로 소식 산문 전체와 본서 수록문을 문체별로 구분해서 비교해보면 다음과 같다.11)

| 문 체 | 작품수 | 비 율 | 수록 작품수 | 비 율 |
|---|---|---|---|---|
| 論說類 | 312편 | 6.5% | 97편 | 38.6% |
| 序跋類 | 756편 | 15.7% | 9편 | 3.6% |
| 公牘類 | 1,092편 | 22.6% | 62 | 24.7% |
| 書牘類 | 1,684편 | 34.9% | 22편 | 8.7% |
| 傳志類 | 39편 | 0.8% | 8편 | 3.2% |
| 雜記類 | 285편 | 5.9% | 26편 | 10.3% |
| 箴銘頌贊 | 222편 | 4.6% | 15편 | 6.0% |
| 辭賦類 | 179편 | 3.7% | 10편 | 4.0% |
| 哀祭類 | 256편 | 5.3% | 2편 | 0.8% |
| 합 계 | 4,825편 | 100% | 251편 | 100% |

위의 표를 보면, ≪東坡文抄≫는 소식 산문 전체 작품 중 약 5.2%인 251편을 선별하였는데 각 문체별로 선발한 편수가 고르지 않다는 것을 볼 수 있다. 즉 책론을 포함한 論說類는 전체 312편 중에서 97편을 수록하여 가장 많은 수를 차지하고 있으며 비율도 38%로 높다. 하지만 서·발과 잡기는 전체가 1,041편이나 되는데 본서에 채록된 것은 35편에 불과하다.

특히 묘도문자를 포함한 傳志類는 8편, 哀祭類는 단 2편만 실려 있어서 가장 적게 채택되었다. 그 이유에 대해 모곤은 "蘇氏 형제의 議論文은 西漢(前漢) 이후 최고의 경지라고 할 수 있지만 사실을 기술하는 글에 있어서만은 史家의 법도를 터득하지 못하

---

11) 본 표는 林俊相의 復旦大學 박사학위논문 〈蘇軾散文研究〉(p.30)의 '蘇軾散文文體分析表'를 이용하여 唐宋八大家文의 수록 편수를 대비한 것이다. 채록 작품 문체별 숫자는 모곤이 쓴 〈東坡文抄引〉을 근거로 계산하였다.

였다. 나는 그러므로 두 사람이 지은 神道碑와 行狀 등의 글은 대부분 수록하지 않았다."[12]라고 하여 뛰어나지 않은 문체는 적게 채록하였다고 설명하였다.

본서는 문체별로 28권으로 구성되었는데, 권두에는 모곤의 序文과 ≪宋史≫에서 옮겨온 〈東坡本傳〉이 실려 있다. 권1~8은 公車文과 奏議類로 制策 2편과 上書 7편, 箚子 14편, 狀 12편, 表文 13편, 啓 14편이 실려 있다.

첫머리에 있는 〈御試制科策〉은 1061년 과거시험에 올린 글인데 여기서 소식은 3등, 소철은 4등을 하였다. 宋나라 故事는 制科를 5등으로 나누어 1, 2등은 비워놓고 3등부터 뽑았는데 그나마 대부분 4등으로 합격하였으니, 宋朝 이래로 3등으로 붙은 사람은 吳育과 蘇軾 두 사람뿐이었다고 한다. 이때 급제하고 사례로 쓴 啓가 권8의 〈謝應中制科啓〉이다.

권2는 전체가 〈上神宗皇帝書〉이다. 소식은 이보다 앞서 〈議學校貢擧箚子〉, 〈諫買浙燈狀〉을 올려 자신에 대한 신종의 신임을 알아본 뒤에, 人心을 단결시키고 風俗을 돈후하게 하며 紀綱을 보존할 것을 청하면서 본격적으로 新法의 모순점을 지적하는 長文의 상소를 올렸다. 이 세 편의 저작연대를 ≪蘇軾文集≫에서는 熙寧 4년(1071)이라고 하였는데, ≪蘇軾年譜≫에서는 여러 전적을 참고하여 1069년이라고 수정하였다.

奏議類는 대신들에게 인사로 올린 계문 등 몇 편을 제외하고는 대부분 황주 시기 이후에 작성된 글들이 많다. 따라서 政事에 익숙해져 경륜이 쌓이고 지방관직을 두루 거쳐서 백성들의 실생활을 직접 경험한 뒤에 작성된 것으로 西夏, 鬼章 등 변방의 대책과 도적의 방비, 西湖 堤防의 축조 등 구체적이고 현실적인 해결책을 제시한 내용들이 많다. 또한 소식의 장점이 가장 잘 나타난 문체의 하나로, 강경한 어조와 논리적인 전개로 주제를 분명하게 제시하면서도 다양한 역사적 사례를 들고 문장에 억양이 많아 지루한 느낌을 주지 않는다. 내용도 유가사상에 기반한 爲民意識을 근간으로 하여 空論이 아닌 실제 정책에 적용할 수 있는 대안을 제시하고 있다.

권4에는 우리에게 유명한 高麗에서 중국의 서적을 수입하는 것을 반대하는 〈論高麗買書利害箚子〉가 있고 이에 대해 모곤은 '깊은 염려와 원대한 식견이 있는 말'이라고 기술하였다. 그 외에도 "예로부터 用兵을 논한 글 중 가장 법도가 뛰어나니 이런 문장은

12) "蘇氏兄弟議論文章 自西漢以來 當爲天仙 獨于敍事處 不得太史公法門 余故於兩公所爲諸神道碑 行狀等文 不多錄"

영원히 전해질 것이다.", "국가의 큰 이해가 달린 글이다.", "宋나라 의론을 두루 다 살펴보아도 이에 미칠 것이 없으니 西漢의 韋元成이나 劉歆의 廟議와 맞먹을 만하다.", "오늘날의 지방관도 東軒에 붙여놓고 조석으로 읽어야만 한다."는 등의 극찬을 받아 동파의 장점이 가장 잘 드러난 글로 평가되고 있다.

권9, 10은 편지 22편이 실려 있다. 초기에 富弼, 曾公亮, 劉敞, 韓琦, 梅堯臣 등에게 보낸 편지는 과거시험을 전후하여 그동안 지어두었던 策論을 올리며 자신을 소개하는 내용이고, 文彦博, 章惇, 畢仲擧, 張耒, 黃庭堅, 秦觀 등에게 보낸 글은 황주 유배시절에 작성한 것으로 放達하고 瀟灑하다는 평이 많다.

문언박에게 보낸 편지는, 烏臺詩案으로 평소 저술한 글을 대부분 잃어버린 사정을 말하고 유배 중에 지은 ≪易傳≫과 ≪論語說≫을 보낸 것인데, 고난 속에서 더욱 학문에 정진하고 있었음을 알 수 있다. 진관에게는 자신처럼 도가의 養生術에 따라 몸을 수양하고 건강을 돌볼 것을 권유하고 황주의 물가가 싸다는 말과 매일 생활비를 헤아려 절약하고 있다는 내용을 적어 빈궁한 생활 속에서도 도가에 의탁해 위안하고 있음을 전하였다. 또 謝擧廉에게 답한 편지에서 문장에 대해 언급한 "떠돌아다니는 구름이나 흐르는 물과 같이 애당초 정해진 형질이 없어서 다만 항상 마땅히 가야 할 곳에는 가고 항상 그치지 않으면 안 될 곳에서는 그친다."는 말은 바로 ≪宋史≫ 〈蘇軾傳〉에서 소식의 文章觀을 표현한 말로, 자연스럽고 거침없는 소식 산문의 특징을 대변한다고 하겠다. 李端叔에게 답한 편지도 황주 시기에 쓴 것인데 자신이 글로써 명성을 얻고 글로써 화를 당하였음을 회고하며 이제는 세상과 끊고 山水 간으로 방랑할 뿐이라고 통탄스러운 심경을 적고 있다.

권11~18은 論 51편과 論解 19편이 실려 있다. 주제별로 본다면 秦 始皇, 漢 高祖, 樂毅, 魏 武帝, 伊尹, 周公, 管仲, 伍子胥, 留侯, 范增, 賈誼, 諸葛亮, 孔子, 荀卿, 揚雄, 韓愈 등 역사상 인물에 대한 평론과 〈書論〉, 〈禮論〉, 〈春秋論〉, 〈中庸論〉 등 경전에 대한 의론, 〈正統論〉, 〈大臣論〉, 〈思治論〉, 〈朋黨論〉처럼 특정 議題에 대해 논한 글이 있다. 〈秦論〉, 〈武王論〉, 〈平王論〉, 〈魯隱公論〉 등은 1097년 이후 海南島에 유배되었을 때 지은 이른바 ≪志林≫ 13편이다.[13)]

13) ≪東坡志林≫의 論古 13首는 문집에 따라 편수와 제목이 조금씩 다르다. 南宋의 郎曄이 編注한 ≪經進東坡文集事略≫(이른바 郎本)에서는 ≪志林≫을 모두 16수로 편집하였는데, 百川學海本과 비교해보면 〈范蠡伍子胥〉를 〈論范蠡〉와 〈論伍子胥〉 둘로 나누었고 〈宋

이 가운데 〈武王論〉에서 이제까지 三王으로 추앙되던 武王을 聖人으로 인정하지 않고 曹操의 책사였던 荀彧을 伯夷·叔齊에 비견되는 성인의 무리라고 추켜올렸는데, 모곤은 "荀文若(荀彧)을 칭찬한 구절은 사실에 맞지 않고 편벽된 듯하다. 荀文若이 조조를 보좌한 것은 다만 천자를 끼고서 제후들을 명령했을 뿐이니, 어찌 王者의 일이라고 칭할 수 있는 일이겠는가?"라고 평하여 논리가 바르지 못함을 지적하였다.

〈周公論〉과 〈魯隱公論〉에 대해서 臺山 金邁淳은 소식의 논리가 서로 모순된다고 비판하였다.[14] 〈正統論〉은 일찍이 구양수가 지은 〈正統論〉에 대해 章望之가 〈明統論〉을 지어 반박하자 다시 소식이 이 글을 지어 장망지의 論을 비판한 것인데, 農巖 金昌協은 여러 글 중 동파의 논의가 가장 뛰어나다고 칭찬하고 '朱子의 ≪資治通鑑綱目≫에 보이는 정통론도 소식의 견해와 같다.'고 하였다.[15] 〈秦論〉은 秦나라가 齊나라를 멸하고 六國을 통합하는 과정의 치밀한 전략과, 통일을 이룬 뒤 중국 최초로 중앙집권적 郡縣制를 실시한 것이 올바른 선택이었음을 논하여 成敗를 기준으로 是非를 논해서는 안 된다고 역설하였다.

대체로 한편의 논문 안에 날카롭고 기발한 의론이 많으나 각 논문 사이의 논리를 비교해보면 상호 모순되는 것도 적지 않으니, 예컨대 〈子思論〉과 〈孟軻論〉에서 맹자에 대한 평가가 서로 다른 경우가 이것이다. 권17, 18의 試論은 科文을 위해 작성한 것인데, 〈刑賞忠厚之至論〉은 1657년 예부 진사시에서 올린 글로 구양수의 찬탄을 받았다는 글이고, 그 외에도 대부분 1060년 전후로 과거를 공부하면서 지은 글이다.

권19~22는 策文 25편이다. 역시 대부분 1061년 制科를 준비하면서 지은 글이다. 권20~22의 〈專任使〉부터 〈教守戰〉 조목들은 본래 하나의 策別에 속한 조목인데 모곤이 주제별로 따로 실어서 별개의 글인 것처럼 되어 있다. 어떠한 주제에 대해서도 확고한 견해를 가지고 유창한 글로 명확하게 논리를 전개하는 소식의 특징을 다시 확인할 수 있는 부분이다. 이 시기의 글에 대해서 모곤은, 조금도 거리낌없이 직접적으로 말하

---

襄公論〉과 〈士燮論〉이 더 있다. 모곤은 郎曄本의 체제를 따라 그 중 14편을 실었는데 제목은 또 낭엽본과 조금 달리 하였다. 본문 뒤에 실은 작품연보에서 趙刻의 ≪志林≫에 나온 편명을 참고로 함께 실어두었다.

14) 金邁淳, ≪臺山集 閑餘散筆 文王第五≫.

15) "東坡正統論 其說最不可易 朱先生綱目正統意正好 此意本自簡易 後之爲正統說者 皆推之太過 要是强生事耳" 金昌協, ≪農巖集 雜識≫

는 솔직담백함에 감정과 언사가 적절하고 자연스러우며 웅변성이 강해 기세가 웅장하다고 평하였다. 소식의 策文은 자유로운 문장의 운용으로 長篇의 딱딱한 의론문도 무거운 느낌을 주지 않아서 후세 策論의 전범이 되었다.

권23~25에는 序文 8편, 傳 2편, 記 26편이, 권26, 27에는 碑文 6편, 銘・贊・頌 15편이, 권28권에는 說, 賦, 祭文, 雜著 등 다양한 문체의 글이 실려 있다. 앞서의 論이 철저히 유가사상을 바탕으로 하였다면 記文과 傳, 賦 등에서는 儒・佛・道가 융합된 자유로운 사상을 볼 수 있으며, 또 감정적인 색채를 자연스럽게 드러내면서 抒情, 寫景, 議論이 조화된 동파 산문의 장점이 잘 드러나 있다. 따라서 이 부분은 그의 문학성을 엿볼 수 있는 精彩라고 할 수 있다.

천고의 절창이라 불리는 〈赤壁賦〉나 〈方山子傳〉에 대해 모곤은 동파를 '文章仙'이라 칭하고, 기이하고 跌宕한 문장이 司馬遷과 유사하다고 하였으며, 다른 글에서도 '曠達', '澹宕', '奇偉'란 칭찬을 아끼지 않았다. 특히 해남도에 유배되었을 때 지은 〈衆妙堂記〉, 〈廣州資福寺羅漢閣碑〉, 〈十八大阿羅漢頌〉은 불교와 도교 사상이 농후한 글인데도 '絶世之文'이라 극찬하고 해남도에 유배되지 않았으면 이런 문장을 얻을 수 없었을 것이라고 하였다. 이를 보면 歐陽脩가 말했던 '窮以後文巧'란 말이 설득력이 있는 듯하다.

〈六一居士集序〉에서는 韓愈의 뒤를 이어 구양수가 유가의 도를 지켰음을 역설하였고, 〈日諭〉는 해를 보지 못한 사람이 해에 대해 논하는 것을 가지고 도를 체득하지 못한 사람이 도에 대해 말하는 것을 비유한 글인데, 소식이 道에 대해 갖고 있던 인식을 살펴볼 수 있다.

또 본서에는 제문이나 묘도문자가 적어서 〈祭歐陽文忠公文〉, 〈潮州韓文公廟碑〉, 〈司馬溫公神道碑〉 등 몇 작품만 채록되었다. 모곤은, 동파가 본래 行狀이나 墓碑를 잘 쓰지도 않았지만 이런 종류의 敍事文이 다른 문체에 비해 수준이 떨어진다고 보았기 때문에 매우 일부만 수록한 것이다. 하지만 이 가운데 〈祭歐陽文忠公文〉은 祭文의 전범이 되어 우리나라 문장가들의 제문에 이와 비슷한 句法을 쓰지 않은 이가 없을 정도로 널리 읽혔다.

그 밖에 과거에 실패한 진관을 전송하는 〈太息〉, 환란을 통해 터득한 인심과 세태의 속성에 대해 논한 〈剛說〉 등이 있다.

### 4. 東坡 散文에 대한 평가와 그 영향

동파는 문장에서 화려한 수식보다 실질적인 효용성을 더 중요하게 여겼다. 이는 아버지이자 스승이었던 소순의 영향이 컸던 것으로 보이는데, 〈鳧繹先生集序〉에서 문장에 대한 동파의 기본 인식을 알 수 있다.

> "예전에 선군께서 경사에 가서 경대부들과 교유하고 돌아와 나에게 말씀하시기를 '앞으로 문장은 날로 공교로워지고 道는 멀어질 것이다. 선비들이 원대한 것만 사모하고 가까운 일을 소홀히 하며 화려한 것만 좋아하고 실제를 무시하니, 내 이미 그러한 조짐을 보았다.' 하고, 鳧繹先生(顔太初)의 詩文 십여 편을 나에게 보여주시며 '너희들은 기억해두어라. 수십 년 뒤에는 천하에 다시 이런 글을 짓는 이가 없을 것이다.' 하셨다.
>
> 선생의 시문은 모두 이유가 있어서 지은 것이다. 용맹하고 확고하여 말이 반드시 당세의 잘못에 적중되었으니, 五穀이 허기를 채울 수 있는 것처럼 분명하고, 藥과 鍼이 반드시 병을 고칠 수 있는 것처럼 확실하였다. 근거없는 말을 고견이라고 여기는 것과 보기에만 아름다운 지엽적인 문사에 대한 글이 선생에게는 한마디도 없었다."16)

즉 아무 내용도 없이 화려한 수식만 중시하는 당시의 文風에 대해 소순은 비판적인 견해를 가지고 있었으며, 동파 또한 시대의 문제를 바르게 지적하고 해결책을 제시할 수 있는 문장의 실용적 효과를 더 높이 샀던 것이다. 따라서 동파의 글은 政事나 時事를 평론하는 政論이나 策文 같은 글에서 더욱 빛을 발하였고, 자연 四六文의 형식적인 미학을 추구하는 문장보다 고문의 산문형식에 더 능하였다. 특히 동파는 문장을 억지로 꾸며 짓는 것이 아니라, 내면에서 생각이 흘러넘쳐서 글로 표현하지 않을 수 없는 자연스러운 발로를 중시하였다. 스스로 자신의 글에 대해서 평하기를

> "나의 글은 커다란 샘의 원천과 같아서 땅을 가리지 않고 어떤 곳에서도 솟

---

16) "昔吾先君適京師 與卿士大夫游 歸以語軾曰 自今以往 文章其日工 而道將散矣 士慕遠而忽近 貴華而賤實 吾已見其兆矣 以魯人鳧繹先生之詩文十餘篇示軾曰 小子識之 後數十年 天下無復爲斯文者也 先生之詩文 皆有爲而作 精悍確苦 言必中當世之過 鑿鑿乎如五穀必可以療饑 斷斷乎如藥石必可以伐病 其游談以爲高 枝詞以爲觀美者 先生無一言焉"〈鳧繹先生集序〉

> 구쳐 나올 수 있다. 평지에서는 도도하게 콸콸 흘러 하루에 천리를 가는 것도 어렵지 않으며, 물줄기가 산과 바위를 만나 구불구불 흐를 때에는 만나는 사물에 따라 형체를 드러내어 그 변화를 알 수 없다. 알 수 있는 것은 항상 가야 할 곳에서는 가고 멈추지 않으면 안 될 곳에서는 멈춘다는 것이니, 이와 같을 따름이다. 그 외에는 나도 알 수 없다."[17)]

라고 하였다. 즉 기존의 틀에 얽매이지 않고 끊임없이 변화하여 長江大河와 같이 솟구쳐 나오는 웅혼하고 자유분방한 기상이 있었으며, 기존의 것을 계승하면서도 새롭게 창조하여 다양한 주제를 다루었다. 이처럼 뛰어난 문장에 현실 인식을 담은 그의 글은 당대는 물론 후대까지 많은 문인들에게 큰 영향을 미쳤다.

과거에서 그를 직접 발탁한 歐陽脩는 〈擧蘇軾應製科狀〉에서 "문장은 아름답고 찬란하며 의론은 벌떼처럼 쏟아져 나온다."라고 하여 형식과 내용이 모두 盡善盡美함을 극찬하였고, 그를 귀양 보낸 神宗조차 그의 글을 읽을 때는 밥먹는 것조차 잊을 정도로 심취하였다. 呂本中은 "예로부터 지금까지 문장의 묘미를 말하자면 각 문체를 두루 갖추고 끊임없이 기이한 점을 창출한 사람은 오직 동파 한 사람뿐이다."[18)]라고 하였으며, 陸游는 "南宋 이후로 동파의 문장을 숭상하여 학자들이 모두들 그를 따랐는데, 蜀 지방의 선비들은 더욱 그를 추종하여 '동파의 글에 익숙하면 양고기를 먹고 동파의 글에 서툴면 나물국이나 먹을 뿐이다.'라는 말까지 있었다."[19)]라고 하였다. 明나라 方孝孺는 "莊子가 죽은 지 거의 2천 년이 되었는데 그의 뜻을 체득하여 문장으로 표현한 사람은 소식뿐이다. 소식의 문장은 李白의 시와 같이 입신의 경지에 이르렀다."[20)]라 하였다.

이를 보면 송대 이후 문인들에게 끼친 동파의 영향을 짐작할 수 있는데, 이처럼 시대를 초월하여 그의 글을 찬탄하는 이유는, 단지 뛰어난 문장뿐만 아니라 권력과 부귀를

---

17) "吾文如萬斛泉原 不擇地而可出 在平地滔滔汩汩 雖一日千里無難 及其與山石曲折 隨物賦形而不可知也 所可知者 常行於所當行 常止於不可不止 如是而已矣 其他雖吾亦不能知也" ≪蘇軾文選 自評文≫

18) "自古以來 語文章之妙 廣備衆體 出其無窮者 唯東坡一人" ≪童蒙詩訓 蘇黃文字之妙≫

19) "建炎以來 尙蘇氏文章 學者翕然從之 而蜀士尤盛 亦有言曰 蘇文熟喫羊肉 蘇文生喫菜羹" 陸游, ≪老學庵筆記≫

20) "莊子歿殆二千年 得其義以爲文字 宋之蘇子而已 蘇子之於文 猶李白之於詩也 皆至於神者也" 方孝孺, ≪遜志齋集≫

돌아보지 않고 과감하게 직언하는 忠誠과 爲民意識, 그리고 유배나 좌천의 고난 속에서도 좌절하지 않고 빛을 발하는 드높은 기개와 생사를 초탈한 정신에 있을 것이다. 모곤은 〈東坡文抄引〉에서 그에 대해 다음과 같이 평하였다.

> "내가 젊었을 때 문장에 있어서 蘇子瞻(蘇軾), 시에서 李白, 병략에서 韓信은 하늘이 각각 세상을 초월한 신선 같은 재주를 부여하였으므로 세상의 학문하는 자들이 미칠 수 있는 바가 아니라고 생각하였다. 그런데 소식의 〈上神宗皇帝書〉와 張方平, 滕甫를 대신해 병사를 논한 글, 또 徐州와 京東의 盜賊에 대해 논한 狀, 鬼章과 西羌의 일을 논한 차자를 보니, 요컨대 漢나라 賈誼나 唐나라 陸贄에 비교해보아도 손색이 없었다. 朱子는 일찍이 소식의 글이 縱橫家의 氣習을 벗어나지 못한 것을 단점으로 여겼는데, 이는 그가 젊었을 때 호기로 잘난 체하는 것을 간혹 면치 못했던 것이다. 哲宗朝에 들어서 소명을 받아 兩制가 되고 海南島로 귀양간 이후에는 자못 옛날의 曠達하여 方外를 노니는 자일뿐이었다. 그가 충심 때문에 죄를 얻어 끝내 조정에 편안치 못했던 것이 어찌 그 재주 탓이겠는가."

모곤은 문장에서는 소식, 시에서는 이백, 병략에서는 한신이 각각 인간이 이를 수 있는 최고의 경지임을 기술하고, 전기의 〈上神宗皇帝書〉처럼 정사를 논한 글은 가의나 육지와 같은 경륜을 담고 있으며, 여러 정론에 보이는 縱橫家의 기풍은 단지 젊은 시절 호기였을 뿐이라고 보고 있다. 개별 작품에 대한 평을 보아도 "체제에 맞으면서도 규모가 있다."거나 "논리가 분명하다." "경륜이 있는 글이다."라는 등의 평이 많다. 그에 반해 후기의 글들은 老莊사상이 농후한 方外子의 모습을 띠고 있는데 이는 그의 불우한 정치적 역정에서 비롯된 것이라고 보았다.

중국에서는 송대 이후 동파의 글은 산문 창작의 규범이 되어 科擧에까지 영향을 미쳤는데, 명나라 이후 程朱學의 理學이 과거제도와 연계되어 팔고문으로 선발함에 따라 문학성 높은 독창적인 글을 창작할 여지가 좁아졌다. 이러한 조류에 대한 반발로 모곤처럼 唐宋시대 고문으로 되돌아갈 것을 주창하는 唐宋古文派가 나오면서 明淸시대에 다시 동파의 글에 주목하게 되었던 것이다.

우리나라에서 동파의 영향을 살펴보자면, 동파는 知杭州事로 있을 때 高麗 사신의 조회를 막고, 高麗의 중국서적수입을 반대하는 등 高麗에 대해 경계의 눈길을 보내었지만, 고려에 끼친 동파의 영향은 생전부터 중국의 어느 문장가보다 컸다. 高麗시대 이름난 학자인 金富軾, 金富轍 형제는 그 이름부터 蘇軾, 蘇轍의 이름을 따라서 지었으며, 이외에 李仁老, 李奎報 등 이름난 문인들은 대부분 동파의 문장을 배워 명성을 떨쳤다. 당시 과거에 합격한 新進이 다투어 동파의 글을 배우고자 하였기 때문에 榜文이 발표되면 "올해도 30명의 동파가 나왔다."고 말할 정도였으니, 동파를 배우고자 한 열풍을 단적으로 표현한 예라 하겠다. 이 때문에 ≪東坡文集≫에 대한 수요가 크게 늘어 高麗 高宗 연간에는 全州에서 문집이 간행되었다. 중국 여타 문인들의 문집이 아직 수입조차 되지 않았을 때 그의 문집이 간행되었다는 것은 그 영향력을 입증하는 것이다.

朝鮮시대에 들어서는 性理學이 유행하면서 程子와 대립각을 형성하고 朱子의 비판을 받았던 동파의 글에 대해서도 비판적인 의식이 형성되었다. 특히 내용에 노장사상과 불교에 관한 글이 많았으므로 더욱 폄하의 대상이 되었다. 이에 시에서는 杜甫를, 문에서는 韓愈를 따라가지 못한다고 평가되었지만, 朝鮮 말기까지 문장의 전범으로서 여전히 명성을 유지하였다.

朴誾, 李荇, 鄭士龍 등은 소동파의 詩를 배웠다고 평가되었으며, 退溪도 문장을 짓고자 한다면 동파의 글을 전범으로 삼아도 무방하다고 평하였다. 金萬重은 ≪西浦漫筆≫에서 "동파의 시문은, 가을 조수가 일어나면 모든 하천이 거꾸로 흐르고 사나운 바람이 일어나면 온갖 구멍에서 소리가 나오는 것과 같으며 韓信이 하루아침도 마치기 전에 조나라 30만 대군을 격파한 것과 같다."[21]라 하여 그 호방하고 광달한 풍격을 비유적으로 표현하였다. 許筠은 소식과 구양수의 글을 뽑아 ≪歐蘇文略≫이란 책까지 편찬하였으며, 朝鮮 중기의 文章四大家로 일컬어지는 李廷龜, 申欽, 張維, 李植 등도 모두 문장에서는 동파를 으뜸으로 쳤다.[22] 金昌協은 〈農巖雜識〉에서 "소식, 황정견 이전의 구양수, 왕안석 같은 이들은 비록 唐나라의 시를 순전히 체화하지 못하기는 하였으나 律詩와 絶句 등 여러 詩體들이 그래도 唐나라 시의 격조를 크게 변화시키지 않았다. 그러다가 동파가 나와 비로소 한 번 변하고 山谷(黃庭堅), 后山(陳師道)이 나옴에 이르러 또 한 번 크게 변하였다."라고 하여, 宋代의 시가 당대와 구별되는 특징을 갖게 된 것이 동파를 통해서라고 평하였다. ≪八家百選≫을 편찬한 正祖는 "동파의 글은 兵器를 번쩍여 위엄

21) "東坡 如秋潮而百川倒流 厲風作而萬竅怒號 又如淮陰侯不終朝而破趙三十萬衆"
22) 許捲洙, 〈소동파 시문의 한국적 수용〉, ≪중국어문학≫(14집, 1988) p.55.

을 보이면서 왼쪽에는 絳侯(周勃)와 灌嬰을, 오른쪽에는 樊噲와 彭越을 배치하고 호령하는 韓信처럼 변화무쌍하다."라고 하였다.

하지만 李睟光이나 丁若鏞은 동파의 詩는 用事가 지나치게 많아 이해하기 힘들며, 산문은 화려하고 기이하지만 내용에 불교와 도가 사상이 많이 엿보이고, 뽐내는 듯한 과장과 원망하고 불평하는 기색이 엿보인다는 이유에서 비판하기도 하였다.

이처럼 우리나라에서도 高麗와 朝鮮을 통틀어 동파 문장의 뛰어남을 인정하고 고문을 배우는 사람은 누구나 소동파의 글을 참고하여 배우고자 하였다. 다만 高麗시대에는 그 경향이 매우 심하였고, 朝鮮시대에는 性理學의 영향으로 좀 덜하였다고 할 수 있다.

### 5. 結 論

唐宋八大家의 글은 일찍부터 문장의 전범으로 중국에서 중시되어 왔으나 각 작가들의 문집 분량이 지나치게 많아 두루 열람하기 어려웠다. 茅坤의 ≪唐宋八大家文抄≫가 간행되면서 주요 작품이 널리 읽히게 되고 그 중요성이 더욱 강조되어 문학을 공부하는 사람의 필독 서목이 되었다.

이 중에서도 蘇軾의 문장은 〈赤壁賦〉와 같은 뛰어난 문학적 우수성으로 高麗시대부터 우리나라에 큰 영향을 미쳤다. 韓愈의 글은 道學을 담은 載道之文의 전형으로 논리적인 면이 주목받았으나, 신법 주창자였던 王安石은 程朱와의 대립적인 행적 때문에 朝鮮에서 일찍부터 小人으로 낙인찍혀 문장도 크게 인정받지 못하였다. 따라서 팔대가 중에는 歐陽脩와 三蘇의 문장이 가장 널리 읽혀지고 문학성과 내용이 두루 갖춰진 것으로 인정받았으며, 특히 소식의 문장은 五代 이래로 위축되었던 文風을 쇄신하여 北宋의 文壇을 선도한 것으로 평가되었다.

조선시대에 들어서도 많은 문인들이 문장을 공부하기 위해 소식의 글을 읽고 참고하였다. 따라서 현대까지도 동파의 문장은 중국문학을 연구하는 연구자들뿐만 아니라 한문학을 연구하는 사람들도 필독해야 할 책이 되었다.

본 번역서는 戊申字本 ≪唐宋八大家文抄≫를 저본으로 하고, ≪唐宋八大家文鈔 校注集評≫, ≪蘇東坡文集≫ 등을 참고로 대조 교감하여 원문의 誤字 등을 바로잡아 번역하였다. 原文에 懸吐를 하여 飜譯文과 단락별로 번갈아 실어서 원문의 문장구조를 이해하기 쉽도록 하고 번역문과 원문을 함께 대조하여 볼 수 있게 함으로써 일반 독자와 연구

자가 다같이 참고할 수 있는 책으로 편찬하였다. 또한 각 작품마다 저작연대와 배경, 작품의 주제 등을 간략하게 기술한 작품설명 항목을 제목 아래에 두어서 일반 독자들도 내용을 이해하기 쉽게 하였다. 주석은 관련 故事와 人物뿐만 아니라 작품 내용의 이해에 필요한 역사적 사실이나 제도적인 면까지 되도록 심도 있게 밝혀주고자 노력하였다.

그러나 宋나라의 賦稅, 科擧, 軍事 제도의 자세한 내용에 대해서는 미처 다 조사하지 못하였고, ≪唐宋八大家文鈔 校注集評≫ 등 주석서도 자세하지 못하거나 종종 오류가 있는 경우가 많아서 일부 미진한 부분이 있을 것으로 사료되는바, 독자들의 양해를 구하는 바이다.

현재까지 詩選, 詞選, 散文選, 人物評傳 등 소동파의 작품을 일부 뽑아서 번역하였거나 연구서를 번역한 책이 많이 출간되었는데, 본 번역서는 역사적으로 가장 즐겨 읽혀온 동파의 산문을 가장 많이 포함한 번역서라 할 수 있다. 따라서 이후 소동파의 글을 공부하고자 하는 모든 이들에게 많은 도움이 될 것이다.

【참고문헌】

曺圭百, 〈蘇東坡 散文의 文學的 意義〉, ≪譯註蘇東坡散文選≫, 백산출판사, 2005.
金桂台, 〈蘇軾의 黃州時期 散文研究〉, 연세대학교 박사학위논문, 2002.
許捲洙, 〈蘇東坡 詩文의 韓國的 受容〉, ≪中國語文學≫ 제14집, 1988.
朴魯玹, 〈蘇東坡의 散文理論 研究〉, ≪漢文古典研究≫ 제7집.
鄭墡謨, 〈蘇軾文學初期受容樣相考〉, ≪東方漢文學≫ 제36집.
林俊相, 〈蘇軾散文研究〉, 復旦大學 박사학위논문, 1998.
이승매, 〈蘇軾散文의 思想特徵 研究〉, 전북대학교 석사학위논문, 2009.
滕志賢, 〈蘇軾散文 導讀〉, 三民書局, 2007.
孔凡禮, ≪蘇軾年譜≫ 上・中・下, 中華書局, 2005.
高海夫, ≪唐宋八大家文鈔 校注集評≫ 중 ≪東坡文抄≫ 上・下, 三秦出版社, 1998.

## 〈작품별 茅坤의 評〉

| 卷數 | 題 目 | 茅 坤 評 | 年 度 |
|---|---|---|---|
| 권1 | 御試制科策 | 制科策亦隨問條答，在長公亦未盡所欲言，而中間持議大較多通達國體，非經生所及. | 1061 |
|  | 擬進士對御試策 | 借擬士對，以諷諫當時之政，而擘劃處更勝前首．東坡病當時狃於靑苗條例諸法，及橫山用兵等事．故特擬策以發其直言敢諫之氣，不知當時曾及聞神廟否．然據愚見，此作亦不過條其事而言之耳．未有一段精光意見，開悟人君，令其實落做手處，其不逮賈誼治安策多矣. | 1070 |
| 권2 | 上神宗皇帝書 | 公感神宗之允所議貢擧及停止買燈二事，以故敢爲危言，痛陳時政．然所以結知主上者在此，而所以深執政之嫉怨者亦在此．大略模倣陸宣公奏議來 | 1069 |
| 권3 | 再上皇帝書 | 再上書，不出前書所言，特於前書所未及盡者，更爲曲𢡟之耳. | 1071 |
|  | 上皇帝書 | 學本經術，而養生之訣 無出此矣. | 1077 |
|  | 徐州上皇帝書 | 此等文字，識見筆力，幷入西漢. | 1078 |
|  | 代張方平諫用兵書 | 予嘗謂，自古論用兵，有漢淮南王安諫伐閩越書爲最，而此書法度似又勝之，此等文章，與天地幷傳者. | 1081 |
|  | 代滕甫論西夏書 | 老臣典刑之言 | 1081 |
|  | 代滕甫辨謗乞郡書 | 悲切．予觀，子瞻一生所橫被讒構處，往往痛心矣．故所代滕甫辯謗處，亦種種刺骨嗚咽涕洟. | 1084 |
| 권4 | 議學校貢擧箚子 | 長公總只是欲於今所行之法，得所行之實，不必別變，而論自明確. | 1071 |
|  | 論邊將隱匿敗亡憲司體量不實箚子 | 借進讀寶訓，陳西戎失事，不以實聞，忠直多矣. | 1088 |
|  | 論高麗買書利害箚子 | 深憂遠識之言 | 1093 |
|  | 因擒鬼章論西羌夏人事宜箚子 | 此疏處分與歐陽公之議西事，幷關朝廷之大者，可謂經國手 | 1087 |
|  | 乞詔邊吏無進取及論鬼章事宜箚子 | 此乃文忠公搏虎手處，惜乎世不能用 | 1087 |
|  | 乞約鬼章討阿里骨箚子 | 與前二箚幷看 | 1087 |
| 권5 | 論魏王在殯乞罷秋宴箚子 | 議合經制 | 1088 |
|  | 乞免五穀力勝稅錢箚子 |  | 1092 |
|  | 奏內中車子爭道亂行箚子 | 得肅朝庭之體，與東方朔所劾奏董偃同 | 1092 |
|  | 乞校正陸贄奏議進御箚子 | 長公所最得意識見 亦最得意條奏 | 1093 |
|  | 上圓丘合祭六議箚子 | 辨晳．蘇氏諸箚中，此箚爲最 歷覽宋時廷議，亦無有能及之者，當與西漢韋元成劉歆廟議，相伯仲 | 1093 |
|  | 乞郡箚子 | 覽此而不爲嗚咽流涕者，非人情也 | 1088 |
|  | 辯試館職策問箚子 一,二 | 忠義明辯，雖九死而不懼，亦子瞻供狀 | 1086 |
| 권6 | 朝辭赴定州論事狀 | 老成典刑之言 | 1093 |
|  | 轉對條上三事狀 | 竝關經國之大者 | 1088 |
|  | 薦宗室令時狀 | 今使國家待宗室，得如子瞻，此議甚善 | 1092 |
|  | 奏馬澈不當屛出學狀 |  | 1093 |
|  | 論河北京東盜賊狀 | 關係國家大利害文字 | 1074 |
|  | 代李琮論京東盜賊狀 | 與徐州所上書意同 | 1080? |
| 권7 | 諫買浙燈狀 | 長公當時特借買燈一事，以探神宗之心，而亦深相知，特爲荊公所擠耳 | 1071 |

| | | | |
|---|---|---|---|
| | 奏浙西災傷第一狀 | 古之救災，須喫緊先事而慮如此 | 1090 |
| | 論積欠六事并乞檢會應詔四事一處行下狀 | 民困吏弊指畫如掌,今之郡縣不可不榜之堂而旦夕誦之 | 1092 |
| | 乞開杭州西湖狀 | 公之兩守錢塘，其功業於今猶有存者，而其當時所劃一利害，每每指悉如此 | 1090 |
| | 乞相度開石門河狀 | 此一事予未嘗躬爲相度,覽覩當時所遺利害，而其言自有次若指掌 | 1091 |
| | 杭州召還乞郡狀 | 長公一生坎壈，備於此狀，不可不知 | 1091 |
| 권8 | 謝除龍圖閣學士表 | 啓表之類，惟歐陽公情多婉曲，王荊公思多巉刻，故工者爲多，而蘇氏父子兄弟，則往往禁思者少，故予僅錄數首以見其概云 | 1089 |
| | 謝宣召入院表 | 不如歐文忠公 | 1086 |
| | 杭州謝放罪表 | 長公往往以疎直得罪,故其言多危多懼 | 1089 |
| | 謝復官提擧玉局觀表 | 一驚一喜 | 1100 |
| | 謝賜衣襖表 | - | 1093 |
| | 到昌化軍謝表 | - | 1097 |
| | 謝賜對衣金帶馬表 一,二 | - | 1092 |
| | 謝除兵部尙書賜對衣金帶馬表 | - | 1092 |
| | 謝兼侍讀表 | - | 1092 |
| | 謝賜對衣金帶馬表一，二 | - | 1091 |
| | 杭州謝上表 | - | 1089 |
| | 謝南省主文與歐陽內翰啓 | 蘇長公中榜後,士論喧嚷一番,故其謝啓如此 | 1057 |
| | 謝應中制科啓 | 此論宋時進士科及制科之兼擧爲得其法 | 1061 |
| | 謝賈朝奉啓 | 此必賈公過臨老蘇墓而長公陳謝者 | ? |
| | 賀歐陽少師致仕啓 | 內多名言 | 1071 |
| | 賀韓丞相再入啓 | - | 1073 |
| | 謝館職啓 | - | 1065 |
| | 謝王內翰啓 | - | 1057 |
| | 賀韓丞相啓 | - | 1069 |
| | 定州到任謝本路監司啓 | 情曲可掬 | 1093 |
| | 答陳提刑啓 | 此以下南海時所作 | 1100 |
| | 答彭賀州啓 | 此必新命放歸時所作 | 1100 |
| | 答王承議啓 | 以編管而逢故知情誼婉然 | 1101 |
| | 答王幼安宣德啓 | 亦自澹宕 | 1101 |
| | 登州謝兩府啓 | - | 1085 |
| 권9 | 上富丞相書 | 頌而不諂，援而不卑 | 1061 |
| | 上曾丞相書 | 子瞻上執政書 其所自持處嶄然 | 1061 |
| | 上劉侍讀書 | 氣之一字爲一篇命門 | 1060 |
| | 上韓太尉書 | - | 1057 |
| | 上王兵部書 | 奇氣 | 1059 |
| | 上梅直講書 | 文瀟灑而入思少喫緊 | 1057 |
| | 黃州上文潞公書 | 嗚咽然，亦情惆洒然 | 1081 |
| | 與章子厚書 | 公之捍患解亂之識如此 | 1080 |

| | | | |
|---|---|---|---|
| | 應制擧上兩制書 | 論政用法好名,二項亦切宋事 | 1061 |
| 권10 | 上韓魏公論場務書 | 公是時爲鳳翔推官,輒能首陳郡中民瘼若此 | 1063 |
| | 上文侍中論榷鹽書 | 宋朝不榷河北鹽, 不可曉,子瞻宦山東,故所云如此 | 1076 |
| | 上蔡省主論放欠書 | 必蔡確爲省主 | 1062~1064 |
| | 答畢仲擧書 | 放達 | 1080 |
| | 答張文潛書 | 予與荊川嘗力稱子由之文自不易得, 而子瞻亦云如此 | 1085 |
| | 謝張太保撰先人墓碣書 | - | 1086? |
| | 答黃魯直書 | 蘇黃兩相知處可掬 | 1078 |
| | 答秦太虛書 | 此等書竝長公隨手淋漓者, 却自瀟灑脫俗可愛 | 1080 |
| | 與李方叔書 | 詞旨瀟灑可誦 | 1088 |
| | 答謝擧廉書 | 此書所論文, 然却是蘇長公文章本色 | 1100 |
| | 答劉沔書 | 情致脫落蕭颯 | 1100 |
| | 答李端叔書 | 看此等書, 長公據几隨手寫出者,却自疏宕而深眇 | 1080 |
| | 答史諷書 | 史諷所爲易說, 必非深於道, 故長公拒之如此 | ? |
| 권11 | 正統論 上,中 下 | 正統之說, 予嘗略言之, 子瞻所挈名實輕重爲議,亦非是,然而文特辨矣 | 1055 |
| | 秦論 一(秦拙取楚) | 議確 | 海南,志林 |
| | 秦論 二(秦廢封建) | - | 海南,志林 |
| | 大臣論 上, 下 | 當與歐陽公朋黨論參看 | 1055 |
| | 思治論 | 首尾二千五百言, 如一串念佛珠, 其深入人情處, 如川雲嶺月 | 1063 |
| 권12 | 武王論(武王非聖人) | 通篇將無作有, 輾轉不窮, 大略從戰國辯口中來, 此是東坡議論文中滑稽也 | 海南,志林 |
| | 平王論(論周東遷) | 此文類韓諱辯, 非蘇氏本色,分明是宋南渡一斷案 | 海南,志林 |
| | 始皇論 一(趙高李斯) | 前罪秦始皇誤用趙高,人所共知者,後罪秦始皇積威,故足以制太子之死而不請,人所不知者. | 海南,志林 |
| | 始皇論 二 | 賈誼過秦,在於失攻守之勢,子瞻過秦,在於破壞先王之法 | 1060 이전 |
| | 漢高帝論 | 議論正勝老泉 | 1060 이전 |
| | 魏武帝論 | 行文似從戰國策來,浸淫之以自家本色,故多裊娜綽約處 | 1060 이전 |
| | 魯隱公論 一(攝主) | 子瞻得經所載攝主明與季康子一節, 故其論獨刺骨. | 海南,志林 |
| | 魯隱公論 二(隱公不幸) | 奇文 | 海南,志林 |
| | 宋襄公論 | 千古隻眼之論, 自正當. | 海南,志林 |
| 권13 | 伊尹論 | 讀此以後, 可以身自信於天下,而成不賞之功,而行文斷續不羈. | 1061? |
| | 周公論 | 辯 | 1060 이전 |
| | 管仲論 一(七德八戒) | 子瞻悲亞夫以下八人不得其死, 故痛而發論 | 海南,志林 |
| | 管仲論 二 | 蘇公以繁而曲爲守,以簡而直爲決勝,未盡兵之情 | 1060 이전 |
| | 范文子論 | 論用兵之勝而敗之處,反復痛快,長公蓋亦鑒於當時熙河之役故云 | 1060 이전 |
| | 范蠡論(子胥種蠡) | 文如酷吏,雖蠡亦何辭. | 海南,志林 |
| | 伍子胥論(子胥種蠡) | - | 海南,志林 |
| | 孫武論 一, 二 | 行文好而未中孫武之病 | 少時作 |
| 권14 | 樂毅論 | 覇者之論自是刺骨 | 1061 |

| | | | |
|---|---|---|---|
| | 商君論(司馬遷二大罪) | 多名言 | 海南,志林 |
| | 戰國任俠論(遊士失職之禍) | 或謂唐末之庞勛,五代之樊若水,皆客游類 | 海南,志林 |
| | 范增論 | 增之罪案,一一剌骨 | 海南,志林 |
| | 留侯論 | 此文只是一意反復, 滚滚議論, 然子瞻胸中見解亦本黃老來也 | 少時作 |
| | 賈誼論 | 細觀此文, 子瞻高於賈生一格 | 少時作 |
| | 鼂錯論 | 於錯之不自將而爲居守處, 尋一破綻作議論,却好 | 少時作 |
| | 霍光論 | 光總只是一个凝重,故干了大事 | 少時作 |
| | 諸葛亮論 | 行文好而以間疎丕植爲謀, 終似畵餠. | 少時作 |
| 권15 | 孔子論(論魯三桓) | 孔子之所以聖,不盡於用魯, 而子瞻於孔子之用魯,而見得分明 | 海南,志林 |
| | 子思論 | 雖非知思孟之學者, 而其文自圓 | 1061 |
| | 孟軻論 | 此作似未盡長公平生 | 少時作 |
| | 荀卿論 | 以其所傳, 攻其所蔽, 荀卿當深服 | 少時作 |
| | 韓非論 | 韓非於老氏若不相及, 而太史遷獨以爲申韓幷原於道德之意, 東坡亦識得此意 | 少時作 |
| | 揚雄論 | 性道自宋儒濂洛以後才說得分明,而蘇家論性道處不免痴人說夢矣.然通篇因主論客,因客見主,自是文家一法門 | 少時作 |
| | 韓愈論 | 前後數段各自爲說, 而綱目整然 | 少時作 |
| 권16 | 書論 | 挈出一事作議論,三四層趺入,極有法度 | 少時作 |
| | 禮論 | 文特紆徐曲折可誦,然言禮而於器之異宜,何關於禮之大者 | 少時作 |
| | 春秋論 | 文甚㠐娜, 而見似未透 | 少時作 |
| | 中庸論 上,中,下 | 此等文非子瞻之佳者, 以其是蘇家說理文字, 故錄而存之. | 1060 이전 |
| | 續朋黨論 | 長公此論, 眞可以補歐陽子之不是. 通篇轉摺處皆如游龍 | 少時作 |
| | 續楚語論 | 辨而正 | 少時作 |
| 권17 | 刑賞忠厚之至 | 東坡試論文字, 悠揚宛宕, 於今場屋中極利者也 | 1057 |
| | 重選以申命 | - | 1057 |
| | 孔子從先進 | 試論中妙手 其體格與今無相遠 | 1065 |
| | 春秋定天下之邪正 | 以禮字爲案 | 1065 |
| | 儒者可與守成 | 論歸于正 而文更翩翩 | 少時作 |
| | 物不可以苟合 | 試論之冠 | 少時作 |
| | 形勢不如德 | 當時應試論合如此 | 1065 |
| | 劉愷丁鴻孰賢 | 行文勝小蘇 | 1065 |
| | 禮以養人爲本 | 論正 | 1065 |
| | 王者不治夷狄 | 奔逸絶塵, 是時論中一射鵰手也, 擧子業到此, 便是脫凡胎矣 | |
| 권18 | 鄭伯克段于鄢 | 曲而𢡟 | 少時作 |
| | 用郊 | - | 少時作 |
| | 會于澶淵宋災故 | - | 少時作 |
| | 黑肱以濫來奔 | - | 少時作 |
| | 小雅周之衰 | 議論的確而文亦雅 | ? |
| | 大夫無遂事 | 論甚確 | ? |
| | 定何以無正月 | 明辯 | ? |
| | 猶三望 | 文旨疏暢, 而韻度磬折 | ? |

| | | | |
|---|---|---|---|
| | 觀過斯知仁 | 論亦是終不出蘇氏法門 | ? |
| | 君使臣以禮 | 論亦正大 | ? |
| 권19 | 策略 1 | 以人主自斷爲策略之始,下四篇指其事而條之 | 1061 |
| | 策略 2 | 設行人屬國之官,專按越之范蠡吳之伍員上立見 | 1061 |
| | 策略 3 | 任法不如任人, 而篇終專取諸葛之治蜀, 王猛之治秦, 盖爲英廟之初當熙寧時, 似以水濟水矣. 東坡所自爲辨策問箚子得之. | 1061 |
| | 策略 4 | 破庸俗之論, 有奇氣 | 1061 |
| | 策略 5 | 行文如行雲, 如江流, 曲盡文家游衍之妙 | 1061 |
| 권20 | 專任使 | 論省府久任.不獨文暢, 切中經濟 | 1061 |
| | 勵法禁 | 議論近申韓, 而文自中律 | 1061 |
| | 抑僥倖 | 與穎濱臣事八意同 | 1061 |
| | 決壅蔽 | 省事勵精二者,亦切中今日之情 | 1061 |
| | 無責難 | 輕擧主連坐之法,而重監司郡縣之長,以督察所屬之吏 | 1061 |
| | 無沮善 | 專爲吏胥以下之才,其情弊與今亦相參,而文甚錯綜 | 1061 |
| | 敦教化 | 看他行文紆徐婉轉將言不言處 | 1061 |
| 권21 | 省費用 | 論節財處甚工.而所擧郊之賞,與夫宮觀使,及都水監數者,蓋冗員之一耳.子瞻必有忌諱而未盡之說. | 1061 |
| | 蓄財用 | 欲募天下之將材,而歸之于治兵,治兵固一說,然其本尤在君相之一心與一氣 | 1061 |
| | 練軍實 | 欲爲擇兵而募, 而又限以年,精悍之識, 博達之才 | 1061 |
| | 勸親睦 | 三代之遺言深見, 而文亦爽 | 1061 |
| | 均戶口 | 文甚疏暢..其說難行 | 1061 |
| | 較賦役 | 與今江南賦役之患不同, 今江以北, 戶之開石數, 而不及田之畝數, 正如此 | 1061 |
| | 去姦民 | 論利害處刺骨 | 1061 |
| 권22 | 倡勇敢 | 氣之一字極中兵情,而通篇行文如虬龍之駕風雲而撼山谷而杳不可測 | 1061 |
| | 定軍制 | 經國之言 | 1061 |
| | 教戰守 | 宋之嘉祐間海內狃於晏安而恥言兵故子瞻特發此論 | 1061 |
| | 策斷 上 | 順叙. | 1061 |
| | 策斷 中 | 此文論大小政事刺骨. | |
| | 策斷 下 | 蘇氏父子之論敵情,一一深中 | |
| 권23 | 范文正公集序 | 此文本以率意而書者, 而於中識度自遠 | 1089 |
| | 六一居士集序 | 蘇長公乃歐文忠公極得意門生,此序却亦不負歐公 | 1088 |
| | 田表聖奏議序 | 不爲巉刻之言而文自達 | ? |
| | 鳧繹先生詩集序 | 非公着意文, 却亦澹宕而有深思云 | 1077 |
| | 樂全先生集序 | 公與張方平最相知, 故序其文亦相知之深中種種當理 | 1087 |
| | 王定國詩集序 | 蘇長公文不着意結構者多 | 1083 |
| | 錢塘勤上人詩集序 | 勤上人之詩必不足傳, 而長公却於歐公之交上, 作一烟波議論 | 1074 |
| | 送水丘秀才序 | 所思遠而文亦遒俊 | ? |

| | | | |
|---|---|---|---|
| | 方山子傳 | 奇頗跌宕似司馬子長．此篇三蘇文粹不載，予特愛其烟波生色處往往能令人涕洟，故錄入之 | 1082 |
| | 陳公弼傳 | 子瞻嘗自謂,平生不爲行狀墓碑,大較敍事文,其所短也.此傳亦摹史漢，而得其什之二三者 | 1081 |
| 권24 | 仁宗皇帝飛白御書記 | 澹宕不收之音 | 1073 |
| | 南安軍學記 | 此等文軸,多澹宕,不可爲法,考年譜，乃安置儋州時所作 | 1101 |
| | 醉白堂記 | 魏公勳名本勝樂天,故文不讐而思特遠 | 1076 |
| | 墨妙亭記 | 却有一種風雅 | 1072 |
| | 墨君堂記 | 東坡滑稽之文，篇終却少歸之於正 | ? |
| | 靈壁張氏園記 | 無他超遠卓犖之識，而風神亦自典刑 | 1079 |
| | 王君寶繪堂記 | 有一種達人風旨,然地位不如荊公多矣 | 1077 |
| | 李氏山房藏書房記 | 題本小而文旨特放而遠之，纔不鮮腆 | 1076 |
| | 張君墨寶堂記 | - | 1072 |
| | 放鶴亭記 | 疎曠爽然特，少沈深之思 | 1078 |
| | 文與可畵篔簹谷偃竹記 | 中多詼諧之言，而論畵竹入解 | 1079 |
| | 石氏畵苑記 | 中多以文爲戱然亦自是佳品 | 1080 |
| 권25 | 盖公堂記 | 以醫爲喩，起盡議論,却將正意一証 | 1076 |
| | 莊子祠堂記 | 長公好讀莊子而得其髓，故能設爲奇瑰之論如此 | 1078 |
| | 李太白碑陰記 | 古來豪俊所被橫口之汚衊者多，長公此一番洗刷絶是 | ? |
| | 眉州遠景樓記 | 遷客思故鄕，風致宛然 | 1078 |
| | 喜雨亭記 | 公之文好爲滑稽 | 1062 |
| | 凌虛臺記 | 蘇公往往有此一段曠達處,却於陳太守少回護 | 1063 |
| | 超然臺記 | 子瞻本色與凌虛臺記，幷本之莊生 | 1075 |
| | 遊桓山記 | 曠達 | 1079 |
| | 石鍾山記 | 風旨亦自水經來,然多奇峭之興 | 1084 |
| | 大悲閣記 | 禪旨彼所謂信手帖來,頭頭是道矣 | 1075 |
| | 安國寺大悲閣記 | 無論學禪學聖賢，均從篤行上立脚 | 1072 |
| | 四菩薩閣記 | 長公愛道子畵，爲障而對惟簡語甚達 | 1068 |
| | 衆妙堂記 | 公非由南海後,亦不能爲此文 | 1098 |
| | 淸風閣記 | 奇曠 | ? |
| 권26 | 宸奎閣碑 | 看議論持大體處 | 1090 |
| | 上淸儲祥宮碑 | 應製之文，非公之至者，而其所見與議亦自有典刑 | 1091 |
| | 廣州資福寺羅漢閣碑 | 長公作禪林悟景,千年以來絶調 | 1100 |
| | 潮州韓文公廟碑 | 予覽此文,不是昌黎本色,前後議論多漫然然蘇長公生平氣格獨存，故錄之 | 1092 |
| | 表忠觀碑 | 通篇以疏爲序事之文,絶是史遷風旨 | 1078 |
| | 司馬溫公神道碑 | 蘇氏兄弟議論文章，自西漢以來當爲天仙，獨於敍事處，不得太史公法門，余故於兩公所爲諸神道碑，行狀等文不多錄. | 1088 |
| 권27 | 三槐堂銘 | 中多名言 | 1075,9? |
| | 德威堂銘 | 前引皆博大,所謂爲潞公而作者. | 1091 |
| | 九成臺銘 | 銘之變體 | 1101 |

| | | | |
|---|---|---|---|
| | 擇勝亭銘 | 即古之幔亭,而文多曠達矣 | 1091 |
| | 漢鼎銘 | 其憂深,其思遠 | ? |
| | 徐州蓮華漏銘 | 借漏以發明道術,吾所以謂蘇長公仙於文者也. | 1078 |
| | 夢齋銘 | 妙詮 | 1096 |
| | 文與可飛白贊 | 文有神解 | 1080 |
| | 延州來季子贊 | 子瞻按季子救陳, 在哀公十年, 故以爲其救陳也, 去吳之亡僅十三年爾. 季子知吳之亡, 何以不諫, 余獨謂闔閭旣已殺王僚而自立, 逃而去, 終身焉, 不入吳之市, 盖季子已絶人世也久矣. 左傳所稱季子云云妄也, 大較左傳多浮誇焉, 知其非以訛傳訛也. 子瞻求其說而不得, 謂季子且不死則又過矣. | ? |
| | 王元之畵像贊 | 感慨激烈過多 | 1078 |
| | 王仲儀眞贊 | 先於小序中點次, 故贊文特爽 | 1079 |
| | 韓幹畵馬贊 | 遊神言外, 點綴淋漓 | ? |
| | 三馬圖贊 | 贊名馬, 而其意全在本朝廷却名馬上 | 1097 |
| | 磨衲贊 | 箇中人語往往令人解頤 | ? |
| | 十八大阿羅漢頌 | 此等文字, 韓歐所不欲爲, 此等見解, 韓歐所不能及, 由長公少悟禪宗, 及過南海後遍歷劫幻, 以此心性超朗乃至於此, 可謂絶世之文矣 | 1099 |
| 권28 | 稼說 | 歸本於學, 有見 | 1070~1086 |
| | 剛說 | 公晩年歷世故多, 故爲言如此 | 1100 |
| | 前赤壁賦 | 予嘗謂東坡文章仙也,獨此二賦, 令人有遺世之想 | 1082 |
| | 後赤壁賦 | 蕭瑟 | 1082 |
| | 祭歐陽文忠公文 | 歐陽文忠公知子瞻最深, 而子瞻爲此文以祭之, 涕入九原矣 | 1073 |
| | 祭魏國韓令公文 | 韓公祭文, 當時第一 | 1076 |
| | 問養生 | 近有道者之言 | 1095 |
| | 日諭 | 公之以文點化人, 如佛家參禪妙解 | 1078 |
| | 明正 | - | ? |
| | 太息 | 奇偉之氣不可遏 | 1091 |
| | 藥誦 | 多曠達之旨, 從徙南海得之 | 1095 |
| | 傳神 | 得此解, 併可入文章矣 | ? |
| | 六一居士傳後 | 本莊生齊物我見解, 而篇末類滑稽可愛 | 1071 |
| | 書黃子思詩集後 | 公之詩不入詩家品題,而其論詩處, 興味自遠 | ? |
| | 書東皐子傳後 | 曠達之旨 | |

# 凡例

1. 本書는 東洋古典譯註叢書 ≪唐宋八大家文抄≫ 蘇軾의 제1책이다.
2. 본서는 戊申字本 ≪唐宋八大家文抄≫(國會圖書館 所藏本, 刊年未詳)를 저본으로 하고, ≪蘇軾文集≫ 및 ≪唐宋八大家文鈔 校注集評≫(高海夫 主編, 三秦出版社, 北京, 1998)을 참고하여 校勘하였다.
3. 본 譯註는 원전의 傳統性과 번역의 現代性을 구현하기 위해 노력하였다.
4. 原文에 懸吐하고 번역하였다.
5. 原文은 단락이 길 경우에 역자의 재량으로 분절하여 가능한 한 原文이 한 면의 반을 넘지 않도록 하였다.
6. 번역은 原義에 충실하게 하되, 이해가 어려운 부분은 意譯 또는 보충역을 하였다.
7. 譯註는 인용문의 출전과 故事와 難解語, 그리고 사건의 역사적인 배경, 인물, 관직에 관한 사항을 밝히되 ≪唐宋八大家文鈔 校注集評≫ 등을 참고하였다.
8. 題下註를 달아 독자들의 이해를 돕고자 하였다.
9. 본서에 사용된 주요 符號와 略號는 다음과 같다.

“ ” : 對話, 각종 引用<br>
‘ ’ : “ ” 안에서 再引用, 强調<br>
「 」 : ‘ ’ 안에서 再引用<br>
( ) : 原文 중의 괄호는 漢字의 音, 同字, 通用字, 俗字의 正字<br>
　　번역문 중의 괄호는 간단한 註釋<br>
≪ ≫ : 書名이나 典據<br>
〈 〉 : 篇章名, 作品名, 原文의 補充, 補充譯

〔 〕: 번역문과 뜻은 같으나 音이 다른 한자와 한문

{ }: 원문의 衍文

( )〔 〕: 원문의 正誤 표시 (誤字)〔正字〕 例) 以爲國(君)〔均〕

# 參考書目


## 1. 경서류

≪論語≫ ≪孟子≫ ≪中庸≫ ≪詩經≫ ≪書經≫ ≪周易≫
≪周禮≫ ≪儀禮≫ ≪禮記≫ ≪春秋左氏傳≫ ≪春秋公羊傳≫

## 2. 사서류

≪國語≫ ≪史記≫ ≪漢書≫ ≪後漢書≫ ≪晉書≫ ≪舊五代史≫ ≪宋書≫ ≪戰國策≫
≪新唐書≫ ≪宋史≫ ≪宋史紀事本末≫ ≪資治通鑑≫ ≪續資治通鑑≫

## 3. 제자류

≪荀子≫ ≪莊子≫ ≪列子≫ ≪韓非子≫ ≪法言≫ ≪水經注≫ ≪列女傳≫
≪貞觀政要≫ ≪日知錄≫

## 4. 문집류

≪蘇軾文集≫ ≪韓昌黎集≫ ≪文忠公集≫ ≪六一居士集≫ ≪明統論≫
≪農巖集≫ ≪臺山集≫ ≪文選≫

## 5. 기 타

≪新譯蘇軾文選≫ : 高克勤 注譯, 三民書局, 台北, 2008年 5月.
≪八家散文選≫ : 畢庶春 主編, 遼寧人民出版社, 遼寧, 2004年 8月.
≪唐宋八大家散文鑑賞≫ : 呂晴飛 主編, 中國婦女出版社, 北京, 1991年 1月.
≪漢文大系≫ : 新文豊出版有限公司, 臺北, 1978年 10月.
≪新譯古文辭類纂≫ : 姚鼐 撰, 三民書局, 台北, 2006年 4月.

≪古文眞寶後集≫ : 學民文化社, 1990年 1月.
≪文章軌範≫ : 學民文化社, 1990年 1月.
≪古文觀止≫ : 安徽教育出版社, 合肥市, 1990年 2月.
≪經史百家雜抄全譯≫ : 曾國藩 撰, 張政烺 譯, 貴州人民, 貴州, 1999年 4月.
≪唐宋八大家文鈔 校注集評≫ : 高海夫 主編, 三秦出版社, 西安, 1998年 9月.

6. 데이터베이스(DB) 자료

四庫全書電子版 : 迪志文化出社, 北京, 1999年.
상우천고(http://www.s-sangwoo.kr), 宋基采
辭典(70種), 儒學經傳(28種), 儒學文獻(38種), 詩文(77種), 諸家(183種), 二十四史(24種), 歷史(14種), 典章制度(11種), 書誌(3種).

# 目 次



## 卷1 制策



## 卷2 上書



## 卷3 上書

卷4 箚子



卷5 箚子

## 蘇文忠公文抄引*

* 文忠은 蘇軾의 諡號이다. 引은 책의 첫머리에 붙여서 그 개황을 설명하는 글로 文體에 있어 序跋類에 속한다.

**予少謂 蘇子瞻之於文**과 **李白**[1]**之於詩**와 **韓信**[2]**之於兵**은 **天各縱之以神僊(仙)軼世之才**하야 **而非世之問學所及者**러니 **及詳覽其所上神宗皇帝及代張方平, 滕甫諫兵事等書**와 **又如論徐州京東盜賊事宜**와 **幷西羌鬼章等劄子**하니 **要之於漢賈誼,**[3] **唐陸贄**[4]에 **不知其爲何如者**라

나는 젊어서 생각하기를 '文章에 있어서 蘇子瞻(蘇軾)과 詩에 있어서 李白과 兵法에 있어서 韓信은 하늘이 각각 神仙과 같은 뛰어난 재주를 마음껏 부여하여, 세상에서 묻고 배워 미칠 수 있는 것이 아니다.'라고 여겼는데, 그가 神宗皇帝에게 올린 글과 張方平과 滕甫를 대신하여 兵事를 간한 글과 또 徐州와 京東의 盜賊의 일에 대한 마땅한 조처를 論한 것과 아울러 西羌과 鬼章 等에 대해 올린 劄子를 자세히 읽어보니, 요컨대 漢나라의 賈誼와 唐나라의 陸贄와 비교하여 어떠한지를 알지 못하겠다.

1) 李白 : 701~762. 唐나라의 저명한 시인으로, 字는 太白이고 號는 靑蓮居士이다. 杜甫와 함께 漢詩의 양대 산맥으로 일컬어져 李白은 詩仙, 杜甫는 詩聖으로 불린다. 天寶 元年(742) 가을에 처음 長安에 나와 賀知章(659~744)을 만나 '천상의 謫仙人'으로 찬양되면서, 그 명성이 온 세상에 퍼졌다. 그 뒤 玄宗을 알현하여 시문의 재능을 인정받아 翰林供奉으로 임명되고 궁중 시인으로 명성을 날렸다. ≪李太白詩集≫ 30권이 있다.
2) 韓信 : ?~B.C. 196. 漢나라의 개국공신이다. 高祖를 도와 수많은 싸움에서 승리하여 漢나라 개국에 결정적인 공을 세웠는데, 이 과정에서 절묘한 兵法을 많이 사용해 역사상 가장 뛰어난 兵法家로 꼽힌다.
3) 賈誼 : B.C. 200~B.C. 168. 西漢(前漢) 때 洛陽 사람으로 시문에 뛰어나고 제

자백가에 정통하였으며, 20세에 文帝에게 발탁되어 博士가 되었다가 太中大夫로 승진되었다. 正朔과 服色을 고치고 법률을 제정하며 禮樂을 일으키려 하였으나, 周勃 등 당시 대신들의 시기로 長沙王 太傅로 좌천되었다. 4년 뒤 복귀하여 文帝의 막내아들인 梁懷王의 太傅가 되었으나 왕이 낙마하여 급서하자, 죄책감과 함께 이를 애도한 나머지 33세의 젊은 나이로 병사하였다. ≪漢書 賈誼傳≫

4) 陸贄 : 754~805. 唐나라 嘉興 사람으로 諡號는 宣이다. 代宗 大曆 연간에 進士가 되었고 또 博學宏詞科에 급제하였으며 直諫을 잘하였다. 朱泚가 반란을 일으키자 德宗을 따라 奉天으로 피난하였는데, 이때 조서를 起草하여 사람들을 감동시켰다. 뒤에 兵部侍郎에 임명되고 中書平章事에 이르렀다가 裴延齡의 참소로 忠州別駕로 좌천되어 그곳에서 죽었다. 奏議에 뛰어나 그가 쓴 奏議를 모아 ≪陸宣公奏議≫라 명칭하였는데, 후대 정치가들의 필독서가 되었다. ≪唐書 陸贄傳≫

**朱晦菴[1)]이 嘗病其文不脫縱橫[2)]氣習하니 蓋特其少時에 沾沾自喜하야 或不免耳요 入哲宗朝하야 召爲兩制[3)]하고 及謫海南以後에는 殆古之曠達하야 遊方之外者已라 然其以忠獲罪하야 卒不能安於朝廷之上하니 豈其才之罪哉리오**

朱晦菴(朱子)은 일찍이 그의 문장이 縱橫家의 氣習을 벗어나지 못했다고 비판하였는데, 이는 다만 그가 젊었을 때 잘난 체하여 스스로 자랑함을 혹 면하지 못한 것을 〈지적했을 뿐이요,〉 哲宗朝에 조정에 불려 들어와 兩制가 되고 또 海南으로 貶謫된 이후에는 거의 옛날에 曠達하여 方外에서 노닐던 자와 같았다. 그러나 그가 충성으로 죄를 얻어 끝내 조정에서 편안히 있지 못하였으니, 〈이것이〉 어찌 그의 재주 탓이겠는가?

1) 朱晦菴 : 1130~1200. 宋나라의 대학자인 朱熹로, 晦菴은 그의 號이며 字는 元晦이다. 道學과 理學을 통합한 宋學(性理學)을 집대성하여 중국 및 한국의 사상계에 지대한 영향을 미쳤다.

2) 縱橫 : 縱橫家를 말한다. 春秋戰國時代에 성행했던 아홉 가지 流派 가운데 하나로, 趨時附勢하여 권모술수의 계책으로 諸侯들 사이에 遊說한 자들을 일반적으로 지칭한다. 蘇秦과 張儀 외에 公孫衍과 鄒陽 등이 여기에 해당되며, 漢나라의 主父偃과 徐樂 등 후세의 說客들도 그 아류로 분류된다.

3) 兩制 : 宋代에는 翰林學士와 知制誥를 兩制라 칭하였다. 황제의 명령을 '制'라 하는데 翰林學士는 內制를 관장하였고 知制誥는 外制를 관장하였다. 蘇軾은 哲宗 元祐 元年(1086)에서 4년(1089)까지 이 두 직책을 겸임하였으므로 兩制라 한 것이다.

**予錄其制策二首, 上書七首**와 **箚子十四首, 狀十二首**와 **表啓二十六首**와 **與執政及友人書二十二首**와 **論七十首**와 **策二十五首**와 **序傳十首**와 **記二十六首**와 **碑六首**와 **銘贊頌十五首**와 **說賦祭文雜著十五首**하야 **釐爲二十八卷**하노라 **歸安鹿門茅坤**은 **題**하다

나는 制策(制科의 策問) 2首, 上書 7首, 箚子 14首, 狀 12首, 表·啓 26首와 執政大臣과 친구에게 준 편지 22首, 論 70首, 策 25首, 序·傳 10首, 記 26首, 碑 6首, 銘·贊·頌 15首, 說·賦·祭文·雜著 15首를 정리하여 28卷을 만들었다.

歸安 사람 鹿門 茅坤은 쓰다.

## 蘇文忠公本傳

**蘇軾**은 **字子瞻**이니 **眉山人**이라 **軾**은 **幼穎悟有識**이러니 **比冠**에 **博通經史**하고 **好賈誼, 陸贄, 莊子書**라 **嘉祐二年**에 **試禮部**[1]한대 **歐陽脩**[2]**置第二**하고 **復以春秋對義**[3]로 **居第一**하고 **殿試**에 **中乙科**[4]하다 **後以書見脩**한대 **脩語梅聖兪**[5]**曰 吾當避此人出一頭地**라하니라

蘇軾은 字가 子瞻이니, 眉山 사람이다. 蘇軾은 어려서 穎悟하여 지식이 있었는데, 冠禮할 때에 이르자 經史를 널리 통달하고 賈誼와 陸贄와 莊子의 책을 좋아하였다. 嘉祐 2년(1057)에 禮部에서 시험을 보았는데 歐陽脩가 그를 제2(次席)로 뽑았고, 다시 ≪春秋≫의 뜻으로 對策하여 제1(首席)을 차지하고, 殿試에 乙科로 급제하였다. 뒤에 편지를 보내어 歐陽脩를 뵈었는데, 구양수가 梅聖兪(梅堯臣)에게 말하기를 "내 마땅히 이 사람을 피하여 한 자리를 내주어야 되겠다."라고 하였다.

1) 嘉祐二年 試禮部 : 嘉祐 2년(1057)은 蘇軾의 나이 22세 때이다. 宋나라의 과거제도는 먼저 지방의 鄕試나 開封府試에 합격한 자에 한해서 禮部가 주관하는 중앙시험에 응시할 수 있었는데, 蘇軾과 아우 蘇轍은 모두 嘉祐 元年에 開封府試에 합격하였었다.

2) 歐陽脩 : 1007~1072. 字는 永叔인데 唐宋八大家 중의 한 사람으로 韓愈와 함께 古文運動의 영수로 꼽히며 벼슬이 參知政事에 이르렀다. 嘉祐 2년 당시 禮部侍郞으로 知貢擧(과거시험 위원장)의 직책을 맡았다. 옛날에는 과거에 급제한 자들이 자신을 급제시킨 知貢擧를 스승으로 삼는 풍습이 있었는데, 이 인연으로 蘇軾은 평생 歐陽脩를 스승으로 섬겼다.

3) 春秋對義 : 과거제도에 있어 進士試의 경우, 詩賦의 시험과 별도로 ≪禮記≫와 ≪春秋≫ 가운데 하나를 골라 對策文으로 시험하였다.

4) 殿試 中乙科 : 禮部試의 급제자들을 상대로 황제가 친히 시험하여 등급을 나누었는데, 이를 '殿試'라 한다. 급제자를 모두 다섯 등급으로 나누었는데, 3등급

까지는 進士, 4등급은 進士出身, 5등급은 同進士出身이라 칭하였다. 乙科는 2등급이다.

5) 梅聖兪 : 歐陽脩와 詩交를 맺었던 宋나라 시인 梅堯臣의 字이다. 새 울음소리를 따서 짓는 漢詩體의 하나인 '禽言體'의 창시자로 알려져 있다. 그 후 宋나라의 蘇軾과 朱熹 등이 유사한 작품을 남기고, 한국에서는 張維·權韠·金允植 등이 이런 시를 지었다.

五年에 調福昌主簿[1]러니 復對制策[2]하야 入三等하니 自宋以來로 制策入三等은 惟吳育[3]與軾耳라 除大理評事,[4] 簽書鳳翔府判官[5]하고 治平二年에 入判登聞鼓院[6]하다 英宗은 自藩邸[7]로 聞其名하고 欲以唐故事로 召入翰林知制誥한대 宰相韓琦[8]曰 軾은 遠大器也라 他日에 自當爲天下用이니 要在朝廷培養之니이다 今驟用之하면 則天下之士未必以爲然하리니 適足以累之也니이다 且請召試하노이다 及試二論[9]에 復入三等하야 得直史館하다 軾聞琦語하고 曰 公은 可謂愛人以德矣라하니라

嘉祐 5년(1060)에 福昌縣主簿로 調用되었는데 다시 制策에 답하여 3등에 드니, 宋나라 건국 이래로 制策에서 3등에 든 것은 吳育과 蘇軾 두 사람뿐이다. 大理寺評事에 제수되고 簽書鳳翔府判官이 되었으며 治平 2년에 判登聞鼓院으로 들어왔다.

英宗은 藩邸에 있을 때부터 그의 명성을 듣고 唐나라의 故事를 따라 불러 翰林院에 들여 知制誥로 삼고자 하였는데, 宰相 韓琦가 말하기를 "蘇軾은 遠大한 器局입니다. 후일에 마땅히 천하를 위해 쓰여야 하니, 조정에서는 그를 잘 배양하여야 합니다. 지금 대번에 그를 등용한다면 天下의 선비들이 반드시 옳게 생각하지 않을 것이니, 이는 다만 그에게 누가 될 뿐입니다. 우선 불러서 시험해보시기를 청합니다."라고 하였다. 그리하여 두 편의 論으로 시험을 보아 다시 3등에 들어 直史館이 되었다. 蘇軾은 韓琦의 말을 듣고 말하기를 "韓公은 사람을 德으로써 아낀다고 할 만하다."라고 하였다.

1) 福昌主簿 : 福昌은 京西北路 河南府에 소속된 縣(現 河南省 宜陽 서쪽)의 이름이고, 主簿는 문서와 장부를 관리하는 낮은 관리이다.

2) 制策 : 황제가 특별한 인재를 뽑고자 하여 일반적인 과거 외에 직접 시험하는 과거인 制科에 출제된 문제를 이른다. 宋나라 때의 制科는 일정한 시기가 없이 행해졌으며 응시자에 대한 제한도 있지 않았다. 太祖 때에는 3과목뿐이었으

나, 眞宗 때에 이르러 6과목으로 확대되었다. ≪日知錄 制科條≫

3) 吳育 : 1004~1058. 字는 春卿이고 建州 浦城 사람이다. 天聖 5년(1027)에 진사에 급제하여 벼슬이 參知政事에 이르렀다.

4) 大理評事 : 司法을 담당한 중앙기관인 大理寺(시)의 관직인데, 獄事의 판결을 전담하였다.

5) 簽書鳳翔府判官 : 宋나라에는 지방에 수령을 보조하고 제반 정사를 관리하는 判官廳公事를 두었는데, 큰 고을은 通判이 맡고 작은 고을은 簽書判官이 그 업무를 담당하였다. 鳳翔은 지금 陝西省의 鳳翔縣이다.

6) 判登聞鼓院 : 登聞鼓를 관장하는 관서인 登聞鼓院의 判官이다. 登聞鼓는 申聞鼓라 칭하기도 하였는데, 朝廷에 달아놓은 북으로 억울한 일이 있는 백성으로 하여금 두드리게 하였다 한다.

7) 英宗自藩邸 : 藩邸는 황제가 제후왕으로 있을 때를 이른다. 仁宗을 이어 즉위한 英宗(재위 1063~1067)은, 仁宗의 형인 濮安懿王 趙允讓의 아들로, 仁宗의 양자가 되어 태자가 되었다.

8) 韓琦 : 1008~1075. 字는 稚圭이고 號는 贛叟이며 安陽 사람이다. 天聖 5년(1027) 약관의 나이에 진사가 되어 右司諫, 樞密院直學士 등을 역임하였고 仁宗 嘉祐 4년(1059)부터 英宗 治平 4년(1067)까지 재상으로 있었다. 范仲淹, 富弼과 함께 명재상으로 명망이 높았다.

9) 二論 : 〈孔子從先進論〉과 〈春秋定天下之邪正論〉을 말한다.

父喪除還朝[1)]하니 適王安石執政[2)]이라 素惡(오)其異己하야 以判官告院[3)]이러니 旣而오 安石이 欲變科擧興學校하야 詔兩制三館[4)]議한대 軾議上이라 神宗卽日召對하니 軾曰 陛下는 天縱文武이시니 不患不明이요 不患不勤이요 不患不斷이요 但患求治太急하고 聽言太廣하고 進人太銳하오니 願鎭以安靜하야 待物之來然後應之하소서 帝悚然曰 朕이 當熟思之하리라 安石不悅하야 命權開封府推官하야 將困之以事[5)]러니 軾決斷精敏하야 聲聞益遠이라

아버지 喪服을 벗고 조정으로 돌아오니, 마침 王安石이 정권을 잡고 있었다. 王安石은 평소 자기와 뜻이 다른 것을 싫어하여 蘇軾을 判官告院으로 삼았는데, 얼마 후

王安石이 과거제도를 변경하고 학교를 일으키고자 하여 兩制와 三館의 신하들에게 이것을 의논하도록 명하자, 蘇軾이 의논을 올렸다. 神宗이 즉일로 불러 대면하니, 蘇軾이 아뢰기를 "폐하께서는 하늘이 내신 文과 武이시니, 밝지 못함을 근심하지 않고 부지런하지 못함을 근심하지 않고 결단하지 못함을 근심하지 않고, 다만 다스림을 구하기를 너무 급히 하고 남의 말을 듣기를 너무 널리 하고 사람을 등용하기를 너무 빨리할까 염려됩니다. 원컨대 安靜으로써 진정하여 事物이 오기를 기다린 뒤에 대응하소서."라고 하니, 皇帝가 분연히 말하기를 "朕이 마땅히 심사숙고하겠다."라고 하였다.

王安石은 기뻐하지 않고 蘇軾을 임시 開封府推官으로 임명하여 일로써 곤욕을 주려 하였는데, 蘇軾이 精密하고 민첩하게 판결하여 명성이 더욱 멀리 퍼졌다.

1) 父喪除還朝 : 蘇軾의 부친인 蘇洵은 治平 3년(1066) 4월에 별세하였다. 蘇軾과 蘇轍은 3년상을 치르고 熙寧 元年(1068) 12월에 조정으로 돌아왔다.
2) 王安石執政 : 王安石(1021~1086)은 문인이자 정치가로, 唐宋八大家 중의 한 사람이다. 字는 介甫이고 號는 半山이며 만년에 荊國公에 봉해졌기 때문에 荊公이라고 칭한다. 神宗의 전폭적인 지지 아래 부국강병을 위해 新法을 시행하였으나 많은 폐해를 남겼다. 그는 神宗 熙寧 2년(1069)에 參知政事에 임명되었으며 熙寧 3년 12월에 재상이 되었다. ≪宋史 王安石傳≫
3) 判官告院 : 官告院의 副職인 判官을 이른다. 官告院은 吏部에 소속된 관서로 문무백관의 加勳과 封贈에 관한 公文인 官告(告身)를 관리하였다.
4) 三館 : 昭文館, 集賢院, 史館(春秋館)을 이르는데, 역사책을 편수하고 藏書와 校正을 직임으로 하였다.
5) 安石不悅……將困之以事 : 開封府推官은 判官을 보좌하는 직책인데 업무가 많고 복잡하였다. 그러므로 蘇軾을 이 직책에 임시로 임명하여 곤욕을 주려고 한 것이었다.

時에 安石創新法한대 軾上書論之[1]라 軾은 見安石贊帝以獨斷專任하고 因試進士하야 發策호되 以晉武平吳는 獨斷而克[2]하고 苻堅伐晉은 獨斷而亡[3]하고 齊桓은 專任管仲而霸하고 燕噲(쾌)는 專任子之而敗[4]하니 事同而功異로 爲問한대 安石滋怒하야 使御史

**謝景溫**으로 **論奏其過**하야 **窮治無所得**[5)]이라

이때 王安石이 新法을 창제하자, 蘇軾이 글을 올려 논변하였다. 蘇軾은 王安石이 황제에게 '홀로 결단하고 政事를 자신에게 전적으로 맡길 것'을 부추기는 것을 보고 進士試를 계기로 策問을 내어, 晉나라 武帝가 吳나라를 평정할 때에 홀로 決斷을 내려 이겼고 苻堅이 晉나라를 정벌할 때에는 獨斷으로 망하였으며, 齊나라 桓公은 管仲에게 오로지 맡겨 霸者가 되었고 燕王 噲는 子之에게 오로지 맡겨 실패하였으니, 일은 같아도 功이 다르다는 것으로 질문하였다. 이에 王安石이 더욱 노하여 御史인 謝景溫으로 하여금 蘇軾의 잘못을 論奏하게 하여 끝까지 다스렸으나 찾아낸 바가 없었다.

1) 軾上書論之 : 蘇軾이 熙寧 4년(1071) 2월에 萬言疏로 알려진 〈上神宗皇帝書〉를 올려 王安石의 新法을 신랄하게 비판한 것을 가리킨다.

2) 晉武平吳 獨斷而克 : 晉나라 武帝는 太康 元年(280)에 여러 신하들의 반대를 물리치고 張華・王濬・杜預 등의 말을 따라 정월에 출병하여 3월에 吳나라를 멸망시키고 천하를 통일하였다.

3) 苻堅伐晉 獨斷而亡 : 苻堅은 南北朝時代 前秦의 3대 황제(재위 357~386)이다. 명재상인 王猛은 죽을 적에 苻堅에게 東晉을 함부로 공격하지 말라고 당부하였으나, 苻堅은 그의 말을 무시하고 建元 19년(383)에 東晉을 정벌하기 위해 대군을 출병하였다가 東晉의 장군 謝玄과 劉牢之에게 淝水에서 대패하였다. 이 때문에 前秦은 급속히 약해져서 394년에 멸망하였다.

4) 燕噲(쾌)專任子之而敗 : 戰國時代 燕나라 임금인 噲는 재상인 子之에게 정사를 일임하다가 마침내 왕위를 양보하여 나라가 크게 혼란에 빠졌으며, 齊나라의 공격을 받아 거의 멸망할 지경에 이르렀다.

5) 使御史謝景溫……窮治無所得 : 당시에 王安石은 御史인 謝景溫을 시켜, 蘇軾이 부친상을 당해 고향 四川으로 返葬하면서 소금을 밀매하였다는 혐의를 씌워 치죄하고자 하였으나, 사실무근이어서 끝내 죄를 엮지 못하였다.

**軾遂請外**하야 **通判杭州**하고 **徙知密州**하고 **又徙徐州**[1)]하다 **河決曹村**하야 **泛溢匯城下**하고 **漲不時洩**하야 **城將敗**라 **軾詣武衛營**하야 **呼卒長**하야 **爲盡力**한대 **卒長曰 太守猶不避塗潦**(료)하시니 **吾儕**는 **小人**이라 **當效命**이라하고 **率其徒**하야 **持畚鍤**(모삽)**以出**하야 **遂**

**築東南長堤**라 **雨日夜不止**하야 **城不沈者三版**이러니 **復請於朝**하야 **增築故城**하고 **爲木岸**하야 **以虞水之再至**하다

蘇軾은 마침내 外職을 청하여 杭州通判이 되었고 知密州事로 옮겼다가 또다시 徐州로 옮겼다.

徐州에 있을 적에 黃河가 曹村이란 마을로 터져 범람하여 城 아래에서 돌아 넘치고, 불어난 물이 제때에 빠지지 못해서 城이 장차 무너지게 되었다. 蘇軾이 武衛營에 나아가 卒長을 불러 힘을 다해 홍수를 막게 하자, 卒長이 말하기를 "太守(知事)께서도 진흙과 흙탕물을 피하지 않으시니, 우리 小人들은 마땅히 목숨을 바쳐야 한다." 하고는 병사들을 거느리고 삼태기와 가래를 가지고 나와 동남쪽에 긴 제방을 쌓았다. 비가 밤낮으로 그치지 않아 城이 잠기지 않은 것이 겨우 세 版이었다. 蘇軾은 다시 조정에 청하여 옛 城을 증축하고 나무로 江岸을 만들어서 홍수가 다시 닥쳐올 것에 대비하였다.

1) 通判杭州……又徙徐州 : 蘇軾은 王安石의 핍박을 피해 외직을 자청하여 熙寧 4년(1071)에 杭州通判이 되었고, 熙寧 7년(1074)에 知密州事로 옮겼다가, 熙寧 10년(1077)에 知徐州事가 되었다.

**徙知湖州**[1)]한대 **御史李定, 舒亶, 何正言**이 摭**謝表語**하고 **幷媒蘗**(얼)**託諷詩**하야 **以爲**訕**謗**[2)]이라하야 **逮赴臺獄**[3)]하야 **欲置之死**러니 **帝獨憐之**하야 **以黃州團練副使安置**한대 **軾築室於東坡**하고 **自號東坡**[4)]**居士**하다

그러다가 知湖州事로 옮겼는데, 御史인 李定과 舒亶・何正臣이 蘇軾이 謝恩한 表文의 말을 트집잡고 아울러 託諷詩를 媒蘗로 해서 조정을 비방했다는 죄로 엮어서 체포하여 御史臺의 獄으로 끌고 와서 死刑에 처하고자 하였는데, 皇帝(神宗)께서 홀로 가엾게 여겨서 黃州團練副使로 〈黃州에〉 安置하게 하였다. 蘇軾은 東坡라는 곳에 집을 짓고 스스로 '東坡居士'라 號하였다.

1) 徙知湖州 : 蘇軾은 元豐 2년(1079)에 知徐州事에서 知湖州事로 옮겼다.

2) 御史李定……以爲訕謗 : 李定・舒亶・何正言은 모두 王安石의 추종자들이다. 何正言은 ≪宋史≫에 '何正臣'으로 되어 있다. 謝表는 지방관이 임지에 도착한

후 황제에게 感謝의 뜻을 올리는 表인데, 여기서는 蘇軾이 湖州에 부임하여 올린 表를 말하며, '媒蘖託諷詩'는 蘇軾이 지은 詩 가운데 황제를 풍자하고 조정을 비방한 내용이 있다고 트집을 잡아 죄를 엮은 것을 말한다.

3) 臺獄 : 御史臺의 獄을 가리킨다. 御史臺는 중앙감찰기관으로, 蘇軾은 元豐 2년(1079) 7월에 御史臺 관리인 皇甫遵에게 체포되어 御史臺에 투옥되었다.

4) 東坡 : 蘇軾은 黃州 유배시에 경제적으로 매우 궁색하였는데, 黃州의 서생 馬正卿이 관청에 요청하여 수십 畝의 황무지를 경작할 수 있도록 주선하였다. 이 황무지는 옛 군영지의 동쪽에 있는 경사지였으므로 '東坡(동쪽 언덕)'라는 이름으로 불렸다. 이 때문에 蘇軾 역시 東坡라고 自號한 것이다.

帝嘗語宰相王珪, 蔡確[1]호되 命蘇軾하야 成國史하라하니 珪有難色이어늘 帝曰 軾不可인댄 姑用曾鞏하라한대 鞏進太祖總論이나 帝意不允이라 手札移軾汝州[2]러니 軾未至汝에 上書自言饑寒하고 有田在常하니 願居之라한대 朝奏에 夕報可[3]하다

皇帝가 일찍이 宰相인 王珪와 蔡確에게 말하기를 "蘇軾에게 명하여 國史를 이루게 하고자 한다." 하니, 王珪가 난색을 표하였다. 皇帝가 말하기를 "蘇軾이 안 된다면 우선 曾鞏을 등용하라."고 하여, 曾鞏이 〈太祖總論〉을 지어 올렸으나 임금의 마음에 들지 않았다. 皇帝는 手札을 내려 蘇軾을 汝州로 옮겼는데, 蘇軾은 汝州에 부임하기 전에 글을 올려 자신의 춥고 굶주린 정황을 말하고 田地가 常州에 있으니 그곳에 살기를 원한다고 하였는데, 아침에 아뢰자 저녁에 허락하는 비답을 내렸다.

1) 王珪蔡確 : 王珪(1019~1085)는 字가 禹玉으로 成都 華陽 사람이다. 熙寧 9년(1076)부터 元豐 5년(1082)까지 재상을 지냈으나 별다른 공적은 있지 않았다. 蔡確(1037~1093)은 字가 持正으로 泉州 晉江 사람이다. 간사하고 아첨을 잘한 자로 王安石에게 붙어 출셋길에 올랐으나 王安石이 내쳐지자 앞장서서 그를 비난하였던 인물로 ≪宋史≫ 〈奸臣傳〉에 기록되어 있다. 元豐 5년(1082)부터 哲宗 元祐 元年(1086)까지 재상을 지냈다.

2) 移軾汝州 : 蘇軾은 元豐 7년 3월에 檢校尙書水部員外郎 汝州團練副使를 제수받았으나 실제로 부임하지는 않았다.

3) 軾未至汝……夕報可 : 蘇軾은 元豐 7년 10월에 常州에 살게 해줄 것을 청하는

표문을 올렸고, 8년 정월에 재차 常州에 살 것을 원하는 표문을 올렸는데, 2월에 황제가 이를 허락하였다. '아침에 아뢰자 저녁에 허락하는 비답을 내렸다.'는 것은 황제의 허락이 매우 신속하였음을 뜻한다.

**道過金陵**할새 **見王安石**하고 **曰 大兵大獄**은 **漢唐滅亡之兆**라 **今西方連年用兵**[1]하고 **東南數起大獄**이어늘 **公獨無一言以救乎**잇가 **安石曰 二事**는 **皆惠卿**[2]**啓之**라 **安石在外**하니 **安敢言**이리오 **安石又曰 人須知行一不義**하고 **殺一不辜**하면 **得天下弗爲**라야 **乃可**니라 **軾戲曰 今之君子**는 **爭減半年磨勘**[3]하야 **雖殺人**이라도 **亦爲之**니이다하다

도중에 金陵(南京)을 지나가다 王安石을 보고 말하기를 "큰 전쟁과 큰 獄事는 漢나라와 唐나라가 멸망할 때의 조짐이었습니다. 지금 西方에는 해마다 군대를 출동시키고 동남 지방에는 여러 번 큰 獄事를 일으키는데도, 公은 어찌 한마디 말씀으로 이를 바로잡지 않습니까?" 하니, 王安石이 말하기를 "이 두 가지 일은 모두 呂惠卿이 계도한 것이다. 내가 밖에 있으니 어찌 감히 말하겠는가?"라고 하였다.

王安石은 또 말하기를 "사람은 모름지기 '한 가지 일이라도 不義를 행하며 한 사람이라도 無辜한 이를 죽여서 천하를 얻을 수 있다 하더라도, 이와 같은 짓을 하지 말아야 함'을 알아야 비로소 可하다."라고 하니, 蘇軾이 농담으로 말하기를 "지금 君子들은 半年의 磨勘을 줄일 것을 다투어, 비록 사람을 죽이는 일이라도 합니다."라고 하였다.

1) 西方連年用兵 : 神宗이 즉위한 뒤 西夏와의 강화를 깨고 군사를 내어 橫山 일부를 수복하였는데, 이후 西夏가 계속 국경을 침략하여 자주 접전하였다. 西夏는 중국의 서북쪽(現 陝西省, 甘肅省 일대)에 위치하였으므로 '西方'이라고 말한 것이다.

2) 惠卿 : 呂惠卿을 가리킨 것으로 王安石에게 붙어 重用되었으나 뒤에는 王安石을 모함한 인물이다.

3) 半年磨勘 : 磨勘은 정기적으로 관리들의 근무성적을 考課하여 승진을 결정하는 제도이다. 宋나라 때에는 관리들이 3년의 임기를 磨勘하고 큰 허물이 없으면 승진할 수 있었다. '半年의 磨勘을 줄일 것을 다투어'라는 말은 '반년 일찍 승진하길 다투어'라는 의미이다.

哲宗立하야 連擢起居舍人[1)]하고 元祐元年에 遷中書舍人[2)]하다 朝廷以范純仁[3)]言으로 復散青苗錢[4)]한대 司馬光[5)]이 請申嚴抑配之禁[6)]이라 軾繳(교)奏[7)]光하니 是軾議하야 請對[8)]遂止하다 初에 祖宗行差役[9)]하니 充役者多不習하고 又虐使之하야 有終歲不得息者라 安石이 改爲免役하고 使戶差高下하야 出錢雇役[10)]이러니 行法者過取하야 爲民病이라

哲宗이 즉위하자 연달아 승진하여 起居舍人에 발탁되고 元祐 元年(1086)에 中書舍人으로 승진하였다. 조정에서 范純仁의 말을 따라 다시 青苗錢을 나누어주려 하자, 司馬光이 강제 배정을 禁하는 法令을 엄하게 할 것을 거듭 청하였다. 蘇軾이 司馬光의 아룀을 繳奏하니, 蘇軾의 의논을 옳게 여기고 請對하여 마침내 중지하였다.

처음 祖宗朝에서 差役을 행하였는데, 부역에 충원된 자들이 대부분 일에 익숙하지 못하였고, 또 이들을 모질게 부려서 해를 마치도록 쉬지 못하는 자들이 있었다. 王安石이 이것을 免役으로 바꿔, 戶마다 高下의 차등을 두어 돈을 내게 해서 부역할 자들을 고용하였는데, 法을 시행하는 자들이 지나치게 돈을 받아 백성들의 弊害가 되었다.

1) 連擢起居舍人 : 蘇軾은 元豐 8년(1085) 6월에 朝奉郎에 복직되어 知登州事에 임명되었고, 10월에 登州에 도착하자마자 바로 禮部郎中으로 소환되었다가 12월에 起居舍人으로 영전하였다. 起居舍人은 中書省의 요직인데 시종관으로 천자의 언동을 기록하였다.

2) 中書舍人 : 中書省의 舍人으로 神宗 초기까지는 實職이 아니었으나, 元豐 연간의 제도개혁에 의해 實職이 되어 詔書를 기초하는 업무를 관장하였다.

3) 范純仁 : 1027~1101. 字는 堯夫로 명재상 范仲淹의 아들인데, 皇祐 元年(1049)에 進士에 급제하고 벼슬이 中書侍郎에 이르렀다.

4) 青苗錢 : 王安石의 新法 중 青苗法에 의해 농민에게 대여하는 돈을 이른다. 青苗法은 매년 곡식이 익기 전에 常平倉과 廣惠倉으로 하여금 어려운 백성들에게 錢穀을 대여하였다가 곡식이 익은 뒤에 2割의 利息을 붙여 本色과 함께 갚게 하는 제도였다. 이는 朝鮮朝의 還穀제도와 비슷한데, 원래의 취지는 어려운 백성을 구제하기 위한 것이었으나, 백성들에게 강제로 배정하고 중간 관리들이 농간하여 결국 백성들에게 폐해를 입히는 결과를 가져왔다.

5) 司馬光 : 1019~1086. 字는 君實이고 號는 迂夫로 北宋의 名相이다. 죽은 뒤

溫國公에 봉해졌으므로 司馬溫公이라고도 한다. 寶元 元年(1038)에 進士에 급제하고 翰林學士, 御史中丞 등 중앙 요직을 역임하였다. 神宗이 王安石을 발탁하여 新法을 단행하자, 이에 반대하여 樞密副使를 사퇴하고 熙寧 3년(1070)에 외직으로 나갔다가 哲宗 元祐 元年(1086)에 입조하여 재상이 되었다. ≪資治通鑑≫의 편찬자이다.

6) 嚴抑配之禁 : 抑配는 靑苗錢을 강제로 배정함을 이른다. 靑苗法의 폐단 중 가장 심각한 것은 실적을 염두에 둔 관리들의 강제 배정이었다. 이 때문에 사마광이 이렇게 청한 것이다.

7) 繳奏 : 詔書가 내렸으나 반대하여 그 부당함을 지적하고 의견을 내어 다시 아뢰는 것을 말한다.

8) 請對 : 군주를 대면하고 중요한 정사를 아뢸 것을 청함을 이른다.

9) 差役 : 백성들로 하여금 번갈아가며 의무적으로 지방 관부의 말단 직무를 부담하도록 한 제도이다. 宋나라는 민가를 9등으로 나누어, 4등 이상은 公用으로 인부를 징발하고, 5등 이하는 면제하였다.

10) 安石……出錢雇役 : 王安石은 差役의 폐해를 막고자, 백성들의 差役을 면제해 주고 호구의 등급에 따라 대신 돈을 내게 하고, 이 돈으로 관에서 인부를 모집하여 지방 관부의 말단 직무를 담당시켰다. 이것을 일러 '雇役' 또는 '募役'이라 하였다.

**光欲復差役**한대 **軾曰 差役, 免役**이 **各有利害**니이다 **光曰 於君何如**오 **軾曰 法相因則事易成**이요 **事有漸則民不驚**이니이다 **三代之法**은 **兵農爲一**이러니 **至秦**하야 **始分爲二**하고 **及唐中葉**하야 **變府兵**하야 **爲長征之卒**[1]이라 **自是**로 **農出穀帛以養兵**하고 **兵出性命以衛農**하니 **雖聖人復起**라도 **不能易**(역)**也**니이다 **今免役**은 **實大類此**어늘 **公欲驟罷免役**하고 **行差役**하시니 **正如罷長征**하고 **復民兵**이니 **蓋未易**(이)**也**니이다 **光不以爲然**하다

司馬光이 差役을 복구하려 하자, 蘇軾이 "差役과 免役은 각각 利害가 있다."고 말하니, 司馬光은 蘇軾의 생각이 어떠한지 물었다. 蘇軾이 말하기를 "法이 서로 因習하면 일이 이루어지기 쉽고, 일이 점진적으로 행해지면 백성들이 놀라지 않습니다. 三代의 법은 兵과 農이 하나였는데, 秦나라 때에 이르러 비로소 둘로 나뉘었고, 唐나라

중엽에 이르러 府兵制를 長征의 군대로 바꿨습니다. 이로부터 農民들은 곡식과 비단을 내어 군대를 기르고 군사들은 생명을 내어 농민들을 호위하였으니, 이 制度는 비록 聖人이 다시 나오더라도 바꿀 수 없습니다. 지금 免役은 실로 이것과 크게 유사합니다. 公이 갑자기 免役을 파하고 差役을 시행하고자 하시니, 이는 바로 長征을 파하고 民兵을 복구하려는 것과 같으니, 쉽지 않습니다."라고 하였으나, 司馬光은 그의 말을 옳게 여기지 않았다.

1) 三代之法……爲長征之卒 : 夏・殷・周 三代에는 兵制가 井田에 기초하여, 평상시에는 농사를 짓다가 유사시에는 군대가 되는 兵農一致의 제도였는데, 戰國時代 말엽에 이르러 秦나라 등 열국들이 전문 군인을 육성하여 兵農이 분리되었다. 법제상으로 완비된 府兵制는 南北朝時代의 西魏에서 처음으로 시작되었는데, 농민들을 일정기간 교대로 군에 복무시키는 제도이다. 西魏의 경우 1년에 1개월씩 교대로 근무하였다. 唐나라는 西魏의 병제를 정비하여 兵農一致를 근간으로 하는 府兵制를 군제로 삼았으나, 중엽 이후 군역을 담당하는 折衝府의 관리 기능이 무너지자 794년에 兵農分離의 募兵制로 전환하였다. 蘇軾이 말한 '長征之卒'은 오랜 기간을 근무하는 募兵의 군대를 뜻한다.

**軾又陳於政事堂**한대 **光忿然**이라 **軾曰 昔**에 **韓魏公**이 **刺陝西義勇**[1]이어늘 **公爲諫官**하야 **爭甚力**이라 **韓公不樂**호되 **公亦不顧**러니 **豈今日作相**하야 **不許軾盡言耶**잇가하다 **尋除翰林學士**하고 **二年**에 **兼侍讀**[2]하다 **嘗讀祖宗寶訓**[3]이라가 **因及時事**라 **軾歷言 今賞罰不明**하야 **善惡無所勸沮**하고 **又黃河勢方北流**어늘 **而彊之使東**하고 **夏人入鎭戎**[4]하야 **殺掠數萬人**이어늘 **帥臣**[5]**不以聞**하니 **每事如此**라 **恐寖成衰亂之漸**이니이다

蘇軾이 또다시 政事堂에서 이것을 말하자, 司馬光이 노여워하였다. 蘇軾이 말하기를 "지난날 韓魏公(韓琦)이 陝西에 義勇軍을 내도록 명하자, 公이 諫官으로서 매우 강력히 諫爭하였습니다. 韓公이 좋아하지 않았으나 公은 이것을 돌아보지 않았는데, 어찌 오늘 정승이 되셔서 제가 말을 다하는 것을 허락하지 않으신단 말입니까?"라고 하였다.

얼마 후 翰林學士에 제수되고 元祐 2년(1087)에 侍讀官을 겸하였다. 일찍이 황제를 모시고 ≪祖宗寶訓≫을 읽다가 이로 인해 時事를 언급하게 되었는데, 이때 蘇軾은

당시의 상황을 일일이 들어 말하기를 "지금 賞罰이 밝지 못해서 善을 권면하고 惡을 저지하는 바가 없으며, 또 黃河의 형세가 막 북쪽으로 흐르는데 이것을 억지로 동쪽으로 흐르게 하며, 西夏 사람들이 鎭戎軍으로 쳐들어와서 수만 명을 죽이고 노략질해 가는데도 帥臣이 이것을 보고하지 않으니, 모든 일이 이와 같습니다. 점차 衰亂의 조짐을 이룰까 두렵습니다."라고 하였다.

1) 韓魏公刺陜西義勇 : 韓魏公은 魏國公에 봉해진 韓琦를 가리키며, 刺는 선발함을 이른다. 英宗 治平 2년(1065)에 西夏가 변방을 침입하자, 당시 재상으로 있던 韓琦는 병력이 부족할까 염려하여 陜西省에서 20만의 의용군을 모집하였는데, 이로 말미암아 민심이 크게 동요되었다. 이때 간관으로 있던 司馬光은 이 조치가 병제의 근간을 흔들고 백성들에게 믿음을 잃는 失政이라고 극력 반대하였다.

2) 兼侍讀 : 翰林院侍讀學士를 이르는데, 모두 겸직이었으므로 兼侍讀이라고 칭하였다. 侍讀學士는 천자의 經筵에서 강의하는 책무를 맡았다.

3) 祖宗寶訓 : ≪三朝寶訓≫을 이른다. 제왕의 업적 가운데 善政만을 모아 후세의 제왕들에게 교훈이 되도록 편찬한 책을 寶訓이라고 하는데, ≪三朝寶訓≫은 宋나라 太祖·太宗·眞宗의 善政을 기록한 책으로 仁宗 慶曆 연간에 재상 富弼이 편찬하였다.

4) 夏人入鎭戎 : 夏人은 西夏의 군사를 이르며, 鎭戎은 鎭戎軍으로 지금의 寧夏 고원 일대에 위치하였다. 元祐 2년(1087)에 西夏가 鎭戎軍을 침범하여 많은 군사와 백성들을 죽이고 노략질하였는데, 장수들이 이를 숨기고 조정에는 피해가 없다고 보고한 사건을 이른다. 이 내용은 뒤의 〈論邊將隱匿敗亡憲司體量不實箚子〉에 자세히 보인다. 1038년 새로운 지도자인 趙元昊가 등장하여 皇帝國임을 선포하고 국호를 大夏라고 칭하였는데, 宋나라에서는 西夏로 칭하였다. 西夏는 몇 번에 걸친 宋나라와의 전쟁에서 승리하여, 1044년 宋나라가 매년 조공을 바치는 조건으로 講和한 이래, 宋나라와 화북 지역에 있던 契丹族의 遼나라(907~1125)와 함께 3국 병립의 관계를 유지하다가, 1227년 칭기즈칸의 몽골군에 의해 멸망하였다.

5) 帥臣 : 변방의 방위를 책임지고 있는 장수로 按撫使, 經略使 등을 이른다.

**軾嘗鎖宿禁中**[1)]할새 **召對便殿**[2)]이러니 **宣仁后**[3)]**曰 卿官遽至此**는 **乃先帝意也**라 **先帝每誦卿文章**에 **必歎曰 奇才奇才**라하시더니 **但未及進用卿耳**니라 **軾不覺哭失聲**한대 **宣仁后與哲宗亦泣**하고 **左右皆感涕**라 **已而**오 **命坐賜茶**하고 **徹御前金蓮燭**하야 **送歸院**하다

蘇軾이 일찍이 禁中에서 숙직할 적에 便殿에서 召對하였는데, 宣仁皇后가 말하기를 "卿의 벼슬이 대번에 여기에 이른 것은 바로 先帝의 뜻이다. 先帝께서 매번 卿의 문장을 읽을 때마다 반드시 감탄하시기를 '奇才로다! 奇才로다!' 하셨는데, 다만 미처 卿을 등용하지 못했을 뿐이다."라고 하였다. 蘇軾이 자기도 모르게 失聲痛哭을 하자, 宣仁皇后와 哲宗도 함께 눈물을 떨어뜨리고, 좌우 측근들도 모두 감격하여 울었다. 얼마 후 자리에 앉도록 명하여 茶를 대접하고 御前에 있는 金蓮燭을 거두어 하사하여 院으로 돌려보냈다.

1) 鎖宿禁中 : 禁中은 원래 宮中을 가리키나 여기서는 翰林院을 말한다. 翰林院의 관리들은 밤중에 차례로 당직을 섰는데 기밀의 보안을 위해 문을 걸어 잠갔기 때문에 당직을 鎖宿이라고 하였다.
2) 召對便殿 : 召對는 황제가 신하를 불러 대면하여 정사를 논함을 이르며, 便殿은 皇帝가 평상시에 거처하는 殿을 이른다. 공식적인 집무를 보는 正殿과 구별된다.
3) 宣仁后 : 英宗의 宣仁聖烈高皇后이다. 哲宗이 太皇太后로 높였는데, 당시 哲宗이 어려서 섭정을 하고 있었다.

**四年**에 **軾**은 **度**(탁)**不爲當軸者**[1)]**所容**하고 **遂請外**하야 **拜龍圖閣學士知杭州**[2)]러니 **未行**에 **諫官**이 **論前蔡確罪**하야 **大臣議遷之嶺南**이라 **軾密疏**호되 **朝廷**이 **不宜深罪**하야 **爲仁政累**라하니 **宣仁后心善其言**이나 **而不能用**이라 **旣至杭**하니 **大旱**하고 **饑疫竝作**이라 **軾請減本路**[3)]**上供米**하고 **又減價糶**(조)**常平**[4)]**米**하야 **多作饘粥藥劑**하야 **活者甚衆**이라

4년(1089)에 蘇軾은 권세를 잡은 자들에게 용납되지 못할 것임을 헤아리고 마침내 외직을 청하여 龍圖閣學士 知杭州事에 제수되었는데, 길을 떠나기 전에 諫官이 지난날 蔡確의 죄를 논하여 大臣들이 嶺南으로 좌천시킬 것을 의논하였다. 이에 蘇軾은 은밀히 上疏하여, "朝廷에서 그를 무겁게 처벌하여 仁政에 累가 되게 해서는 안 됩니다."라고 하였는데, 宣仁皇后는 마음속으로는 그 말을 좋게 여겼으나 쓰지 못하였다.

蘇軾이 杭州에 부임하니, 크게 가물고 饑饉과 염병이 함께 일어났다. 蘇軾은 本路에 上供米를 줄여줄 것을 청하고 또 값을 낮춰 常平倉의 쌀을 방출해서 미음과 죽과 약재를 많이 만들어 구제하니, 이로 인해 산 자가 매우 많았다.

1) 當軸者 : 주요한 지위에 있거나 정권을 담당한 자를 이른다.
2) 龍圖閣學士知杭州 : 宋나라는 천자마다 殿閣을 세워 御製文을 보관하고 관원을 두어 관장하게 하였는데, 龍圖閣은 太宗의 御製文을 보관하는 殿閣이다. 閣의 관원으로는 學士, 待制, 直閣 등이 있었다. 이때 蘇軾이 외직을 청하여 知杭州事로 나가면서 龍圖閣學士를 겸한 것이다.
3) 本路 : 路는 宋代의 지방 행정구역 단위로 지금의 省과 같은바, 杭州가 속해 있는 浙東路를 가리킨 것으로 보인다.
4) 常平 : 常平은 본래 풍년이 들면 값을 올려서 곡식을 사들이고 흉년이 들면 값을 내려 곡식을 팔아서 백성을 보호하는 제도를 말하는데, 漢나라 때 耿壽昌이 처음 만들었다 한다. 여기서는 常平의 제도를 시행하기 위해 지방 관부에 설치한 창고의 의미로 쓰였다.

**杭本近海**하야 **地泉鹹苦**하니 **居民稀少**라 **唐刺史李泌**(비)[1]가 **始引西湖水**하야 **作六井**[2]하고 **白居易**[3]**又浚西湖水**하야 **入漕河**하야 **漑田千頃**하야 **民以殷富**라 **湖水多葑**호되 **宋廢不治**하니 **葑積爲田**하야 **水無幾矣**요 **漕河失利**하고 **六井亦幾廢**라 **軾見茅山一河專受江潮**하고 **鹽橋一河專受湖水**하고 **遂浚二河**하야 **以通漕**하야 **復造堰牐**[4]하야 **以爲蓄洩之限**하고 **以餘力**으로 **復完六井**하며 **又取葑田積湖中**하야 **南北徑三十里**로 **爲長堤**하야 **以通行者**하다 **堤成**에 **植芙蓉楊柳其上**하니 **望之如畫圖**라 **杭人**이 **名爲蘇公堤**라하니라

杭州는 본래 바다에 가까워서 땅과 샘물이 짜고 쓰니, 거주하는 백성이 극히 드물었다. 唐나라 때 刺史 李泌가 처음으로 西湖의 물을 끌어다가 여섯 우물을 만들었고, 白居易가 또다시 西湖를 준설하여 운하로 끌어들여 千頃의 토지에 물을 관개하니, 백성들이 많아지고 부유하게 되었다. 湖水에는 갈대가 많았는데, 宋나라 때에는 버려두고 다스리지 않으니, 갈대가 쌓여 밭이 되어 물이 얼마 없게 되었으며, 운하가 쓸모가 없어지고 여섯 우물 또한 거의 버려지게 되었다.

蘇軾은 茅山의 한 물은 오로지 江의 潮水만을 받아들이고 鹽橋의 한 물은 오로지

湖水의 물만을 받아들이는 것을 보고는, 마침내 두 물을 준설하여 漕運을 통하게 하고 다시 堤防과 閘門을 만들어서 물을 저장하고 흘려보내는 한계로 삼았으며, 餘力으로 다시 여섯 우물을 완전히 회복시켰다. 또 갈대밭의 흙을 취하여 湖水 가운데에 南北으로 길이가 30里 되는 긴 둑을 쌓아서 사람들이 통행하게 하였다. 堤防이 이루어지자 芙蓉(연꽃)과 버드나무를 그 위에 심으니, 바라보면 마치 그림과 같았다. 杭州 사람들은 이것을 蘇公堤라고 이름하였다.

1) 李泌(비) : 722~789. 唐나라 때 문인이자 정치가로 字는 長源이다. 玄宗・肅宗・代宗・德宗 등 네 조정에 연이어 벼슬하였고 끝내 재상에 올랐다. 李泌는 代宗 때 杭州刺史로 부임하여 六井을 만드는 등 선정을 베풀었다.
2) 六井 : 唐나라 代宗 때에 杭州刺史 李泌가 西湖의 물을 끌어다가 만든 여섯 개의 우물을 말한다. 相國井, 西井, 金午井, 方井, 百龜井, 小方井으로 杭州 시내에 고르게 위치하였는데, 뒤에 전부 매몰되었다가 穆宗 때에 刺史로 부임한 白居易가 西湖를 준설하고 六井을 다시 복구하였다. 宋나라 때에 이르러 다시 대부분 매몰되었었는데, 蘇軾이 知杭州事로 부임하여 모두 복구하였다.
3) 白居易 : 772~846. 唐나라의 시인이자 정치가로 字는 樂天이고 號는 香山居士이다. 穆宗 長慶 2년(822)에서 4년(824)까지 杭州刺史로 부임하여 西湖를 준설하고 운하와 연결하였다.
4) 堰牐 : 堰은 물을 막기 위한 제방을 이르고, 牐은 물높이를 조정하는 閘門을 이른다.

浙江潮自海門東來하야 勢如雷霆하고 而浮山이 峙於江中하야 與漁浦諸山으로 犬牙相錯하야 洄洑激射하야 歲敗公私船을 不可勝計라 軾議호되 自江上流地名石門으로 鑿漕河하야 自慈浦北折하야 抵小嶺하고 浚古河하야 以避浮山之險이라하고 復言 三吳[1]之水瀦爲太湖하고 太湖之水溢爲松江하야 以入海라 慶曆[2]以來로 松江築挽路[3]扼塞이라故로 今三吳多水라 欲鑿挽路하야 爲十橋하야 以迅江勢라하나 俱不果用하니 人以爲恨이라 軾再莅杭하니 有德於民하야 家有畫像하고 飲食必祝하며 作生祠[4]云이라

浙江(錢塘江)의 조수는 바다 어귀 동쪽으로부터 와서 형세가 우레와 같고, 浮山이 강 가운데에 우뚝 솟아 있어 漁浦 등 여러 산과 함께 개 이빨처럼 서로 어긋나서 물이

급히 맴돌고 격하게 쏟아지니, 해마다 公船과 私船을 파선시키는 것을 이루 다 계산할 수가 없었다.

蘇軾은 江의 상류인 石門으로부터 운하를 파서 慈浦로부터 북쪽으로 꺾어 小嶺에 이르고 옛날 河水를 준설하여 浮山의 험함을 피하게 할 것을 건의하였고, 다시 말하기를 "三吳의 물이 모여 太湖가 되고 太湖의 물이 넘쳐 松江이 되어 바다로 들어간다. 그런데 慶曆 연간 이래로 松江에 挽路를 쌓아 물길을 막았기 때문에 지금 三吳 지방에 홍수가 많으니, 挽路를 파서 10개의 다리를 만들어 강물의 형세를 빠르게 하자." 라고 하였으나, 모두 끝내 쓰이지 못하니, 사람들이 한탄하였다.

蘇軾이 다시 杭州에 부임하니, 백성들에게 은덕이 있어서 집집마다 蘇軾의 화상을 그려두고 음식을 먹고 마실 적에 반드시 축원하였으며, 生祠堂을 만들었다.

1) 三吳 : 揚子江을 비롯하여 많은 강하들이 합류하는 세 곳의 지역을 이른다. 시대마다 각각 지역이 달랐는데, 晉나라 때는 吳興·吳郡·會稽 지역이며, 唐나라 때는 吳興·吳郡·丹陽 지역이며, 宋나라 때는 蘇州·常州·湖州 지역이며, 혹은 東吳인 蘇州, 中吳인 潤州, 西吳인 湖州를 三吳라 하였다.

2) 慶曆 : 宋나라 仁宗 때의 年號(1041~1048)인데, 仁宗이 어진 정사를 펴서 천하가 태평하였다.

3) 挽路 : 물길을 막는 제방으로, 위로 수레가 다닐 수 있을 정도로 크고 넓은 제방을 이른 것으로 보인다.

4) 生祠 : 지방관의 善政을 높이 사모하여 그가 살아 있을 때에 백성들이 제사 지내는 사당을 이른다.

**六年**에 **召爲吏部尙書**러니 **未至**에 **以弟轍除右丞**으로 **改翰林承旨**[1]하다 **數月**에 **復以讒請外**하야 **乃以龍圖閣學士**로 **知潁州**하다 **七年**에 **徙揚州**러니 **未閱歲**에 **召爲兵部尙書兼侍讀**하다 **郊祀**에 **爲鹵簿使**[2]러니 **皇后及大長公主 乘犢車**하고 **不避儀仗**이어늘 **軾劾奏之**[3]한대 **駕回**에 **詔皇后而下毋迎謁**하다 **遷禮部尙書兼端明殿翰林侍讀兩學士**[4]하다 **高麗遣使請書**[5]어늘 **朝廷以故事許之**한대 **軾曰 漢東平王**[6]이 **請諸子及太史公書**[7]로되 **猶不肯予**하니 **今高麗所請**은 **有甚於此**하니 **其可予乎**[8]아호되 **不聽**하다

元祐 6년(1091)에 吏部尙書로 부름을 받았는데, 부임하기 전에 아우 轍이 右丞으

로 제수되었기 때문에 피혐하여 翰林承旨로 바뀌었다. 몇 개월 만에 다시 讒言 때문에 외직을 청하여 龍圖閣學士로 知潁州事가 되었다. 7년에 知揚州事로 옮겼는데 1년이 지나지 않아 兵部尙書 兼侍讀으로 부름을 받았다. 郊祀를 지낼 적에 鹵簿使를 맡고 있었는데, 皇后와 大長公主가 송아지가 끄는 수레를 타고 황제의 儀仗을 피하지 않자, 蘇軾이 탄핵하여 아뢰니, 大駕가 돌아온 뒤에 皇后 이하를 맞이하여 배알하지 말도록 명하였다.

禮部尙書 兼端明殿學士 翰林侍讀學士로 승진하였다. 高麗에서 使者를 보내어 서책을 내려줄 것을 청하였는데, 朝廷에서 故事에 따라 허락하려 하자, 蘇軾이 말하기를 "漢나라 東平王이 諸子와 太史公의 책(≪史記≫)을 청하였을 때도 주려 하지 않았는데, 지금 高麗에서 청한 것은 이보다 더 심하니 어찌 줄 수 있겠습니까?" 하였으나 듣지 않았다.

1) 弟轍除右丞 改翰林承旨 : 吏部는 尙書省에 소속된 관서인데, 蘇軾은 이때 아우 蘇轍이 尙書右丞으로 제수되었기 때문에 피혐하여 翰林承旨로 직위를 옮긴 것이다.

2) 鹵簿使 : 鹵簿는 천자가 거둥할 때에 따르는 儀仗과 旌旗의 행렬을 말하며, 이를 맡은 長을 鹵簿使라 한다.

3) 皇后及大長公主……軾劾奏之 : 皇后는 哲宗의 皇后인 昭慈聖獻孟皇后이고, 大長公主는 英宗의 3녀인 韓魏國大長公主이다. 元祐 7년(1092) 11월 哲宗이 郊祀를 지낼 때의 일로, 이 내용은 본서의 권5 〈奏內中車子爭道亂行箚子〉에 자세히 보인다.

4) 禮部尙書兼端明殿翰林侍讀兩學士 : 禮部尙書의 직위와 端明殿學士 및 翰林侍讀學士를 겸한 것인데, 蘇軾은 元祐 7년(1092) 12월에 승진하였다.

5) 高麗遣使請書 : 元祐 8년(1093)에 입조한 高麗 사신이 ≪冊府元龜≫와 歷代의 史冊을 내려줄 것을 청하였는데, 蘇軾은 당시 高麗가 契丹의 동맹국이므로 이 책들을 내려주어서는 안 된다고 반대하였다.

6) 漢東平王 : 漢나라 宣帝의 아들인 劉宇로, 甘露 2년(B.C. 52)에 東平王에 봉해졌다. 元帝가 승하하고 成帝가 즉위하자 來朝하였는데, 이때 글을 올려 諸子의 책들과 ≪史記≫를 하사해줄 것을 청하였다. 당시 成帝의 元舅(큰외삼촌)인 平陽侯 王鳳이 大司馬와 大將軍의 직위를 겸하고 있었는데, 이런 서책이 제후

왕에게 있는 것은 마땅하지 않다고 반대하자 마침내 하사하지 않았다. ≪漢書 宣元六王傳 東平思王≫

7) 諸子及太史公書 : 諸子의 책은 ≪韓非子≫나 ≪莊子≫ 등을 이르는데 이러한 책들은 孔子를 부정하였다. 太史公은 前漢의 司馬遷을 이르며 太史公書는 ≪史記≫를 이른다. ≪史記≫의 〈列傳〉에는 蘇秦·張儀 등 縱橫家와 漢나라 建國功臣인 陳平·蕭何 등의 傳記가 기재되어 있고, 〈天官書〉에는 天文과 曆法의 원리와 天文과 災異에 관한 내용이 서술되어 있으며, 〈河渠書〉에는 천하의 地形과 要塞에 관련된 내용이 들어 있으므로 제후왕에게 내려주어서는 안 된다고 한 것이다.

8) 軾曰……其可予乎 : 이 내용은 본서의 권4 〈論高麗買書利害箚子〉에 자세히 보인다.

八年에 宣仁后崩하고 哲宗親政이라 軾乞補外하야 以兩學士로 知定州하다 時에 國事將變하니 軾不得入辭[1)]하고 旣行에 上書云云이라 定州軍政壞弛러니 會春大閱이라 軾命擧舊典하야 帥常服出帳中[2)]하고 將吏戎服執事하야 無敢慢者라 定人言 自韓琦後로 不見此禮至今矣라하니라

元祐 8년(1093)에 宣仁皇后가 승하하고 哲宗이 親政을 하였다. 蘇軾은 외직에 보임될 것을 청원하여 兩學士로 知定州事가 되었다. 이때 國事가 장차 변하려 하니, 蘇軾은 궁궐에 들어가 하직하지 못하고 길을 떠난 다음 이리이리 글을 올렸다.

定州는 軍政이 파괴되고 해이하였는데, 마침 봄에 큰 閱兵式을 거행하였다. 蘇軾은 옛 법대로 거행할 것을 명하여 將帥는 평상복차림으로 장막 안에서 나오고 將官과 官吏들은 軍服차림으로 일을 집행하게 하여 감히 태만한 자가 없었다. 定州 사람들이 말하기를 "韓琦가 떠나간 이후로 지금에 이르도록 이 禮式을 보지 못하였다."라고 하였다.

1) 軾不得入辭 : 본래 중앙직을 담당하던 신하가 외직인 知州事로 나갈 때에는 궁궐에 들어가 황제에게 肅拜를 올리고 임지로 떠나는 것이 관례였다. 그러나 이때(元祐 8년) 이미 新法黨이 다시 득세하였으므로 哲宗이 蘇軾을 멀리하여 親見하지 않은 것이다.

2) 帥常服出帳中 : 帥는 장수로 知州事인 蘇軾을 가리키고, 常服은 知州事가 집무

할 때 늘상 입는 官服으로 보이며, 帳中은 軍幕 가운데를 이른다.

**初宣仁在時**에 **侍御史賈易**와 **監察御史董敦逸, 黃慶基 先後論軾及弟轍所作文詞譏斥先朝**라가 **三人者皆坐黜**[1]이러니 **及紹聖初**에 **御史復以爲言**한대 **謫軾知英州**하다 **未至**에 **貶寧遠軍節度副使**하야 **惠州安置**[2]하고 **居三年**에 **又貶瓊州別駕**하야 **居昌化**하니 **昌化**는 **故儋(담)耳地**[3]로 **非人所居**요 **藥餌皆無有**라 **初僦官屋**호되 **有司猶謂不可**한대 **軾遂買地築室**하니 **儋人**이 **運甓畚(분)土助之**라 **獨與幼子過處**하고 **著書爲樂**하다

이보다 앞서 宣仁皇后가 생존해 있을 적에, 侍御史 賈易와 監察御史 董敦逸과 黃慶基가 앞뒤로 蘇軾과 그의 아우 轍이 지은 문장이 先王朝(神宗)를 비판하고 排斥했다고 논죄하다가 세 사람이 모두 죄에 걸려 축출되었는데, 紹聖 初年에 이르러 御史가 다시 이것을 말하자, 蘇軾은 知英州事로 좌천되었다.

英州에 부임하기 전에 寧遠軍節度副使로 좌천되어 惠州에 안치되었고, 惠州에 있은 지 3년 만에 또다시 瓊州別駕로 좌천되어 昌化에 거주하니, 昌化는 옛날 儋耳의 땅으로 사람이 살 만한 곳이 아니고 약품과 먹을 것이 모두 없었다. 처음 관청의 집을 세내어 살려 하였으나, 有司가 不可하다 하였으므로 蘇軾은 마침내 땅을 사 집을 지었다. 이때 儋州 사람들이 벽돌을 운반해오고 흙을 삼태기에 담아와 협조하였다. 蘇軾은 홀로 어린 아들 過와 함께 거처하며 글을 짓는 것을 樂으로 삼았다.

1) 宣仁在時……三人者皆坐黜 : 元祐 6년(1091)에 侍御史 賈易는 蘇軾이 지은 詩에 先帝(神宗)를 비방하는 내용이 있다고 모함하다가 知宣州事로 쫓겨갔고, 監察御史 董敦逸과 御史 黃慶基는 蘇軾이 中書舍人으로 있으면서 先帝(神宗)의 정사를 비판하고 배척하였으며, 그 아우 蘇轍이 표리가 되어 조정을 문란하게 하였다고 논죄하다가 파면되었다.

2) 惠州安置 : 惠州는 지금의 廣東省 惠陽市로 廣東南路에 속해 있었다. 蘇軾은 紹聖 元年(1094)에 惠州에 安置되었다.

3) 居昌化……故儋(담)耳地 : 昌化는 昌化軍으로 당시 下州에 속해 있었는데, 지금의 廣州 海南島이다. 본래 儋州였으나, 熙寧 6년(1073)에 昌化軍으로 격하되었다. 漢나라 때에 이곳에 儋耳郡을 둔 적이 있었기 때문에 옛날 儋耳의 땅이라고 말한 것이다.

**徽宗立**하야 **連徙永州**하고 **更**(경)**三大赦**하야 **還提擧玉局觀**하고 **復朝奉郞**[1]하다 **軾自元祐以來**로 **未嘗以歲課乞遷**이라 **故**로 **官止於此**하다 **未幾**에 **卒於常州**하니 **年六十六**이라

徽宗이 즉위하여 연달아 永州로 옮기고, 세 번 대사면령을 거쳐 提擧玉局觀이 되었으며 다시 朝奉郞이 되었다. 蘇軾은 元祐 이래로 일찍이 歲課(연공)를 가지고 승진을 청하지 않았기 때문에 벼슬이 이에 그쳤다. 얼마 안 있다가 常州에서 별세하니, 享年이 66세였다.

1) 提擧玉局觀 復朝奉郞 : 元符 3년(1100) 5월에 徽宗이 즉위하여 대사면령을 내렸는데, 이때 蘇軾도 사면되어 廉州로 옮겨 안치되었다. 8월에 舒州團練副使로 제수하고 永州에 거주하라는 조칙이 내렸으며, 11월에 英州에 이르자 朝奉郞 提擧成都玉局觀에 임명되고 자유롭게 거주할 수 있도록 허락되었다. 提擧玉局觀은 본래 道敎의 宮觀을 관리하는 관직인데, 연로한 신하를 예우하여 녹봉을 주기 위해 이름만 있는 祠祿의 관직이다.

**軾與轍**로 **爲文章**에 **俱師其父**[1]라 **弱冠**에 **父子兄弟至京師**하니 **一日而聲名赫然**하야 **動於四方**이라 **軾嘗自謂 作文**은 **如行雲流水**하야 **初無定質**이라 **但當行於所當行**이요 **止於所不可不止**라하다 **雖嬉笑怒罵之辭**라도 **皆可書而誦之**라 **其體渾涵光芒**하야 **雄視百代**하니 **有文章以來**로 **蓋亦鮮矣**라

蘇軾은 아우 轍과 함께 문장을 지을 적에 모두 그 아버지를 스승으로 삼았다. 弱冠에 父子와 兄弟가 京師에 이르니, 하루아침에 명성이 赫赫하여 사방에 진동하였다. 蘇軾은 일찍이 스스로 말하기를 "글을 짓는 것은 떠가는 구름과 흘러가는 물과 같아서 애당초 정해진 바탕이 없다. 다만 마땅히 흘러가야 할 곳으로 흘러가고 그치지 않으면 안 되는 곳에 그쳐야 한다."라고 하였다. 그리하여 비록 장난하고 웃고 성내고 꾸짖는 말이라도 모두 글로 표현하여 욀 만하였다. 그 文體가 渾涵하고 光彩가 있어서 百代를 오만하게 보니, 문장이 있은 이후로 이와 같은 경우는 드물었다.

1) 俱師其父 : 其父는 蘇軾의 父親인 老泉 蘇洵을 가리킨다. 뒤늦게 文學에 종사하여 두 아들과 함께 三蘇로 일컬어졌다.

**洵**이 **晩作易傳未究**하고 **命軾述其志**러니 **軾成易傳**하고 **復作論語說**하다 **後居海南**할새 **作書傳**하고 **又有東坡等集, 奏議, 內外制, 和陶詩**[1)]하다 **一時文人如黃庭堅, 晁補之, 秦觀, 張耒, 陳師道**는 **擧世未之識**이러니 **軾待之如朋儔**하고 **未嘗以師資自予也**하니라

蘇洵은 말년에 ≪易傳≫을 지었으나 끝마치지 못하고 蘇軾에게 명하여 그 뜻을 繼述하게 하니, 蘇軾이 ≪易傳≫을 완성하고 다시 ≪論語說≫을 지었다. 뒤에 海南에 거처할 적에 ≪書傳≫을 지었고, 또 ≪東坡文集≫ 等과 ≪奏議≫와 ≪內外制≫와 ≪和陶詩≫ 등을 지었다.

같은 時代의 문인으로 黃庭堅·晁補之·秦觀·張耒·陳師道와 같은 사람들은 모두 세상에 알려지지 못하였는데, 蘇軾은 이들을 친구와 같이 대하고 일찍이 스승의 자격으로 자처하지 않았다.

1) 東坡等集……和陶詩 : 東坡等集은 ≪東坡集≫ 40권과 ≪東坡後集≫ 20권을 말하며, ≪奏議≫는 15권인데 奏疏를 기록한 것이고, ≪內外制≫는 ≪內制≫ 10권과 ≪外制≫ 10권으로 각각 내외의 制文을 기록한 것이며, ≪和陶詩≫ 4권은 陶淵明의 시에 화답하여 지은 시들이다.

**自爲擧子**[1)]로 **至出入侍從**[2)]히 **必以愛君爲本**하야 **挺挺大節**이로되 **每爲小人忌惡**(오)하야 **身後**에 **猶編名元祐黨**하야 **毁文集刊行者**[3)]라 **高宗卽位**하야 **贈資政殿學士**하고 **以其孫符**로 **爲禮部尙書**[4)]하고 **又以其文置左右**하야 **讀之忘倦**하며 **親製集贊**하야 **賜曾孫嶠**[5)]하고 **遂崇贈太師**하고 **謚文忠**[6)]이라하다 **三子**는 **邁, 迨, 過**니 **俱善爲文**하니라

蘇軾은 擧子가 되었을 때부터, 出入하며 侍從함에 이르기까지 반드시 군주를 사랑하는 것을 근본으로 삼아서 큰 절개가 우뚝하였으나, 매번 小人들에게 시기와 미움을 받아서 죽은 후에도 이름이 元祐黨에 들어가 간행된 文集이 훼손되었다. 高宗이 즉위하여 資政殿學士를 추증하고 손자 符를 禮部尙書로 임명하였고, 또 蘇軾의 문집을 좌우에 두고 읽어 피곤함을 잊었으며 친히 文集의 贊을 지어 증손 嶠에게 주었다. 그리고 마침내는 높여 太師를 추증하고 謚號를 文忠이라 하였다. 세 아들은 邁와 迨와 過이니, 모두 문장을 잘하였다.

1) 擧子 : 각종 크고 작은 科擧시험에 응시하던 사람을 이르던 말이다.

2) 侍從 : 侍從官으로 황제를 측근에서 모심을 이르는데, 蘇軾이 翰林學士, 中書舍人, 禮部尙書 등의 직위를 거쳤기에 한 말이다.

3) 每爲小人忌惡(오)……毁文集刊行者 : 哲宗이 친정을 시작한 때부터 실권을 잡기 시작한 章惇, 蔡京 등 新法黨은 徽宗이 등극하자 국정을 완전히 장악하고, 建中靖國 元年(1101) 9월에 蘇軾과 文彦博 등 舊法黨 128명을 姦黨으로 지목하여, 그 이름과 사실을 기록한 碑를 端禮門에 세우니, 이것을 '元祐姦黨碑'라 하였다. 이들의 명단을 천하에 반포하였으니, 崇寧 2년(1103)에는 蘇軾의 문집 등 元祐黨人들의 저작들을 불태웠으며, 崇寧 3년(1104)에 司馬光 이하 3백 명을 다시 姦黨으로 정하여 황제가 친히 그 이름과 행적을 써서 이를 비석에 새겨 文德殿의 東壁 밑에 세웠는데, 이를 '元祐黨籍碑'라고 하였다.

4) 孫符爲禮部尙書 : 高宗 즉위 이듬해인 建炎 元年(1127)에 蘇軾에게 資政殿學士를 추증하고, 손자 符를 禮部尙書로 임명하였다.

5) 又以其文置左右……賜曾孫嶠 : 底本에는 단락이 끊기지 아니하여 高宗이 또다시 이렇게 한 것으로 보이나 이 내용은 孝宗의 일이니, ≪宋史≫ 本傳에 잘못 기록된 것으로 보인다. 孝宗 建道 9년(1173) 閏正月에 孝宗이 지은 ≪御製文集序≫에 이 내용이 보이며, 말미에 "選德殿에서 써서 蘇嶠에게 내린다.〔選德殿書賜蘇嶠〕"라고 밝혀져 있다.

6) 謚文忠 : 孝宗 乾道 6년(1170)에 蘇軾에게 文忠의 謚號를 내렸으며, 乾道 9년(1173)에 太師를 추증하였다.

宋大家蘇文忠公文抄 卷1

# 制策

## 01. 御試制科策一道* 皇帝가 시험하는 制科策 한 가지

* 이 글은 仁宗 嘉祐 6년(1061)에 蘇軾이 천자가 崇政殿에서 직접 실시한 賢良方正能言極諫의 制科에 응시하여 제출한 對策文이다. 制科는 천자가 특별한 인재를 뽑고자 하여 일반적인 과거 외에 직접 시험하는 과거를 이른다. 宋나라 때의 制科는 정해진 시기 없이 행해졌으며 응시자에 대한 제한도 있지 않았다. 太祖 때에는 세 과목뿐이었으나, 眞宗 때에 이르러 여섯 과목으로 확대되었다. ≪日知錄 制科條≫

皇帝若曰[1] 朕承祖宗之大統과 先帝之休烈[2]하니 深惟寡昧[3]하야 未燭於理하야 志勤道遠하야 治不加進하니 夙興夜寐 於玆三紀[4]나 朕德有所未至하고 教有所未孚하야 闕政尚多하고 和氣或盭(戾)라 田野雖闢이나 民多亡(無)聊하고 邊境雖安이나 兵不得撤하고 利入已浚이나 浮費彌廣하고 軍冗而未練하고 官冗而未澄하며 庠序比興[5]이나 禮樂未具하야 戶罕可封之俗[6]하고 士忽胥讓之節하니 此所以訟未息於虞芮[7]하고 刑未措於成康[8]이라 意在位者 不以教化爲心하고 治民者 多以文法爲拘라 禁防繁多하야 民不知避하고 敍法寬濫하야 吏不知懼하야 纍繫(累係)者衆하고 愁歎者多라

황제가 다음과 같이 말씀하였다.

朕은 祖宗의 大統과 先帝의 아름다운 功烈을 계승하니, 깊이 생각하건대 寡昧하여 이치에 밝지 못해서 마음은 부지런하나 道는 멀어 정치가 더 진전되지 않는다. 이에 일찍 일어나고 밤늦게 잔 지가 지금 三紀가 되었으나 朕은 德이 지극하지 못한 바가 있고 가르침이 미덥지 못한 바가 있

어서, 잘못된 政事가 아직도 많고 和氣가 혹 어그러지기도 하였다.

田野가 비록 개간되었으나 백성들은 의지할 곳이 없는 자가 많고, 변경이 비록 편안하나 병력을 철수하지 못하고, 재정수입의 근원을 크게 확대시켰으나 쓸데없는 비용이 더욱 많아졌으며, 군대는 많기만 하고 훈련되어 있지 못하고, 관원은 혼잡하기만 하고 깨끗하지 못하며, 庠·序의 學校가 즐비하게 일어났으나 禮樂이 갖추어지지 못하였다. 그리하여 집집마다 封할 수 있는 아름다운 풍속이 드물고, 선비들은 서로 겸양하는 예절을 소홀히 한다. 이 때문에 虞나라와 芮나라처럼 분쟁이 그치지 못하고 成王과 康王 때처럼 형벌이 버려지지 못하였다. 짐작하건대 지위에 있는 자들이 敎化에 마음을 두지 않고, 백성을 다스리는 자들이 文法(법조문)에 얽매이는 경우가 많은 듯하다. 禁防이 너무 많아 백성들이 법망을 피할 줄 모르고, 관리에 대한 考課가 지나치게 너그러워 官吏들이 두려워할 줄을 모른다. 그리하여 감옥에 갇힌 자들이 많고, 근심하고 탄식하는 자들이 많다.

1) 皇帝若曰 : "황제는 말하노라."라는 의미로 여기서는 制科의 策問(문제)을 시작하는 말로 사용되었다.
2) 休烈 : 先帝들이 남겨놓은 훌륭한 업적을 이른다.
3) 寡昧 : 德과 見聞이 적고 事理에 분명하지 못하다는 뜻으로 임금의 謙辭이다.
4) 於玆三紀 : 12년을 1紀라 하니, 3紀는 36년이다. 仁宗은 1023년에 즉위하였으니, 嘉祐 6년(1061)은 재위 39년이 되는 해인데, 3紀라 한 것은 대략 계산하여 말한 것이다.
5) 庠序比興 : 庠과 序는 지방의 소학교를 가리킨다. ≪孟子≫ 〈滕文公 上〉에 이르기를 "庠·序·學·校를 설치하여 백성들을 가르쳤으니, 庠은 봉양한다는 뜻이고 校는 가르친다는 뜻이고 序는 활쏘기를 익힌다는 뜻이다. 夏나라에서는 校라 하였고 殷나라에서는 序라 하였고 周나라에서는 庠이라 하였으며, 學(太學)은 三代가 이름을 함께 하였으니, 이는 모두 人倫을 밝히는 것이다."라고 보인다. 이에 대하여 朱子는 集註에 이르기를 "庠은 노인을 봉양함으로써 의의를 삼고 校는 백성을 가르침으로써 의의를 삼고 序는 활쏘기를 익힘으로써 의의를 삼았으니, 모두 鄕學이다. 學은 國學(太學)이다."라고 하였다.

6) 可封之俗 : 可封은 '比屋可封'의 줄임말로 풍속이 아름다워 집집마다 封함을 받을 만큼 인물이 많다는 뜻이다. ≪漢書≫ 〈王莽傳〉에 이르기를 "堯·舜時代에는 집집마다 다 封하여주어도 되었다."라는 내용이 보이며, ≪論衡≫ 〈率性傳〉에는 "堯·舜의 백성들은 집집마다 다 封하여도 되었고, 桀·紂의 백성들은 집집마다 다 죽여도 되었다."라고 보인다.

7) 訟未息於虞芮 : 虞와 芮는 殷나라 때에 있었던 두 제후국의 이름이다. 虞나라와 芮나라의 군주가 서로 田地의 소유권을 다투어 오랫동안 해결하지 못하였다. 이에 함께 周나라에 朝會 가서 文王에게 판결을 받고자 하여 周나라 국경에 들어가니 밭 가는 자들은 밭두둑을 사양하고 길 가는 자들은 길을 양보하였으며, 도읍에 들어가니 남녀가 서로 길을 달리하고 머리가 반백이 된 자가 짐을 들고 다니지 않았으며, 朝廷에 들어가니 士는 大夫가 되기를 사양하고 大夫는 卿이 되기를 사양하였다. 이에 두 나라의 군주가 감동하여 서로 말하기를 "우리들은 小人이니, 君子 나라의 경계를 밟을 자격이 없다."라고 하고 서로 사양하여 다투던 田地를 閒田으로 삼고 물러갔다. ≪史記 周本紀≫

8) 刑未措於成康 : 成·康은 周나라의 成王과 그 아들 康王의 병칭이다. 成王·康王의 시대는 약 40년 동안 천하가 안정되고 감옥이 텅 비어 형벌을 전혀 쓰지 않아도 될 정도였으므로, 후세에 태평성대를 말할 적에 흔히 인용된다. ≪唐宋八大家文鈔 校注集評≫에는 成을 殷나라의 개국조인 成湯으로, 康을 周나라 武王의 아우 康叔으로 잘못 주석하였다.

**仍歲以來**로 **災異數見**(삭현)이라 **六月壬子**에 **日食於朔**[1]하고 **淫雨過節**하야 **暖氣不效**하며 **江河潰決**하야 **百川騰溢**하니 **永思厥咎**컨대 **深切在予**라 **變不虛生**하야 **緣政而起**하니 **五事之失**[2]과 **六沴**(려)**之作**[3]은 **劉向**[4]**所傳**이요 **呂氏所紀**[5]니 **五行**을 **何修而得其性**이며 **四時**를 **何行而順其令**[6]고 **非正陽之月**에 **伐鼓救變**이 **其合於經乎**[7]아 **方盛夏之時**하야 **論囚報重**[8]이 **其考於古乎**아

근년 이래로 災異가 자주 나타났다. 지난 6월 壬子日 초하루에 日食이 있었고 장맛비가 지나치게 내려 따뜻한 기운이 드러나지 못하였으며 江河가 터져서 온갖 시내가 넘치니, 원인을 깊이 헤아려보건대 그 잘못

이 나에게 있다는 생각이 참으로 간절하다.

災變은 까닭 없이 생기지 않아서 잘못된 政事를 따라 일어나니, 五事의 잘못과 六沴가 일어남은 劉向이 전한 바이고 ≪呂氏春秋≫에 기록된 바이다. 五行을 어떻게 닦으면 五行의 본성을 얻게 되며, 四時를 어떻게 운행하면 四時가 時令(節氣)에 순하게 되겠는가? 正陽의 달이 아닌 때에 북을 쳐서 日食의 변고를 구원하는 것이 經書에 부합하는가? 盛夏의 때에 죄수의 형벌을 논하고 重罪囚의 처형을 보고하는 것이 옛 법에 근거가 있는가?

1) 六月壬子 日食於朔 : 이 내용은 ≪續資治通鑑長編≫에 보이는데, "仁宗 嘉祐 6년(1061) 6월 초하루 壬子日에 일식이 있었다. 이에 앞서 천문을 맡은 司天이 해의 6분의 반이 먹힐 것을 예언하였는데, 해가 뜨자마자 서쪽으로부터 4분이 먹히고 구름이 짙게 깔리고 번개가 치더니, 조금 있다가 비가 내렸다."라고 기록되어 있다.
2) 五事之失 : 五事는 임금의 다섯 가지 일로 모양〔貌〕과 말〔言〕, 보는 것〔視〕과 듣는 것〔聽〕, 그리고 생각함〔思〕이다. ≪書經≫ 〈周書 洪範〉에 "五事는 첫 번째는 모습이고 두 번째는 말이고 세 번째는 봄이고 네 번째는 들음이고 다섯 번째는 생각함이다. 모습은 공손하고 말은 순종하고 봄은 밝고 들음은 귀밝고 생각함은 지혜롭다. 공손함은 엄숙함을 만들고, 순종함은 다스림을 만들고, 밝음은 지혜를 만들고, 귀밝음은 헤아림을 만들고, 지혜로움은 성스러움을 만든다."라고 보인다. 그리고 蔡沈의 註에 "貌·言·視·聽·思는 五事의 순서이다. 모습은 윤택하니 水이고, 말은 드러나니 火이고, 봄은 흩어지니 木이고, 들음은 거두니 金이고, 생각함은 통하니 土이다."라고 하였다.
3) 六沴(려)之作 : 六沴는 五行 및 皇極의 기운이 잘못되어 몸의 조화를 깨뜨려 상하게 하는 여섯 가지의 惡氣로 風·寒·暑·濕·燥·火라고도 하며, 또는 陰·陽·風·雨·晦·明이라고도 한다. ≪晉書 五行志≫
4) 劉向 : B.C. 77~B.C. 6. 前漢의 학자이자 정치가로 字는 子政이며, ≪戰國策≫, ≪說苑≫, ≪列女傳≫ 등의 저서가 있다. 漢나라 宗親으로 외척과 환관의 폐해에 대해 자주 간언하였으나 重用되지 못하였다. 아들 劉歆과 함께 ≪七略≫을 저술하여 목록학의 대가로 꼽힌다.

5) 呂氏所紀 : ≪呂氏春秋≫를 이른다. 秦나라의 재상 呂不韋(?~B.C. 235)가 先秦時代의 여러 학설과 史實, 說話를 모아 편찬한 책으로 총 26권인데, 일종의 백과전서라 할 수 있다. 道家·儒家·法家·陰陽家·農家 등의 여러 설과 時事를 수록하고 있어 先秦時代를 연구하는 데 빼놓을 수 없는 중요한 자료이다.
6) 四時何行而順其命 : 命은 時令으로 철에 따라 시행하는 政令을 이른다.
7) 非正陽之月……其合於經乎 : 正陽의 달은 음력 4월을 가리킨다. 12辟卦에 한 陽爻가 처음 생기는 동짓달의 復卦로부터 시작하여 12월은 臨卦, 정월은 泰卦, 2월은 大壯卦, 3월은 夬卦, 4월은 乾卦가 되는데 乾卦는 모두 陽爻만 있고 陰爻가 없으므로 正陽의 달이라 한 것이다. 다시 한 陰爻가 처음 생기는 5월(夏至)의 姤卦로부터 시작하여 6월은 遯卦, 7월은 否卦, 8월은 觀卦, 9월은 剝卦, 10월은 坤卦로 이어진다. 옛날 해(태양)는 군주의 象이라 하여 중요시하였다. 그리하여 日食은 陽의 상징인 해가 陰의 상징인 달에게 침식당하는 것이라 하여 비상한 변고로 여겼으며, 특히 正陽의 달에 日食이 생기면 천자는 社에 희생을 올려 제사하고 북을 쳐서 북소리로써 음기를 제압하였으나 기타의 달에는 북을 치지 않았으니, 이 내용은 ≪古今律曆考≫에 보인다. 당시 日食이 발생한 6월은 正陽의 달이 아니므로 북을 쳐 변고를 구원하는 것이 經에 부합하는지를 물은 것이다.
8) 方盛夏之時 論囚報重 : 盛夏는 한여름으로 음력 5월을 가리키며, 報重은 重罪囚를 논죄하여 보고함을 이른다. 嘉祐 6년(1061) 5월 庚戌日에 죄수들의 죄를 1등급씩 낮춰주고 徒刑 이하는 석방하였는데, 이 내용이 ≪宋史≫ 〈仁宗紀〉에 보인다.

京師는 諸夏之根本이요 王教之淵源이어늘 百工淫巧[1)]無禁하고 豪右僭差[2)]不度라 治當先內어늘 或曰 何以爲京師오하며 政在摘姦이어늘 或曰 不可撓獄市[3)]라하나니 推尋前世컨대 孝文은 尙老子而天下富殖[4)]하고 孝武는 用儒術而海內虛耗[5)]하니 道非有弊어늘 治奚不同고

京師는 諸夏의 근본이고 王教의 근원인데, 百工들이 지나치게 공교롭게 세공하는 것을 금하지 않고 豪右들이 참람하여 법도를 지키지 않는

다. 다스림은 마땅히 안(都城)을 먼저 해야 하는데 혹자는 말하기를 "이렇게 하면 어떻게 京師를 다스릴 수 있겠습니까?"라고 하고, 政事는 간사한 무리를 적발해내는 데에 달려 있는데 혹자는 말하기를 "獄과 市場을 흔들어서는 안 됩니다."라고 한다. 前代에 정치한 것을 미루어 살펴보건대 孝文帝는 老子를 숭상했는데도 천하가 부유하고 백성이 많았으며, 孝武帝는 儒學을 썼는데도 海內가 텅 비고 재물이 고갈되었으니, 道에 병폐가 있는 것이 아닌데 다스림이 어찌하여 똑같지 않았는가?

1) 百工淫巧 : 百工은 국가기관에서 일하는 여러 工人이며, 淫巧는 지나치게 공교로움을 이른다. ≪禮記≫ 〈月令〉에 "仲春에 百工들이 모두 일을 다스리면 감독하는 工人이 날로 호령하되, 알맞은 계절을 어기지 말며 혹시라도 지나치게 공교로운 물건을 만들어서 임금의 마음을 방탕하게 하지 말라."라고 하였다. 철을 어기지 말라는 것은 물건을 만들 적에 각기 알맞은 계절이 있는데, 예컨대 활을 만들 경우 봄에는 쇠뿔을 녹이고 여름에는 쇠힘줄을 다루고 가을에는 세 가지 재료를 모으고 추운 겨울에는 활의 몸통을 고정시키는 따위이다.
2) 豪右僭差 : 豪右는 세력이 강성한 豪族을 가리키며, 僭差는 僭濫하여 법도에 어긋남을 말한다.
3) 撓獄市 : 獄事와 市場을 바꾸어 동요하게 함을 이른다. 漢나라 惠帝 2년(B.C. 193)에 齊나라 재상으로 있던 曹參이 승상 蕭何가 죽자 그의 후임으로 조정에 들어가면서 후임자에게 "獄事와 市場을 동요하게 하지 말라."라고 당부하였다. 이는 獄事와 市場을 동요하게 되면 간사한 자들이 용납될 곳이 없어져 오히려 나라에 혼란을 초래하게 됨을 염려한 것이었다. ≪史記 曹相國世家≫
4) 孝文尙老子而天下富殖 : 孝文은 漢나라 文帝 劉恒으로 老子를 좋아하여 無爲로써 천하를 태평하게 다스리고자 하였다. ≪漢書≫ 〈文帝紀贊〉에 "덕으로 백성들을 교화시켜 천하가 부유해지고 예의가 흥기되어 옥사가 수백 건에 불과해서 거의 형벌이 쓰이지 않게 되었다."라고 보인다.
5) 孝武用儒術而海內虛耗 : 孝武는 武帝 劉徹로 제자백가의 이론을 모두 배척하고 오직 유학만을 숭상하였다. 그러나 영토를 확장하기 위해 해마다 전쟁을 일으켜 국고가 탕진되었다.

王政所由는 形於詩道라 周公豳詩는 王業也로되 而係之國風[1)]하고 宣王北伐은 大事也로되 而載之小雅[2)]라 周以冢宰制國用하고 唐以宰相兼度(탁)支하니 錢穀은 大計也요 兵師는 大衆也어늘 何陳平之對에 謂當責之內史[3)]라하며 韋(賢)〔洪質〕之言[4)]에 不宜兼於宰相고

王政의 행하는 바는 詩의 道에 나타난다. 周公의 〈豳風〉 詩는 王業을 읊었는데도 〈國風〉에 실렸고, 周나라 宣王이 북쪽을 정벌한 것은 국가의 대사였는데도 〈小雅〉에 기재되었다. 周나라는 冢宰로 하여금 국가의 財用을 통제하게 하였고, 唐나라는 宰相으로 하여금 度支를 겸하게 하였으니, 錢穀(돈과 곡식)은 국가의 큰 계책이고 군대는 큰 무리인데 어찌하여 錢穀을 陳平은 "마땅히 治粟內史에게 물어야 한다."고 대답하였으며, 韋洪質은 "재상에게 겸하게 해서는 안 된다."고 하였는가?

1) 周公豳詩……而係之國風 : 周公의 豳詩는 ≪詩經≫ 〈豳風 七月〉을 이르는데, ≪毛詩≫의 小序에 이르기를 "〈七月〉은 王業을 말한 詩이다. 周公이 變亂을 만났기 때문에 后稷과 先公의 風化가 유래한 바와 王業을 이룩하기 어려웠음을 말한 것이다."라고 하였다. 이는 '豳詩는 周公이 王業을 노래한 것이 분명한데, 어찌하여 列國風에 기재하였는가?'라고 물은 것이다.

2) 宣王北伐……而載之小雅 : '宣王北伐'은 ≪詩經≫ 〈小雅 六月〉을 이르는데, ≪毛詩≫의 小序에 이르기를 "〈六月〉은 宣王이 북벌한 것을 읊은 시이다."라고 하였다. 이는 '국가의 대사를 노래한 것인데, 어찌하여 〈大雅〉에 실리지 않고 〈小雅〉에 실렸는가?'라고 물은 것이다.

3) 陳平之對 謂當責之內史 : 陳平은 漢나라 文帝 때의 재상이고, 內史는 돈과 곡식의 출입을 관장하는 治粟內史이다. 文帝가 조회 때에 右丞相인 周勃에게 "천하에 1년 동안 옥사를 결단함이 몇 건이나 되는가?" 하고 묻자 周勃이 대답하지 못하였고, 또다시 "1년 동안 돈과 곡식의 출입이 얼마나 되는가?" 하고 묻자, 이번에도 대답하지 못하고 식은땀만 흘렸다. 文帝가 左丞相 陳平에게 묻자, 陳平이 대답하기를 "주관하는 자가 따로 있으니, 폐하께서 만일 옥사를 결단함을 물으시려면 廷尉에게 요구하시고, 돈과 곡식의 출입을 물으시려면 治粟內史에게 물으소서."라고 하였다. 文帝가 "그대가 주관하는 것은 무슨 일인가?" 하고

묻자, 陳平은 대답하기를 "재상은 위로는 천자를 보좌하여 陰陽을 다스리고 四時를 순조롭게 하며 아래로는 만물의 마땅함을 이루어서, 밖으로는 사방 오랑캐와 諸侯들을 鎭撫하고 안으로는 백성들을 친애하여 따르게 하며 卿大夫로 하여금 각각 그 직책을 맡을 수 있게 하는 것입니다."라고 하니, 文帝가 옳다고 칭찬하였다. ≪史記 陳丞相世家≫

4) 韋(賢)〔洪質〕之言 : 底本과 本集에 모두 '韋賢'으로 되어 있으나, 韋賢은 漢나라 때 사람으로, 여기에 부합하지 않으며, 郎曄의 ≪經進東坡文集史略≫을 따라 '韋洪質'로 수정하였다. 이 내용은 ≪新唐書≫ 〈李德裕傳〉에 보인다. 本集이라 함은 中華書局에서 간행한 ≪蘇軾文集≫을 이른다.

**錢貨之制**는 **輕重之相權**[1)]이요 **命秩之差**는 **虛實之相養**[2)]이라 **水旱蓄積之備**와 **邊陲守禦之方**과 **圜法**에 **有九府之名**[3)]하고 **樂語**에 **有五均之義**[4)]라 **富人强國**하고 **尊君重朝**하며 **弭災致祥**하고 **改薄從厚**는 **此皆前世之急政**이요 **而當今之要務**니 **子大夫**는 **其悉意以陳**하고 **毋悼後害**하라

錢·貨의 제도는 輕重을 서로 저울질하고, 命(품계)·秩(녹봉)의 차등은 虛·實로써 서로 길러준다. 水災와 旱害를 대비하는 저축과 변방을 수비하는 방법이 있으며, 또 돈을 관리하는 방법에는 九府라는 명칭이 있고 ≪樂語≫에는 五均의 뜻이 있다.

人民을 부유하게 하고 나라를 강성하게 하며, 군주를 높이고 조정의 권위를 무겁게 하며, 재앙을 그치게 하고 상서로운 징조를 이루며, 야박한 풍속을 고쳐 후덕함을 따르는 것은, 이는 모두 前代에 시급히 여긴 政事요 지금의 중요한 政務이니, 子大夫들은 부디 뜻을 다해 말하고 후환을 두려워하지 말라.

1) 錢貨之制 輕重之相權 : 輕重은 돈(동전과 철전)의 크기에 따라 무겁고 가벼움을 이르며, 相權은 서로 저울질한다는 뜻으로 적절히 조정함을 이른다.

2) 命秩之差 虛實之相養 : 命秩은 품계와 녹봉을 이르며, 虛實 역시 품계와 녹봉을 이른다. 품계에는 실직이 아닌 것이 있으므로 虛라 하고, 녹봉은 실제로 지급되기 때문에 實이라 한 것이다.

3) 圜法有九府之名 : 圜法은 화폐를 원활하게 운용하는 법을 말한다. 九府는 周나라 太公이 처음 만들어 시행한 제도로, 재물과 화폐를 관장하던 아홉 개의 기관인 太府·玉府·內府·外府·泉府·天府·職內·職金·職幣를 이른다. ≪漢書 食貨志≫

4) 樂語有五均之義 : ≪樂語≫는 漢나라 景帝의 셋째 아들 河間獻王 劉德이 편찬한 책의 이름이며, 五均은 漢나라 때의 제도로, 시장의 물건 값을 균일하게 하고 士·農·工·商의 四民을 고르게 하여 貧富의 차이가 심하지 않도록 한 經濟政策이다.

臣謹對하노이다 曰 臣聞天下無事면 則公卿之言이 輕於鴻毛하고 天下有事면 則匹夫之言이 重於泰山이라하니 非智有所不能이요 而明有所不察이라 緩急之勢異也니이다 方其無事也하야는 雖齊桓之深信其臣하고 管仲之深得其君하야 以握手丁寧之間과 將死深悲之言으로도 而不能去其區區之三豎[1)]하며 及其有事且急也하야는 雖唐代宗之庸과 程元振之用事와 柳伉(강)之賤且疎로도 而一言以入之하여 不終朝에 而去其腹心之疾[2)]하니이다

臣은 삼가 대답합니다.

臣은 들으니 "천하에 일(事變)이 없으면 公卿의 말이 기러기의 털보다도 가벼워지고, 천하에 事變이 있으면 匹夫의 말도 태산보다 무거워진다."고 하였으니, 지혜가 능하지 못한 바가 있고 밝음이 살피지 못하는 바가 있어서가 아니고 緩急의 형세가 다르기 때문입니다.

事變이 없을 때에는 비록 齊나라 桓公이 그 신하(管仲)를 깊이 믿고 管仲이 군주의 두터운 신임을 얻어, 손을 잡고 간곡히 부탁하는 사이와 장차 죽을 때에 매우 서글피 당부하는 말을 하였어도 區區한 세 명의 내시들을 제거하지 못했습니다. 事變이 있고 또 다급함에 미쳐서는 비록 唐나라 代宗은 용렬하였고 程元振은 政事를 제멋대로 행사하였으며 柳伉은 천하고 疎遠한 신하였는데도, 柳伉의 한마디 말이 받아들여져서 하루아침이 못 되어 心腹에 있는 병을 제거하였습니다.

1) 齊桓之深信其臣……而不能去其區區之三豎 : 齊桓은 春秋時代 齊나라의 桓公으

로 이름이 小白인데 명재상인 管仲을 등용하여 五霸의 으뜸이 되었다. 管仲은 이름이 夷吾인데 字로 행세하였다. 三豎는 桓公이 총애한 內侍들로 易牙와 豎刁, 開方을 이른다. 管仲이 생전에 이들을 제거하지 못하고, 죽음에 임박하여 桓公에게 이들의 행동이 人情에 가깝지 않다는 이유로 멀리할 것을 간곡히 청하였으나, 管仲이 죽은 다음 桓公이 이들을 중용하였다가 결국 나라가 혼란에 빠지고 말았다. ≪史記 齊太公世家≫

2) 唐代宗之庸……而去其腹心之疾 : 代宗(726~779)은 唐나라의 8대 황제로 이름은 李豫이다. 肅宗의 장남으로, 뒤를 이어 즉위하였는데 용렬하고 심약하였다. 程元振은 환관으로 代宗을 옹립하는 데에 공을 세워 驃騎大將軍에 오르고 邠國公에 봉해졌으며, 禁衛軍을 총지휘하여 세력이 막강해지자 온갖 부정과 비리를 자행하였다. 이로 말미암아 조정의 기강이 무너지고 군대의 사기가 극도로 저하되어 있었는데, 吐蕃과 黨項이 침공하여 天下에 兵馬를 소집하였으나 한 사람도 달려오는 자가 없었다. 이에 황제가 陝縣 지방으로 파천하게 되자, 太常博士 翰林待詔로 있던 柳伉이 疏를 올려 그를 처단해야 한다고 간언하니, 代宗이 이를 받아들여 삭탈관직하고 田里로 추방하였다. 心腹에 있는 병이란 바로 內侍인 程元振을 가리킨 것이다. ≪新唐書 宦者列傳 程元振≫

夫言之於無事之世者는 足以有所改爲나 而常患於不信하고 言之於有事之世者는 易以見信이나 而常患於不及改爲하니 此는 忠臣志士之所以深悲요 天下之所以亂亡相尋이로되 而世主之所以不信也니이다 今陛下處積安之時하고 乘不拔之勢하사 拱手垂裳[1]而天下嚮風하고 動容變色而海內震恐하니 雖有一事之失常과 一物之不獲이라도 固未足以憂陛下也라 所謂親策賢良之士者는 以應故事而已니 豈以臣言으로 爲眞足以有感於陛下耶잇가 雖然이나 君以名求之라도 臣以實應之니 陛下爲是名也나 臣敢不爲是實也릿고

事變이 없는 세상에서 말하는 자는 事變이 없을 때에 충분히 고칠 수가 있으나 항상 믿음을 얻지 못함을 근심하고, 事變이 있는 세상에서 말하는 자는 믿음을 얻기는 쉬우나 항상 미처 고치지 못함을 근심합니다. 이것이 忠臣과 志士가 깊이 슬퍼하는 이유이고 천하에 혼란과 멸망이 교대로 찾아드는 이유이나, 세상의 군주들은 이를 믿

지 않습니다.

지금 폐하께서는 오랫동안 편안한 때에 처하시고 동요될 수 없는 튼튼한 國勢를 타고 있어서 팔짱을 끼고 의상을 드리우기만 하시고서도 풀이 바람을 향하듯이 천하가 저절로 다스려지며, 용모를 動하고 얼굴빛을 바꾸면 海內가 놀라고 두려워하니, 비록 한 가지 일이 常道를 잃고 한 사람이 제 살 곳을 얻지 못한 것이 있더라도 진실로 폐하를 근심하게 하지 못합니다.

이른바 賢良한 선비들을 친히 策問한다는 것은 故事를 따라 행하실 뿐이니, 어찌 臣의 말이 참으로 충분히 폐하를 감동시킬 수 있다고 여기겠습니까? 그러나 군주가 명분을 가지고 구하더라도 신하는 실제로써 응해야 하는 법이니, 폐하께서 명분을 가지고 구하시나 臣이 감히 실제를 가지고 대답하지 않을 수 있겠습니까?

1) 拱手垂裳 : 天子가 손을 모으고 衣裳을 드리우기만 하고 하는 바가 없어도 천하가 다스려짐을 이른다. ≪尙書≫ 〈周書 武成〉에 "衣裳을 드리우고 손을 모으기만 하고 하는 바가 없어도 천하가 다스려진다.〔垂拱而天下治〕" 하였으며, ≪周易≫ 〈繫辭傳 下〉에 "黃帝와 堯·舜은 衣裳을 드리우기만 하고 하는 바가 없어도 천하가 다스려졌다.〔黃帝堯舜垂衣裳而天下治〕" 하였다.

**伏惟制策**에 **有念祖宗先帝大業之重**하고 **而自處於寡昧**하사 **以爲志勤道遠**하야 **治不加進**이라하시니 **臣竊以爲陛下卽位以來**로 **歲歷三紀**하야 **更**(경)**於事變**하고 **審於情僞**가 **不爲不熟矣**로되 **而治不加進**하니 **雖臣亦疑之**니이다 **然以爲志勤道遠**은 **則雖臣至愚**나 **亦未敢以明詔爲然也**니이다

엎드려 생각하건대 制科 策問에 "祖宗과 先帝의 大業의 소중함을 생각하시고 寡昧함에 자처하셔서 마음은 부지런하나 道는 멀어 정치가 더 진전되지 않는다."고 말씀하셨습니다. 臣이 엎드려 생각하건대, 폐하께서 즉위하신 이래로 三紀를 지내 事變을 많이 경험하시고 情僞를 살피심이 익숙하지 않은 것이 아닙니다. 그러나 정치가 더 진전되지 않으니, 臣조차도 이것을 의심하는 바입니다. 그러나 "뜻은 부지런하나 道가 멀어 정치가 더 진전되지 않는다."라는 말씀은 비록 臣이 지극히 어리석으나 감히 임금님의 밝으신 말씀을 옳다고 여기지 않습니다.

夫志有不勤이나 而道無遠하니 陛下苟知勤矣면 則天下之事 粲然無不畢擧하리니 又安以訪臣爲哉잇가 今也에 猶以道遠爲歎하시니 則是陛下未知勤也라 臣請言勤之說호리이다 夫天以日運故로 健하고 日月以日行故로 明하고 水以日流故로 不竭하고 人之四肢以日動故로 無疾하고 器以日用故로 不蠹하니이다 天下者는 大物也니 久置而不用이면 則委靡廢放하야 日趨於弊而已矣니이다

마음은 부지런하지 않은 경우가 있으나 道는 먼 경우가 없습니다. 폐하께서 만일 政事에 부지런히 힘쓸 줄을 아신다면 천하의 일이 찬란하게 다 거행되지 않음이 없을 것이니, 또 어찌 臣에게 물을 필요가 있겠습니까? 그런데도 지금 道가 멀다고 탄식하시니, 이는 폐하께서 政事에 부지런히 힘쓸 줄을 모르시는 것입니다.

이에 臣은 부지런함에 대해 말씀드리고자 합니다. 하늘은 매일 운행하기 때문에 굳세고, 해와 달은 날마다 운행하기 때문에 밝고, 물은 매일 흘러가기 때문에 다함이 없고, 사람의 四肢는 날마다 움직이기 때문에 병이 없고, 器物은 날마다 쓰기 때문에 좀먹지 않는 것입니다. 천하라는 것은 큰 器物이니, 이것을 오랫동안 버려두고 쓰지 않는다면 나약해지고 폐지되어 날로 피폐함에 달려갈 뿐입니다.

陛下深居法宮[1)]之中하시니 其憂勤而不息耶를 臣不得而知也요 其宴安而無爲耶를 臣不得而知也니이다 然이나 所以知道遠之歎이 由陛下之不勤者는 誠見陛下以天下之大로 欲輕賦稅則財不足하고 欲威四夷則兵不强하고 欲興利除害則無其人하고 欲敦世厲俗則無其具하며 大臣은 不過遵用故事하고 小臣은 不過謹守簿書하야 上下相安하야 以苟歲月하니 此臣所以妄論陛下之不勤也니이다

폐하께서 法宮의 가운데에 깊이 거처하시니, 나라를 걱정하고 정사에 부지런하여 쉬지 않으시는지를 臣이 알 수 없고, 宴樂하고 편안하여 하는 일이 없으신지도 臣은 알 수 없습니다.

그러나 道가 멀다는 탄식은 폐하께서 政事에 부지런하지 않으신 데에서 연유함을 臣은 아오니, 이는 폐하께서 거대한 천하를 가지시고도 賦稅를 경감하고자 하시면 재물이 부족하고, 사방의 오랑캐들을 위협하고자 하시면 병력이 강성하지 못하고, 이

로움을 일으키고 해로움을 제거하고자 하시면 그럴 만한 사람이 없고, 세상을 敎厚히 하고 풍속을 장려하고자 하시면 그 도구가 없으며, 大臣은 故事를 그대로 따름에 불과하고 小臣은 문서를 조심스레 지킬 뿐이어서, 윗사람과 아랫사람이 서로 편안하여 구차하게 세월을 보내는 데에서 진실로 드러납니다.

이 때문에 臣은 폐하께서 政事에 부지런히 힘쓰시지 않는다고 망령되이 말씀드리는 것입니다.

1) 法宮 : 제왕이 거처하는 正殿을 이르는데, 궁궐 전체를 이르기도 한다.

臣又竊聞之호니 自頃歲以來로 大臣奏事에 陛下無所詰問하시고 直可之而已라하니 臣始聞而大懼하야 以爲不信이러니 及退而觀其效見하야는 則臣亦不敢謂不信也니이다 何則고 人君之言은 與士庶不同하야 言脫於口하면 而四方傳之하야 捷於風雨라 故로 太祖太宗之世엔 天下皆諷誦其言語하야 以爲聳動之具하니이다 今陛下之所震怒而賜譴者 何人也며 合於聖意하야 誘而進之者 何人也며 所與朝夕論議深言者 何人也며 越次躐等하야 召而問訊之者 何人也니잇고 四者를 臣皆未之聞焉하니 此臣所以妄論陛下之不勤也니이다

臣이 삼가 들으니, 지난해 이후로 大臣들이 政事를 아룀에 폐하께서 詰問하시는 바가 없고 곧바로 허락하실 뿐이라 하니, 臣은 처음 듣고 크게 두려워해서 사실이 아니라고 여겼습니다. 그러나 물러가서 그 효험이 나타나는 것을 관찰하고는 臣 또한 감히 사실이 아니라고 말하지 못하겠습니다. 어째서이겠습니까? 군주의 말은 士·庶人과 똑같지 않아 말씀이 입에서 나오면 사방의 사람들이 이것을 서로 전하여 폭풍우보다도 더 신속합니다. 그러므로 옛날 太祖와 太宗 때에는 천하 사람들이 모두 임금님의 언어를 외워 크게 분발하는 도구로 삼았던 것입니다.

그런데 지금 폐하께서 진노하여 譴責하는 자는 어떤 사람이며, 성상의 뜻에 부합해서 이끌어 등용한 자는 어떤 사람이며, 아침저녁으로 함께 政事를 논의하고 실정을 말하는 자는 어떤 사람이며, 차례를 뛰어넘어 불러 자문하시는 자는 어떤 사람입니까? 이 네 가지를 臣이 모두 듣지 못했으니, 이 때문에 臣은 폐하께서 政事에 부지런히 힘쓰지 않는다고 망령되이 말씀드리는 것입니다.

臣願陛下條天下之事에 其大者有幾며 可用之人이 有幾며 某事未治며 某人未用고하야 鷄鳴而起하사 曰 吾今日에 爲某事하고 用某人이라하시고 他日에 又曰 吾所爲某事가 其事果濟矣乎며 所用某人이 其人果才矣乎아하사 如是孜孜焉不違於心하야 屛去聲色하고 放遠善柔하며 親近賢達하고 遠覽古今이니 凡此者는 勤之實也니 而道何遠乎잇가

臣은 원컨대 폐하께서 천하의 일 중에 큰 것이 몇 가지가 있으며 쓸 만한 사람이 몇 명이 있으며 무슨 일이 아직 다스려지지 않았고 누가 아직 등용되지 못했는가를 조목조목 나열하시어, 첫닭이 울면 일찍 일어나서 생각하시기를 '내가 오늘은 무슨 일을 시행하고 누구를 등용해야겠다.' 하시고, 다른 날에는 또 생각하시기를 '내가 한 그 일이 과연 잘 이루어졌는가? 등용한 그 사람이 과연 재주가 있는가?' 하고 살피셔서 이와 같이 부지런히 힘쓰고, 이를 마음에 잊지 않으셔야 할 것입니다.

그리하여 음악과 여색을 물리치고 유순하기만 잘하는 자들을 추방하며, 어질고 통달한 사람을 친근히 하고 古今의 歷史를 널리 보셔야 할 것입니다. 무릇 이것이 政事에 부지런히 힘쓰는 실제이니, 이렇게 하면 道가 어찌 멀겠습니까?

伏惟制策에 有夙興夜寐가 於玆三紀나 德有所未至하고 敎有所未孚하야 闕政尙多하고 和氣或盭라 田野雖辟이나 民多無聊하고 邊境雖安이나 兵不得撤하고 利入已浚이나 浮費彌廣하고 軍冗而未練하고 官冗而未澄하며 庠序比興이나 禮樂未具하야 戶罕可封之俗하고 士忽胥讓之節하니 此所以訟未息於虞芮요 刑未措於成康이라 意在位者 不以敎化爲心하고 治民者 多以文法爲拘라 禁防繁多하야 民不知避하고 敍法寬濫하야 吏不知懼하야 累係者衆하고 愁歎者多라하시니이다

엎드려 생각하건대 制策에 "일찍 일어나고 밤늦게 잔 지가 지금 三紀가 되었으나 德이 지극하지 못한 바가 있고 가르침이 미덥지 못한 바가 있어서, 잘못된 政事가 아직도 많고 和氣가 혹 어그러지기도 하였다. 田野가 비록 개간되었으나 백성들은 의지할 곳이 없는 자가 많고, 변경이 비록 편안하나 병력을 철수하지 못하고, 재정수입의 근원을 크게 확대시켰으나 쓸데없는 비용이 더욱 많아졌으며, 군대는 많기만 하고 훈련되어 있지 못하고, 관원은 혼잡하기만 하고 깨끗하지 못하며, 庠·序의 學校가 즐비하게 일

어났으나 禮樂이 갖추어지지 못하였다. 그리하여 집집마다 封할 수 있는 아름다운 풍속이 드물고 선비들은 서로 겸양하는 예절을 소홀히 한다. 이 때문에 虞나라와 芮나라처럼 분쟁이 그치지 못하고 成王과 康王 때처럼 형벌이 버려지지 못하였다. 짐작하건대 지위에 있는 자들이 敎化에 마음을 두지 않고, 백성을 다스리는 자들이 文法(법조문)에 얽매이는 경우가 많은 듯하다. 禁防이 너무 많아 백성들이 법망을 피할 줄 모르고, 관리에 대한 考課가 지나치게 너그러워 官吏들이 두려워할 줄을 모른다. 그리하여 감옥에 갇힌 자들이 많고, 근심하고 탄식하는 자들이 많다."라고 하셨습니다.

凡此陛下之所憂數十條者를 臣皆能爲陛下歷數而備言之하리이다 然而未敢爲陛下道也니이다 何者오 陛下誠得御臣之術而固執之하시면 則向之所憂數十條者는 皆可以捐之大臣하시고 而己不與하시리니 今陛下區區以向之數十條爲己憂者는 則是陛下未得御臣之術也니이다

무릇 폐하께서 우려하시는 이 수십 조항을 臣이 모두 폐하께 하나하나 열거하여 자세히 말씀드릴 수 있습니다. 그러나 감히 폐하를 위하여 대책을 말씀드리지는 못하겠습니다. 어째서이겠습니까? 폐하께서 진실로 신하를 어거하는 방법을 터득해서 굳게 지키신다면, 위에서 우려하신 수십 조항은 모두 大臣에게 맡겨두고 폐하 자신은 관여하지 않으실 수 있는데, 지금 폐하께서는 區區하게 위의 수십 조항을 가지고 자신의 근심으로 삼으시니, 이것은 폐하께서 신하들을 어거하는 방법을 터득하지 못하신 것입니다.

天下所謂賢者를 陛下旣得而用之矣니이다 方其未用也엔 常若有餘러니 而其旣用也엔 則不足하니 是豈其才之有變乎잇가 古之用人者는 日夜提策之하니이다 武王用太公에 其相與問答이 百餘萬言이니 今之六韜[1]是也요 桓公用管仲에 其相與問答이 亦百餘萬言이니 今之管子[2]是也라 古之人君이 其所以反覆窮究其臣者 若此하니이다 今陛下는 默默而聽其所爲하시니 則夫向之所憂數十條者를 無時而擧矣리이다

천하의 이른바 賢者들을 폐하께서는 이미 얻어 등용하셨습니다. 그들이 등용되기 전에는 항상 재주(경륜)가 풍부한 듯하더니 등용된 뒤에는 부족하니, 어찌 그 사람의

재주가 예전과 변함이 있어서이겠습니까?

옛날에 사람을 등용하는 자들은 밤낮으로 사안을 제기하여 채찍질하였습니다. 武王이 太公을 등용할 적에 함께 묻고 대답한 것이 백여 만 자였으니 지금의 ≪六韜≫가 이것이고, 齊나라 桓公이 管仲을 등용할 적에 함께 묻고 대답한 것이 또한 백여 만 자였으니, 지금의 ≪管子≫가 이것입니다. 옛날 군주들은 그 신하를 반복하여 깊이 이해하고자 한 것이 이와 같았습니다. 그런데 지금 폐하께서는 묵묵히 저들이 하는 바를 따르시니, 이렇게 하신다면 위에서 근심한 수십 조항은 거행될 시기가 없을 것입니다.

1) 六韜 : 周나라 姜太公이 지은 병법서인데, 〈文韜〉, 〈武韜〉, 〈虎韜〉, 〈豹韜〉, 〈龍韜〉, 〈犬韜〉의 6편으로 되어 있다.

2) 管子 : 春秋時代 齊나라의 名相인 管仲이 지은 책이다. 총 17권으로 法治主義와 經濟政策이 주로 서술되어 있고 기타 철학, 윤리까지도 언급되어 있다. 管仲은 이름이 夷吾이고 仲은 그의 字이다.

**古之忠臣**은 **其受任也**에 **必先自度**(탁)하야 **曰 吾能辦是矣乎**아하고 **度能辦是也**어든 **則又曰 吾君能忘己而任我乎**아 **能無以小人間我乎**아하야 **度其能忘己而任我也**하고 **能無以小人間我也**하야 **然後受之**하며 **旣已受之矣**면 **則以身任天下之責而不辭**하고 **享天下之利而不愧**하니이다 **今也**엔 **內不度己**하고 **外不度君**하야 **而輕受之**하며 **受之而衆不與也**하야 **則引身而求去**어든 **陛下又爲美辭而遣之**하시고 **加之重祿而慰之**하시니이다

옛날 忠臣들은 그 임무를 받을 적에 반드시 먼저 스스로 헤아리기를 '내가 과연 이 일을 해낼 수 있겠는가?' 하고, 해낼 수 있다고 헤아려지면 또 생각하기를 '우리 군주가 자기 몸을 잊고 나에게 맡길 수 있겠는가? 과연 小人 때문에 나에게 간격을 두지 않겠는가?'라고 해서 군주가 자기 몸을 잊고 나에게 맡길 수 있으며 小人 때문에 나에게 간격을 두지 않으리라는 것을 헤아린 뒤에 임무를 받았으며, 이미 임무를 받았으면 자기 몸으로 천하의 責任을 맡아 사양하지 않고, 천하의 이익을 누리면서도 부끄러워하지 않았습니다.

그런데 지금은 大臣이 안으로는 자기를 헤아리지 않고 밖으로는 군주를 헤아리지

않고 가볍게 임무를 받으며, 임무를 받고서 여러 사람들이 인정해주지 않으면 몸을 이끌어 물러가기를 구하는데, 그러면 폐하께서는 또 아름다운 말을 하여 보내시고 다시 중한 녹봉을 더하여 위로하십니다.

**夫引身而求退者**는 **非果廉節而有讓也**라 **是邀君以自固也**요 **是自明其非我之欲留**하야 **以逃謗也**요 **是不能辦其事**하고 **而以其患遺後人也**어늘 **陛下奈何聽之**시니잇고 **臣故曰 陛下未得御臣之術也**라하노이다

大臣들이 몸을 이끌어 물러가기를 구하는 것은 과연 그 사람이 淸廉하고 節槪가 있고 사양하는 마음이 있어서가 아니라, 이는 군주에게 요구하여 스스로 자기의 권력을 견고히 하기 위한 짓이고, 이는 스스로 자신이 머물고자 하는 것이 아님을 밝혀 비방을 피하려고 하는 짓이며, 이는 그 일을 제대로 처리하지 못하고서 그 폐해를 後人들에게 떠넘겨주는 행위입니다. 그런데도 폐하께서는 어찌하여 그것을 따르신단 말입니까? 臣은 이 때문에 폐하께서 신하들을 어거하는 방법을 터득하지 못했다고 말하는 것입니다.

**若夫德有所未至**하고 **敎有所未孚者**는 **此實不至也**니이다 **德之**면 **必有以著其德之之形**하고 **敎之**면 **必有以顯其敎之之狀**하나니 **德之之形**은 **莫著於輕賦**요 **敎之之狀**은 **莫顯於去殺**이어늘 **此二者**를 **今皆未能焉**이라 **故**로 **曰 實不至也**라하노이다

"德이 지극하지 못한 바가 있고, 가르침이 미덥지 못한 바가 있다."는 말씀은 이는 실제로 지극하지 못한 것입니다. 恩德을 내리면 반드시 恩德을 내린 형상이 드러나게 되고 가르치면 반드시 가르친 형상이 나타나게 마련이니, 恩德을 내리는 형상은 賦稅를 경감하는 데서 가장 잘 드러나고 백성을 가르치는 형상은 死刑을 제거하는 데서 가장 잘 드러납니다. 그런데 이 두 가지를 지금 다 제대로 하지 못하고 있습니다. 그러므로 臣은 실제로 지극하지 못하다고 말하는 것입니다.

**夫以選擧之重而不取才行**하고 **官吏之衆而不行考課**하며 **農末之相傾而平糴之法不立**[1]하고 **貧富之相役而占田之數無限**하니 **天下之闕政**이 **則莫大乎此**하니 **而和氣安得**

不盭(戾)乎잇가

관리를 뽑고 등용하는 일이 중한데도 재주가 뛰어나고 德行이 있는 사람을 취하지 않으며, 관리가 많은데도 考課를 제대로 시행하지 않으며, 농업과 末業(상공업)이 전도되었는데도 平糴의 법이 확립되지 못하며, 가난한 자를 부자가 착취하는데도 土地를 점유하는 숫자를 제한함이 없으니, 天下에 잘못된 政事로 이보다 더 큰 것이 없습니다. 이러고도 和氣가 어떻게 어긋나지 않을 수 있겠습니까?

1) 農末之相傾而平糴之法不立 : 末은 상공업을 이른다. 농업을 천하의 큰 本業으로 여겼기 때문에 상공업을 末業으로 표현한 것이다. 平糴法은 戰國時代에 魏나라 文侯의 재상 李悝(회)가 농민을 보호하기 위해 처음 실시한 법으로, 농사의 작황을 살펴 풍년이 들어 곡식 값이 떨어지면 정부에서 시세보다 비싼 값에 곡식을 사들였다가 흉년이 들어 곡식 값이 오르면 싼값에 파는 제도이다. ≪漢書 食貨志≫

田野闢者는 民之所以富足之道也니 其所以無聊는 則吏政之過也니이다 然이나 臣聞天下之民이 常偏聚而不均이라 吳蜀[1]은 有可耕之人이나 而無其地하고 荊襄[2]은 有可耕之地나 而無其人이라하니 由此觀之하면 則田野亦未可謂盡闢也니이다 夫以吳蜀荊襄之相形이로되 而餓寒之民이 不能去狹而就寬者로 世以爲懷土而重遷[3]이라하니 非也니이다 行者無以相群이면 則不能行하고 居者無以相友면 則不能居하나니 若輩徙饑寒之民이면 則無不聽矣리이다

田野를 개간하는 것은 백성들을 부유하게 해주는 방법입니다. 그런데도 백성들이 의지할 곳이 없는 까닭은 지방관의 잘못된 政事 때문입니다. 그러나 臣이 들으니, "天下의 백성들이 항상 한쪽으로 모여 고르지 못하여, 吳·蜀 지방에는 농사지을 만한 사람은 있으나 농사지을 땅이 없고, 荊·襄 지방에는 농사지을 땅은 있으나 농사지을 만한 사람이 없다."라고 합니다. 이것으로 살펴보면 田野도 다 개간되었다고 말할 수 없는 것입니다.

吳·蜀 지방과 荊·襄 지방의 형편이 서로 드러나 있는데도, 굶주리고 추위에 떠는 백성들이 끝내 경지가 좁은 곳을 버리고 경지가 넓은 곳으로 나아가지 못하는 것을

가지고 세상에서는 살던 땅을 그리워하고 옮기는 것을 어렵게 여기기 때문이라고 말하는데, 이는 틀린 말입니다. 길을 가는 자들은 서로 무리를 짓지 않으면 가지 못하고 거처하는 자들은 서로 이웃할 사람이 없으면 살지 못하니, 만약 굶주리고 추위에 떠는 백성들을 무리로 옮긴다면 命令을 듣지 않을 사람이 없을 것입니다.

1) 吳蜀 : 吳는 현재 蘇州와 杭州의 일대이고 蜀은 현재 四川省으로, 宋나라 농업의 태반을 담당했던 곡창지역이어서 이미 많은 농민들이 거주하고 있었다.
2) 荊襄 : 荊州와 襄州(襄陽)를 이르는데, 당시 아직 개발되지 않아 거주하는 백성들이 많지 않았다.
3) 懷土而重遷 : 고향을 그리워하고 다른 곳으로 이사 가는 것을 어렵게 여김을 이른다.

**邊境已安而兵不得撤者**는 **有安之名**이나 **而無安之實也**니이다 **臣欲小言之**면 **則自以爲愧**요 **大言之**면 **則世俗以爲笑**하리니 **臣請略言之**호리이다 **古之制北狄者**는 **未始不通西域**[1]하니 **今之所以不能通者**는 **是夏人**[2]**爲之障也**일새니이다 **朝廷**이 **置靈武**[3]**於度外**가 **幾百年矣**라 **議者以爲絶域異方**이라하야 **曾不敢近**하니 **而況於取之乎**잇가 **然**이나 **臣以爲事勢有不可不取者**라하노이다 **不取靈武**면 **則無以通西域**이요 **西域不通**이면 **則契丹之强**을 **未有艾**(예)**也**리이다 **然靈武之所以不可取者**는 **非以數郡之能抗吾中國**이요 **中國自困而不能擧也**며 **其所以自困而不能擧者**는 **以不生不息之財**로 **養不耕不戰之兵**하야 **塊然如巨人之病腫**(추)하야 **非不枵**(호)**然大矣**나 **而手足不能以自擧**일새니이다

邊境이 이미 편안한데도 병력을 철수할 수 없는 것은 편안하다는 이름만 있고 편안하다는 실제가 없어서입니다. 臣이 이것을 소소하게 말하자니 자신에게 부끄럽고 큰소리를 친다면 世俗의 사람들이 비웃을 것이니, 臣은 청컨대 간략히 말씀드리겠습니다.

옛날 北狄을 제재한 자들은 일찍이 西域과 통하지 않은 적이 없었는데, 지금 西域과 통하지 못하는 까닭은 西夏 사람들이 가로막고 있어서입니다. 조정에서는 靈武 땅을 度外視하여 버려둔 지가 거의 백 년이 되었습니다.

의논하는 자들은 西夏를 멀리 떨어져 있는 異方이라 하여 일찍이 감히 가까이 가지 못하니, 하물며 점령함에 있어서이겠습니까? 그러나 臣은 일의 형편상 점령하지 않

을 수 없다고 여깁니다. 靈武를 점령하지 않으면 西域과 통할 수 없고, 西域과 통하지 못하면 契丹의 강함을 다스릴 수 없습니다.

그러나 靈武를 점령하지 못하는 이유는 靈武의 몇 고을이 우리 中國에 대항하기 때문이 아니요, 우리 中國이 스스로 곤궁하여 점령하지 못하는 것입니다. 中國이 스스로 곤궁하여 점령하지 못하는 까닭은 생산되지 않고 불어나지 않는 財物을 가지고 農事도 짓지 않고 싸우지도 않는 군사들을 길러, 마치 다리가 병든 巨人이 덩치가 크지 않은 것은 아니나 수족을 스스로 들 수 없는 것과 같습니다.

1) 西域 : 중국에서 漢代 이후로 玉門關과 陽關 서쪽의 여러 나라들을 일컫는 말이다. 좁은 의미에서는 파미르 고원(蔥嶺) 동쪽 지역만을 가리키지만, 넓은 뜻으로는 아시아 중·서부와 인도반도, 유럽 동부와 아프리카 북부에 이르는 광대한 지역까지 포괄한다. 漢나라 武帝는 張騫을 파견하여 처음으로 서역을 개척하였고, 宣帝는 西域都護府를 설치하였으며, 唐代에는 서역에 安西와 北庭의 두 都護府를 설치하였다. 역사적으로 서역은 동서 교통의 주요 통로였는데, 19세기말 이후로는 서역이라는 명칭을 점차 사용하지 않게 되었다.

2) 夏人 : 西夏를 이른다. 西夏는 1032년에서 1227년까지 중국 북서부의 甘肅省, 陝西省에 위치했던 티베트계 탕구트족(黨項)이 세운 왕조이다. 전성기에는 영토가 북으로 고비사막에서부터 동으로는 황하에 이르러, 중국과 서역을 통하는 교역로를 차지하고 있었다. 건국 초기에는 宋나라에 복종하였다.

3) 靈武 : 본래 중국의 영토였으나 宋나라 眞宗 咸平 5년(1002)에 탕구트족 출신의 武將인 李繼遷에게 점령당하였다. 李繼遷은 宋나라에 귀순하여 靖難節度使에 제수되었으나 끝내 배반하였다.

欲去是疾也인댄 則莫若捐秦以委之하야 使秦人斷然如戰國之世에 不待中國之援하고 而中國亦若未始有秦者니이다 有戰國之全利하고 而無戰國之患이면 則夏人을 擧矣리이다 其使은 莫如稍徙緣邊之民의 不能戰守者於空閒之地하고 而以其地로 益募民爲屯田[1]이니 屯田之兵이 稍益이면 則向之戍卒을 可以稍減이요 使數歲之後에 緣邊之民을 盡爲耕戰之夫리니 然後에 數出兵以苦之하야 要以使之厭戰而不能支면 則折而歸吾矣리이다 如此면 而北狄始有可制之漸이요 中國始有息肩之所하리이다 不然이면 將濟師[2]之不

暇리니 而又何撤乎잇가

이 病弊를 제거하고자 한다면 秦(關中 : 長安) 지방 사람들에게 이 지역을 떼어 맡겨서, 그들로 하여금 결연히 戰國時代처럼 中國의 원조를 기다리지 않게 하고, 中國 또한 일찍이 秦 지방이 있지 않은 것처럼 여기는 것보다 더 좋은 방책이 없습니다. 이렇게 해서 戰國時代의 온전한 이익이 있고 戰國時代의 폐해가 없게 된다면, 西夏를 함락시킬 수 있을 것입니다.

그 方便으로는 邊境 가까이 사는 백성 중에 싸우지도 못하고 지키지도 못하는 자들을 空閒地로 차츰 옮기고 이 땅을 가지고 더욱 백성들을 모집하여 屯田을 하는 것보다 더 좋은 것이 없으니, 屯田하는 병사들이 점점 많아지면 예전의 戍卒들을 차츰 줄일 수 있고, 몇 년 뒤에는 邊境 가까이에 사는 백성들을 모두 농사짓고 싸우기도 하는 壯丁으로 만들 수 있을 것이니, 이렇게 한 뒤에 자주 병력을 출동하여 西夏를 괴롭혀서 요컨대 西夏 사람들로 하여금 전쟁을 싫어하여 버티지 못하게 한다면 결국에는 굴복하여 우리에게 歸依할 것입니다. 이렇게 되면 北狄을 비로소 통제할 수 있는 단서가 마련될 것이고, 中國은 비로소 어깨를 편히 쉴 자리가 있을 것입니다. 이렇게 하지 않으면 장차 군사들에게 軍需品을 대주기에 겨를이 없을 것이니, 또 어떻게 병력을 철수할 수 있겠습니까?

1) 屯田 : 국가 주도하에 경작자를 집단적으로 투입하여 관유지나 새로 확보한 변방의 영토 등을 경작하는 제도를 이른다. 軍屯과 民屯으로 나뉘는데, 軍屯은 변경지대의 병사들이 새로 확보한 영토에서 스스로 경작하여 군량을 확보하는 방식이다.
2) 濟師 : 군대를 증원하거나, 식량・무기 등 제반 군수품을 공급함을 이른다.

所謂利入已浚而浮費彌廣者는 臣竊以爲 外有不得已之二虜[1]하고 內有得已而不已之後宮이라하노이다 後宮之費 不下一敵國이라 金玉錦繡之工이 日作而不息하고 朝成夕毁하야 務以相新하며 主帑(탕)之吏 日夜儲其精金良帛而別異之하야 以待倉卒之命하니 其爲費를 豈可勝計哉잇가 今不務去此等하고 而欲廣求利之門하시니 臣知所得之不如所喪也니이다

이른바 "재정수입의 근원을 크게 확대시켰으나 쓸데없는 비용이 더욱 많아졌다."는 것은 臣이 엎드려 생각하건대, 밖에는 어찌할 수 없는 두 오랑캐가 있고 안에는 두지 않아도 되는 後宮을 두고 있기 때문입니다. 後宮에게 드는 비용은 한 敵國을 막는 것에 뒤지지 않습니다. 後宮들의 노리개와 장식품을 대느라 金玉과 錦繡를 만드는 工人들은 날마다 일하여 쉬지 못하고 아침에 만들었다가 저녁에 부숴 새롭게 만들기를 힘쓰며, 內帑庫를 주관하는 관리들은 밤낮으로 정제된 金과 좋은 비단을 마련하여 따로 보관해두고서 임금님의 갑작스런 명령에 대비하고 있으니, 그 비용을 어떻게 다 헤아릴 수 있겠습니까? 지금 이러한 것들을 버리려고 힘쓰지 않고 재정수입만 늘리려고 하시니, 臣은 얻는 것이 잃는 것보다 못할 것임을 알겠습니다.

1) 二虜 : 당시 宋나라를 압박하고 있던 북쪽의 契丹(遼)과 서쪽의 西夏를 말한다. 宋나라는 건국 이래로 두 나라를 정벌하기 위해 수차례의 전쟁을 벌였으나 대부분의 싸움에서 패전하여 거액의 歲幣를 공급하는 조건으로 講和하였는데, 이 때문에 국가재정에 심각한 부담을 안게 되었다.

**軍冗而未練者**는 **臣嘗論之曰 此**는 **將不足恃之過也**라하노이다 **然**이나 **以其不足恃之故**로 **而擁之以多兵**하고 **不蒐去其無用**이면 **則多兵**은 **適所以爲敗也**니이다

군대가 많기만 하고 훈련되어 있지 못한 것은, 臣이 일찍이 논하기를 "이는 將帥가 믿을 만하지 못한 탓이다."라고 하였습니다. 그러나 믿을 만하지 못하다는 이유로 많은 군대를 보유하고 쓸모없는 자들을 찾아내어 제거하지 않는다면, 兵力을 많이 보유하는 것은 다만 실패의 원인이 될 것입니다.

**官冗而未澄者**는 **臣嘗論之曰 此**는**審官吏部**[1]**與職司**[2]**無法之過也**라하노이다 **夫審官吏部**는 **是古者考績黜陟之所也**어늘 **而特以日月爲斷**하니이다 **今縱未能復古**나 **可略分其郡縣**[3]호되 **不以遠近爲差**하고 **而以難易爲等**하야 **第其人之所堪而別異之**하야 **才者**는 **常爲其難**하고 **而不才者**는 **常爲其易**하며 **及其當遷也**하야는 **難者**는 **常速**하고 **而易者**는 **常久**니이다

관원이 혼잡하기만 하고 깨끗하지 못한 것은, 臣이 일찍이 논하기를 "이는 審官吏

部와 職司가 법도가 없는 탓이다."라고 하였습니다. 審官吏部는 바로 옛날 〈관리들의 성적을〉 考課해서 강등시키고 승진시키는 부서인데, 지금은 다만 근무기간만 가지고 결정하고 있습니다.

지금 비록 옛 법을 회복시킬 수는 없으나, 대략 郡縣을 나누되 거리의 遠近을 가지고 차등을 두지 말고 다스리기에 어려운 정도를 가지고 차등을 두고서, 郡縣을 맡은 자가 감당할 수 있는가를 가지고 구별하여 재주가 있는 자는 항상 어려운 곳을 다스리고 재주가 없는 자는 항상 쉬운 곳을 다스리게 하며, 승진할 때가 되면 어려운 곳을 다스리는 자는 항상 빨리 승진하고 쉬운 곳을 다스리는 자는 항상 늦게 승진하도록 해야 합니다.

1) 審官吏部 : 관원의 考課를 살펴 임용하는 吏部를 이른다. 宋나라의 官制는 대부분 唐나라의 제도를 답습하였는데, 吏部는 정책실행기관인 尙書省에 소속된 六部 가운데 하나로, 주로 관리의 任免과 考課 및 配置 등의 일을 담당하였다. 朝鮮朝의 吏曹 역시 이 제도를 따른 것이다.

2) 職司 : 직책을 책임지고 있는 관서나 관리를 이르는데, 여기에서는 지방 관리들의 인사권을 행사하는 監司 등의 지방 장관을 이른다.

3) 可略分其郡縣 : 宋代에는 郡을 州로 바꾸고 太守 대신 知州 또는 知州事를 공식 명칭으로 사용하였으나, 郡縣과 守令은 일반적인 명칭으로 그대로 사용하였다.

**然而爲此者**는 **固有待也**라 **內之審官吏部**와 **與外之職司**가 **常相關通**하야 **而爲職司者**는 **不惟擧有罪, 察有功而已**라 **必使盡第其屬吏之所堪**하야 **以詔審官吏部**니이다 **審官吏部**는 **常從內**하야 **等其任使之難易**하고 **職司**는 **常從外**하야 **第其人之優劣**하야 **才者常用**하고 **不才者常閑**이면 **則冗官可澄矣**리이다

그러나 이렇게 하려면 진실로 필요한 점이 있습니다. 중앙의 審官吏部와 지방의 職司가 항상 疏通해서, 職司의 관리가 된 자는 수령 중에 비단 죄 있는 자를 들춰내고 공이 있는 자를 살필 뿐만 아니라, 반드시 자기에게 소속된 수령 중에 직책을 감당할 만한 자를 모두 차등을 매겨서 審官吏部에게 보고하게 해야 합니다. 그리하면 審官吏部에서는 항상 중앙에서 맡길 직책의 난이도를 차등 매기고, 職司에서는 항상 지방에서 그 사람(수령)의 우열을 차등하여, 재주 있는 자가 항상 등용되고 재주 없는 자가

항상 閑職을 맡게 한다면, 쓸데없는 관원〔冗官〕을 깨끗하게 할 수 있을 것입니다.

**庠序興而禮樂未具者**는 **臣蓋以爲庠序者**는 **禮樂旣興之所用**이요 **非所以興禮樂也**라하노이다 **今禮樂鄙野而未完**이면 **則庠序不知所以爲教**니 **又何以興禮樂乎**잇가 **如此而求其可封**하고 **責其皆讓**하며 **將以息訟而措刑者**는 **是却行而求前也**니이다 **夫上之所向者**는 **下之所趨也**니 **而況從而賞之乎**잇가 **上之所背者**는 **下之所去也**니 **而況從而罰之乎**잇가

庠・序의 學校가 일어났는데도 禮樂이 갖추어지지 못했다는 것에 대해, 臣은 庠・序라는 곳은 禮樂이 이미 일어난 뒤에 쓰는 곳이고 禮樂을 일으키는 곳이 아니라고 생각합니다.

지금 禮樂이 이렇게 비루하여 완전하지 못하다면 庠・序에서는 가르칠 바를 알지 못할 것이니, 또 어떻게 禮樂을 일으킬 수 있겠습니까? 이와 같이 하고서 집집마다 모두 封해질 만한 아름다운 풍속이 있기를 바라고 선비마다 모두 겸양하기를 바라며, 장차 분쟁을 그치게 하고 형벌을 쓰지 않고자 하는 것은, 이는 뒷걸음질을 치면서 전진하기를 바라는 것과 같습니다.

위에서 향하는 것은 아랫사람들이 달려가는 것이니, 하물며 이어서 賞을 줌에 있어서이겠습니까? 위에서 저버리는 것은 아랫사람들이 버리는 것이니, 하물며 이어서 벌을 줌에 있어서이겠습니까?

**陛下責在位者不務教化**하고 **而治民者多拘文法**하시니 **臣不知朝廷所以爲賞罰者何也**잇고 **無乃或以教化得罪**하고 **而多以文法受賞歟**잇가 **夫禁防**이 **未至於繁多**로되 **而民不知避者**는 **吏以爲市也**요 **敍法**이 **不爲寬濫**이로되 **而吏不知懼者**는 **不論其能否**하고 **而論其久近也**니 **纍係者衆**하고 **愁歎者多**는 **凡以此也**니이다

지금 폐하께서 지위에 있는 자들은 教化를 힘쓰지 않고 백성을 다스리는 자들은 文法(법조문)에 얽매이는 경우가 많은 것을 책망하시니, 臣은 알지 못하겠습니다. 조정에서 상주고 벌주는 것을 어떻게 시행하고 계십니까? 혹시라도 教化 때문에 죄를 얻고 文法 때문에 상을 받는 자가 많지 않습니까?

禁防이 많지 않는데도 백성들이 피할 줄 모르는 것은 관리들이 禁防으로 이익을 구하기 때문이요, 관리에 대한 考課가 지나치게 너그럽지 않은데도 관리들이 두려움을 알지 못하는 것은 관리가 유능한지 유능하지 않은지를 따지지 않고 官職을 맡은 기간이 오래인지 짧은지를 논하기 때문이니, 감옥에 갇힌 자들이 많고 근심하고 탄식하는 자들이 많은 것은 모두 이 때문입니다.

**伏惟制策**에 **有仍歲以來**로 **災異數見**이라 **乃六月壬子**에 **日食於朔**하고 **淫雨過節**하야 **暖氣不效**하며 **江河潰決**하야 **百川騰溢**하니 **永思厥咎**하면 **深切在予**라 **變不虛生**하야 **緣政而起**라하시니 **此豈非陛下厭聞諸儒牽合之論**하야 **而欲聞其自然之說乎**잇가 **臣不敢復取洪範傳五行志**[1]하야 **以爲對**하고 **直以意推之**호리이다

엎드려 생각하건대 制策에 이르시기를 "근년 이래로 災異가 자주 나타났다. 마침내 지난 6월 壬子日 초하루에 日食이 있었고 장맛비가 지나치게 내려 따뜻한 기운이 드러나지 못하였으며 江河가 터져서 온갖 시내가 넘치니, 원인을 깊이 헤아려보건대 그 잘못이 나에게 있다는 생각이 참으로 간절하다. 災變은 까닭 없이 생기지 않아서 잘못된 政事를 따라 일어난다."라고 하셨습니다.

이는 폐하께서 여러 학자들이 억지로 끌어 맞추는 의논을 듣기 싫어하시어 自然스러운 말을 듣고자 하시는 것이 아니겠습니까? 臣은 감히 다시 ≪洪範傳≫과 〈五行志〉를 취하여 대답하지 않고, 곧바로 뜻을 가지고 미루어보겠습니다.

1) 洪範傳五行志 : ≪洪範傳≫은 劉向이 지은 ≪洪範五行傳≫으로 ≪書經≫ 〈洪範〉에 대한 해설서이고, 〈五行志〉는 班固가 지은 ≪漢書≫의 〈五行志〉와 ≪晉書≫의 〈五行志〉를 이른다.

**夫日食者**는 **是陽氣不能履險也**니이다 **何謂陽氣不能履險**고 **臣聞五月二十三分月之二十**이 **是爲一交**[1]니 **交當朔則食**이라하니 **交者**는 **是行道之險者也**라 **然而或食, 或不食**은 **則陽氣之有強弱也**라 **今有二人并行而犯霧露**에 **其疾者**는 **必其弱者也**요 **其不疾者**는 **必其強者也**니이다 **道之險**은 **一也**로되 **而陽氣之強弱異**라 **故**로 **夫日之食**은 **非食之日而後爲食**이요 **其虧也久矣**니 **特遇險而見焉**니이다 **陛下勿以其未食也**로 **爲無災**하시고

**而其旣食而復也**로 **爲免咎**하소서 **臣以爲未也**는 **特出於險耳**라하니이다

저 日食이라는 것은 陽氣가 險함을 밟지 못해서 생기는 현상입니다. 陽氣가 險함을 밟지 못한다는 것은 무엇을 말하는 것이겠습니까? 臣이 듣건대 "5개월 하고 한 달을 23분한 것의 20분이 1交가 되는데, 交가 초하루를 당하면 먹힌다."라고 하였으니, 交는 바로 해가 길(黃道)을 가는 데 있어 險한 것입니다. 그러나 혹 日食이 있기도 하고 혹 日食이 없기도 하는 것은 陽氣에 강하고 약함이 있기 때문입니다.

이제 두 사람이 함께 길을 가다가 안개와 이슬을 맞았는데, 그중에 병이 드는 자는 반드시 약한 자이고 병들지 않는 자는 반드시 강한 자일 것입니다. 길이 험한 것은 똑같으나 陽氣의 강하고 약함이 다르기 때문이니, 해가 먹히는 것은 해가 먹히는 날을 만난 뒤에 먹히는 것이 아니고, 그 먹힘이 오래되었는데 다만 험함을 만나 나타날 뿐입니다.

폐하께서는 해가 아직 먹히지 않았다 하여 災殃이 없다고 여기지 마시고, 이미 먹혔다가 회복되었다 하여 허물을 면했다고 여기지 마소서. 臣은 생각하건대 해가 먹히지 않은 것은 다만 險함에서 빠져나왔기 때문일 뿐입니다.

1) 是爲一交 : 交는 交會를 이른다. 옛사람들은 해는 1년에 한 번 黃道를 따라 天體를 돌고, 달은 한 달에 한 번 白道를 따라 天體를 돈다고 생각하였다. 交는 바로 해와 달이 각각 제 길을 돌다가 서로 만나는 것인데, 日食은 이때 달이 해를 가리는 것이다.

**夫淫雨大水者**는 **是陽氣融液汗漫而不能收也**어늘 **諸儒或以爲陰盛**이라하니 **臣請得以理折之**호리이다 **夫陽**은 **動而外**하니 **其於人也**엔 **爲噓**하니 **噓之氣**는 **溫然而爲濕**하고 **陰**은 **動而內**하니 **其於人也**엔 **爲噏**하니 **噏之氣**는 **冷然而爲燥**니이다 **以一人推天地**하면 **天地可見也**라 **故**로 **春夏者**는 **其一噓也**요 **秋冬者**는 **其一噏也**라 **夏則川澤洋溢**하고 **冬則水泉收縮**하니 **此燥濕之效也**라 **是故**로 **陽氣汗漫融液而不能收**면 **則常爲淫雨大水**하니 **猶人之噓而不能噏也**니이다

많은 비가 지나치게 내려 홍수가 지는 것은 陽氣가 汗漫하게 녹아서 거두지 못하기 때문인데, 여러 학자들은 혹 이것을 陰이 성하다고 말하니, 臣은 이치를 가지고 이

주장을 꺾어보겠습니다. 陽은 動하고 밖에 있으니, 사람에게 있어서는 숨을 내쉬는 것이 되는데, 내쉬는 기운은 따뜻하고 濕氣가 있습니다. 陰은 動하고 안에 있으니, 사람에게 있어서는 숨을 들이마시는 것이 되는데, 들이마시는 기운은 차갑고 건조합니다.

한 사람을 가지고 하늘과 땅을 미루어보면 하늘과 땅을 알 수 있습니다. 그러므로 봄과 여름은 한 번 숨을 내쉬는 것이고, 가을과 겨울은 한 번 숨을 들이마시는 것입니다. 여름에는 川澤이 흘러넘치고 겨울에는 水泉이 줄어드니, 이것이 건조하고 습함의 효험입니다. 이 때문에 陽氣가 汗漫하게 녹아서 거두지 못하면 항상 장맛비와 홍수가 되니, 이는 마치 사람이 숨을 내쉬기만 하고 숨을 들이마시지 못하는 것과 같습니다.

**今陛下以至仁柔天下**하야 **兵驕而益厚其賜**하고 **戎狄桀傲而益加其禮**하야 **蕩然與天下爲**咻呴[1]**溫煖之政**하사 **萬事墮(隳)壞**로되 **而終無威刑以堅凝之**하시니 **亦如人之嘘而不能**噏이니 **此淫雨大水之所由作也**니이다 **天地告戒之意**와 **陰陽消復之理**가 **殆無以易此矣**리이다

지금 폐하께서 지극한 仁으로 천하를 회유하여 병사들이 교만한데도 恩賜를 더욱 후하게 내리시고 오랑캐들이 오만한데도 더욱 禮를 베푸시어 널리 천하 사람들을 인자하게 대하시고 따뜻한 政事를 펴셔서, 만사가 무너지는데도 끝내 위엄과 형벌로써 단단히 응집함이 없으시니, 이는 사람이 숨을 내쉬기만 하고 들이마시지 못하는 것과 같으니, 장맛비와 홍수가 이 때문에 생기는 것입니다. 하늘과 땅이 경계를 고하는 뜻과 陰陽이 사라지고 회복되는 이치가, 아마도 이것을 바꿀 수 없을 것입니다.

1) 咻呴 : 咻와 呴는 모두 입으로 김을 불어 따뜻하게 해준다는 뜻인데, 여기서는 백성들을 인자하고 따뜻하게 대하는 뜻으로 쓰였다. ≪莊子≫ 〈大宗師〉에 이르기를 "물이 말라 물고기들이 땅바닥에 처하게 되면 서로 김을 내뿜어 축축하게 해주고 서로 거품으로 적셔준다.〔相呴以濕 相濡以沫〕"라는 말이 있는데, 咻呴는 여기에서 파생된 것으로 보인다.

而制策에 又有五事之失과 六沴(려)之作은 劉向所傳이요 呂氏所紀니 五行을 何修而得其性이며 四時를 何行而順其令고 非正陽之月에 伐鼓救變이 其合於經乎아 方盛夏之時에 論囚報重이 其考於古乎아하시니 此는 陛下畏天恐懼하야 求端之過하사 而流入於迂儒之說이니 此皆愚臣之所學於師나 而不取者也니이다

制策에 또 이르시기를 "五事의 잘못과 六沴가 일어남은 劉向이 전한 바이고 ≪呂氏春秋≫에 기록된 바이다. 五行을 어떻게 닦으면 五行의 본성을 얻게 되며, 무슨 政事를 행하면 四時가 時令에 순하게 되겠는가? 正陽의 달이 아닌 때에 북을 쳐서 日食의 변고를 구원하는 것이 經書에 부합하는가? 盛夏의 때에 죄수의 벌을 논하고 重罪囚의 처형을 보고하는 것이 옛 법에서 근거한 것인가?"라고 하셨습니다.

이는 폐하께서 하늘을 두려워하여 조심한 나머지 災異의 단서를 찾음이 지나쳐 迂闊한 학자들의 말에 빠져 들어간 것이니, 이는 모두 어리석은 臣이 스승에게 배운 것이나 취하지 않는 바입니다.

夫五行之相沴(려)는 本不至於六이니 六沴者는 起於諸儒欲以六極[1]分配五行이라 於是에 始以皇極[2]附益而爲六하니이다 夫皇極者는 五事[3]皆得이요 不極者는 五事皆失이니 非所以與五事幷列而別爲一者也니이다 是故로 有眊而又有蒙[4]하야 有極而無福이어늘 曰五福皆應이라하니 此亦自知其疎也니이다 呂氏之時令은 則柳宗元之論[5]이 備矣니이다 以爲有可行者하고 有不可行者하니 其可行者는 皆天事也요 其不可行者는 皆人事也라하니이다

五行이 서로 어긋남은 본래 여섯에 이르지 않습니다. 六沴라는 것은 여러 학자들이 六極을 가지고 五行에 분배하고자 한 데에서 시작되었습니다. 이에 처음으로 皇極을 가지고 덧붙여서 여섯(六沴)을 만들었습니다.

皇極은 五事가 모두 맞는 것이고 不極은 五事가 모두 잘못된 것이니, 五事와 나란히 나열되어 별도로 하나가 될 수 있는 것이 아닙니다. 이 때문에 眊가 있고 또 蒙이 있어 極만 있고 福이 없는데도, 말하기를 "五福이 다 응한다."라고 하니, 이는 그들 또한 자신들의 말이 엉성함을 알 것입니다.

呂氏(呂不韋)의 時令은 柳宗元의 의논에 자세히 갖추어져 있습니다. 그는 말하기를 "時令은 행할 수 있는 것이 있고 행할 수 없는 것이 있으니, 행할 수 있는 것은 모두 하늘의 일이고 행할 수 없는 것은 모두 사람의 일이다."라고 하였습니다.

1) 六極 : 여섯 가지의 크게 불길한 일로, 첫째 횡사와 일찍 죽는 것〔凶短折〕, 둘째 질병〔疾〕, 셋째 근심〔憂〕, 넷째 가난〔貧〕, 다섯째 악함〔惡〕, 여섯째 몸이 허약한 것〔弱〕으로 五福과 정반대이다. ≪書經 周書 洪範≫
2) 皇極 : 황제의 법칙을 이른다. 임금은 백성을 다스림에 있어 모든 정사를 오직 중용으로 하여 至公無私하고 어느 한쪽에 치우쳐서는 안 됨을 말한다. ≪書經≫ 〈周書 洪範〉에 이르기를 "皇極은 임금이 극을 세움이니, 이 五福을 거두어서 백성들에게 복을 펴주면 여러 백성들이 너의 극에 대하여 너에게 극을 보존함을 줄 것이다."라고 보인다.
3) 五事 : 임금의 다섯 가지 일로 모양〔貌〕과 말〔言〕, 보는 것〔視〕과 듣는 것〔聽〕, 그리고 생각함〔思〕이다.
4) 眊而又有蒙 : ≪洪範五行傳≫에 이르기를 "皇이 極을 못하는 것을 일러 '不建'이라고 하는데, 그 허물은 眊이고 그 罰은 恒陰이고 그 極은 弱이다."라고 하였는데, 鄭玄의 註에 이르기를 "眊는 혼란함〔亂〕이다."라고 하였다. 蒙은 蒙昧(昏暗)함이다.
5) 呂氏之時令 則柳宗元之論 : 呂氏는 呂不韋이고, 時令은 철에 따라 시행하는 政令으로 ≪禮記≫의 〈月令〉이 이것이며, 柳宗元의 論은 그가 지은 〈時令論〉을 말한다.

若夫禜社伐鼓[1]는 本非有益於救災요 特致其尊陽之意而已니이다 書曰 乃季秋月朔에 辰이 弗集於房하니 瞽奏鼓하며 嗇夫馳하며 庶人走[2]라하니 由此言之하면 則亦何必正陽之月而後에 伐鼓救變을 如左氏之說乎잇가 盛夏報囚는 先儒固已論之하야 以爲仲尼誅齊優之月[3]이라하니 固君子之所無疑也니이다

日·月·星·辰과 山川의 神에 제사하고 社(土地神)에 제사할 적에 북을 치는 것은 본래 災變을 구원하는 데 유익한 것이 아니고, 다만 陽을 높이는 뜻을 지극히 했을 뿐입니다. ≪書經≫에 이르기를 "9월 초하루에 辰이 房宿에 모이지 않으니, 樂師

가 북을 연주하고 嗇夫가 달려가고 庶人이 달려간다."라고 하였으니, 이것을 가지고 말한다면 또한 하필 正陽의 달에만 북을 쳐 災變을 구원하기를 ≪春秋左氏傳≫의 說과 같이 할 것이 있겠습니까?

한여름에 죄수에 대한 처벌을 보고하는 것은 先儒들이 진실로 논하여 이르기를, "仲尼가 齊나라 광대를 죽인 달이다."라고 하였으니, 이는 진실로 군자들이 의심하지 않는 바입니다.

1) 禜社伐鼓 : 禜은 日・月・星辰과 山川의 神에게 제사하는 것이고, 社는 土地神에 제사하여 재앙을 물리침을 이른다. ≪春秋左氏傳≫ 文公 15년조에 이르기를 "6월 辛丑日에 日食이 일어나자 북을 치고 社에 희생을 사용해 제사를 지냈으나, 禮가 아니다. 日食이 발생하면 천자는 盛饌을 들지 않고 社에서 북을 치며, 諸侯는 社에 폐백을 사용하여 제사하고 朝廷에서 북을 친다."라고 보인다. 陰인 달에 의해 陽인 해가 침식되는 재변(日食)이 생기면 천자는 社에 희생을 올려 제사하고, 正陽의 달인 4월이면 社에서 북을 쳐서 북소리로써 陰氣를 제압하나 기타의 달에는 북을 치지 않는다.

2) 書曰……庶人走 : 이 내용은 ≪書經≫ 〈夏書 胤征〉에 보이는데, 季秋는 음력 9월이고 月朔은 초하루이며 辰은 해와 달이 교차하여 만나는 방위이고 房은 二十八宿의 하나로 大火인 卯에 해당한다. 9월 초하루는 해와 달이 大火인 卯方(正東)에서 만나야 하는데, 서로 和하지 못하여 달이 해를 가려 日食이 일어났음을 말한 것이다. 蔡沈의 注에 "瞽는 樂官이니, 눈으로 보지 못하여 음악을 잘 살피기 때문이다. 奏는 올림이다. 옛날에 日食이 있으면 북을 치고 폐백을 올려 구제하였다. 嗇夫는 낮은 신하이니, 漢나라 때에는 上林에 嗇夫가 있었다. 庶人은 庶人으로서 官職에 있는 자이니, 嗇夫와 庶人은 日食을 구원하는 여러 가지 일을 맡은 자이다. '馳'라 하고 '走'라 한 것은 日食의 변고에 天子는 위에서 恐懼하고 嗇夫와 庶人들은 아래에서 분주하여, 日食을 구제함을 돕기를 이와 같이 급히 함을 나타낸 것이다." 하였다.

3) 仲尼誅齊優之月 : 仲尼는 孔子의 字이고, 齊優는 齊나라의 광대이다. 魯나라 定公 10년 여름에 定公이 齊侯(景公)와 夾谷에서 회맹하였는데, 이때 孔子가 정승의 일을 대행하고 있었다. 회맹에 앞서 孔子는 "臣이 들으니, '文의 일이 있는 경우에는 반드시 武備가 있어야 한다.'고 하였습니다. 평화적인 회맹은 비록 文

의 일이지만 武備가 없어서는 안 됩니다. 그리고 옛날 제후들이 국경을 나갈 때에는 반드시 文官과 武官을 대동하였으니, 이번 회맹에 武官인 左司馬와 右司馬를 데리고 가셔야 합니다."라고 아뢰니, 定公이 그대로 따랐다. 회맹할 때에 齊나라에서 宮中의 음악을 연주하자, 난쟁이와 광대들이 나와 놀이를 하였다. 孔子는 달려나가 아뢰기를 "匹夫로서 제후를 현혹시키는 자는 죄가 마땅히 죽어야 하니, 左司馬로 하여금 광대들에게 속히 형을 가하게 하십시오."라고 하였다. 그리하여 광대들을 참소하였다. ≪孔子家語 相魯≫ 여기서는 당시 무더운 여름철에 孔子가 사형을 내린 일을 인용하여 盛夏에 사형을 집행해도 무방함을 밝힌 것이다.

**伏惟制策**에 **有京師**는 **諸夏之表則**[1]이요 **王教之淵源**이어늘 **百工淫巧無禁**하고 **豪右僭差不度**라하시니 **此**는 **在陛下身率之耳**니이다 **後宮有大練之飾**[2]이면 **則天下以羅紈爲羞**하고 **大臣有脫粟之節**[3]이면 **則四方以膏粱爲汚**하리니 **雖無禁令**이나 **又何憂乎**잇가

엎드려 생각하건대 制策에 "京師는 諸夏의 표준이고 王教의 근원인데, 百工들이 지나치게 공교롭게 세공하는 것을 禁하지 않고 豪右들이 참람하여 법도를 지키지 않는다."는 내용이 있으니, 이는 폐하께서 몸소 솔선함에 달려 있을 뿐입니다. 後宮들이 大練으로 꾸미면 천하 사람들이 고운 비단옷을 입는 것을 수치로 여길 것이고, 대신들이 겉겨만 벗긴 거친 쌀을 먹으면 사방에서 膏粱珍味를 먹는 것을 치욕으로 여길 것이니, 비록 禁令이 없더라도 또 무엇을 걱정하시겠습니까?

1) 表則 : 표준을 이른다. 本集에는 表則이 根本으로 표기되어 있으나 의미상에 큰 차이는 없다.
2) 後宮有大練之飾 : 大練은 거친 명주를 이른다. 後漢 明帝의 황후인 明德馬皇后는 伏波將軍 馬援의 딸로, 明帝가 즉위한 다음 貴人으로 봉해졌다가 뒤에 왕후로 책봉되고 章帝가 즉위한 뒤에 皇太后로 높여졌는데, 매우 검소하여 언제나 大練으로 지은 옷을 입었고 치마는 선을 두르지 않았다. ≪後漢書 明德馬皇后紀≫ 여기서는 '후궁들이 모두 검소한 생활을 한다면'의 뜻으로 쓰였다.
3) 大臣有脫粟之節 : 脫粟은 겉겨만 벗긴 거친 쌀을 이른다. 漢나라 武帝 때의 公孫弘은 승상의 자리에 있으면서도 삼베 이불을 덮고 脫粟을 먹어 검소하고 근

신하였으므로, 武帝가 그를 어질게 여겼다.

伏惟制策에 有治當先內어늘 或曰 何以爲京師오하며 政在摘姦이어늘 或曰 不可撓獄市라하시니 此皆一偏之說이니 不可以不察也니이다 夫見其一偏하고 而輒擧以爲說이면 則天下之說을 不可以勝擧矣니이다 自通人而言之하면 則曰 治內는 所以爲京師也요 不撓獄市는 所以爲摘姦也니 如使不撓獄市하여 而害其爲摘姦이면 則夫曹參者는 是爲逋逃主[1)]也니이다

엎드려 생각하건대 制策에 "다스림은 마땅히 안(都城)을 먼저 해야 하는데 혹자는 말하기를 '이렇게 하면 어떻게 京師를 다스릴 수 있겠습니까?'라고 하고, 政事는 간사한 무리를 적발해내는 데에 달려 있는데 혹자는 말하기를 '獄과 市場을 흔들어서는 안 됩니다.'라고 한다."라는 내용이 있었습니다. 이는 모두 한쪽에 치우친 말이니, 살피지 않으면 안 됩니다. 한쪽만 보고 곧 이것을 들어서 말한다면 천하 사람의 말을 이루 다 들 수가 없습니다. 사리를 통달한 사람의 입장에서 말한다면, 都城을 다스리는 것은 京師를 위한 것이고 獄과 市場을 흔들지 않는 것은 간악함을 적발하기 위한 것이니, 만약 獄과 市場을 흔들지 않는다고 해서 간악함을 적발하는 데 방해가 된다면 저 曹參이란 자는 도망간 죄인들의 주인이 되는 것입니다.

1) 曹參者 是爲逋逃主 : 逋逃主는 죄를 짓고 도망친 사람들이 몸을 의탁하는 주인이란 뜻으로, ≪書經≫ 〈周書 武成〉에 이르기를 "지금 商王 受가 무도하여 하늘이 내린 물건을 함부로 버리며, 여러 백성들을 해치고 포학하게 하며, 천하에 도망온 죄인들의 주인이 되어 못과 숲에 물고기와 짐승이 모이듯 한다."라고 한 데서 유래하였다. 여기서는 曹參이 '獄事와 市場을 흔들지 말라.'고 하였으므로 이렇게 말한 것이다.

伏惟制策에 有推尋前世하야 深觀治迹컨대 孝文은 尙老子而天下富殖하고 孝武는 用儒術而海內虛耗하니 道非有弊어늘 治奚不同고하시니 臣竊以爲不然이라하노이다 孝文之所以爲得者는 是儒術略用也니 其所以得而未盡者는 是用儒之未純也요 而其所以爲失者는 則是用老也니이다 何以言之오 孝文이 得賈誼之說然後에 待大臣有禮하고

御諸侯有術이나 而至於興禮樂하고 係單于하야는 則曰 未暇[1)]라하니 故로 曰 儒術略用而未純也라하노이다 若夫用老之失은 則有之矣니이다 始以區區之仁으로 壞三代之肉刑[2)]하야 而易之以髡笞하고 髡笞不足以懲其罪하면 則又從而殺之하니 用老之失이 豈不過甚矣哉잇가

엎드려 생각하건대 制策에 "前代를 미루어 정치한 자취를 깊이 살펴보건대 孝文帝는 老子를 숭상했는데도 천하가 부유하고 백성들이 많았으며, 孝武帝는 儒學을 썼는데도 海內가 텅 비고 재물이 고갈되었으니, 道에 병폐가 있는 것이 아닌데 다스림이 어찌하여 똑같지 않은가?"라는 내용이 있었으니, 臣은 삼가 옳지 않다고 여깁니다. 孝文帝가 옳은 까닭은 儒學을 대략 사용했기 때문이니, 그 옳은데도 미진한 까닭은 儒學을 씀이 순수하지 못했기 때문이고, 그 잘못된 까닭은 바로 老子를 사용했기 때문입니다.

어째서 이렇게 말씀드리는가 하면, 孝文帝가 賈誼의 말을 얻은 뒤에 大臣을 대함에 禮가 있었고 諸侯를 어거함에 방법이 있었으나, 禮樂을 일으키고 單于의 목에 사슬을 매는 데에 이르러서는 겨를이 없다고 사양하였으니, 저는 이 때문에 儒學을 조금만 쓰고 순수하지 못했다고 말하는 것입니다.

老子를 사용한 잘못으로 말하면 이러한 사실이 있습니다. 처음 區區한 仁으로 三代時代의 肉刑을 없애고는 죄인을 머리 깎고 볼기 치는 것으로 바꾸고, 머리 깎고 볼기 치는 것으로는 그 죄를 懲戒할 수 없게 되자 또 따라서 죽였으니, 老子를 사용한 잘못됨이 어찌 심하지 않겠습니까?

1) 孝文……則曰未暇 : 梁의 太傅 賈誼가 상소하여 文帝에게 여러 가지 일을 진언하였는데, 文帝는 이 가운데 '대신들의 체면을 지켜주지 않으면 안 된다.'는 내용과 '제후국의 규모를 줄여 통제하여야 한다.'는 내용을 받아들여 이후로 대신들을 대함에 예를 갖추었으며, 淮陽王을 梁王으로 옮겨 봉하여 40여 개의 성을 중앙 정부에 귀속시키고 城陽王을 淮南王으로 옮겨 봉하는 등 제후들을 적절히 통제하였다. 그러나 正朔을 고치고 관명을 개정하고 예악을 홍기시킬 것을 청한 내용은 겨를이 없다고 받아들이지 않았으며, 또 典屬國이 되어 單于를 잡아오겠다는 賈誼의 소청도 받아들이지 않았다.

2) 肉刑 : 肉辟이라고도 하는데, 墨刑·劓刑·刖刑·宮刑·大辟 등 다섯 가지 육

체에 가하는 형벌을 이른다. 그 내용을 살펴보면 墨刑은 이마에 剌字하는 형벌이고, 劓刑은 코 베는 형벌이고, 刖刑은 발꿈치를 베는 형벌이고, 宮刑은 거세하는 형벌이고, 大辟은 사형을 이른다. 漢나라 文帝 때부터 肉刑을 폐하고 笞刑으로 대체하였다. 文帝 때에 臨淄 사람 淳于意가 죄를 지어 肉刑을 당하게 되었는데, 그의 딸 緹縈이 울면서 "절단당한 육신은 다시 이어질 수 없으며 사형을 받은 자는 다시 살아날 수 없으니, 제가 대신 官婢가 되어 아비의 죄를 속죄하겠다."라고 애절한 疏章을 올리니, 文帝가 가련하게 여겨 죄를 용서해주고 마침내 肉刑을 폐하였다. ≪列女傳≫

**且夫孝武**도 **亦可謂用儒之主也**로되 **博延方士**[1]**而多興妖祠**하고 **大興宮室而甘心遠略**하니 **此豈儒者敎之**잇가 **今夫有國者 徒知徇其名**하고 **而不考其實**하야 **見孝文之富殖**하고 **而以爲老子之功**이라하고 **見孝武之虛耗**하고 **而以爲儒者之罪**라하면 **則過矣**니 **此**는 **唐明皇**[2]**之所以溺於宴安**하야 **撤去禁防**하야 **而爲天寶之亂**[3]**也**니이다

그리고 孝武帝도 또한 儒學을 사용한 君主라고 이를 수 있으나 方術士들을 널리 초빙하여 요망한 제사를 많이 일으켰고 宮室을 크게 짓고 먼 지역의 經略을 좋아하였으니, 이 어찌 儒者들이 시킨 것이겠습니까?

지금 나라를 소유한 군주들이 다만 그 이름을 따를 줄만 알고 그 실제를 상고하지 않고서, 孝文帝 때에 나라가 부유하고 백성이 많은 것을 보고는 老子의 공이라 하고, 孝武帝 때에 海內가 텅 비고 재물이 고갈되는 것을 보고는 儒者의 죄라고 말하니, 이는 잘못입니다. 이 때문에 唐나라 明皇이 宴安에 빠져 禁防을 철거함으로써 天寶의 난이 일어난 것입니다.

1) 方士 : 道敎에서 神仙術을 닦아 장생불사를 추구하는 방술사들을 이른다.

2) 唐明皇 : 唐나라 6대 황제인 玄宗 李隆基(685~762)의 별호이다. 玄宗은 睿宗의 셋째아들이었는데 재주와 무략이 뛰어나, 中宗을 시해하고 나라를 혼란에 빠뜨린 황후 韋氏를 토벌하고 그 공으로 睿宗의 뒤를 이어 즉위하였다. 開元 연간에 姚崇, 張九齡 등 뛰어난 재상들을 등용하여 태평성대를 이룩하고 중흥의 군주로 불렸다. 그러나 만년에 楊貴妃에 빠져 정사를 돌보지 않고 李林甫, 楊國忠 등 간신들로 하여금 국정을 전횡하게 하여 끝내는 '天寶의 亂'을 불러들

였다. ≪新唐書 玄宗本紀≫

3) 天寶之亂 : 天寶 14년(755)에 일어난 '安史의 亂'(755~761)을 말한다. 玄宗과 楊貴妃에게 신임을 받아 幽州・平盧・河東의 節度使로 막강한 세력을 구축한 安祿山이 일으킨 반란으로, 전쟁의 와중에 靈武에서 즉위한 肅宗에 의해 至德 2년(757)에 진압되었으나, 安祿山의 부장이었던 史思明이 乾元 元年(758)에 다시 반란을 일으켜 3년 동안 계속되다가, 上元 2년(761)에 마침내 종결되었다.

**伏惟制策**에 **有王政所由 形於詩道**라 **周公豳詩**는 **王業也**로되 **而係之國風**하고 **宣王北伐**은 **大事也**로되 **而載之小雅**라하시니이다 **臣聞豳詩**는 **言后稷公劉**[1] **所以致王業之艱難者也**라 **其後累世**에 **而至文王之時**하야는 **則王業**이 **旣已大成矣**어늘 **而其詩爲二南**[2]하니 **二南之詩**도 **猶列於國風**이어든 **而至於豳**하야 **獨何怪乎**잇가

엎드려 생각하건대 制策에 "王政의 행하는 바는 詩의 道에 나타난다. 周公의 〈豳風〉 詩는 王業을 읊었는데도 〈國風〉에 실렸고, 周나라 宣王이 북쪽을 정벌한 것은 국가의 대사였는데도 〈小雅〉에 기재되었다."라는 내용이 있었습니다.

臣이 들으니, "〈豳風〉 詩는 后稷과 公劉가 王業을 이루기 어려웠음을 말한 것이다."라고 하였습니다. 여러 代가 지나 文王 때에 이르러서는 王業이 이미 크게 이루어졌는데도 그 詩를 〈周南〉과 〈召南〉이라 하였으니, 〈周南〉과 〈召南〉의 詩도 오히려 〈國風〉에 나열되었는데 〈豳風〉 詩에 대해서만 유독 이상하게 생각할 것이 있겠습니까?

1) 后稷公劉 : 모두 周나라의 先祖들이다. 后稷은 周나라의 始祖이자 堯임금 때에 백성에게 농사짓는 법을 처음 가르친 棄를 이르는데, 본래 堯임금 때에 농사를 담당한 관직의 이름이다. 성은 姬로 帝嚳의 妃인 姜嫄이 巨人의 발자국을 밟고 잉태하여 낳았는데, 상서롭지 못하게 여겨 내다 버렸으나 마소와 새들이 모두 보호하므로 다시 주워 기르면서 이름을 棄라고 하였다 한다. 公劉는 武王의 13代祖로 夏나라의 박해를 받고 豳으로 이주하여 나라를 세우고 농사에 힘써 나라를 반석에 올려놓아, 周나라 興盛의 기초를 닦았다. ≪史記 周本紀≫

2) 二南 : ≪詩經≫의 〈周南〉과 〈召南〉으로 〈周南〉은 11편, 〈召南〉은 14편인데 〈國風〉 중의 正風이다.

昔에 季札[1)]이 觀周樂하고 以爲 大雅는 曲而有直體하고 小雅는 思而不貳하고 怨而不言이라하니이다 夫曲而有直體者는 寬而不流也요 思而不貳하고 怨而不言者는 狹而不迫也니 由此觀之하면 則大雅小雅之所以異者는 取其辭之廣狹이요 非取其事之小大也니이다

옛날 季札이 周나라 음악을 보고 말하기를 "〈大雅〉는 곡진하면서도 올곧은 體가 있고, 〈小雅〉는 생각하면서도 두 마음을 품지 않고 원망하면서도 말하지 않는다."라고 하였습니다.

곡진하면서도 올곧은 體가 있다는 것은 너그러우면서도 방탕한 데로 흐르지 않은 것이고, 생각하면서도 두 마음을 품지 않고 원망하면서도 말하지 않는다는 것은 좁으면서도 박절하지 않은 것이니, 이것을 가지고 관찰해보면 〈大雅〉와 〈小雅〉가 다른 까닭은 그 내용의 넓고 좁음을 취한 것이고 일의 크고 작음을 취한 것이 아닙니다.

1) 季札 : 春秋時代 吳나라 公子로 魯나라에 사신으로 와서 列國의 음악을 들어보고 이를 비평하였는데, 음악을 통해 列國의 치란과 흥망을 정확히 짚어내었다. ≪春秋左傳 襄公 29年≫

伏惟制策에 有周以冢宰制國用하고 唐以宰相兼度支하니 錢穀은 大計也요 兵師는 大衆也어늘 何陳平之對에 謂當責之內史라하고 韋(賢)〔洪質〕之言에 不宜兼於宰相[1)]고 하시니이다 臣以爲 宰相이 雖不親細務나 至於錢穀兵師하야는 固當制其贏(영)虛利害니 陳平所謂責之內史者는 特以宰相不當治其簿書多少之數耳니이다

엎드려 생각하건대 制策에 "周나라는 冢宰로 하여금 국가의 財用을 통제하게 하였고 唐나라는 宰相으로 하여금 度支를 겸하게 하였으니, 錢穀은 국가의 큰 계책이고 군대는 큰 무리인데 어찌하여 陳平은 '〈돈과 곡식을〉 마땅히 治粟內史에게 물어야 한다.'고 대답하였으며, 韋洪質은 '〈돈과 곡식을〉 재상에게 겸하여 다스리게 해서는 안 된다.'고 하였는가?"라고 하셨습니다.

臣은 생각하건대 재상은 비록 작은 일을 직접 다스리지 않으나, 錢穀과 군대에 이르러서는 진실로 마땅히 재정의 남고 부족함과 군대의 이롭고 해로움을 제재하여야 하니, 陳平의 이른바 "〈돈과 곡식을〉 治粟內史에게 물어야 한다."는 것은 다만 재상이

문서의 많고 적은 숫자를 다스려서는 안 된다고 말한 것일 뿐입니다.

1) 韋(賢)〔洪質〕之言 不宜兼於宰相 : 韋洪質이 唐나라 德宗 때에 "재상에게 돈과 곡식을 겸하여 다스리게 해서는 안 된다."고 아뢰자, 재상으로 있던 李德裕는 아뢰기를 "太和 연간 이후로 명령이 위에서 나오면 아래에 있는 신하들이 비난하고 있으니, 이 폐단을 고치지 않으면 나라를 다스릴 수 없습니다. 미천한 신하인 韋洪質이 어찌 말하지 않아야 할 것을 임금에게 아뢴단 말입니까? 폐하께서는 그의 간사한 꾀를 살피셔야 합니다."라고 하였다. 太和는 文宗의 年號이다. ≪新唐書 李德裕傳≫

昔唐之初에 以郎官領度支하야 而職事以治러니 及兵興之後에 始立使額[1]하야 參佐旣衆하고 簿書益繁하야 百弊之源이 自此而始하니이다 其後에 裴延齡, 皇甫鎛이 皆以剝下媚上하야 至於希世用事[2]하니 以宰相兼之가 誠得防奸之要니 而韋洪質之議는 特以其權過重歟인저 故로 李德裕[3]以爲賤臣不當議令이라하니 臣常以爲有宰相之風矣라하노이다

옛날 唐나라 초기에는 郎官에게 度支를 겸직시켜서 職事가 잘 다스려졌는데, 전란이 일어난 뒤에 비로소 使額을 세워 참모하는 補佐들이 많아지고 문서가 더욱 복잡해져서, 온갖 병폐의 근원이 이로부터 시작되었습니다. 그 뒤에 裴延齡과 皇甫鎛이 모두 아래 백성에게서 재물을 긁어모아 윗사람에게 아첨하여 세상에 드물게 권력을 행사함에 이르렀습니다.

재상에게 이것을 겸직시키는 것이 진실로 간사함을 막는 요점을 얻은 것이니, 韋洪質이 말한 뜻은 다만 그 권세가 지나치게 중한 때문일 것입니다. 그러므로 李德裕가 말하기를 "미천한 臣下에게는 法令을 의논하게 해서는 안 된다."라고 하였으니, 臣은 항상 李德裕에게 재상의 풍모가 있다고 여깁니다.

1) 使額 : '使'字가 든 임시 관직으로 額은 그 인원수를 이른다.

2) 裴延齡……至於希世用事 : 裴延齡은 唐나라 德宗 때의 姦臣으로 司農少卿과 度支를 맡아 백성들의 재물을 가혹하게 착취해서 위에 상납하여 총애를 받았으나, 諫議大夫 陽城의 諫言으로 재상이 되지는 못하였다. 皇甫鎛은 唐나라 憲宗

때의 姦臣으로 判度支로 있으면서 백성들에게 苛斂誅求하여 그 공으로 재상이 되었으나 세상 사람들의 비웃음을 받았다.

3) 李德裕 : 唐나라 武宗 때의 재상으로 衛國公에 봉해졌다. 唐나라의 몰락을 재촉한 牛李黨爭의 당사자로 李宗閔, 牛僧孺 등과 대립하였다. 840년 武宗이 즉위하자 재상이 되어 藩鎭을 억누르고 위구르(回鶻)를 물리치는 등 공적을 세웠으나, 李宗閔을 축출하는 등 牛僧孺 일파를 지나치게 탄압하여 당쟁을 격화시켰다. 武宗이 죽고 宣宗이 즉위하여 牛僧孺 일파가 집권하자 崖州司戶參軍事로 폄적되었다가 그곳에서 죽었다. 저서에 ≪次柳舊聞≫, ≪會昌一品集≫이 있다. ≪舊唐書 李德裕列傳≫

**伏惟制策**에 **有錢貨之制**는 **輕重之相權**이요 **命秩之差**는 **虛實之相養**이며 **水旱蓄積之備**와 **邊陲守禦之方**과 **圜法**에 **有九府之名**하고 **樂語**에 **有五均之義**하니 **此六者**는 **亦方今之所當論也**니이다 **昔**에 (召)〔**單**(선)〕**穆公曰 民患輕**이면 **則多作重以行之**하고 **若不堪重**이면 **則多作輕以行之**호되 **亦不廢重**[1]이라하니 **輕可改而重不可廢**니 **不幸而過**인댄 **寧失於重**이니 **此制錢〈貨〉之本意也**니이다 **命者**는 **人君之所擅**이니 **出於口而無窮**이요 **秩者**는 **民力之所供**이니 **取於府而有限**하니 **以無窮**으로 **養有限**은 **此虛實之相養也**니이다

엎드려 생각해보건대 制策에 "錢貨의 제도는 輕·重을 서로 저울질하고 命(품계)·秩(녹봉)의 차등은 虛·實로써 서로 길러준다. 水災와 旱害를 대비하는 저축과 변방을 수비하는 방법이 있으며, 또 돈을 관리하는 방법에는 九府라는 명칭이 있고 ≪樂語≫에는 五均의 뜻이 있다."라고 하셨으니, 이 여섯 가지 또한 지금 마땅히 논의해야 할 것입니다.

옛날 單穆公이 말하기를 "백성들이 돈이 너무 가벼움을 걱정하면 무거운 돈을 많이 만들어 通用하고, 만약 무거운 돈을 감당하지 못하면 가벼운 돈을 많이 만들어 通用하되 또한 무거운 돈을 폐지하지 않는다."라고 하였습니다. 가벼운 것은 바꿀 수 있어도 무거운 것은 폐지할 수 없으니, 불행히 잘못될 경우 차라리 무거움에 잘못되어야 하니, 이것이 錢貨를 만든 本意입니다.

命(품계)은 군주가 마음대로 내리는 것이니 입에서 나와 무궁하고, 秩(녹봉)은 백성의 힘으로 바치는 것이니 나라의 창고에서 취하여 한계가 있습니다. 무궁한 命으로

한계가 있는 秩을 기르니, 이는 虛(품계)·實(녹봉)이 서로 길러주는 것입니다.

1) (召)〔單(선)〕穆公曰……亦不廢重 : 底本에는 '召穆公'으로 되어 있으나 召穆公은 宣王의 명신으로 이름이 虎인데 여기에는 부합하지 않아 單穆公으로 바로잡았다. 單穆公은 周나라 大夫로 이름이 旗이다. 輕重은 돈(동전과 철전)의 크기에 따라 무겁고 가벼움을 가리킨다. ≪國語≫ 〈周語 下〉에 이르기를 "周나라 景王 21년에 돈이 너무 가벼웠으므로 장차 가벼운 돈을 없애고 무겁고 큰 돈을 주조하려 하자, 大夫 單旗가 아뢰기를 '안 됩니다. 옛날 나라에 재난이 있으면 이에 資幣(貨幣)를 헤아리고 돈의 輕重을 저울질하여 백성들을 구원하였으니, 가벼운 돈이 너무 많아 백성들이 불편해 하면 무거운 돈을 만들어 유통시켰습니다. 이에 母錢(무거운 돈)으로 子錢(가벼운 돈)을 저울질하여 유통시켜서 백성들이 모두 편안해 하였습니다. 그리고 만일 무거운 돈이 너무 많아 백성들이 제대로 사용하지 못하면 가벼운 돈을 많이 만들어 유통시키되, 또한 무거운 돈을 폐지하지 않았습니다. 이에 子錢으로 母錢를 저울질하여 유통시켜서 크고 작은 사람들이 이롭게 여겼습니다. 이제 王께서 가벼운 돈을 없애고 무거운 돈만 만들려 하시니, 백성들이 제대로 통용하지 못하여 곤궁하지 않겠습니까? 〔景王二十一年 將鑄大錢 單穆公曰 不可 古者 天災降戾 於是乎量資幣 權輕重 以振救民 民患輕 則爲作重幣以行之 於是乎有母權子而行 民皆得焉 若不堪重 則多作輕而行之 亦不廢重 於是乎有子權母而行 小大利之 今王廢輕而作重 民失其資 能無匱乎〕" 하였다. 穆公은 單旗의 謚號이다.

**水旱蓄積之備**는 **則莫若復隋唐之義倉**[1]이요 **邊陲守御(禦)之方**은 **則莫若依秦漢之更**(경)**卒**[2]이니이다 **周官**에 **有太府, 天府, 泉府, (王)〔玉〕府,**[3] **內府, 外府, 職內, 職金, 職幣**하니 **是謂九府**니 **太公之所行以致富**니이다 **古者**에 **天子取諸侯之士**하야 **以爲國(君)〔均〕**[4]이면 **則市不二價**하고 **四民常均**하니 **是謂五均**[5]이니 **獻王**[6]**之所致以爲法**이니 **皆所以均民而富國也**니이다

水災와 旱害를 대비하는 저축은 隋나라와 唐나라의 義倉제도를 회복하는 것보다 더 좋은 것이 없고, 변방을 수비하는 방법은 秦나라와 漢나라의 更卒제도를 따르는 것보다 더 좋은 것이 없습니다.

≪周官≫에 太府・天府・泉府・玉府・內府・外府・職內・職金・職幣가 있으니, 이것을 九府라 이르는데 太公이 시행하여 국가를 부유하게 만들었습니다.

옛날 天子가 諸侯國의 선비를 취하여 나라를 고르게 하면 시장에 물건 값이 통일되고 四民이 항상 고르게 되니, 이것을 五均이라 이르는데, 어진 王들이 이것을 사용하여 法으로 삼았으니, 모두 백성을 고르게 하고 나라를 부유하게 하는 방법입니다.

1) 義倉 : 흉년에 饑民을 구제하기 위해 隋나라 때 工部尙書 長孫平의 건의로 처음 만들어진 제도이다. 가을 수확기에 수확량에 따라 곡식 한 섬 이하를 차등으로 거두어 저장해두었다가 흉년에 이것을 방출하여 饑民들을 구휼하였다. 이 제도는 後代에서도 약간의 변화를 거쳐 널리 시행되었다. 唐나라는 太宗 貞觀 初부터 尙書左丞 戴胄의 건의에 따라 이 제도를 실시하였는데, 토지소유에 따라 차등을 두어 거두었다. ≪隋書 食貨志≫, ≪唐書 食貨志≫

2) 更(경)卒 : 秦나라 때에 백성들이 매년 1개월씩 軍務에 복역하는 것을 '更卒'이라 하였으며, 또 일생 동안 자신의 호적이 등록된 郡에서 1년간 兵役에 복무하고 수도나 변경에서 또 1년간 복무하였는데, 이것을 '戍卒'이라 하였다. 이 글에서의 更卒은 戍卒을 포함한 전체적인 병역제도를 이른 것으로 보인다.

3) (王)〔玉〕府 : 底本에 王府로 잘못 기록되었는데, ≪漢書≫ 〈食貨志〉에 의거하여 바로잡았다.

4) 以爲國(君)〔均〕 : 底本에는 '均'이 '君'으로 잘못 기록되었으나, 本集을 따라 바로잡았다. ≪唐宋八大家文鈔 校注集評≫에는 그대로 두고 國君을 重臣으로 해석하였다.

5) 四民常均 是謂五均 : 四民은 선비와 농민, 工人과 商人의 네 종류의 평민을 이르며, 五均은 漢나라의 제도로, 시장의 물건 값을 균일하게 하고 士・農・工・商(四民)을 고르게 하여 貧富의 차이가 두드러지지 않도록 한 經濟政策이다.

6) 獻王 : 어진 왕을 뜻한다. ≪論語≫ 〈八佾〉에 이르기를 "宋나라에서 충분히 증거를 대주지 못함은 文獻이 부족하기 때문이다."라고 보이는데, 朱子의 注에 "文은 典籍이고 獻은 어진 사람이다."라고 하였다.

凡陛下之所以策臣者 大略如此요 而於其末에 復策之曰 富人强國, 尊君重朝, 弭災致祥, 改薄從厚는 此皆前世之急政이요 而當今之要務라하시니이다 此臣有以知陛

下之聖意하니 以爲 向之所以策臣者 各指其事로되 恐臣不得盡其辭라 是以로 復擧其大體而概問焉하시고 又恐其不能切至也라 故로 又詔之曰 悉意以陳하고 而無悼後害라하시니 臣是以로 敢復進其猖狂之說하노이다

무릇 폐하께서 臣에게 策問하신 것이 대략 이와 같고, 그 끝에 다시 策問하시기를 "人民을 부유하게 하고 나라를 강성하게 하며, 군주를 높이고 조정의 권위를 무겁게 하며, 재앙을 그치게 하고 상서로운 징조를 이루며, 야박한 풍속을 고쳐 후덕함을 따르는 것은 모두 前代에 시급히 여긴 政事요 지금의 중요한 政務이다."라고 하셨습니다.

이로써 臣은 폐하의 聖스러운 뜻을 알 수 있습니다. 생각하건대 聖上께서 위에서 臣에게 策問하신 것이 각각 그 일을 가리켜 말씀하셨는데, 臣이 말씀을 다 아뢰지 못할까 염려하셔서 다시 大體를 들어 개략적으로 물으셨으며, 또 내용이 간절하고 지극하지 못할까 염려하셔서 또 명령하시기를 "뜻을 다하여 말하고 後患을 두려워하지 말라."고 하셨으니, 臣이 이 때문에 감히 다시 미친 말씀을 올리는 것입니다.

夫天下者는 非君有也요 天下使君主之耳니이다 陛下念祖宗之重하고 思百姓之可畏하사 欲進一人이면 當同天下之所欲進하고 欲退一人이면 當同天下之所欲退니이다 今者에 每進一人이면 則人相與誹曰 是進於某[1]也요 是某之所欲也라하고 每退一人이면 則又相與誹曰 是出於某也요 是某之所惡(오)也라하니 臣非敢以此爲擧信也나 然而致此言者는 則必有由矣리이다

천하라는 것은 군주의 소유가 아니고 천하 사람들이 군주로 하여금 주관하여 다스리게 했을 뿐입니다. 폐하께서는 祖宗의 基業의 소중함을 생각하시고 백성들이 두려워할 만한 존재임을 생각하시어, 한 사람을 등용하고자 하시면 마땅히 천하 사람들이 등용하고자 하는 바와 똑같게 하시고, 한 사람을 물리치고자 하시면 마땅히 천하 사람들이 물리치고자 하는 바와 똑같게 하셔야 합니다.

그런데 지금 한 사람을 등용할 때마다 천하 사람들이 서로 비방하기를 "이 사람은 아무개에게 등용된 자이고, 이 사람은 아무개가 좋아하는 자이다."라고 말하며, 한 사람을 물리칠 때마다 또 서로 비방하기를 "이 사람은 아무개에게 내쫓긴 자이고 이

사람은 아무개가 미워하는 자이다."라고 하니, 臣은 감히 이것이 모두 진실이라고 여기지는 않습니다. 그러나 이 말이 나온 것은 반드시 연유가 있을 것입니다.

1) 是進於某 : 여기의 '某'는 당시 神宗의 전폭적인 신임 아래 정권을 專斷한 王安石을 가리킨 것이다.

**今無知之人**이 **相與謗於道曰 聖人在上**이로되 **而天下之所以不盡被其澤者**는 **便嬖**(편폐)**小人**[1]이 **附於左右**하고 **而女謁**[2]이 **盛於內也**라하면 **爲此言者**는 **固妄矣**어니와 **然而天下或以爲信者**는 **何也**오 **徒見諫官御史之言**이 **矻矻乎難入**하고 **以爲必有間之者也**라하며 **徒見蜀之美錦**과 **越之奇器 不由方貢**[3]**而入於官也**일새니 **如此而向之所謂急政要務者**를 **陛下何暇行之**리잇가 **臣不勝憤懣**하야 **謹復列之於末**하오니 **惟陛下寬其萬死**하시면 **幸甚幸甚**이리이다

지금 무지한 백성들이 서로 도로에서 비방하기를 "聖君이 위에 계신데도 천하 사람들이 그 은택을 모두 다 입지 못하는 까닭은 군주가 총애하는 小人들이 좌우에 붙어 있고 女謁이 안에서 성행하기 때문이다."라고 하니, 이런 것은 참으로 터무니없는 말입니다. 그러나 천하 사람들이 혹 이것을 사실이라고 여기는 것은 어째서이겠습니까?

다만 諫官과 御史들이 열심히 諫言하여도 받아들여지기 어려운 것을 보고는 반드시 이간질하는 자가 있다고 여기며, 다만 蜀 지방의 아름다운 비단과 越 지방의 기이한 器物이 方貢을 통하지 않고 관청으로 들어가는 것을 보았기 때문이니, 이와 같다면 위에서 말씀하신바 '시급한 政事와 중요한 政務'를 폐하께서 어느 겨를에 행하시겠습니까?

臣은 분하고 답답한 마음을 이기지 못하여 삼가 다시 끝에 나열하오니, 바라건대 폐하께서 臣의 만 번 죽을 죄를 너그러이 용서하신다면 매우 다행이겠습니다.

1) 便嬖(편폐)小人 : 便嬖는 군주가 친숙히 여기고 총애하는 사람을 이른다.
2) 女謁 : 임금의 총애를 받는 女人을 통하여 청탁하는 일을 이른다.
3) 方貢 : 각 지방에서 황실에 공물로 바치는 특산물이다.

**制科策**은 **亦隨問條答**이니 **在長公**[1]에 **亦未盡所欲言**이나 **而中間持議**는

大較多通達國體하니 非經生所及이니라

制科의 策問은 또한 물음에 따라 조목조목 대답한 것으로, 蘇長公(蘇軾)에 있어 또한 하고 싶은 말을 다하지 못하였으나, 중간의 持論은 대체로 국가의 體統을 많이 통달하였으니, 經學하는 儒生이 미칠 수 있는 바가 아니다.

1) 長公 : 蘇軾과 蘇轍의 형제 가운데 蘇軾이 형이므로 長公이라 칭하며, 일반적으로 蘇長公이라 칭하였다.

## 02. 擬進士對御試策一道 幷引狀* 進士들이 御試策에 대답한 것을 模擬하여 지은 한 편 서문을 함께 붙이다

* 이 글은 神宗 熙寧 3년(1070)에 지은 것이다. 이해 3월의 과거에 翰林學士 承旨인 王珪가 知貢擧를 맡고 蘇軾은 編排官이 되었는데, 이때 王安石이 자신의 심복인 呂惠卿을 初試官으로 임명하여 과거에 영향력을 행사하고자 하였다. 당시 응시자들의 對策文은 대부분 王安石의 新法에 부정적이었는데, 그중에 葉祖洽이 新法에 적극적으로 찬동하여 "祖宗의 법도가 소략하고 인습에 젖어 있으니, 폐하께서는 충성스럽고 지혜가 뛰어난 신하와 뜻을 같이하여 정치를 혁신하여야 합니다."라는 요지의 對策文을 지어 3등으로 뽑혔다. 蘇軾이 이를 반대하여 상주하였으나 받아들여지지 않았고, 오히려 殿試에서 葉祖洽을 1등으로 급제시켰다. 蘇軾은 이에 울분을 참지 못하고 자신이 응시자인 듯 模擬하여 이 對策文을 지어 올린 것이다. 引狀은 序文이란 말과 같다. 蘇軾의 祖考의 이름이 '序'였기 때문에 이를 諱하여 蘇氏三父子의 글에는 '序' 대신 '引'을 쓰거나 '敍'로 바꾸어 썼다.

皇帝若曰 朕德不類하야 託於士民之上하니 所與待天下之治者는 惟萬方黎獻[1]之求일새 詳延於廷하야 諏以世務하니 豈特考子大夫之所學이리오 且以博朕之所聞이라 蓋聖王之御天下也에 百官得其職하고 萬事得其序하야 有所不爲언정 爲之而無不成하고 有所不革이언정 革之而無不服이라 田疇

闢하고 溝洫治하고 草木暢茂하고 鳥獸魚鼈이 無不得其性하며 其富足以備禮하고 其和足以廣樂하고 其治足以致刑하니 子大夫以謂何施而可以臻此오

皇帝가 다음과 같이 말씀하였다.

“朕의 덕이 선왕만 못하면서 선비와 백성의 위에 군림해 있으니, 함께 천하의 다스림을 대비할 방도는 오직 萬方의 여러 어진 이들을 구하는 것이므로, 선비들을 朝廷에서 두루 맞이하여 세상의 일을 자세히 자문하는 것이니, 어찌 다만 子大夫들의 배운 바를 참고하려는 것일 뿐이겠는가? 장차 朕의 듣는 바를 넓히려는 것이다.

聖王이 천하를 다스릴 적에 百官들이 직책을 얻고 萬事가 질서를 얻어서, 하지 않는 바가 있을지언정 하면 이루어지지 않음이 없고, 고치지 않는 바가 있을지언정 고치면 복종하지 않음이 없었다. 그리하여 田野가 개간되고 도랑이 잘 다스려지며 초목이 무성하고 새와 짐승과 물고기와 자라가 제 본성을 얻지 못함이 없었으며, 그 부유함은 충분히 禮를 갖출 수 있고 화합함은 충분히 音樂을 넓힐 수 있고 다스림은 충분히 刑罰을 폐지하여, 사용하지 않을 수 있었으니, 子大夫들은 어떠한 政事를 베풀어야 이런 태평성대를 이룰 수 있다고 생각하는가?

1) 黎獻 : 黎民. 백성들 가운데 어진 자를 이르는데, 이 말은 ≪書經≫ 〈虞書 益稷〉에 보인다.

方今之弊 可謂衆矣나 救之之道는 必有本末하고 施之之宜는 必有先後하리니 子大夫之所宜知也라 生民以來로 所謂至治는 必曰唐虞成周[1]之時라하니 詩書所稱에 其迹可見이라 以至後世賢明之君과 忠智之臣이 相與憂勤하야 以營一代之業하야는 雖未盡善이나 要其所以成就하면 亦必有可言者하리니 其詳著之하라 朕將親覽焉호리라

지금의 病弊는 참으로 많다고 할 수 있으나, 이것을 바로잡는 방법에는 반드시 本과 末이 있고 시행함의 마땅함에는 반드시 먼저 하고 뒤에

할 것이 있을 것이니, 이는 子大夫들이 마땅히 알아야 할 바이다.

生民이 있은 이래로 이른바 지극히 잘 다스려진 정치란 반드시 唐·虞와 成周의 때를 말하는데, ≪詩經≫과 ≪書經≫에 칭찬한 바에서 그 자취를 볼 수 있다. 후세에 현명한 군주와 충성스럽고 지혜로운 신하가 서로 함께 걱정하고 애써서 한 시대의 사업을 경영함에 이르러서는, 비록 극진히 善하지는 못하였으나 요컨대 그 성취한 바를 찾아보면 또한 반드시 말할 만한 것이 있을 것이니, 이것을 자세히 밝히도록 하라. 朕이 장차 이것을 직접 보려 하노라."

1) 唐虞成周 : 唐은 堯帝의 나라이다. 堯帝는 처음 陶에 봉해졌다가 다시 唐에 봉해졌으므로 陶唐 혹은 唐堯라고 하며, 虞는 舜帝의 姓인데 뒤에 天下를 소유하고 國名으로 삼아 有虞氏라 하였기 때문에 虞舜이라고 칭하였다. 成周는 周나라의 洛陽을 이르는데, 여기서는 周나라의 全盛期를 가리킨 것으로 보인다.

**右**는 **臣**이 **準宣命**하야 **差赴集英殿**하야 **編排擧人試卷**[1]이니이다 **竊見陛下始革舊制**하사 **以策試多士**하야 **厭聞詩賦無益之語**하고 **將求山林朴直之論**하시니 **聖德廣大**하야 **中外歡悅**이어늘 **而所試擧人**이 **不能推原上意**하고 **皆以得失爲慮**하야 **不敢指陳闕政**하고 **而阿諛順旨者 又卒據上第**하니이다 **陛下之所以求於人**이 **至深切矣**어시늘 **而下之報上者如此**하니 **臣竊悲之**하노이다

이상은 臣이 조칙에 명령하신 것을 따라 集英殿에 파견되어 擧人들의 試券(답안지)을 순서에 따라 정리한 것입니다.

엎드려 보니, 폐하께서 처음으로 옛 제도를 고치셔서 策文으로 많은 선비들을 시험하여, 詩賦의 무익한 말을 듣기 싫어하시고 山林의 정직하고 질박한 의논을 찾으려 하시니, 聖德이 넓고 커서 中外의 사람들이 모두 기뻐하고 있습니다.

그런데 시험 보는 擧人들이 聖上의 뜻을 미루어 생각하지 못하고, 모두 科擧의 得失을 염려하여 감히 잘못된 政事를 지적하지 못하고서 아첨하여 윗사람의 뜻에 순종한 자가 또 마침내 높은 등급을 차지했습니다. 폐하께서 사람들에게 요구하심이 지극히 깊고 간절하신데 아랫사람들이 위에 보답하는 것이 이와 같으니, 臣은 엎드려 깊

이 슬퍼합니다.

1) 差赴集英殿 編排擧人試卷 : 集英殿은 궁중의 전각으로 본래 廣政殿이었는데, 仁宗 明道 元年(1032)에 개칭하였다. 編排는 編排官의 관장 업무로 과거시험의 부정을 막기 위하여, 답안에 쓴 응시자의 이름과 貫鄕 등을 종이로 붙여 가리고 답안을 순서에 따라 정리하는 일이다.

夫科場之文은 風俗所繫니 所收者를 天下莫不以爲法하고 所棄者를 天下莫不以爲戒하니이다 昔祖宗之朝 崇尙辭律하니 則詩賦之士가 曲盡其巧러니 自嘉祐以來로 以古文爲貴[1)]하니 則策論盛行於世하고 而詩賦幾至於熄하니이다 何者오 利之所在에 人無不化일새니이다

科場의 문장은 風俗이 관계되는 바이니, 거둔 것(급제시킨 것)을 천하 사람들이 법으로 삼지 않음이 없고 버린 것(낙제시킨 것)을 경계로 삼지 않음이 없습니다. 옛날 祖宗朝에서 辭律을 숭상하자 詩賦를 짓는 선비들이 공교로움을 곡진히 다하였는데, 嘉祐 연간 이래로 古文을 귀하게 여기자 策과 論이 세상에 盛行하고 詩賦가 거의 없어짐에 이르렀습니다. 어째서이겠습니까? 이익이 있는 곳에 사람들이 교화되지 않음이 없기 때문입니다.

1) 自嘉祐以來 以古文爲貴 : 嘉祐는 宋나라 仁宗의 年號(1056~1063)이다. 嘉祐 2년에 실시된 과거에서 禮部侍郎이던 歐陽脩가 知貢擧를 맡았는데, 그는 평소의 소신에 따라 당시에 유행하던 수사만 화려한 騈儷體의 문장을 배척하고, 전아하고 간결한 古文을 숭상하여 이를 과거에 반영하였다. 이로부터 宋나라는 古文이 성행하게 되었다.

今始以策取士어늘 而士之在甲科者 多以諂諛得之하니 天下觀望하고 誰敢不然이리오 臣恐自今以往으로 相師成風하야 雖直言之科[1)]라도 亦無敢以直言進者하니이다 風俗一變이면 不可復返이요 正人衰微하면 則國隨之하리니 非復詩賦策論迭興迭廢之比也니이다 是以로 不勝憤懣하고 退而擬進士對御試策一道하노이다 學術淺陋하야 不能盡知當世之切務하고 直載所聞하오니 上將以推廣聖言이면 庶有補於萬一이요 下將以開示四方하야

使知陛下本不諱惡(오)切直之言이면 風俗雖壞나 猶可以少救하리이다 其所撰策을 謹繕寫投進하오니 干冒天威에 臣無任戰恐待罪之至로소이다

이제 처음 策問으로 선비를 뽑았는데, 선비 중에 甲科에 든 자들이 대부분 아첨으로 급제하였으니, 천하 사람들이 바라보고 누가 감히 이렇게 하지 않겠습니까? 臣은 지금 이후로는 서로 이것을 본받아 風俗을 이루어서, 비록 直言科 출신이라도 감히 直言을 올리는 자가 없게 될까 염려됩니다.

風俗이 한 번 바뀌면 다시 돌이킬 수가 없고 정직한 사람이 쇠미해지면 나라도 따라 쇠미해질 것이니, 이는 다시 詩賦와 策과 論이 번갈아 일어나고 번갈아 폐지되는 것에 비할 바가 아닙니다.

臣은 이 때문에 분하고 답답한 마음을 이기지 못하고 물러가서 〈進士對御試策文〉 한 편을 模擬로 지어 올리는 것입니다. 臣은 學術이 천박하고 누추해서 당세의 절실한 일을 다 알지 못하고 다만 들은 바를 記載하오니, 위로는 장차 이것을 가지고 聖上의 말씀을 미루어 넓힐 수 있으면 거의 만에 하나라도 도움이 있을 것이요, 아래로는 장차 이것을 가지고 사방에 열어 보여서 폐하께서 본래 간절하고 정직한 말을 꺼려하고 싫어하지 않으심을 알게 할 수 있을 것이니, 이렇게 하면 風俗이 비록 무너지더라도 다소 바로잡을 수 있을 것입니다. 지은 策文을 삼가 淨書해서 올리오니, 하늘의 위엄을 범하였으므로 신은 두려워 떨며 죄를 기다리는 지극한 마음을 이기지 못하겠습니다.

1) 直言之科 : 直言極諫하는 사람을 선발하기 위해 설치한 과거로 특별한 경우에 선발하였다.

臣伏見陛下發德音하고 下明詔하사 以天下安危之至計로 謀及於布衣之士하시니 其求之 不可謂不切이요 其好之 不可謂不篤矣니이다 然이나 臣私有所憂者하니 不知陛下有以受之歟잇가 禮曰 甘受和하고 白受采[1]라하니이다 故로 臣願陛下先治其心하야 使虛一而靜하오니 然後에 忠言至計 可得而入也리이다 今臣은 竊恐陛下先入之言이 已實其中하고 邪正之黨이 已貳其聽하고 功利之說이 已動其欲이면 則雖有皐陶, 益, 稷[2]爲之謀라도 亦無自入矣어든 而況於疏遠愚陋者乎잇가 此臣之所以大懼也니 若乃盡

**言以招過**하고 **觸諱以忘軀**는 **則非臣之所恤也**로소이다

臣이 엎드려 보니, 폐하께서 德音을 내시고 분명한 詔勅을 내리셔서 천하의 安危에 대한 지극한 계책을 가지고 도모하여 물으심이 布衣의 선비에게까지 미치시니, 求함이 간절하지 않다고 이를 수 없고 좋아함이 篤實하지 않다고 말할 수 없습니다. 그러나 臣이 속으로 우려하는 바가 있으니, 폐하께서 이것을 받아들이실지 알지 못하겠습니다.

≪禮記≫에 이르기를 "단맛이 調和를 받아들이고 흰색이 채색을 받아들인다."라고 하였습니다. 그러므로 臣은 폐하께서 먼저 자신의 마음을 다스려서 마음을 비워 한결같고 고요하게 하시기를 바라오니, 그런 뒤에야 忠直한 말과 지극한 計策이 들어갈 수 있을 것입니다.

지금 臣은 폐하께서 먼저 받아들이신 말이 이미 그 심중에 꽉 차 있고, 간사하고 바른 黨論이 이미 聖上의 귀를 현혹시키고, 功利의 말이 이미 慾心을 動하게 하였을까 적이 두렵습니다. 이와 같다면 비록 皐陶와 益과 稷과 같이 훌륭한 臣下가 도모함이 있더라도 또한 들어갈 길이 없는데, 하물며 저와 같이 疏遠하고 어리석고 누추한 자에게 있어서이겠습니까? 이 때문에 臣이 크게 두려워하는 것이니, 숨김없이 말씀을 다하여 허물을 부르고 忌諱를 저촉하여 몸을 망치는 것으로 말하면, 臣이 두려워하는 바가 아닙니다.

1) 禮曰……白受采 : ≪禮記≫ 〈禮器〉에 이르기를 "단맛이 조화를 받아들이고 흰색이 채색을 받아들이고 忠信한 사람이 禮를 배울 수 있다."라고 보인다. 음식의 단맛과 색깔의 흰색으로 사람의 마음이 비어 있어 남의 말을 겸허히 받아들임을 비유한 것이다.

2) 皐陶益稷 : 세 사람은 모두 舜임금 때의 어진 신하들이다. 皐陶는 士가 되어 옥사를 관장하였고, 益은 虞가 되어 山澤을 관장하였고, 稷은 后稷으로 棄가 이 벼슬을 맡아 농사일을 관장하였는데, 이 내용은 ≪書經≫ 〈舜典〉에 보인다.

**聖策曰 聖王之御天下也**에 **百官得其職**하고 **萬事得其序**라하시니 **臣以爲陛下未知此也**라 **是以**로 **所爲顚倒**하야 **失序如此**하니 **苟誠知之**면 **曷不尊其所聞而行其所知歟**잇가 **百官之所以得其職者 豈聖王人人而督責之歟**며 **萬事之所以得其序者 豈聖王事事**

而整齊之歟잇가 亦因能以任職하고 因職以任事而已니이다 官有常守를 謂之職이요 施有先後를 謂之序니이다 今陛下使兩府大臣으로 侵三司財利之權[1)]하고 常平使者로 亂職司守令之治[2)]하며 刑獄舊法을 不以付有司하고 而取決於執政之意하시고 邊鄙大慮를 不以責帥臣하고 而聽計於小吏之口하시니 百官이 可謂失其職矣니이다

聖策(聖上의 策問)에 이르시기를 "聖王이 천하를 다스릴 적에 百官들이 그 직책을 얻고 萬事가 그 질서를 얻었다."라고 하셨으니, 臣은 폐하께서 이것을 모르신다고 생각합니다. 이 때문에 행하시는 바가 전도되어 순서를 잃음이 이와 같은 것이니, 만일 참으로 이것을 아신다면 어찌 그 들은 바를 높이고 그 아는 바를 행하지 않으시겠습니까?

百官이 그 직책을 얻는 것이 어찌 聖王이 사람마다 감독하고 책망하기 때문이며, 만사가 그 질서를 얻는 것이 어찌 聖王이 일마다 정돈하고 가지런히 하였기 때문이겠습니까? 또한 능력에 따라 직책을 맡기고 직책에 따라 일을 맡겼을 뿐입니다.

관직에 일정하게 맡음이 있는 것을 '職'(직책)이라 이르고, 베풂에 선후가 있는 것을 '序'(질서)라 이릅니다. 그런데 지금 폐하께서는 兩府의 大臣으로 하여금 三司의 財利의 권한을 침탈하게 하시고, 常平倉의 使者로 하여금 職司와 守令의 다스림을 혼란시키며, 刑獄의 옛 법을 有司에게 맡기지 않고 執政大臣의 뜻으로 결정하게 하시며, 변방의 큰 우려를 帥臣에게 책임 지우지 않고 낮은 官吏의 계책을 들으시니, 百官이 그 직책을 잃었다고 이를 만합니다.

1) 兩府大臣 侵三司財利之權 : 兩府는 中書省과 樞密院을 가리키고, 三司는 鹽鐵司·度支司·戶部司를 가리킨다. 中書省은 政務를 관장하고, 樞密院은 軍務를 관장하고, 三司는 財政을 관리하였다. 그런데 이때 中書省을 맡고 있던 王安石이 三司의 기능을 침탈하였으므로 이렇게 말한 것이다.

2) 常平使者 亂職司守令之治 : 常平의 使者는 王安石이 新法의 원활한 집행을 위해 만든 制置三司條例司에서 각 路에 파견한 使者들이다. 職司는 각 路의 財賦와 漕運을 관장한 轉運司를 이르고, 守는 太守로 당시의 知府와 知州를 가리키며, 令은 縣의 官長인 縣令을 이른다.

王者之所宜先者는 德也요 所宜後者는 刑也며 所宜先者는 義也요 所宜後者는 利也어늘

而陛下易之하시니 萬事可謂失其序矣니이다 然此는 猶其小者요 其大者는 則中書失其政也니이다 宰相之職은 古者所以論道經邦이어늘 今陛下但使奉行條例司[1]文書而已니이다 昔邴吉[2]爲丞相에 蕭望之[3]爲御史大夫러니 望之言陰陽不和는 咎在臣等이라한대 而宣帝以爲意輕丞相이라하야 終身薄之하니이다 今政事堂에 忿爭相詬하야 流傳都邑하야 以爲口實하니 使天下何觀焉이리잇고 故로 臣願陛下首還中書之政이면 則百官之職과 萬事之序 以次得矣리이다

王者가 마땅히 먼저 해야 할 것은 德이고 마땅히 뒤에 해야 할 것은 刑罰이며, 마땅히 먼저 해야 할 것은 義이고 마땅히 뒤에 해야 할 것은 이익입니다. 그런데 폐하께서는 이것을 뒤바꿔 하시니, 萬事가 그 질서를 잃었다고 이를 만합니다. 그러나 이것은 오히려 작은 일에 해당되고, 더 큰 일은 中書省이 그 政務를 잃은 것입니다. 재상의 직책은 옛날에는 道를 논하고 나라를 經綸하는 것이었는데, 지금 폐하께서는 단지 재상으로 하여금 條例司의 문서를 받들어 행하게 할 뿐입니다.

옛날 邴吉이 승상이 되었을 적에 蕭望之가 御史大夫가 되었는데, 蕭望之가 말하기를 "陰陽이 조화롭지 못함은 그 책임이 臣 등에게 있습니다."라고 하자, 宣帝는 그 뜻이 승상을 경시하는 것이라고 여겨 종신토록 蕭望之를 박대하였습니다.

지금 政事堂에서 분노하여 다투고 서로 질책해서 이런 소문이 도읍에까지 전해져 사람들의 입에 오르내리고 있으니, 천하 사람들로 하여금 무엇을 보고 따르게 하겠습니까? 그러므로 臣은 폐하께서 제일 먼저 中書省의 政務를 돌려주시기를 바라오니, 이렇게 하면 百官의 직책과 萬事의 질서가 차례로 얻어질 것입니다.

1) 條例司 : 制置三司條例司로 王安石이 설치한 국가의 財賦를 관장하는 부서였는데, 기존의 三司(鹽鐵司・度支司・戶部司)의 업무를 총괄하여 관장하였다.
2) 邴吉 : 丙吉이라고도 쓰는데 漢나라 宣帝 때의 名臣이다. 字는 少卿으로 魯國 北海 사람이다. 미관말직인 獄吏로 시작하여 廷尉右監 御史大夫를 거쳐 승상이 되고 사후에 定侯에 봉해졌다. 그는 B.C. 91년 巫蠱의 옥사 때 廷尉監으로 이 사건을 처리하는 책임을 맡았는데, 젖먹이로 옥에 갇힌 戾太子의 손자 病已(詢으로 개명. 훗날의 宣帝)의 목숨을 구하였으나, 끝내 함구하고 있었는데, 宣帝가 다른 일 때문에 이 사실을 알고는 자신의 공적을 숨기는 고결한 성품에

크게 탄복하였다.

3) 蕭望之 : ?~B.C. 47. 前漢 宣帝와 元帝 때의 문신으로 字는 長倩이고 東海 蘭陵 사람이며, 麒麟閣에 像이 그려진 11명의 현신 중의 한 명이다. 宣帝 때에 御史大夫로 있었는데, 승상 邴吉에게 무례하였다는 이유로 金安上 등으로부터 탄핵을 받아 좌천당한 일이 있었다.

**聖策曰 有所不爲**언정 **爲之而無不成**하고 **有所不革**이언정 **革之而無不服**이라하시니 **陛下之及此言**은 **是天下之福也**니이다 **今日之患**은 **正在於未成而爲之**하고 **未服而革之耳**니이다 **夫成事**는 **在理**하고 **不在勢**하며 **服人**은 **以誠**이요 **不以言**이니이다 **理之所在**엔 **以爲則成**하고 **以禁則止**하며 **以賞則勸**하고 **以言則信**하나니 **古之人**이 **所以鼓舞天下**하야 **綏之斯來**하고 **動之斯和者**는 **蓋循理而已**니이다

聖策에 이르시기를 "하지 않는 바가 있을지언정 하면 이루어지지 않음이 없고, 고치지 않는 바가 있을지언정 고치면 복종하지 않음이 없었다."라고 하셨습니다. 폐하께서 이를 言及하시니, 이것은 천하 臣民들의 福입니다. 오늘날의 병통은 바로 이루어질 수 없는데도 그것을 하고 사람들이 복종하지 않는데도 고치는 데에 있습니다.

무릇 일을 이루는 것은 이치에 달려 있고 권세에 달려 있지 않으며, 사람을 복종시키는 것은 정성으로써 하고 말로써 하지 않습니다. 이치가 있는 곳에는 하면 이루어지고 禁하면 그치며 상을 내리면 사람들이 권면되고 말하면 믿게 되니, 옛사람들이 천하 사람들을 고무시켜 편안히 해주면 따라오고 興動시키면 호응하였던 것은 이치를 따랐기 때문일 뿐이었습니다.

**今爲政**에 **不務循理**하고 **而欲以人主之勢**와 **賞罰之威**로 **劫而成之**하시니 **夫以斧析薪**이면 **可謂必克矣**나 **然不循其理**하면 **則斧可缺**이요 **薪不可破**니이다 **是以**로 **不論尊卑**하고 **不計强弱**하고 **理之所在則成**이요 **理所不在則不成**을 **可必也**니이다 **今陛下使農民擧息**하야 **與商賈爭利**하시니 **豈理也哉**리오 **而(可)〔何〕怪其不成乎**잇가

그런데 지금 政事를 행함에 있어 이치를 따르기를 힘쓰지 않고, 군주의 권세와 賞罰의 위엄을 가지고 사람들을 위협하여 이루려고 하십니다. 도끼를 가지고 장작을 패

면 반드시 팰 수 있다고 생각하실 것입니다. 그러나 그 나뭇결을 따르지 않으면 도끼는 망가질 수 있어도 장작은 팰 수가 없습니다.

이 때문에 신분의 높고 낮음을 논하지 않고 힘의 강하고 약함을 계산하지 않고, 오직 이치가 있는 곳에는 이루어지고 이치가 있지 않은 곳에는 이룰 수 없음을 기필할 수 있는 것입니다. 지금 폐하께서 농민으로 하여금 利息을 내게 하여 商賈와 이익을 다투게 하시니, 이것이 이치이겠습니까? 그렇다면 그 이루어지지 못함을 어찌 괴이하게 여기시겠습니까?

**禮曰 微之顯**하니 **誠之不可掩也如此夫**[1]인저하니이다 **陛下苟誠乎爲民**이면 **則雖或謗之**나 **而人不信**이요 **苟誠乎爲利**면 **則雖自解釋**이나 **而人不服**이니이다 **且事有決不可欺者**하니 **吏受賄**(회)**枉法**이면 **人必謂之贓**이요 **非其有而取之**면 **人必謂之盜**라하나니 **苟有其實**이면 **不敢辭其名**이니이다 **今青苗有二分之息**[2]이어늘 **而不謂之放債取利**가 **可乎**잇가

≪禮記≫에 이르기를 "隱微한 것이 드러나니, 誠(진실, 성실)을 가릴 수 없음이 이와 같다."라고 하였습니다. 폐하께서 진실로 百姓을 위하는 데 성실하시면 비록 남들이 혹 비방하더라도 사람들이 믿지 않을 것이요, 만일 이익을 내는 데 성실하시면 비록 스스로 解明하시더라도 사람들이 복종하지 않을 것입니다.

또 일은 결코 남을 속일 수 없는 것이 있습니다. 官吏가 뇌물을 받고 法을 어기면 사람들이 반드시 그것을 贓物이라 이르고, 자기 소유가 아닌데 취하면 사람들이 반드시 그것을 도둑질이라 이르니, 만일 그 실제가 있으면 감히 그 이름을 사양하지 못합니다. 지금 青苗法에 2分의 利息을 받도록 되어 있는데, 빚을 놓아 이익을 취한다고 말하지 않는 것이 되겠습니까?

1) 禮曰……誠之不可掩也如此夫 : 이 내용은 ≪中庸≫에 보이는데, ≪中庸≫은 원래 ≪禮記≫의 篇名이었으므로 이렇게 말한 것이다. 이 말은 '사람의 진실은 결코 가릴 수가 없어서 아무리 隱微하여도 반드시 사람들이 그것을 안다.'는 뜻인데, 蘇軾이 여기서 인용하여, 황제가 백성과 신하들을 대할 적에 誠心을 다하면 천하와 귀신이 모두 이를 알아준다는 것을 강조한 말이다.

2) 青苗有二分之息 : 青苗는 新法의 青苗法을 이르고, 二分之息은 青苗法을 통해

대여한 곡식의 本色에 붙인 2割의 利息을 이른다.

凡人爲善이면 不自譽而人譽之하고 爲惡이면 不自毁而人毁之하나니 如使爲善者 必須自言而後信이면 則堯, 舜, 周, 孔도 亦勞矣시리이다 今天下以爲利어늘 陛下以爲義라하시고 天下以爲貪이어늘 陛下以爲廉이라하사 不勝其紛紜也하시니 則使二三臣者 極其巧辯하야 以解答千萬人之口하며 附會經典하고 造爲文書하야 以曉告四方이라도 四方之人이 豈如嬰兒鳥獸하야 而可以美言小數로 眩惑之哉잇가

무릇 사람이 善을 하면 스스로 기리지 않아도 남들이 칭찬해주고 惡을 행하면 스스로 비방하지 않아도 남들이 비방하니, 만일 善을 하는 자가 반드시 스스로 자기가 잘한 것을 말한 뒤에야 남들이 믿는다면 堯·舜과 周公·孔子 또한 수고로웠을 것입니다. 지금 천하 사람들은 모두 나라에서 이익을 위한다고 말하는데 폐하께서는 의리를 위한다고 말씀하시고, 천하 사람들은 나라에서 재물을 탐한다고 말하는데 폐하께서는 청렴하다고 말씀하셔서 분분함을 이루 다하지 못하고 있습니다.

가령 두세 명의 신하가 공교로운 변설을 지극히 구사해서 천만 명이 비난하는 말에 해명하여 답변하고, 經典을 부회하고 문서(문장)를 만들어 사방의 사람들을 깨우치고 말해준다 하더라도, 사방의 사람들을 어찌 어린아이나 새와 짐승과 같이 아름다운 말과 작은 술수로써 현혹시킬 수 있겠습니까?

且夫未成而爲之면 則其弊必至於不敢爲요 未服而革之면 則其弊必至於不敢革이니이다 蓋世有好走馬者 一爲墜傷이면 則終身徒行하나니 何者오 愼重則必成하고 輕發則多敗하니 此는 理之必然也니이다 陛下若出於愼重이면 則屢作屢成하야 不惟人信之요 陛下亦自信而日以勇矣시리이다 若出於輕發이면 則每擧每敗하야 不惟人不信이요 陛下亦不自信而日以怯矣리이다

또 아직 이룰 수가 없는데 그것을 한다면 그 병폐가 반드시 감히 다시 하지 못함에 이르게 되고, 복종하지 않는데 고치면 그 병폐가 감히 다시 고치지 못함에 이르게 됩니다. 세상에 말달리기를 좋아하는 자가 한 번 말에서 떨어져 부상을 당하면 종신토록 말을 타지 않고 걸어다니니, 이는 어째서이겠습니까? 신중하면 반드시 성공하고

가볍게 발동하면 실패가 많으니, 이는 이치의 필연입니다.

폐하께서 만일 신중히 하는 쪽에서 나오신다면 일을 할 때마다 매번 이루어져 비단 남들이 믿을 뿐만 아니라 폐하께서도 또한 자신하여 날마다 용감해질 것이요, 만약 가볍게 발동하는 데서 나오시면 일을 擧行할 때마다 매번 실패하여 비단 남들이 믿지 않을 뿐만 아니라 폐하께서도 또한 자신하지 못하여 날로 겁을 먹게 될 것입니다.

文宗이 始用訓注[1)]하니 其志豈淺也哉리오마는 而一經大變하야는 則憂沮喪氣하야 不能復振하니 文宗亦非有失德이요 徒以好作而寡謀也니이다 愼重者는 始若怯이나 終必勇하고 輕發者는 始若勇이나 終必怯하니이다

唐나라 文宗이 처음 李訓과 鄭注를 등용하였으니, 그 뜻(생각)이 어찌 얕았겠습니까마는, 한 번 큰 변고를 겪고 나서는 근심하고 기운을 잃어서 다시는 떨치지 못하였으니, 文宗 또한 失德이 있었던 것이 아니고 다만 일을 하기를 좋아하면서 謀計가 적었기 때문입니다. 신중한 자는 처음에는 怯弱한 듯하나 끝내는 반드시 용감하고, 가볍게 발동하는 자는 처음에는 용감한 듯하나 끝내는 반드시 怯弱하게 됩니다.

1) 文宗始用訓注 : 文宗은 唐나라 14대 황제이며, 訓注는 李訓과 鄭注를 이른다. 文宗의 등극에 결정적인 공을 세운 宦官들이 권력을 전횡하고 있었는데, 文宗은 이들을 제거하려고 당시 의사였던 李訓과 점술가였던 鄭注를 등용하였다. 이들은 복병을 배치하고 金吾臺廳 뒤의 석류나무에 甘露가 내렸다고 宦官들을 유인하여 이들을 일거에 척살하고자 하였다. 그러나 계책이 발각되어 환관 仇士良에게 역습을 당해 죽임을 당하였고, 당시 조정에 있던 6백여 명의 관리들도 모두 목숨을 잃었다. 이 사건을 '甘露之變'이라고 한다. ≪舊唐書 文宗本紀 下≫

迺者에 橫山[1)]之人이 未嘗一日而忘漢하니 雖五尺之童子라도 知其可取니이다 然이나 自慶曆[2)]以來로 莫之敢發은 誠未有以善其後也니이다 近者邊臣이 不計其後하고 而遽發之라가 壹發不中에 則內帑(탕)之費 以數百萬計하고 而關輔之民이 困於飛挽者 三年而未已[3)]하니 雖天下之勇者라도 敢復爲之歟잇가 爲之固不可어든 敢復言之歟잇가 由此觀之하면 則橫山之功은 是邊臣欲速而壞之也니이다

근자에 橫山 사람들이 일찍이 단 하루도 漢(중국)을 잊지 못하였으니, 비록 5尺의 동자라도 橫山을 취할 수 있음을 알았습니다. 그러나 慶曆 연간 이래로 감히 이 계책을 내지 못한 것은 진실로 그 뒤를 잘할 방법이 없었기 때문입니다.

그런데 근래에 변방을 지키는 신하가 그 뒤의 일을 계산하지 않고 갑자기 발동하였다가 한 번 발동한 것이 맞지 않자, 內帑庫의 돈을 수백만 錢을 허비하였고 關輔의 백성들이 軍需物資를 수송하는 일에 곤궁한 것이 3년이 되어도 그치지 않았으니, 비록 천하에 용감한 자라도 누가 감히 다시 이 일을 하겠습니까? 하는 것도 진실로 불가한데 누가 감히 다시 이것을 말하겠습니까? 이것을 가지고 살펴본다면 橫山의 일은 변방을 지키는 신하가 너무 급하게 하고자 하여 망친 것입니다.

1) 橫山 : 지금의 陝西省 米脂縣의 서북쪽에 있는 산악지대로 전략적 가치가 높은 곳이었는데, 본래 중국의 영토였으나 西夏의 趙元昊에게 점령당하였다.
2) 慶曆 : 宋나라 仁宗의 年號(1041~1048)이다. 慶曆 4년(1044)에 宋나라와 西夏가 講和하면서 橫山 일대가 모두 西夏의 영토로 편입되었다.
3) 近者邊臣……三年而未已 : 治平 4년(1067) 1월 英宗이 승하하고 19세의 神宗이 즉위하였다. 神宗은 젊고 야심이 큰 군주로 전략적 요충지인 橫山에 큰 관심을 보여 수복하고자 하였는데, 이해 10월 淸澗城 지주 种諤(충악)이, '西夏의 2대 임금인 諒祚의 失政으로 민심이 이반되어 橫山 일대의 백성들이 수령 嵬名山을 중심으로 宋나라에 귀순할 뜻이 있다'고 보고하자, 이해 10월 군대를 내어 綏州로 진격하여 橫山 일부의 땅을 점령하였다. 그러나 이때부터 西夏와의 講和가 깨져 西夏軍이 변경을 자주 침략하여 변경의 전쟁이 그치지 않았다. 關輔는 關中, 즉 京兆, 右扶風, 左馮翊을 가리킨다. 그러나 여기서는 北宋의 도성인 開封을 가리킨 것으로 보인다. ≪唐宋八大家文鈔 校注集評≫에 이르기를 "宋나라 때에는 지금의 甘肅省 동부 일대가 關中에 포함되어 있었다."라고 하였으나 따르기 어려울 듯하다.

**近者靑苗之政**과 **助役之法**[1)]과 **均輸之策**[2)]과 **併軍蒐卒之令**[3)]을 **卒然輕發**이 **又甚於前日矣**니이다 **雖陛下不卹人言**하고 **持之益堅**이라도 **而勢窮事礙**면 **終亦必變**하시리니 **他日雖有良法美政**이나 **陛下能復自信乎**잇가 **人君之患**은 **在於樂因循而重改作**이니이다

근자에 靑苗의 政事와 助役하는 법과 均輸策과 군대를 합병하고 병졸을 찾아 모으는 法令들을 갑자기 가볍게 내는 것이 前日보다도 심합니다. 비록 폐하께서 남의 말을 돌아보지 않고 이것을 더욱 견고히 지키신다 하더라도 事勢가 곤궁하고 일이 막히게 되면 끝내는 또한 반드시 바꾸실 것이니, 이렇게 되면 후일에 비록 좋은 法과 아름다운 政事가 있다 한들 폐하께서 다시 자신할 수 있으시겠습니까? 군주의 병통은 옛것을 따르기를 좋아하고 고쳐 만드는 것을 어렵게 여기는 데에 있습니다.

1) 助役之法 : 助役法은 백성들이 부역 대신 인부를 살 돈을 바치던 雇役제도이다. 宋나라는 원래 백성들에게 매년 20일간의 부역을 시키고 이것을 差役이라 칭하였으나, 熙寧 2년(1069) 5월 司農寺에서 모든 戶口에게 助役錢을 내고 差役을 면제하게 하였다.
2) 均輸之策 : 均輸란 값을 공평하게 한다는 뜻인데, 熙寧 2년(1069) 10월 制置三司條例司의 건의에 따라 發運使에게 모든 賦稅에 관련된 일을 총괄하게 하고, 곡식의 수매 또는 방출에 관련된 일과 세금의 징수 및 진상에 관련된 일을 모두 관장하게 하였다. 그리하여 값이 싼 물건을 값이 비싼 곳으로 수송하고 생산지가 가까운 물건을 먼 곳으로 수송하여 값을 공평하게 하고 이것을 均輸法이라 하였다. 하지만 이 제도는 원래의 의도에서 벗어나 국가에서 상인들의 매매 이익을 몰수하고 백성들에게 강제로 물건을 매매하는 폐해가 발생하였다.
3) 併軍蒐卒之令 : 併軍은 군대를 합병하는 것이고, 蒐卒은 병졸을 찾아 모으는 것으로, 熙寧 3년(1070) 3월에 龍猛軍 산하 8개의 指揮를 6개로 줄이고 定員도 3백 50명에서 3백 명으로 줄였다.

**今陛下春秋鼎盛**하시고 **天錫勇智**하시니 **此萬世一時也**어늘 **而群臣**이 **不能濟之以愼重**하고 **養之以敦朴**이니이다 **譬如乘輕車**하고 **馭駿馬**하야 **冒險夜行**이어늘 **而僕夫又從其後而鞭之**하니 **豈不殆哉**잇가 **臣願陛下解轡秣馬**하고 **以須東方之明**하야 **而徐行於九軌之道**[1]하오니 **甚未晩也**리이다

지금 폐하께서는 春秋(연세)가 젊으시고 하늘로부터 뛰어난 용맹과 지혜를 타고 나셨으니, 이는 萬世에 한 번 만날 수 있는 좋은 시기입니다. 그런데 여러 신하들이 신중함으로써 이루고 敦厚함과 質朴함으로써 기르지 못하고 있습니다.

비유하면 가벼운 수레를 타고 駿馬를 몰아 위험을 무릅쓰고 밤길을 가는데 게다가 마부가 또 뒤에서 채찍질하는 것과 같으니, 어찌 위태롭지 않겠습니까? 臣은 원컨대 폐하께서 고삐를 풀고 말에게 꼴을 먹이시고 東方이 밝아오기를 기다려 九軌의 길로 천천히 가시기를 바라오니, 이렇게 해도 그리 늦지 않을 것입니다.

1) 九軌之道 : 아홉 대의 수레가 나란히 갈 수 있는 폭이 넓은 큰길을 이른다. ≪周禮 考工記≫

**聖策曰 田疇闢**하고 **溝洫治**하며 **草木暢茂**하고 **鳥獸魚鼈**이 **莫不各得其性者**는 **此百工有司之事也**니 **曾何足以累陛下**리잇고 **陛下操其要**하고 **治其本**하야 **恭己無爲**하시면 **而物莫不盡其理**하야 **以生以死**하리니 **若夫百工有司之事**는 **自宰相不肯爲之**어든 **而況於陛下乎**잇가

聖策에 이르시기를 "田野가 개간되고 도랑이 잘 다스려지며 초목이 무성하고 새와 짐승과 물고기와 자라가 제 본성을 얻지 못함이 없게 한다."라고 하셨는데, 이것은 百工과 有司가 할 일이니, 어찌 폐하께 累를 끼칠 만한 일이 되겠습니까?

폐하께서 요점을 잡고 근본을 다스려서 몸을 공손히 하고 無爲를 행하시면 물건들이 이치를 다하여 그대로 살고 그대로 죽지 않음이 없을 것이니, 百工과 有司의 일로 말하면 본래 재상도 하려고 하지 않는데 하물며 폐하께 있어서이겠습니까?

**聖策曰 其富足以備禮**하고 **其和足以廣樂**하고 **其治足以致刑**이니 **何施而可以臻此**오하시니이다 **孔子曰 百姓足**이면 **君孰與不足**[1]이리오하니이다 **兎首瓠葉**이라도 **可以行禮**[2]요 **掃地而祭**라도 **可以事天**[3]이니 **禮之不備**는 **非貧之罪也**니이다 **管子曰 倉廩實而知禮節**[4]이라하니 **臣不知陛下所謂富者**는 **富民歟**잇가 **抑富國歟**잇가 **陸賈曰 將相和**면 **則士豫附**[5]라하고 **劉向曰 衆賢和於朝**면 **則萬物和於野**[6]라하니 **今朝廷可謂不和矣**니 **其咎安在**잇가 **陛下不反求其本**하고 **而欲以力勝之**하시니 **力之不能勝衆也久矣**니이다 **古者**에 **刀鋸在前**하고 **鼎鑊**(확)**在後**로되 **而士猶犯之**하니이다

聖策에 이르시기를 "부유함은 충분히 禮를 갖출 수 있고 화합함은 충분히 音樂을

넓힐 수 있고 다스림은 충분히 刑罰을 폐지하여 사용하지 않을 수 있었으니, 어떠한 정사를 베풀어야 이런 태평성대를 이룰 수 있는가?"라고 하셨습니다. 孔子께서 말씀하시기를 "백성이 풍족하면 군주가 누구와 더불어 부족하겠는가?"라고 하셨습니다. 토끼의 머리와 박의 잎을 가지고도 禮를 행할 수 있고, 땅을 쓸어 제사하더라도 하늘을 섬길 수 있으니, 禮가 갖추어지지 못함은 가난의 죄가 아닙니다.

≪管子≫에 이르기를 "倉廩이 꽉 차야 禮節을 안다."라고 하였습니다. 그렇다면 臣은 모르겠습니다. 폐하께서 말씀하신 富라는 것이 백성을 부유하게 하는 것입니까? 아니면 나라를 부유하게 하는 것입니까?

陸賈가 말하기를 "장수와 정승이 화합하면 선비들이 기꺼이 따른다."라고 하였고, 劉向이 말하기를 "여러 賢人들이 조정에서 서로 화합하면 만물이 들에서 화합한다."라고 하였습니다. 그런데 지금 조정은 不和하다고 할 만하니, 그 잘못이 어디에 있습니까? 폐하께서는 근본을 돌이켜 찾지 않으시고 힘으로써 이것을 이기고자 하시니, 힘이 사람들을 이기지 못한 것은 오래되었습니다. 옛날에 형벌의 도구인 칼과 톱이 앞에 있고 솥과 가마솥이 뒤에 있어도 선비들은 오히려 군주의 노여움을 범하였습니다.

1) 孔子曰……君孰與不足 : 이 내용은 ≪論語≫ 〈顔淵〉에 보이는데, 원래 魯나라 哀公이 孔子의 제자인 有若에게 "흉년이 들어 국가의 재정이 부족하니, 어찌해야 하는가?" 하고 묻자, 有若이 대답한 내용인데, 편의상 孔子의 말씀으로 인용한 듯하다.

2) 兎首瓠葉 可以行禮 : ≪詩經≫ 〈小雅 瓠葉〉에 이르기를 "토끼 한 마리를 그슬리고 구워서 올리도다. 君子가 술자리를 두거든 술을 떠서 올리도다.〔有兎斯首 炮之燔之 君子有酒 酌言獻之〕"라고 하였으며, 박의 잎 또한 채소로 쓸 수 있으므로 말한 것이다.

3) 埽地而祭 可以事天 : ≪禮記≫ 〈禮器〉에 이르기를 "낮은 것을 귀하게 여기는 경우가 있으니, 지극한 恭敬에는 壇을 쌓지 않고 땅을 쓸고서 제사 지낸다.〔有以下爲貴者 至敬不壇 埽地而祭〕"라고 한 내용을 인용한 것이다.

4) 管子曰 倉廩實而知禮節 : ≪管子≫는 春秋時代 齊나라의 名相 管仲이 지은 책으로, "倉廩이 꽉 차야 禮節을 안다."라는 것은 사람들이 衣食이 풍족해야 예절을 지킬 수 있음을 말한 것이다.

5) 陸賈曰……則士豫附 : 陸賈는 원래 楚나라 사람으로 漢나라 高祖가 천하를 얻

는 데 큰 공을 세운 문신이다. 惠帝가 죽고 呂太后가 臨朝하여 정권을 독단하자, 左丞相 陳平은 어찌할 방도가 없어 아무 말도 하지 못하고 화가 자신에게 미칠까 우려하여 날마다 술만 마시고 있었다. 陸賈가 陳平을 찾아가 "당신이 현재 고민하고 있는 것은 여러 呂氏와 어린 군주에 대한 걱정일 것입니다." 하고 곧바로 말하자, 陳平은 "어떻게 하면 좋겠는가?" 하고 대책을 물었다. 陸賈는 "천하가 편안하면 정승에게 유념하고 천하가 위태로우면 장수에게 유념하여야 하니, 장수와 정승이 서로 화합하면 선비들이 기꺼이 따르고, 선비들이 기꺼이 따르면 천하에 비록 변란이 있어도 권력이 분산되지 않습니다. 정승인 당신과 太尉 周勃 두 분이 협력하여 권력이 분산되지 않는다면 社稷의 계책이 두 분 손아귀에 들어가게 됩니다. 일이 이러한데 당신은 어찌하여 太尉와 서로 좋게 지내지 않으십니까?"라고 말하였다. 陳平은 그의 계책을 따라 太尉 周勃에게 많은 선물을 보내고 친하게 지내었다. 뒤에 呂太后가 죽자 둘이 힘을 합하여 呂氏 一族을 모두 주살하고 孝文帝를 迎立하였다. ≪漢書 陸賈傳≫

6) 劉向曰……則萬物和於野 : 劉向(B.C. 77~B.C. 6)은 前漢의 학자이자 정치가로 字는 子政이다. 漢나라 宗親으로 외척과 환관의 폐해에 대해 자주 간언하였으나 重用되지 못하였다. 그가 올린 表에 "여러 賢人들이 조정에서 서로 화합하면 만물이 들에서 화합합니다. 그러므로 簫韶를 아홉 번 연주하자 봉황이 와서 춤을 추고 경쇠를 치자 온갖 짐승들이 따라 춤을 추어, 온 천하가 화평하지 않은 곳이 없었던 것입니다."라고 하였다. '舜임금의 음악인 簫韶를 아홉 번 연주하자 봉황이 와서 춤을 추고 경쇠를 치자 온갖 짐승들이 따라 춤을 추었다.'는 것은 ≪書經≫ 〈虞書 益稷〉에 보인다.

**今陛下躬蹈堯舜**하사 **未嘗誅一無罪**하시니 **欲弭**(미)**衆言**이나 **不過斥逐異議之臣而更用人耳**니 **必未忍行亡秦偶語之禁**[1)]하고 **起東漢黨錮之獄**[2)]하시리니 **多士何畏而不言哉**잇가 **臣恐逐者不已**로되 **而爭者益多**하야 **煩言交攻**이 **愈甚於今日矣**니이다 **欲望致和而廣樂**이면 **豈不疏哉**잇가

지금 폐하께서는 몸소 堯·舜의 道를 행하셔서 일찍이 한 명도 죄 없는 사람을 죽이지 않으셨으니, 여러 사람들의 말을 막고자 하시더라도 異論을 주장하는 신하를 배척하여 축출하고 딴 사람을 바꿔 쓰는 데 불과할 뿐, 반드시 차마 망한 秦나라의 偶

語의 금지를 행하고 東漢의 黨錮의 獄事를 일으키지는 못하실 것입니다. 그러하니 많은 선비들이 무엇을 두려워하여 말하지 않겠습니까? 臣은 쫓겨나는 자가 그치지 않더라도 다투는 자가 더욱 많아져서 장황한 말로 서로 공격하는 것이 금일보다 더욱 심해질까 두렵습니다. 이리하여 和合을 이루고 音樂을 넓히기를 바라신다면 어찌 疏略하지 않겠습니까?

1) 偶語之禁 : 偶語는 두 사람이 마주하여 귓속말을 나누는 것으로 정부의 정책을 비판함을 이른다. 秦나라는 始皇帝 34년(B.C. 214)에 승상 李斯의 上奏에 따라 焚書坑儒를 하였는데, 그 상주문에 "詩・書를 대하여 偶語하는 자들이 있으면 棄市하고 옛것을 가지고 지금을 비방하는 자는 一族을 멸하십시오."라는 내용이 보인다. ≪史記 秦始皇本紀≫

2) 黨錮之獄 : 黨錮는 朋黨을 한다는 이유로 名士들을 죽이거나 禁錮시킴을 이른다. 後漢 靈帝 때 환관들의 전횡을 막기 위해 陳蕃과 李膺 등이 대장군 竇武와 함께 환관들을 謀殺하려다가 실패하여, 陳蕃과 李膺 등 백여 명이 朋黨을 했다는 이유로 피살되고, 뒤이어 7백여 명이 사형과 유배를 당한 사건을 말한다. ≪後漢書 黨錮列傳≫

**古之求治者**는 **將以措刑也**어늘 **今陛下求治**는 **則欲致刑**하시니 **此又群臣誤陛下也**니이다 **臣知其說矣**로니 **是出於荀卿**하니이다 **荀卿者**는 **喜爲異論**하야 **至以人性爲惡**하니 **則其言治世刑重**이 **亦宜矣**니이다 **說者又以爲 書稱唐虞之隆**에 **刑故無小**[1]하고 **而周之盛時**에 **群飮者殺**[2]이라하니 **臣請有以詰之**호리이다

옛날 훌륭한 다스림을 구하는 자들은 죄인이 없어 刑罰을 버려두고 쓰지 않고자 하였는데, 지금 폐하께서 다스림을 구하심은 刑罰을 지극히 가하고자 하시니, 이는 또 여러 신하들이 폐하를 誤導하는 것입니다. 臣은 그 내용을 아니, 이것은 荀卿에게서 나왔습니다. 荀卿은 異論을 내세우기 좋아해서 심지어는 사람의 性을 악하다고 했으니, 그가 "治世에는 刑罰이 무거웠다."고 말한 것은 또한 당연합니다.

그런데 말하는 자들이 또 이르기를 "≪書經≫에 '堯・舜의 융성한 시대에도 故意犯을 형벌함에 있어 작게 처벌함이 없었고, 또 周나라가 성할 때에도 여럿이 모여 술 마시는 자들을 죽였다.'는 내용이 있다."라고 합니다. 臣은 청컨대 이것을 따져보고자

합니다.

1) 刑故無小 : ≪書經≫ 〈虞書 大禹謨〉에 이르기를 "과실로 저지른 죄는 크게(무겁게) 처벌하지 않고, 고의로 저지른 죄는 작게(가볍게) 처벌하지 않는다.〔宥過無大 刑故無小〕"라고 보인다.

2) 群飮者殺 : 群飮은 여럿이 모여 술을 마시고 나쁜 짓을 모의하는 것이다. ≪書經≫ 〈周書 酒誥〉에 이르기를 "여럿이 술을 마시거든 너는 놓아주지 말고 모두 구속하여 周나라(天子國)로 돌려보내라. 내가 죽이리라.〔群飮 汝勿佚 盡執拘以歸於周 予其殺〕"라고 하였는데, 이는 武王이 아우 康叔을 商나라의 옛 都城에 봉하면서 당시 반란을 획책하는 무리들을 엄벌에 처할 것을 명령한 말이다.

夏禹之時에 大辟二百이요 周公之時에 大辟五百[1)]이니 豈可謂周治而禹亂耶잇가 秦爲法에 及三族[2)]하고 漢除肉刑하니 豈可謂秦治而漢亂耶잇가 致之言은 極也니 天下幸而未治[3)]라가 使一日治安이면 陛下將變今之刑而用其極歟잇가 天下幾何其不叛也리오 徒聞其語而懼者已衆矣리니 臣不意異端邪說惑誤陛下가 至於如此하니이다

夏나라 禹임금의 시대에 大辟(死刑)의 죄가 2백 가지였고 周公의 시대에 大辟의 죄가 5백 가지였으니, 어찌 이것을 가지고 周나라는 잘 다스려지고 禹임금의 시대는 혼란했다고 말할 수 있겠습니까? 秦나라의 법은 죄가 三族에까지 미쳤고 漢나라는 肉刑을 제거하였으니, 어찌 이것을 가지고 秦나라는 잘 다스려지고 漢나라는 어지러웠다고 말할 수 있겠습니까?

致刑의 '致'라는 말은 至極하게 한다는 뜻이니, 天下가 불행히 다스려지지 않다가 만일 하루 만에 다스려져서 편안하게 된다면 폐하께서는 장차 오늘날의 刑罰을 바꿔서 그 지극함을 쓰시겠습니까? 이렇게 지극한 刑罰을 쓰신다면 천하가 어찌 배반하지 않겠습니까? 다만 그 말만 듣고도 두려워하는 자가 이미 많을 것이니, 臣은 異端의 부정한 학설이 폐하를 현혹시키고 오도함이 이와 같음에 이를 줄은 생각하지 못했습니다.

1) 夏禹之時……大辟五百 : 大辟은 사형을 이른다. 大辟二百은 ≪書經≫ 〈周書 呂刑〉에 "大辟의 형벌은 그 등속이 2백 가지이다.〔大辟之罰 其屬二百〕"라고 보인

다. 이는 周나라 穆王 때의 일인데 '夏禹時代'라고 말한 것은 蘇軾의 착각인 듯하다. 大辟五百은 ≪周禮≫ 〈秋官 司刑〉에 '殺罪五百'이라고 보인다.

2) 秦爲法 及三族 : ≪史記≫ 〈秦本紀〉에 이르기를 "법에 처음으로 三族을 처벌하는 법을 만들었다.〔法初有三族之罪〕"라고 보이는데, 三族에 대해 張晏은 注에서 "父族, 兄弟, 妻子를 말한다."라고 하였고, 如淳은 "父族, 母族, 妻族을 말한다."라고 하여 견해를 달리하였다.

3) 幸而未治 : 底本과 本集에는 모두 '幸而未治'로 되어 있으며, ≪文鑑≫에는 '幸而大治'로 되어 있으나 모두 의미가 잘 통하지 않는다. 이에 문맥을 우선하여 '幸'을 '不幸'으로 바꾸어 번역하였다.

**宥過無大**하고 **刑故無小**는 **此用刑之常理也**라 **至於今**하야도 **守之**하니 **豈獨唐虞之隆而周之盛時哉**잇가 **所以誅群飮者**는 **意其非獨群飮而已**요 **如今之法**에 **所謂夜聚曉散者**니이다 **使後世不知其詳**하고 **而徒聞其語**하야 **則凡夜相過者**를 **皆執而殺之**면 **可乎**잇가 **夫人相與飮酒而輒殺之**는 **雖桀紂之暴**라도 **不至於此**어늘 **而謂周公行之歟**잇가

過失犯을 용서하여 크게 처벌하지 않고 故意犯을 형벌함에 작게 처벌하지 않는 것은 형벌을 적용하는 정상적인 도리로서 지금에 이르기까지도 이 방법을 지켜오고 있으니, 어찌 다만 唐·虞의 융성한 시대와 周나라의 全盛한 시대뿐이겠습니까?

여럿이 모여 술 마시는 자들을 처벌한 까닭은 제가 생각하건대 다만 여럿이 모여 술을 마실 뿐이 아니요, 지금의 法에 이른바 '밤에 모여 나쁜 짓을 모의하다가 새벽에 흩어지는 자들'과 같은 것입니다. 만일 후세에서 그 자세한 내용을 모르고 단지 그 말만 듣고는, 밤에 서로 왕래하는 자들을 모두 잡아서 죽인다면 되겠습니까? 사람들이 서로 함께 술을 마셨다고 하여 번번이 죽이는 것은 비록 桀·紂의 포악함도 여기에 이르지는 않았을 것인데, 周公이 이것을 행했다고 말할 수 있겠습니까?

**聖策曰 方今之弊**가 **可謂衆矣**라 **救之之道 必有本末**하고 **施之之宜 必有先後**라하시니 **臣請論其本與其所宜先者**하리니 **而陛下擇焉**하소서 **方今捄弊之道**는 **必先立事**요 **立事之本**은 **在於知人**이니 **則所施之宜**는 **當先觀大臣之知人與否耳**니이다 **古之欲立非常之功者**는 **必有知人之明**하니 **苟無知人之明**이면 **則循規矩**하고 **蹈繩墨**하야 **以求寡過**하니

二者는 皆審於自知而安於才分者也니이다 道는 可以講習而知요 德은 可以勉强而能이어니와 惟知人之明은 不可學하야 必出於天資하니 如蕭何之識韓信[1)]이 此豈有法而可傳者哉잇가 以諸葛孔明之賢으로도 而知人之明은 則其所短이라 是以로 失之於馬謖[2)]이로되 而孔明亦審於自知라 是以로 終身不敢用魏延[3)]하니이다

聖策에 이르시기를 "지금의 病弊가 참으로 많다고 할 수 있으나, 이것을 바로잡는 방법에는 반드시 本과 末이 있고 시행함의 마땅함에는 반드시 먼저 하고 뒤에 할 것이 있다."라고 하셨습니다. 신은 청컨대 그 근본과 마땅히 먼저 해야 할 것을 논하겠으니, 폐하께서는 선택하소서. 지금의 病弊를 바로잡는 방법은 반드시 먼저 일을 확립해야 하고 일을 확립하는 근본은 사람을 아는 데 달려 있으니, 시행하는 바의 마땅함은 반드시 먼저 大臣이 인물을 알아보는지 여부를 살펴보아야 합니다.

옛날 비상한 功을 세우고자 한 자들은 반드시 사람을 알아보는 밝은 지혜가 있었으니, 만일 사람을 알아보는 밝은 지혜가 없으면 규칙을 따르고 繩墨(法度)을 준수하여 허물을 적게 하기를 구하였습니다. 이 두 가지는 모두 자신을 분명하게 알아 자신의 才分을 편안히 여기는 것들입니다. 道는 강습하여 알 수 있고 德은 억지로 힘써서 능할 수 있지만 오직 사람을 아는 밝은 지혜는 배워서 될 수가 없어 반드시 天稟에서 나오니, 예컨대 蕭何가 韓信을 알아본 것이 어찌 방법이 있어서 전수해줄 수 있는 것이었겠습니까?

諸葛孔明(諸葛亮)과 같이 어진 사람도 사람을 아는 밝은 지혜는 부족하였으니 이 때문에 馬謖의 일로 실수를 하였으나, 孔明 또한 자신을 아는 데에 분명하였으니 이 때문에 종신토록 감히 魏延을 등용하지 않은 것입니다.

1) 蕭何之識韓信 : 蕭何는 秦나라 말기 高祖인 劉邦과 함께 起兵하여 漢나라를 일으킨 開國三傑의 하나이다. 당시 韓信은 그의 재능을 알아주는 이가 없어 떠돌아다니다가 劉邦에게 歸依하였으나 역시 인정을 받지 못하였다. 劉邦이 漢中王으로 봉해져 궁벽한 漢中으로 가게 되자, 將兵들이 중도에 많이 도망하였는데 韓信 또한 도망하였다. 이에 蕭何가 쫓아가 만류하고 劉邦에게 "그가 아니면 天下를 얻을 수 없다."라고 강력히 추천함으로써 大將으로 임명하여 결국 統一天下를 이룩하였다. 開國三傑은 蕭何와 韓信과 張良을 가리킨다.

2) 諸葛孔明之賢……失之於馬謖 : 孔明은 諸葛亮의 字이다. 馬謖은 兵書를 달통하

고 재주가 뛰어났으므로 諸葛亮이 그를 매우 사랑하였으나, 劉備는 "그가 말만 앞세우니 크게 등용해서는 안 된다."고 경계하였다. 그러나 諸葛亮은 劉備의 말을 귀담아듣지 않고 魏나라를 정벌할 적에 馬謖에게 군대를 맡겼다가 街亭에서 대패하였다. 이에 諸葛亮은 눈물을 흘리며 馬謖을 斬刑에 처하고 先帝인 劉備의 知人之明에 탄복하였는데, 이로부터 '泣斬馬謖'이라는 故事가 나오게 되었다.

3) 孔明亦審於自知……終身不敢用魏延 : 魏延은 蜀漢의 장수인데, 諸葛亮이 중용하지 않았으며, 中原(魏)을 공격할 적에 魏延은 子午谷으로 진격하여 기습공격할 것을 건의하였으나 諸葛亮이 따르지 않았다. 諸葛亮이 출정 도중 軍中에서 죽자, 반란을 일으켰다가 楊儀의 토벌을 받고 죽었다.

**我仁祖[1]之在位也**에 **事無大小**히 **一付之於法**하고 **人無賢不肖**히 **一付之於公議**하야 **事已效而後行**하고 **人已試而後用**하사 **終不求非常之功者**는 **誠以當時大臣**이 **不足以與於知人之明也**일새니이다

우리 仁祖(仁宗)께서 在位하실 적에는 크고 작은 일에 관계없이 한결같이 法에 맡기고, 어질고 不肖한 사람을 莫論하고 한결같이 公論에 맡겨서, 일은 效驗이 입증된 뒤에 시행하고 사람은 시험해본 뒤에 등용하여 끝내 非常한 功을 구하지 않으셨으니, 이는 진실로 당시의 大臣이 사람을 알아보는 밝은 지혜에 참여할 수가 없었기 때문입니다.

1) 仁祖 : 宋나라 제4대 황제인 仁宗(趙禎)을 가리킨다. 1023년에 즉위하여 1063년까지 재위하였다. 仁祖라고 칭한 것은 蘇軾이 仁宗을 높여서 칭한 것으로 보인다.

**古之爲醫者 聆音察色**하야 **洞視五臟[1]**이면 **則其治疾也**에 **有剖胸決脾**하고 **洗濯胃腎之變**이요 **苟無其術**이면 **不敢行其事**하니이다 **今無知人之明**하고 **而欲立非常之功**하야 **解縱繩墨以慕古人**이면 **則是未能察脈**하고 **而欲試華佗[2]之方**이니 **其異於操刀而殺人者 幾希矣**리이다 **房琯之稱劉秩[3]**과 **關播之用李元平[4]**이 **是也**니 **至今以爲笑矣**니이다

옛날 의원들은 병자의 목소리를 들어보고 얼굴빛을 관찰하여 五臟六腑를 꿰뚫어 볼 수 있는 능력이 있으면 病을 치료할 적에 가슴을 가르고 지라를 자르며 胃와 腎臟을 세척하는 변칙적인 방법을 썼고, 만일 그러한 기술이 없으면 감히 이러한 일을 행하지 않았습니다. 지금 사람을 알아보는 밝은 지혜가 없으면서 비상한 功을 세우고자 하여 繩墨(法度)을 다 풀어놓고 옛날의 비상한 사람을 사모한다면, 이것은 비유하건대 의원이 脈을 제대로 살피지도 못하면서 華佗의 방법을 시험하려는 것이니, 칼날을 잡고 사람을 죽이는 것과 다른 것이 별로 없을 것입니다.

옛날 房琯이 劉秩을 칭찬하고 關播가 李元平을 등용한 것이 이 경우이니, 지금까지도 이것을 사람들이 비웃고 있습니다.

1) 五臟 : 人體 내에 있는 다섯 가지 臟器로 六腑와 대칭되는바, 心·肺·肝·脾·腎을 이른다.

2) 華佗 : 後漢 때 사람으로 字는 元化인데, 沛國 譙郡(現 安徽省) 亳縣 사람이다. 方藥과 鍼灸에 정통했으며, 특히 外科에 뛰어났다. 痲沸散이라는 마취제를 이용한 전신마취법을 창안하여 腹腔 內 종양절제수술과 위장절제봉합수술 등의 시술에 성공하여 外科의 태두로 존경받아왔다. 또 호랑이·사슴·곰·원숭이·새 등의 동작을 모방한 五禽戱라는 체조를 만들어 예방의학을 선도하였으며, 養生學說을 발전시켜 중국 의학의 주요 학파로 자리잡았다.

3) 房琯之稱劉秩 : 房琯은 唐나라 肅宗 때의 신하로 字는 次律이며, 劉秩은 ≪政典≫을 지은 문관으로 당시 給事中이었다. 房琯은 빈객을 좋아하고 담론을 잘하여 천하의 일을 자신의 일로 여겼으나 용병술에는 무지하였다. 安祿山의 난으로 肅宗이 즉위하여 房琯에게 長安을 수복할 것을 명하자, 출정에 앞서 그는 참모인 劉秩 등을 칭찬하며 승전을 장담하였다. 咸陽에서 적을 만나자 房琯이 직접 中軍을 거느리고 春秋時代의 車戰法을 흉내내어 소가 끄는 수레 2천 乘과 보병으로 진을 쳐서 적과 대치하였으나, 적들이 바람을 이용하여 소리를 지르고 불을 놓아 공격하자 대패하였다. ≪舊唐書 房琯傳≫

4) 關播之用李元平 : 關播는 唐나라 德宗 때에 吏部侍郎으로 있었는데, 德宗이 재상을 구하자, 盧杞가 그의 성품이 유약함을 알고 추천하여 同中書 門下平章事로 삼은 뒤에 그를 조종하여 실제의 권한을 행사하였다. 李元平은 왕실의 먼 친척인데 李希烈의 반란에 關播의 추천으로 汝州別駕가 되어 반란군 토벌에 나

셨으나, 적의 술책에 빠져 사로잡히게 되자 땅에 화살을 던지며 항복하였다.
≪舊唐書 關播傳≫

陛下觀今之大臣[1)]컨대 爲知人歟잇가 爲不知人歟잇가 乃者에 擢用衆才는 皆其造室握手之人이라 要結審固而後에 敢用하니 蓋以爲其人이 可與戮力同心하야 共致太平이로되 曾未安席에 而交口攻之者 如蝟毛而起하니 陛下以此驗之하시면 其不知人也亦審矣니이다 幸今天下無事하야 異同之論이 不過瀆亂聖聽而已어니와 若邊隅有警하고 盜賊竊發하야 俯仰成敗하고 呼吸變故어늘 而所用之人이 皆如今日하야 乍合乍散하야 臨事解體하야 不可復知면 則無乃誤社稷歟잇가

폐하께서 오늘날의 大臣을 살펴보시건대 사람(인물)을 알아본다고 여기십니까? 사람을 몰라본다고 여기십니까? 근자에 발탁한 여러 인재들은 모두 그(王安石)의 집에 찾아가서 그와 악수한 사람들로, 교분을 맺음이 견고한가를 살핀 뒤에 감히 등용하였으니, 이는 이들이 자기(王安石)와 함께 힘을 다하고 마음을 합해서 함께 太平聖代를 이룰 수 있는 사람들이라고 여긴 것이었습니다.

그러나 일찍이 벼슬자리에 나아가 편안히 앉기도 전에 서로 다투어 공격하는 자가 마치 고슴도치 털처럼 떼 지어 일어났으니, 폐하께서 이것을 가지고 징험해보신다면 그가 인물을 알아보지 못함이 또한 분명한 것입니다.

다행히 지금 천하에 일이 없어서 단지 같고 다른 의논이 聖上의 귀를 번거롭게 하고 어지럽힘에 불과할 뿐이지만, 만약 변경에 급박한 경보가 있고 도적이 몰래 나와서 고개를 들고 숙이는 사이에 성패가 달려 있고 숨 한 번 내쉬는 사이에 변고가 있는데도, 등용한 사람들이 모두 오늘날처럼 별안간 모였다가 별안간 흩어져서 일을 당하여 해체되어 다시 알 수 없다면, 이는 社稷을 그르치는 것이 아니겠습니까?

1) 今之大臣 : 新法을 강행하는 王安石을 가리킨 것이다.

華佗不世出이로되 天下未嘗廢醫하고 蕭何不世出이로되 天下未嘗廢治하니 陛下必欲立非常之功인댄 請待知人之佐하시고 若猶未也인댄 則亦詔左右之臣하야 安分守法而已니이다

華佗와 같은 명의가 세상에 잘 나오지 않는데도 천하 사람들은 일찍이 의원을 폐하지 않았고, 蕭何와 같은 훌륭한 재상이 세상에 잘 나오지 않는데도 천하 사람들은 일찍이 다스림을 폐하지 않았으니, 폐하께서 반드시 비상한 功을 세우고자 하신다면 사람을 알아보는 補佐가 나오기를 기다리시고, 만약 그렇지 못하다면 左右의 신하들에게 명해서 분수를 편안히 여기고 法을 지키게 할 뿐입니다.

**聖策曰 生民以來**로 **稱至治者 必曰唐虞成周之世**하니 **詩書所稱**에 **其迹可見**이라 **以至後世**하야 **賢明之君**과 **忠智之臣**이 **相與憂勤**하야 **以營一代之業**하야는 **雖未盡善**이나 **然要其所成就**하면 **亦必有可言者**하리니 **其詳著之**라하시니이다 **臣以爲此不可勝言也**라 **其施設之方**은 **各隨其時**하야 **而不可知**요 **其所可知者**는 **必畏天**하고 **必從衆**하고 **必法祖宗**이니이다 **故**로 **其言曰 戒之戒之**하라 **天惟顯思**하니 **命不易哉**[1]라하고 **又曰 稽於衆**하야 **舍己從人**[2]이라하고 **又曰 丕顯哉**라 **文王謨**여 **丕承哉**라 **武王烈**[3]이여라하니이다 **詩書所稱**이 **大略如此**하니 **未嘗言天命不足畏**요 **衆言不足從**이요 **祖宗之法不足用也**니이다

聖策에 이르시기를 "生民이 있은 이래로 지극히 훌륭한 정치를 말하는 자가 반드시 唐·虞와 成周의 때를 말하는데, ≪詩經≫과 ≪書經≫에 칭찬한 바에서 그 자취를 볼 수 있다. 후세에 현명한 군주와 충성스럽고 지혜로운 신하가 서로 함께 걱정하고 애써서 한 시대의 사업을 경영함에 이르러서는, 비록 극진히 善하지는 못하였으나 요컨대 그 성취한 바를 찾아보면 또한 반드시 말할 만한 것이 있을 것이니, 이것을 자세히 밝히도록 하라."라고 하셨습니다.

臣은 생각하건대 이것은 이루 다 말할 수가 없다고 여겨집니다. 그 시행한 방법은 각각 그 시대를 따르기 때문에 알 수 없고, 알 수 있는 것은 반드시 하늘을 두려워하고 반드시 사람들의 의견을 따르고 반드시 祖宗을 본받는 것입니다. 그러므로 ≪詩經≫과 ≪書經≫에 이르기를 "경계하고 경계하라. 하늘이 밝게 보고 계시니, 天命을 보존하기가 쉽지 않다."라고 하였고, 또 말하기를 "여러 사람에게 상고해서 자기 의견을 버리고 남을 따르라."고 하였고, 또 말하기를 "크게 찬란하다. 文王의 훌륭한 가르침이여! 크게 계승하였다. 武王의 功烈이여!"라고 한 것입니다.

≪詩經≫과 ≪書經≫에서 말한 바가 대략 이와 같으니, 일찍이 "天命을 굳이 두려

워할 것이 없고 사람들의 말을 굳이 따를 것이 없고 祖宗의 법을 굳이 본받을 것이 없다."라고 말한 적이 없습니다.

1) 戒之戒之……命不易哉 : 이 내용은 ≪詩經≫ 〈周頌 敬之〉에 보인다. 첫 번째 句가 底本에는 '敬之敬之'로 되어 있는 것을 '戒之戒之'라고 바꾸어 썼는데, 내용에는 큰 차이가 없다.
2) 稽於衆 舍己從人 : 이 내용은 ≪書經≫ 〈虞書 大禹謨〉에 보인다.
3) 丕顯哉……武王烈 : 이 내용은 ≪書經≫ 〈周書 君牙〉에 보인다.

**(符)〔苻〕堅用王猛**에 **而樊世, 仇滕, 席寶不悅**[1]하고 **魏鄭公勸太宗以仁義**에 **而封倫不信**[2]하니이다 **凡今之人**이 **欲陛下違衆而自用者**는 **必以此藉口**하니 **而陛下所謂賢明忠智者 豈非意在於此等歟**잇가 **臣願考二人之所行**하야 **而求之於今**하오니 **王猛**이 **豈嘗設官而牟利**하고 **魏鄭公**이 **豈嘗貸錢而取息歟**잇가 **且其不悅者**는 **不過數人**이니 **固不害天下之信且服也**니이다

옛날 前秦 苻堅이 王猛을 등용하자 樊世와 仇滕과 席寶가 좋아하지 않았고, 魏鄭公(魏徵)이 唐 太宗에게 仁義를 행할 것을 권하자 封倫이 믿지 않았습니다. 지금 사람들 중에 폐하께서 사람들의 말을 어기고 자기 의견을 따를 것을 바라는 자들은 반드시 이것을 가지고 구실 삼을 것이니, 폐하께서 말씀하신 바 현명하고 충성스럽고 지혜로운 자들이란 것이 어찌 그 뜻이 이들에게 있는 것이 아니시겠습니까?

그러나 臣은 원컨대 王猛과 魏鄭公이 행한 바를 고찰해서 지금에 찾아보시고자 하오니, 王猛이 어찌 관직을 설치하여 이익을 도모한 적이 있었으며, 魏鄭公이 어찌 돈을 빌려주고 利息을 취한 적이 있었습니까? 또 그들을 좋아하지 않은 자들은 몇 사람에 지나지 않았으니, 진실로 천하 사람들이 믿고 또 복종하는 데 무방하였습니다.

1) (符)〔苻〕堅用王猛 而樊世仇滕席寶不悅 : 苻堅은 前秦의 군주로 본래의 姓은 蒲인데 苻堅이 苻로 바꿨다. 명재상인 王猛을 등용하여 五胡十六國 가운데 가장 강성한 나라가 되었는데, 王猛을 시기한 姑臧侯 樊世가 어전에서 王猛을 모욕하자 苻堅은 樊世의 목을 베었으며, 尙書 仇滕과 長史 席寶가 자주 王猛을 참소하자 이들을 각각 甘松護軍과 白衣領長史로 좌천시켜 王猛의 입지를 굳건하게

해주었다. 그러나 苻堅은 王猛이 죽은 다음 東晉을 공격했다가 謝玄이 이끄는 晉軍에게 대패하였으며, 苻堅 死後에 前秦은 곧 멸망하였다.

2) 魏鄭公……而封倫不信 : 魏鄭公은 唐나라 太宗 때의 名臣인 魏徵으로 그가 鄭國公에 봉해졌기 때문에 이렇게 칭한 것이며, 封倫은 字가 德彝인데 字로 行世하였다. 魏徵은 太宗 즉위 후 諫議大夫로 중용되었고, 封倫은 渤海 사람으로 본래 隋나라에 벼슬하였는데 唐나라에 항복하여 太宗을 섬겼다. 太宗은 일찍이 魏徵과 封倫이 함께한 자리에서 건국 초기의 국정이 어지러움을 탄식하며 정치의 방도를 물었다. 이에 魏徵이 仁義의 정치를 권하자 封倫은 魏徵의 말이 우활하다 하여 이를 반대하였다. 그러나 太宗은 魏徵의 말을 따라 仁義의 정치를 시행한 결과 '貞觀의 治'라는 역사상 드문 태평성대를 열었다. ≪新唐書 魏徵列傳≫

今天下有心者怨하고 有口者謗하니 古之君臣이 相與憂勤하야 以營一代之業者는 似不如此하니이다 古語曰 百人之聚에 未有不公이라하니 況天下乎잇가 今天下非之어늘 而陛下不回하시니 臣不知所稅(脫)駕矣니이다 詩曰 譬彼舟流컨대 不知所屆로다 心之憂矣여 不遑假寐[1]라하니 區區之忠을 惟陛下察之하소서 臣謹昧死上對하노이다

지금 천하에 마음을 가진 자들이 모두 원망하며 입을 가지고 있는 자들이 모두 비방하고 있으니, 옛날 군주와 신하가 서로 함께 걱정하고 애쓰면서 한 시대의 사업을 경영한 자들은 이와 같지 않았을 듯합니다.

옛말에 이르기를 "백 명이 모여 있을 적에는 의논이 공정하지 않은 적이 없었다."라고 하였으니, 하물며 천하 사람이겠습니까? 지금 천하 사람들이 비방하는데도 폐하께서는 생각을 돌리지 않으시니, 臣은 지금 이 사태가 언제 멈출지 알지 못하겠습니다. ≪詩經≫에 이르기를 "저 흘러가는 배에 비유하건대 멈출 곳을 모르겠다. 마음에 근심하여 假寐할 겨를도 없다."라고 하였습니다. 區區한 저의 충성을 부디 폐하께서는 살펴주소서. 臣은 삼가 죽을죄를 무릅쓰고 對策文을 올립니다.

1) 譬彼舟流……不遑假寐 : 이 내용은 ≪詩經≫ 〈小雅 小弁〉에 보인다.

借擬士對하야 以諷諫當時之政이로되 而擘畫處 更勝前首라 東坡病當時

狃於青苗條例諸法과 及橫山用兵等事라 故로 特擬策하야 以發其直言敢諫之氣하니 不知當時曾及聞神廟否아 然據愚見하면 此作은 亦不過條其事而言之耳요 未有一段精光意見이 開悟人君하야 令其實落做手處하니 其不逮賈誼治安策[1)]이 多矣니라

進士試의 對策文을 模擬해서 당시의 政事를 諷諫하였는데, 분석하여 제시한 부분은 앞의 것보다 더 뛰어나다. 蘇軾은 당시에 青苗錢 등 制置三司條例司의 여러 法에 안주함과 또 橫山에 用兵한 일 등을 병통으로 여겼다. 그러므로 특별히 對策文을 모의해서 直言하고 과감히 諫言하는 기개를 다하였는데, 당시에 일찍이 이 글이 神宗에게 알려졌는지 모르겠다. 그러나 나의 어리석은 所見에는 이 글도 일들을 조목조목 나열해서 말함에 지나지 않을 뿐이고 一段의 精采가 나는 의견이 있어 임금을 깨우쳐 확실하게 손을 쓰게 할 만한 부분이 없으니, 賈誼의 〈治安策〉에 크게 미치지 못한다.

1) 賈誼治安策 : 治安은 나라를 잘 다스려 편안하게 함을 이른다. 賈誼가 文帝에게 올린 上疏文 가운데 "옛날 殷나라와 周나라는 나라를 소유하여 천여 년 治安을 잘하였다." 하고 올린 계책을 이른다.

宋大家蘇文忠公文抄 卷2

# 上書

## 01. 上神宗皇帝書* 神宗皇帝에게 올린 글

* 本集에는 이 편 머리에 '熙寧四年二月□日 殿中丞 直史館 判官告院 權開封府推官 蘇軾 謹昧萬死再拜上書皇帝陛下'라는 37字가 있다. 그러므로 이 글이 熙寧 4년(1071)에 쓰여졌으며, 이때 蘇軾이 서울인 開封에서 殿中丞 直史館 判官告院 權開封府推官으로 재직하고 있었음을 알 수 있다. 郎曄의 ≪經進東坡文集史略≫에는 이 글의 제목이 〈萬言書〉로 되어 있다. 또 蘇軾의 〈杭州召還乞郡狀〉에는 "上元節에 燈 4천 개를 사라는 聖旨가 있으시자, 有司가 不肖하여 시장의 값을 깎았으므로, 이 때문에 臣이 즉시 글을 올려 논죄하였는데, 先帝께서 크게 기뻐하셔서 즉시 제 말을 시행하셨습니다. 臣은 이로써 先帝께서 성스럽고 밝으셔서 능히 남이 말을 다하는 것을 받아들이심을 알았습니다. 이에 6천여 자의 疏를 올려서 新法이 불편함을 지극히 논하였습니다."라고 하였는바, 바로 이 글이다.

**公**은 **感神宗之允所議貢擧及停止買燈二事**라 **以故**로 **敢爲危言**하야 **痛陳時政**이라 **然**이나 **所以結知主上者**도 **在此**요 **而所以深執政之嫉怨者**도 **亦在此**하니 **大略摹倣陸宣公奏議**[1]**來**니라

公은 자신이 비판한 貢擧(과거제도)와 또 燈을 사는 일을 중지시킬 것을 청한 두 가지 일을 神宗이 允許한 것에 감격하였다. 이 때문에 감히 위태로운 말을 해서 당시의 政事를 통렬히 개진하였다. 그러나 주상의 인정을 받게 된 것도 이 글 때문이었고 執政大臣들의 질시와 원한을 깊이 산 것 또한 이 글 때문이었으니, 대체로 ≪陸宣公奏議≫를 모방한 것이다.

1) 陸宣公奏議 : 唐나라 德宗 때의 名臣인 陸贄가 上奏한 글을 모은 책이다. 陸贄는 直諫을 잘하였는데, 그의 諡號가 宣이므로 후대에 그가 上奏한 글을 모아 ≪陸宣公奏議≫라고 이름하였는바, 이 책은 신하들의 필독서로 인식되었다.

年月日이라 具臣[1)]은 近者에 不度(탁)愚賤하고 輒上封章하야 言買燈事[2)]하니이다 自知瀆犯天威하야 罪在不赦라 席藁私室하야 以待斧鉞之誅러니 而側聽逾旬호되 威命不至일새 問之府司[3)]하니 則買燈之事 尋已停罷라하니이다 乃知陛下不惟赦之요 又能聽之하오니 驚喜過望하야 以至感泣하니이다 何者오 改過不吝하고 從善如流는 此堯舜禹湯之所勉强而力行이니 秦漢以來之所絶無而僅有니이다

某年 某月 某日에 具臣은 근자에 어리석고 천함을 헤아리지 않고 번번이 封章을 올려서 燈을 사 오는 일에 대해 간언하였습니다. 하늘의 위엄을 번거롭게 범하여 죄가 용서받을 수 없음을 스스로 알고 小臣의 집에서 席藁待罪하여 斧鉞의 주벌이 내릴 것을 기다렸는데, 엎드려 들으니 열흘이 넘도록 위엄스러운 명령이 이르지 않았습니다. 그래서 府司에 가서 물어보았더니, 燈을 사 오는 일은 진작 정지되었다고 하였습니다.

이제야 폐하께서 저를 용서했을 뿐만이 아니라 또 제 말을 들어주신 것을 알았으니, 제가 기대했던 것보다 더함에 놀라고 기뻐서 感泣함에 이르렀습니다. 어째서이겠습니까? 허물을 고침에 인색하지 않고 善을 따르기를 물 흐르는 것과 같이 함은 이는 堯·舜과 禹·湯께서도 억지로 힘써 행하신 것이니, 秦·漢 이래로 거의 없고 겨우 있는 것입니다.

1) 具臣 : 그저 자리나 차지하여 숫자만 채우고 있는 신하라는 뜻으로 자신에 대한 겸칭이다. 이 말은 ≪論語≫ 〈先進〉에 이르기를 "이른바 大臣이란 자는 道를 가지고 군주를 섬기다가 이것이 안 되면 그만두니, 이제 仲由와 冉求는 具臣이라고 이를 만하다.〔所謂大臣者 以道事君 不可則止 今由與求也 可謂具臣矣〕"라고 보인다.

2) 輒上封章 言買燈事 : 이 疏를 올리기 전에 蘇軾이 〈諫買浙燈狀〉을 올렸는데, 이 내용은 본서 권7에 실려 있다.

3) 府司 : 해당 官署를 가리킨 것이다.

**顧此買燈**은 **毫髮之失**이니 **豈能上累日月之明**이리오마는 **而陛下飜然改命**하사 **曾不移刻**하시니 **則所謂智出天下**로되 **而聽於至愚**하고 **威加四海**로되 **而屈於匹夫**라 **臣今知陛下可與爲堯舜**이요 **可與爲湯武**요 **可與富民而措刑**이요 **可與强兵而伏戎虜矣**니이다 **有君如此**하시니 **其忍負之**리오 **惟當披露腹心**하고 **捐棄肝膽**하야 **盡力所至**요 **不知其他**니이다 **乃者**에 **臣亦知天下之事 有大於買燈者矣**로되 **而獨區區以此爲先者**는 **蓋未信而諫**을 **聖人不與**하시고 **交淺言深**을 **君子所戒**라 **是以**로 **試論其小者**하고 **而其大者**는 **固將有待而後言**이니이다 **今陛下果赦而不誅**하시니 **則是旣已許之矣**시니 **許而不言**이면 **臣則有罪**라 **是以**로 **願終言之**하노이다

다만 이 燈을 사 오는 일은 털끝만 한 작은 잘못이니, 어찌 위로 聖上의 日月 같은 밝음에 누가 되겠습니까? 그런데도 폐하께서 一刻이 지나기 전에 곧바로 명령을 고치시니, 이른바 "지혜가 천하에 뛰어나면서도 지극히 어리석은 사람에게 듣고, 위엄이 四海에 가해지면서도 필부에게 굽힌다."는 것입니다.

臣은 이제야 폐하께서 더불어 堯·舜이 될 수 있고 더불어 湯·武가 될 수 있고, 더불어 백성을 부유하게 하고 형벌을 폐지하여 쓰지 않을 수 있고, 더불어 병력을 강하게 하여 오랑캐를 복종시킬 수 있음을 알았습니다. 이와 같이 훌륭한 군주가 계시니, 臣이 어찌 차마 저버리겠습니까? 오직 마땅히 제 뱃속에 있는 속마음을 열어 보이고 肝膽을 다 바쳐서 힘이 닿는 데까지 다할 것이며, 다른 것은 돌아보지 않아야 할 것입니다.

근래에 臣 또한 천하의 일이 燈을 사 오는 것보다 더 큰 것이 있음을 알지만, 유독 區區하게 이것을 가지고 맨 먼저 말씀드린 것은 군주가 아직 신하를 믿지 못하는데 간하는 것을 聖人이 허여하지 않으셨고, 사귐이 얕은데 말이 깊은 것을 君子가 경계하였습니다. 臣이 이 때문에 그 작은 것을 시험 삼아 논하고, 그 큰 것은 진실로 장차 기다린 뒤에 말씀드리려고 했던 것입니다. 그런데 지금 폐하께서 과연 臣의 죄를 용서하고 처벌하지 않으시니, 그렇다면 이미 허락하신 것인데, 임금께서 허락하시는데도 신하가 말씀드리지 않는다면 臣에게 죄가 있게 됩니다. 이 때문에 이것을 끝까지

다 말씀드리기를 원하는 것입니다.

**臣之所欲言者三**이니 **願陛下結人心, 厚風俗, 存紀綱而已**니이다 **人莫不有所恃**하니 **人臣**이 **恃陛下之命**이라 **故**로 **能役使小民**하고 **恃陛下之法**이라 **故**로 **能勝伏强暴**하나니 **至於人主**하야는 **所恃者誰歟**잇가 **書曰 予臨兆民**컨대 **懍乎若朽索**(후삭)**之馭六馬**[1]라하니 **言天下莫危於人主也**니이다 **聚則爲君臣**이요 **散則爲仇讐**니 **聚散之間**에 **不容毫釐**라 **故**로 **天下歸往**을 **謂之王**[2]이요 **人各有心**을 **謂之獨夫**[3]니이다 **由此觀之**컨대 **人主之所恃者**는 **人心而已**니 **人心之於人主也**에 **如木之有根**하고 **如燈之有膏**하고 **如魚之有水**하고 **如農夫之有田**하고 **如商賈之有財**라 **木無根則槁**하고 **燈無膏則滅**하고 **魚無水則死**하고 **農夫無田則饑**하고 **商賈無財則貧**하고 **人主失人心則亡**하니 **此必然之理**라 **不可逭之災也**니 **其爲可畏 從古以然**이니이다

臣이 말씀드리고자 하는 것은 세 가지이니, 폐하께서 人心을 결속하고 풍속을 후하게 하고 기강을 보존하시기를 원할 뿐입니다. 사람은 믿는 바가 있지 않음이 없으니, 신하는 폐하의 명령을 믿기 때문에 백성들을 다스릴 수 있고, 폐하의 법을 믿기 때문에 강포한 자들을 이기고 복종시킬 수 있는 것입니다.

군주의 경우에는 믿을 것이 무엇입니까? ≪書經≫에 이르기를 "내가 兆民들을 대하되 위태롭기가 썩은 새끼줄로 여섯 필의 말을 어거하는 것과 같다."라고 하였으니, 천하에 군주보다 더 위태로운 자가 없음을 말한 것입니다.

뜻이 맞아 서로 모이면 君臣간이 되고 뜻이 맞지 않아 흩어지면 원수지간이 되니, 뜻이 맞아서 모이고 뜻이 맞지 않아서 흩어지는 사이에는 털끝 하나를 용납하지 못합니다. 그러므로 천하 사람들이 다 歸依하여 가는 것을 '王'이라 이르고, 사람들이 각기 딴 마음을 가지고 있는 것을 '獨夫'라 이르는 것입니다.

이로써 관찰하건대, 군주가 믿을 것은 인심뿐이니, 人心은 군주에 있어서는 나무에 뿌리가 있고 등불에 기름이 있고 물고기에게 물이 있고 농부에게 田地가 있고 장사꾼에게 재물이 있는 것과 같습니다. 나무는 뿌리가 없으면 말라 죽고 등불은 기름이 없으면 꺼지고 물고기는 물이 없으면 죽고 농부는 전지가 없으면 굶주리고 장사꾼은 재물이 없으면 가난하고 군주는 인심을 잃으면 망하니, 이것은 필연적인 이치라서

피할 수 없는 재앙이니, 그 두려울 만함이 예로부터 그러하였습니다.

1) 書曰……懍乎朽索(후삭)之馭六馬 : 朽索은 썩은 새끼줄이고, 六馬는 여섯 필의 말인데, 옛날 황제의 수레는 여섯 필의 말을 멍에하였다. 썩은 새끼줄로 여섯 필의 말을 어거함은 매우 위험함을 비유한 것으로, 이 내용은 ≪書經≫ 〈夏書 五子之歌〉에 보인다.
2) 天下歸往 謂之王 : 王에는 '往'의 뜻이 있다. 그러므로 천하의 인심이 귀의하여야 '王'이라고 칭할 수 있다고 말한 것이다.
3) 獨夫 : 한 지아비란 뜻으로 독불장군이란 우리 속담과 같다. ≪書經≫ 〈周書 泰誓 下〉에 '獨夫受'라고 보이는데, 蔡沈의 注에 "獨夫는 천명이 이미 끊기고 인심이 이미 떠나가서 단지 한 獨夫일 뿐임을 말한 것이다.〔獨夫 言天命已絶 人心已去 但一獨夫耳〕"라고 하였다. 受는 殷王 紂의 이름이다.

**苟非樂禍好狂**하고 **輕易失志**면 **詎敢肆其胸臆**하야 **輕犯人心乎**잇가 **昔子產**이 **焚載書以弭**(미)**衆言**[1]하고 **賂伯石以安巨室**[2]하고 **以爲衆怒難犯**이요 **專欲難成**[3]이라하고 **而孔子亦曰 信而後**에 **勞其民**이니 **未信**이면 **則以爲厲己也**[4]라하시니이다 **唯商鞅**은 **變法**[5]에 **不顧人言**하니 **雖能驟致富强**이나 **亦以召怨天下**하야 **使其民知利而不知義**하고 **見刑而不見德**하야 **雖得天下**나 **旋踵而亡也**하고 **至於其身**하야도 **亦卒不免**하야 **負罪出走**로되 **而諸侯不納**하고 **車裂以徇**이로되 **而秦人莫哀**[6]하니 **君臣之間**에 **豈願如此**리잇고

만약 禍가 생기는 것을 즐거워하고 미친 짓을 좋아하고 경솔하여 失性한 자가 아니라면 누가 감히 자기 가슴속의 생각을 멋대로 펼쳐서 가벼이 인심을 범하겠습니까?

옛날 子產이 載書를 불태워서 사람들의 비난하는 말을 막고 伯石에게 뇌물을 주어서 巨室을 편안하게 하고는 말하기를 "사람들의 노여움은 범하기가 어렵고 또 욕심을 오로지 하면 이루기가 어렵다."라고 하였습니다. 그리고 孔子 또한 말씀하시기를 "신임을 얻은 뒤에 백성을 수고롭게 해야 하니, 신임을 얻지 못하고 수고롭게 하면 백성들이 자기를 해친다고 여긴다."라고 하였습니다.

오직 商鞅이 法을 고칠 때에 남의 말을 돌아보지 않았는데, 비록 대번에 부강함을 이루었으나 또한 이로써 천하의 원망을 불러, 백성들로 하여금 이익만 알고 의리를 알지 못하며 형벌만 보고 도덕을 보지 못하게 해서, 비록 천하를 얻었으나 곧바로 멸

망하였습니다. 그리고 자기 자신 또한 끝내 禍를 면치 못해서 죄를 짓고 도망갔으며 제후들이 받아주지 아니하여 수레에 몸을 찢기고 조리 돌려졌으나 秦나라 사람들이 슬퍼하지 않았으니, 군주와 신하 사이에 어찌 이와 같이 되기를 바라겠습니까?

1) 昔子産焚載書以弭(미)衆言 : 이 내용은 ≪春秋左氏傳≫ 襄公 10년조에 보인다. 子産은 春秋時代 鄭나라의 명재상으로 이름이 公孫僑이며, 載書는 맹세할 때에 犧牲 위에 올려놓는 서약문을 이른다. 鄭나라는 군주가 어려 정권이 여러 卿들에게 있었다. 子孔은 권력을 독점하기 위해 大夫들을 모아놓고 "大夫들은 모두 執政大臣(자신)의 의견을 따르고 정사에 일체 관여하지 않는다."라는 서약문을 지어 맹세하게 하였다. 이에 한 사람이 반발하자 그를 죽이려 하니, 子産이 이를 저지하며 載書를 불태울 것을 청하였다. 子孔이 반대하며 "맹세하는 글을 만들어 나라를 안정시키려 하였는데, 사람들이 싫어한다고 하여 이것을 불태운다면 이것은 여러 사람들이 정치를 하는 것이오. 나라를 다스리기 어려울 것이오."라고 하였다. 이에 子産은 "사람들의 노여움을 범하기가 어렵고 또 권력을 독점하려는 욕심을 오로지 하면 이루기가 어렵다." 하고 끝내 子孔을 설득하여 불태우게 하였다.

2) 賂伯石以安巨室 : 이 내용은 ≪春秋左氏傳≫ 襄公 30년조에 보인다. 伯石은 公孫段이며 巨室은 일반적으로 강력한 卿大夫를 뜻하나 여기서는 鄭나라를 가리킨 것으로 보인다. 子産이 정사를 할 적에 伯石을 부리려 하면서 고을을 뇌물로 주려고 하자 子太叔이 반대하였다. 子産은 "우리 ≪鄭書≫에 국가를 안정시키려면 반드시 큰 것을 먼저 해야 한다고 하니, 우선 큰 것을 안정시킨 다음, 돌아가는 추세를 살펴야 한다."라고 하고 고을을 주었으나, 伯石은 두려워하여 그 고을을 반납하였다.

3) 衆怒難犯 專欲難成 : 이 내용은 ≪春秋左氏傳≫ 襄公 10년조에 보인다. 이는 子産이 당시 집정자인 子孔에게 載書를 불태우기를 청하면서 한 말인데, 여기에 하나로 묶어 말한 것은 두 가지 일이 모두 子産이 한 일이므로 연결시켜 말한 것으로 보인다.

4) 孔子亦曰……則以爲厲己也 : 이 내용은 ≪論語≫ 〈子張〉의 "신임을 얻은 뒤에 간하니, 신임을 얻지 못하고 간하면 자기를 비방한다고 여긴다.〔信而後諫 未信則以爲謗己也〕"라는 글을 원용한 것이다. 다만 '謗'자를 '厲'자로 바꾸었을 뿐이다.

5) 商鞅變法 : 商鞅은 衛나라 사람으로 公孫氏였는데, 뒤에 商於(오)라는 땅에 봉해져 商君이라고 불렸기 때문에 商鞅이라 칭하게 되었다. 變法은 秦나라 孝公 3년에 商鞅이 부국강병을 목적으로 국가의 법령과 제도를 대대적으로 변혁한 것을 말한다. 秦나라는 商鞅의 變法으로 비로소 강국의 면모를 갖춰 天下統一의 대업을 이룰 수 있었다. 그러나 법령을 개혁하는 과정에서 무리하게 추진하여 수많은 사람을 처벌한 결과 원성이 자자하였으며, 군주의 독재정치를 강화함으로써 六國을 통합한 뒤에 2代 만에 곧바로 멸망하고 말았다. ≪史記 商君列傳≫

6) 負罪出走……而秦人莫哀 : 商鞅을 중용한 孝公이 죽고 惠王이 즉위하자, 평소 商鞅을 미워하던 자들이 반역을 도모했다는 죄목으로 商鞅을 참소하였다. 이에 商鞅은 魏나라로 도망하였는데, 秦나라를 두려워한 魏나라는 오히려 商鞅을 체포하여 秦나라에 넘겨주었다. 도중에 도주한 商鞅은 자신의 식읍의 무리를 이끌고 반란을 일으켰으나 결국 체포되어 車裂刑에 처해지고 시신은 조리돌려졌다.

宋襄公[1)]은 雖行仁義나 失衆而亡하고 田常[2)]은 雖不義나 得衆而强이라 是以로 君子는 未論行事之是非하고 先觀衆心之向背하나니이다 謝安之用諸桓[3)]이 未必是로되 而衆之所樂이면 則國以乂安하고 庾亮之召蘇峻[4)]이 未必非로되 而勢有不可하면 則反爲危辱하니 自古及今히 未有和易同衆而不安하고 剛果自用而不危者也니이다

宋나라 襄公은 비록 仁義를 행하였으나 사람들의 마음을 잃어 망하였고, 田常은 비록 의롭지 못하였으나 사람들의 마음을 얻어 강해졌습니다. 이 때문에 君子는 행하는 일이 옳고 그른가를 論하지 않고, 먼저 민심의 向背를 살펴보는 것입니다.

옛날 謝安이 여러 桓氏를 등용한 것이 반드시 옳지는 않았으나 여러 사람들이 좋아하는 것이면 나라가 이로써 다스려지고 안정되었고, 庾亮이 蘇峻을 불러들인 것이 꼭 잘못된 일은 아니었으나 형세에 불가함이 있으면 도리어 위험과 굴욕이 되었으니, 예로부터 지금까지 和樂하고 平易하게 하여 사람들과 함께하고서 편안하지 않은 적이 없었고, 강하고 과감하게 자기 의견을 쓰고서 위태롭지 않은 적이 없었습니다.

1) 宋襄公 : 재위 B.C. 650~B.C. 637. 春秋時代 宋나라의 군주로 史家에 따라서는 春秋時代 五霸의 하나로 꼽히기도 한다. 魯나라 僖公 22년에 襄公은 적은

병력으로 楚나라와 싸웠는데, 楚나라의 군대가 泓水를 반쯤 건넜을 때 司馬인 子魚가 공격할 것을 청했으나, 襄公은 正道가 아니라 하여 듣지 않았으며, 楚나라 군대가 泓水를 건너고 나서 미처 隊列을 정리하기 전에 다시 공격할 것을 청했으나 역시 듣지 않다가, 楚나라의 군대가 대열을 갖추기를 기다려 싸웠으나 부상을 입고 크게 패하였다. 이에 세상 사람들이 '宋襄之仁'이라 하여 이를 비웃었다. ≪春秋左氏傳 僖公 22年≫

2) 田常 : 春秋時代 齊나라 簡公의 대신인 陳恒으로 뒤에 姓을 '田'으로 바꿨으며, 漢나라 文帝의 이름인 恒을 避諱하여 '常'으로 고쳤는데 諡號는 成子이다. 陳恒은 평소 백성들의 마음을 얻어 세력을 구축한 다음 簡公을 시해한 뒤 簡公의 동생 平公을 군주로 추대하고, 자신은 國相이 되어서 국정을 장악하였다. B.C. 392년 후손 田和가 유명무실한 康公을 폐위시키고 자신이 齊나라의 군주가 되어, 이후로 齊나라는 田氏의 나라가 되었다. ≪史記 田敬仲完世家≫ 陳恒이 簡公을 시해하자, 孔子께서 哀公에게 토벌을 청한 일이 ≪論語≫ 〈憲問〉에 보인다.

3) 謝安之用諸桓 : 謝安(320~385)은 東晉의 名宰相으로 字는 安石이고 諡號는 文靖인데, 풍류를 좋아하고 行書를 잘 썼다. 일찍이 벼슬을 사양하고 會稽의 東山에 은거하다가 40세가 넘은 뒤에야 벼슬길에 나갔다. 孝武帝 때에 前秦의 苻堅이 쳐들어오자, 조카인 謝玄으로 하여금 군대를 거느리고 前秦의 大軍을 淝水에서 물리쳐 나라를 구하게 하였다. 諸桓은 여러 桓氏를 이르는데, 桓溫은 大司馬로서 일찍이 皇帝를 폐하고 簡文帝를 옹립하였으며, 그의 아우인 桓沖은 벼슬이 荊州刺史에 이르러 桓氏의 세력이 막강하였다. 그러나 桓溫이 帝位를 찬탈할 음모를 꾸미다가 病死하고 桓沖마저 죽고 나자 桓氏의 세력이 기울었으나, 謝安은 桓氏들을 두루 등용하여 원망이 없도록 하였다. ≪晉書 謝安傳≫

4) 庾亮之召蘇峻 : 庾亮은 東晉 成帝 때의 정치가로 鄢陵 사람이며 字는 元規이고 諡號는 文康이다. 明帝의 妃인 明穆皇后의 오라비로 成帝 때에 中書令을 지내고 征西將軍에 임명되어 권세가 막중하였다. 蘇峻이 歷陽內史로 있다가 王敦의 난을 진압하는 데 공을 세우고 기세가 등등하자, 반란을 염려한 庾亮이 그를 大司農으로 불렀으나 蘇峻은 이에 응하지 않다가 끝내 咸和 2년(327)에 반란을 일으켰다. 蘇峻의 반란은 다음해 陶侃에 의해 평정되었다. ≪晉書 庾亮傳≫

**今陛下亦知人心之不悅矣**시니이다 **中外之人**이 **無賢不肖**히 **皆言 祖宗以來**로 **治財用者 不過三司使副判官**[1)]호되 **經今百年**토록 **未嘗闕事**하니이다 **今者**에 **無故又創一司**하고 **號曰制置三司條例**라하야 **使六七少年**으로 **日夜講求於內**[2)]하고 **使者四十餘輩**로 **分行營幹於外**[3)]하시니 **造端宏大**하야 **民實驚疑**하고 **創法新奇**하야 **吏皆惶惑**이라 **賢者則求其說而不可得**하야 **未免於憂**하고 **小人則以其意度**(탁)**朝廷**하야 **遂以爲謗**하야 **謂陛下以萬乘之主而言利**하고 **謂執政以天子之宰而治財**라하야 **商賈**(고)**不行**하야 **物價騰踊**하니이다

지금 폐하께서도 인심이 기뻐하지 않음을 아실 것입니다. 中外의 사람들이 어진 이와 不肖한 이를 막론하고, 모두 말하기를 "祖宗 이래로 財用을 다스리는 자는 三司의 正使와 副使, 判官에 지나지 않았으나, 지금 백 년이 지나도록 일을 잘못한 적이 없다."라고 합니다.

그런데 지금 까닭 없이 또 한 官司를 창설하여 制置三司條例司라고 이름하고서 6, 7명의 소년들로 하여금 밤낮으로 안에서 강구하게 하시고, 使者 40여 명으로 하여금 나누어 천하를 다니면서 밖에서 일을 경영하게 하시니, 단서를 만듦이 너무 커서 백성들이 실로 놀라고 의심하며, 法을 창설함이 새롭고 기이하여 관리들이 모두 두려워하고 의혹하고 있습니다.

어진 자는 그 이유를 찾아도 알 수가 없어 근심을 면치 못하고, 小人들은 자기의 생각대로 조정의 뜻을 헤아려서 마침내 비방하여 이르기를 "폐하께서는 萬乘天子의 군주로서 이익을 말하고, 執政大臣은 천자의 재상으로서 재물을 다스린다."라고 말해서, 商賈가 다니지 아니하여 물가가 폭등하고 있습니다.

1) 三司使副判官 : 三司(鹽鐵司, 度支司, 戶部司)에는 각각 正使와 副使가 있었고, 매 부마다 判官 한 명씩을 두었다.

2) 使六七少年 日夜講求於內 : 王安石은 制置三司條例司를 설치한 다음 曾布, 呂惠卿 등의 신진 세력을 선발하여 制置三司條例司의 임무를 맡기고 함께 국가의 정사를 의논하였다.

3) 使者四十餘輩 分行營幹於外 : 王安石은 制置三司條例司의 使者로 王廣廉 이하 모두 41명을 선발하여 각 路에 나누어 파견해서 制置三司條例司의 일을 관장하게 하였다.

**近自淮甸**으로 **遠及川蜀**[1]히 **喧傳萬口**하야 **論說百端**하니이다 **或言京師正店**[2]에 **議置監官**[3]하고 **夔路深山**에 **當行酒禁**하며 **拘收僧尼常住**[4]하고 **減剋兵吏廩祿**이라하니 **如此等類**를 **不可勝言**이요 **而甚者**는 **至以爲欲復肉刑**이라하니 **斯言一出**에 **民且狼顧**니이다

그리하여 가까이는 淮甸으로부터 멀리는 川蜀 지방에 이르기까지, 이런 말이 수많은 사람의 입에 시끄럽게 돌아다녀서 의논하는 말이 백 가지나 됩니다.

혹자는 말하기를 "서울의 큰 正店에 감독관을 둘 것을 의논하고, 夔路의 깊은 산속에 술을 파는 것을 금하려 하며, 승려들을 거두어 한 곳에 머물게 하려 하고, 군사와 관리들의 廩祿(녹봉)을 줄이려 한다."라고 하니, 이와 같은 유언비어를 이루 다 말할 수 없습니다. 심지어는 "다시 肉刑을 회복하려고 한다."라고 하니, 이 말이 한 번 나오자 백성들도 두려워하여 뒤를 돌아보고 있습니다.

1) 近自淮甸 遠及川蜀 : 淮甸은 본래 淮河 주변을 말하나 여기서는 京畿 지방이란 의미로 쓰였다. 川蜀은 현재의 四川省 일대로 옛날 蜀나라가 있었던 곳이며 蘇軾의 고향이다.
2) 京師正店 : 당시 首都인 開封에 있었던 고급 대형 酒店을 뜻한다. 開封의 번화한 모습을 기록한 孟元老의 ≪東京夢華錄≫ 〈酒樓〉에 의하면 開封에 72개의 正店이 있었다 한다.
3) 監官 : 正店의 酒類 등을 관리 감독하는 관리로 보인다.
4) 僧尼常住 : 僧尼는 비구와 비구니로, 모든 僧侶를 말한다. 僧侶들로 하여금 본사에 항상 있게 하고 行脚하지 못하게 한 것이다.

**陛下與二三大臣**으로 **亦聞其語矣**시리이다 **然而莫之顧者**는 **徒曰 我無其事**요 **又無其意**하니 **何恤於人言**이리오하시리이다 **夫人言**이 **雖未必皆然**이나 **而疑似則有以致謗**이라 **人必貪財也而後**에 **人疑其盜**하고 **人必好色也而後**에 **人疑其淫**이니이다 **何者**오 **未置此司**하면 **則無此謗**하니 **豈去歲之人**은 **皆忠厚**하고 **而今歲之士**는 **皆虛浮**리오 **孔子曰 工欲善其事**인댄 **必先利其器**[1]라하시고 **又曰 必也正名乎**[2]인저하시니이다 **今陛下操其器而諱其事**하고 **有其名而辭其意**하시니 **雖家置一喙以自解**하고 **市列千金以購人**이라도 **人必不信**하고 **謗亦不止**하리이다

폐하와 두세 명의 대신들도 또한 이런 말을 들으셨을 것입니다. 그런데도 돌아보지 않는 까닭은 다만 '내가 그런 일이 없었고 또 그런 뜻이 없으니, 어찌 남의 말을 근심할 것이 있겠는가?'라고 생각하셔서일 것입니다.

사람들의 말이 비록 반드시 다 옳지는 않으나 비슷하면 비방을 부를 수 있습니다. 사람이 반드시 재물을 탐한 뒤에야 남들이 그가 도둑질을 하는가를 의심하고, 사람이 반드시 女色을 좋아한 뒤에야 그가 음탕한가를 의심합니다. 어째서이겠습니까? 이 制置三司條例司를 설치하지 않았으면 이런 비방이 없을 것이니, 어찌 지난해의 사람들은 모두 충성스럽고 후덕하고, 올해의 선비들은 다 허황하고 경박하겠습니까?

孔子께서 말씀하시기를 "장인이 그 일을 잘하려고 한다면 반드시 먼저 그 器物(工具)을 예리하게 해야 한다."라고 하셨고, 또 말씀하시기를 "반드시 名分을 바로잡겠다."라고 하셨습니다. 지금 폐하께서 그 器物은 잡으면서 그 일은 숨기시고, 그 이름은 가지고 있으면서 그 뜻은 사양하시니, 비록 집집마다 한 명의 말 잘하는 사람을 두어 스스로 解明하게 하고, 시장에 千金을 걸어놓고 말 잘하는 사람을 사 오더라도, 사람들은 반드시 믿지 않고 비방 또한 그치지 않을 것입니다.

1) 孔子曰……必先利其器 : 이 내용은 ≪論語≫ 〈衛靈公〉에 보인다.

2) 必也正名乎 : 이 내용은 ≪論語≫ 〈子路〉에 보인다.

**夫制置三司條例司**는 **求利之名也**요 **六七少年與使者四十餘輩**는 **求利之器也**니이다 **驅鷹犬而赴林藪**하야 **語人曰 我非獵也**가 **不如放鷹犬而獸自馴**이요 **操網罟而入江湖**하야 **語人曰 我非漁也**가 **不如捐網罟而人自信**이라 **故**로 **臣以爲消讒慝而召和氣**하고 **復人心而安國本**은 **則莫若罷制置三司條例司**라하노이다 **夫陛下之所以創此司者**는 **不過以興利除害也**니 **使罷之**하야 **而利不興**하고 **害不除**어든 **則勿罷**하소서 **罷之**하야 **而天下悅**하고 **人心安**하고 **興利除害**하야 **無所不可**어든 **則何苦而不罷**시닛고

저 制置三司條例司는 이익을 추구하는 명칭이고, 6, 7명의 소년들과 使者 40여 명은 이익을 추구하는 도구입니다. 사냥하는 매와 사냥개를 몰아 숲속으로 달려가게 하면서 사람들에게 말하기를 "내가 사냥하는 것이 아니다."라고 하는 것은 사냥하는 매와 사냥개를 풀어놓아 짐승들이 스스로 길들여지게 하는 것만 못하며, 그물을 들고

강과 호수로 들어가면서 사람들에게 말하기를 "내가 물고기를 잡으려고 하는 것이 아니다."라고 하는 것은 그물을 버려 사람들이 스스로 믿게 하는 것만 못합니다.

그러므로 臣이 생각하건대 참소하는 말과 사악함을 없애 和氣를 부르고 인심을 회복하여 國本(백성)을 편안히 하고자 한다면, 이 制置三司條例司를 혁파하는 것이 가장 좋은 방법이라고 여겨집니다.

폐하께서 이 官司를 창설하신 까닭은 이익을 일으키고 폐해를 제거하려는 데에 지나지 않으시니, 만약 이 官司를 혁파하여 이익이 일어나지 않고 폐해가 제거되지 않는다면 혁파하지 마십시오. 그러나 혁파하여 천하 사람들이 기뻐하고 人心이 편안해하며 이익을 일으키고 폐해를 제거하여 안 될 것이 없다면 어찌 굳이 이것을 혁파하지 않을 것이 있으시겠습니까?

**陛下欲去積弊而立法**인댄 **必使宰相熟議而後行**이니 **事若不由中書**[1]면 **則是亂世之法**이니 **聖君賢相**이 **夫豈其然**이리오 **必若立法**이 **不免由中書**하고 **熟議**가 **不免使宰相**이면 **此司之設**은 **無乃冗長而無名**이릿고 **智者所圖**는 **貴於無迹**이라 **漢之文景**[2]은 **紀無可書之事**하고 **唐之房杜**[3]는 **傳無可載之功**이로되 **而天下之言治者與文景**하고 **言賢者與房杜**하니이다 **蓋事已立而迹不見**하고 **功已成而人不知**라 **故**로 **曰 善用兵者**는 **無赫赫之功**이라하니 **豈惟用兵**이리오 **事莫不然**이니이다 **今所圖者**는 **萬分**에 **未獲其一也**로되 **而迹之布於天下**하야 **已若泥中之鬪獸**하니 **亦可謂拙謀矣**니이다

폐하께서 오래된 병폐를 제거하고 法을 세우고자 하신다면 반드시 재상들로 하여금 익숙히 의논한 뒤에 시행하게 해야 하니, 일이 만약 中書省을 경유하지 않는다면 이것은 亂世의 법입니다. 聖스러운 군주와 어진 재상이 어찌 이렇게 하겠습니까? 만약 法을 세우는 것이 반드시 中書省을 경유하고 반드시 재상들로 하여금 익숙히 의논하게 한다면 이 官司(制置三司條例司)를 설치한 것은 불필요하여 명분이 없는 것이 아니겠습니까?

지혜로운 자는 일을 도모함에 자취가 없는 것을 귀하게 여깁니다. 漢나라의 文帝와 景帝는 本紀에 기록할 만한 일이 없고 唐나라의 房玄齡과 杜如晦는 列傳에 기재할 만한 功이 없으나, 천하에 잘 다스린 군주를 말하는 자들은 文帝와 景帝를 인정하고,

어진 정승을 말하는 자들은 房玄齡과 杜如晦를 인정하고 있습니다. 이는 일이 이미 성립되었으나 흔적이 보이지 않고, 功이 이미 이루어졌으나 사람들이 알지 못하기 때문입니다.

그러므로 兵法에 이르기를 "用兵을 잘하는 자는 혁혁한 공이 없다."라고 하였으니, 어찌 다만 用兵뿐이겠습니까? 모든 일이 그렇지 않은 것이 없습니다. 지금 도모하는 것은 萬分에 일도 얻지 못했는데 그 흔적은 온 天下에 퍼져 있어서 이미 진흙탕 속에서 싸우는 짐승과 같으니, 이는 또한 졸렬한 계책이라고 이를 만합니다.

1) 事若不由中書 : 宋나라의 官制는 대부분 唐나라의 제도를 답습하였는데 國政의 최고기관으로는 政務를 관장하는 中書省(뒤에 尙書省으로 바뀜)과 軍務를 관장하는 樞密院과 財政을 관장하는 三司使가 있었다. 따라서 政務에 관한 모든 政令은 中書省에서 나왔는데, 新法에 의해 독립적인 기관으로 설치된 制置三司條例司는 中書省을 경유하지 않고 독자적으로 政令을 하달하였기 때문에 말한 것이다.

2) 文景 : 漢나라 3代 황제 文帝와 그 아들 景帝의 병칭인데, 善政을 베풀어 나라가 안정되고 백성들이 순후하여 감옥이 텅 빌 정도로 천하가 태평하였으므로, 周나라 成王과 그 아들 康王의 때와 함께 至治의 시대로 일컬어지곤 한다. 이들의 시대에는 천하가 태평하여 큰 일이 없어, ≪漢書≫의 文帝와 景帝 本紀에 다만 "農桑을 장려하고 租稅를 감면하고 法令을 정비하였다."라고 기록되어 있을 뿐이고 별다른 내용이 없다.

3) 房杜 : 唐나라 太宗 때의 명신인 房玄齡과 杜如晦를 가리킨다. 房玄齡과 杜如晦는 太宗을 보좌하여 太平聖代인 '貞觀의 治'를 열었으나 ≪唐書≫의 이들 列傳에는 "玄齡은 잘 도모하였고 如晦는 잘 결단하였다."라고만 하였고, 史官들 또한 "보좌를 잘하고 수습을 잘하였으며 쓰임을 감추어 사람들이 그것을 행하면서도 알지 못하였다.〔輔贊彌縫 藏諸用 使人由之而不知〕"라고 칭송하였을 뿐이다.

**陛下誠欲富國**인댄 **擇三司官屬**과 **與漕運使副**[1]하고 **而陛下與二三大臣**으로 **孜孜講求**하야 **磨以歲月**이면 **則積弊自去**호되 **而人不知**하리이다 **但恐立志不堅**하야 **中道而廢**니이다 **孟子有言 其進**이 **銳者**는 **其退速**[2]이라하시니 **若有始有卒**은 **自可徐徐**니 **十年之後**에 **何事不立**이리오 **孔子曰 欲速則不達**하고 **見小利則大事不成**[3]이라하시니 **使孔子而非聖人**이면

**則此言亦不可用**이니이다

폐하께서 진실로 나라를 부유하게 하고자 하신다면 三司의 官屬들과 漕運使와 漕運副使를 가려 선임하고, 폐하께서 두세 명의 대신과 함께 부지런히 강구해서 오랜 세월 연마하신다면 쌓인 폐단이 저절로 제거되면서도 사람들이 알지 못할 것입니다. 다만 뜻을 세운 것이 견고하지 못해서 중도에 그만둘까 두려울 뿐입니다.

孟子께서 말씀하시기를 "나아감이 빠른 자는 그 후퇴도 빠르다."라고 하셨습니다. 시작이 있고 끝이 있으려면 마땅히 천천히 해야 할 것이니, 이렇게 하면 10년 뒤에 무슨 일이든 이루어지지 않겠습니까? 孔子께서 말씀하시기를 "너무 속히 하고자 하면 달성하지 못하고 작은 이익을 보면 큰 일을 이루지 못한다."라고 하셨으니, 만일 孔子께서 聖人이 아니라면 이 말씀 또한 따를 것이 없겠습니다.

1) 漕運使副 : 지방의 監司(轉運司, 提點刑獄, 安撫使) 가운데, 財賦와 漕運을 관장하는 轉運司의 正使와 副使를 이른다.
2) 孟子有言……其退速 : 이 내용은 ≪孟子≫ 〈盡心 上〉에 보인다.
3) 孔子曰……見小利則大事不成 : 이 내용은 ≪論語≫ 〈子路〉에 보인다.

**書曰 謀及卿士**하고 **至於庶人**하야 **翕然大同**이라야 **乃底**(지)**元吉**이니 **若逆多而從少**면 **則靜吉而作凶**[1]이라하니이다

≪書經≫에 이르기를 "도모함이 卿士에 미치고 庶人에까지 이르러 翕然히(모두 화합하여) 크게 같아야 비로소 元吉에 이르니, 만일 거스르는 사람이 많고 따르는 사람이 적으면 靜함은 길하고 動함은 흉하다."라고 하였습니다.

1) 書曰……則靜吉而作凶 : 元吉은 크게 善하고 吉한 것이며, 靜은 제사 등의 일이고 動은 정벌하는 일을 가리킨다. 이 내용은 ≪書經≫ 〈周書 洪範〉에 보인다.

**今上自宰相大臣**으로 **既已辭免不爲**하니 **則外之議論**을 **斷亦可知**라 **宰相**은 **人臣也**로되 **且不欲以此自汚**어늘 **而陛下獨安受其名而不辭**하시니 **非臣愚之所識也**니이다 **君臣宵旰**(간)[1]이 **幾一年矣**로되 **而富國之效 茫如捕風**이요 **徒聞內帑**(탕)**出數百萬緡**[2]하고 **祠部度五千餘人耳**[3]니 **以此爲術**이면 **其誰不能**이릿고

지금 위로 재상과 대신으로부터 이미 관직을 사임하고 직책을 맡으려 하지 않으니, 그렇다면 바깥사람들의 의논을 또한 확연하게 알 수 있습니다. 재상은 신하인데도 이것을 가지고 자기 몸을 더럽히고 싶어 하지 않는데, 폐하께서는 홀로 편안히 그 이름을 받고 사양하지 않으시니, 어리석은 臣은 이해할 수가 없습니다.

그동안 군주와 신하가 밤낮으로 수고롭게 일한 지 거의 1년이 되었으나, 나라를 부유하게 한 효과는 바람을 잡는 것처럼 아득하고, 다만 內帑庫에서 돈 수백만 緡이 지출되었고 祠部에서 승려 5천여 명에게 度牒을 내렸다는 말을 들었을 뿐이니, 이런 것을 방법이라고 한다면 누군들 못하겠습니까?

1) 君臣宵旰(간) : 宵旰은 '宵衣旰食'의 준말로 새벽에 일어나고 밤늦게 저녁을 먹으면서 政務를 봄을 이른다.
2) 緡 : 宋나라의 화폐 단위로 1緡은 '貫' 또는 '千'이라고도 한다. 이는 돈 한 꿰미에 1천 文(錢)을 꿰었기 때문에 붙여진 이름이다.
3) 祠部度五千餘人耳 : 祠部는 禮部 산하의 3部 가운데 하나로 天子의 祀典, 釋道(불교와 도교), 祠廟, 醫藥에 관한 政務를 담당하였다. 度는 度牒을 말하는데 승려가 되고자 하는 사람은 관청으로부터 出家許可狀과 같은 度牒을 받아야 했다. 국가에 대하여 身役의 의무를 지고 있는 백성들이 마음대로 승려가 될 경우, 부역 인구가 크게 줄어들 우려가 있기 때문에, 승려가 되려고 하는 자들에게 소정의 금품을 받고 度牒을 발급하였는데, 宋나라에서는 이 政務를 祠部에서 관장하였다.

**且遣使縱橫**은 **本非令典**이라 **漢武遣繡衣直指**[1]하고 **桓帝遣八使**[2]는 **皆以守宰狼籍(藉)**하고 **盜賊公行**하야 **出於無術**하야 **行此下策**하니이다 **宋文帝元嘉之政**[3]이 **比於文景**하니 **當時責成郡縣**하고 **未嘗遣使**러니 **至孝武**하야 **以爲郡縣遲緩**이라하야 **始命臺使督之**하야 **以至蕭齊**[4]히 **此弊不革**이라 **故**로 (景)〔竟〕**陵王子良**[5]이 **上疏**하야 **極言其事**하야 **以爲此等**이 **朝辭禁門**하면 **情態卽異**하고 **暮宿州縣**하면 **威福便行**이라 **驅迫郵傳**하고 **折辱守宰**하야 **公私煩擾**하야 **民不聊生**이라하니이다

또 使者를 이리저리 보내는 것은 본래 좋은 방법이 아닙니다. 漢나라 武帝가 繡衣直指使者(암행어사)를 보내고 桓帝가 8명의 使者를 보낸 것은 모두 守宰(守令)들의

탐욕이 狼藉하고 도적들이 공공연히 橫行하여, 별다른 대책이 없어서 이 下策을 시행했던 것입니다.

宋나라 文帝의 元嘉 연간의 政事는 漢나라 文帝와 景帝에 비견할 수 있습니다. 당시에는 郡縣들에게 성공을 책임 지우고 使者를 보낸 적이 없었는데, 孝武帝에 이르러 郡縣들이 너무 느리다고 여기고는 처음으로 臺使에게 명하여 守令들을 독려하게 해서 蕭齊(南齊)에 이르기까지 이 병폐가 고쳐지지 않았습니다.

그러므로 竟陵王 蕭子良이 상소하여 使者를 내보내는 일의 병폐를 지극히 말하여, 이르기를 "이들 使者들은 아침에 궁궐 문을 하직하면 實情(마음)과 態度가 즉시 달라지고, 저녁에 州縣에서 유숙하게 되면 상과 벌을 내리는 일을 곧바로 자행합니다. 그래서 郵傳(驛官)을 구박하고 守令들에게 모욕을 주어 公私간에 번거롭고 소요하여 백성들이 제대로 살지 못합니다."라고 하였습니다.

1) 繡衣直指 : 漢나라 武帝 때에 설치한 관직으로 당시 민간의 소요를 진압하기 위하여 황제가 직접 파견하였는데, 지방의 군대를 동원해 백성을 진압하고 郡守와 刺史도 처벌할 수 있는 권한을 주었다. 수놓은 옷을 입고 斧鉞을 지녀 황제를 대신하는 使臣의 권위를 드러내었는데, 이후 御史를 칭하는 말이 되었으며, 이들은 은밀히 출동하였기 때문에 암행어사라 칭하였다.

2) 八使 : 8명의 使者를 이른다. 郎曄本의 注에 이르기를 "≪後漢書≫ 〈順帝紀〉에 '順帝 漢安 元年(142) 8월 丁卯日에 侍中 杜喬와 光祿大夫 周擧와 守光祿大夫 郭遵, 馬羨, 欒巴, 張剛, 周栩, 劉班 등 8명을 각 州郡에 파견하였다.'라고 하였으니, 여기서 桓帝라고 한 것은 轉寫의 오류인 듯하다."라고 하였다.

3) 宋文帝元嘉之政 : 宋은 東晉의 신하였던 劉裕가 찬탈하여 세운 南朝의 宋나라이다. 420년에 건국되어 479년에 멸망하였다. 趙匡胤이 세운 宋나라와 구별하기 위해 劉宋이라고도 한다. 文帝는 宋의 3대 황제이고, 元嘉는 文帝의 年號(424~453)이다. 이 시기는 정치가 안정되고, 元嘉曆이 만들어지는 등 문물이 발달하여 태평한 시대로 칭송되고 있다.

4) 蕭齊 : 南朝 때에 蕭道成이 宋나라를 멸망시키고 세운 南齊를 말하는데, 그의 姓을 따라 蕭齊라고 칭한 것이다. 건국 후 23년 만에 梁나라에 의해 멸망되었다.

5) (景)〔竟〕陵王子良 : 南齊의 2代 황제인 武帝의 둘째 아들로 字는 雲英이다. 宋나라 때부터 벼슬하여 會稽太守 등을 지냈으며, 齊나라 武帝 때에 竟陵王으로 봉해

졌다. 底本에는 景陵王으로 되어 있는데, ≪唐宋八大家文鈔 校注集評≫에 의거하여 竟陵王으로 바로잡았다. 본문의 上疏는 蕭子良이 高帝에게 올린 것이다.

唐開[1]元中에 宇文融이 奏置勸農判官하고 使裴寬等(二十九)〔十〕人[2]으로 幷攝御史하야 分行天下하야 招携戶口하고 檢責漏田한대 時에 張說, 楊瑒(양), 皇甫(璟)〔憬〕,[3] 楊相如 皆以爲不便이라가 而相繼罷黜하니이다 雖得戶八十餘萬이나 皆州縣希旨하야 以主爲客[4]하고 以少爲多라 及使百官集議都省[5]한대 而公卿以下 懼融威勢하야 不敢異辭하니이다 陛下試取其傳而讀之하사 觀其所行爲是爲否하소서 近者均稅寬恤하야 冠蓋相望이러니 朝廷亦旋覺其非하고 而天下至今以爲謗하야 曾未數歲에 是非較然하니 臣恐後之視今이 亦猶今之視昔이니이다

唐나라 開元 연간에 宇文融이 아뢰어 勸農判官을 설치하고 裴寬 등 10명으로 하여금 모두 御史를 임시로 겸임시키고 지역을 나누어 천하를 순행해서 戶口를 불러 모으고 누락된 田地를 조사하여 밝히게 하였습니다. 이때 張說・楊瑒・皇甫憬・楊相如가 모두 불편하다고 말하다가 연이어 파면되고 축출당했습니다.

그래서 비록 80여만 戶口를 얻었으나 모두 州縣의 관원이 상부의 뜻에 영합하여 主戶를 客戶라 하고 작은 것을 많다고 불려놓은 것입니다. 그리고 百官들로 하여금 都省(尙書省)에서 회의하게 하자, 公卿 이하가 宇文融의 위세를 두려워하여 감히 다른 말을 하지 못했습니다. 폐하께서는 한번 宇文融의 列傳을 취하여 읽어보셔서 그가 행한 바가 옳은지 그른지를 살펴보십시오.

근자에 租稅를 균등하게 거두어 백성들을 너그럽게 구휼하려고 해서 冠을 쓰고 日傘을 잡은 使者가 잇따라 출동하였는데, 조정에서도 곧바로 그 잘못을 알았고, 천하 사람들이 지금까지도 이것을 비방하고 있습니다. 그리하여 채 몇 년이 지나지 않아 그 是非가 분명하니, 臣은 후세에서 지금을 보는 것이 지금 이 시점에서 옛날을 보는 것과 똑같을까 염려됩니다.

1) 開元 : 唐나라 玄宗 때의 年號(713~741)이다. 開元 12년(724) 玄宗은 사방 오랑캐들을 정벌하여 영토를 확장시키려 하였으므로 재정의 마련이 시급한 상황이었다. 이에 도망한 가호에게 자수하게 하고 묵은 밭을 개간하여 경작하게

하였으며, 宇文融을 勸農使로 임명하여 천하를 순행하면서 누락된 호구와 전지를 찾아내어 전쟁 자금을 마련하게 하였다. 그리하여 백성들의 원성이 자자하였다.

2) (二十九)〔十〕人 : 底本에는 '二十九人'으로 되어 있는데 ≪新唐書≫에 의거하여 바로잡았다.

3) 皇甫璟 : 底本에는 璟으로 되어 있는데 ≪唐宋八大家文鈔 校注集評≫에 의거하여 憬으로 바로잡았다. 이때 그는 陽翟의 尉로 있었다.

4) 以主爲客 : 主는 主戶인데 土戶와 같은 말로 토착하여 사는 가호이고, 客은 客戶로 떠돌아다녀 세금을 내지 않는 가호이다. 당시 宇文融은 客戶를 등록시켜 租稅를 걷는 括戶政策을 추진하였는데, 이때 지방 관원들이 엄연한 主戶를 客戶라 하여 누락된 客戶를 새로 찾아낸 것으로 부풀려 보고하였다.

5) 都省 : 尙書省을 가리킨 것이다.

**且其所遣**이 **尤不適宜**하야 **事少而員多**하고 **人輕而權重**하니이다 **夫人輕而權重**이면 **則人多不服**하야 **或致侮慢以興爭**하고 **事少而員多**면 **則無以爲功**하야 **必須生事以塞責**이니이다 **陛下雖嚴賜約束**하사 **不許邀功**이나 **然人臣事君之常情**은 **不從其令**하고 **而從其意**하나니 **今朝廷之意 好動而惡靜**하고 **好同而惡**(오)**異**하니 **指趣所在**에 **誰敢不從**이리잇가 **臣恐陛下赤子**[1] **自此無寧歲矣**니이다

또 그 파견된 자들이 더욱 적당한 사람들이 아니라서, 일이 적은데도 인원은 많고 지위가 가벼운데도 권한은 막중합니다. 지위가 가벼운데도 권한이 막중하면 사람들이 대부분 복종하지 않아서 혹은 상대방을 업신여기고 소홀히 생각하여 분쟁을 일으키고, 일이 적은데도 인원이 많으면 功을 세울 길이 없어서 반드시 일을 만들어내어 자기 책임을 메우려 합니다.

폐하께서 비록 法令을 엄하게 내리셔서 功을 바라기를 허락하지 않으시더라도 人臣이 군주를 섬기는 常情은 그 명령을 따르지 않고 그 意中을 따르게 마련입니다. 지금 조정의 뜻이 동요하기를 좋아하고 안정하기를 싫어하며 자기 의견에 동조하는 것을 좋아하고 異論을 싫어하니, 조정에서 뜻하고 있는 바를 누가 감히 따르지 않겠습니까? 臣은 폐하의 赤子와 같은 백성들이 이로부터 편안한 때가 없을까 두렵습니다.

1) 陛下赤子：赤子는 옷을 입지 않은 어린아이란 뜻으로 無知한 백성을 비유한다. ≪書經≫ 〈周書 康誥〉에 이르기를 "백성을 赤子를 보호하듯이 해야 한다." 하였으며, ≪詩經≫ 〈小雅 南山有臺〉에 "마음씨 고운 君子여! 백성의 부모이다.〔樂只君子 民之父母〕" 하였다. 그러므로 옛날에 군주를 백성의 父母라 하고 백성을 군주의 어린 자식이라 하여, '군주가 무지한 백성을 어린 자식처럼 보살피면 백성들이 그 군주를 父母처럼 사랑한다.' 하였다.

**至於所行之事**하야는 **行路皆知其難**하니이다 **何者**오 **汴水濁流**하야 **自生民以來**로 **不以種稻**라 **秦人之歌曰 涇水一石**에 **其泥數斗**로다 **且漑且糞**하야 **長我禾黍**[1]라하니 **何嘗曰長我粳稻耶**잇가 **今欲陂而淸之**인댄 **萬頃之稻**에 **必用千頃之陂**하리니 **一歲一淤**하면 **三歲而滿矣**리이다 **陛下遽信其說**하사 **卽使相視地形**하시니 **萬一官吏 苟且順從**하야 **眞謂陛下有意興作**이라하야 **上糜帑廩**하고 **下奪農時**하야 **堤防一開**하면 **水失故道**하리니 **雖食議者之肉**이나 **何補於民**이리잇고

그리고 시행하는 일에 이르러서는 길을 가는 사람들도 모두 이것이 성공하기 어렵다는 것을 알고 있습니다. 어째서이겠습니까? 汴水는 濁流여서 사람이 생긴 이래로 여기에 벼를 심지 않았습니다. 秦 지방 사람들의 노래에 이르기를 "涇水는 濁流여서 물 한 섬에 진흙이 몇 말이로다. 우선 이 물로 물도 대고 거름도 주어 우리 禾(조나 수수)와 기장을 재배한다."라고 하였으니, 어찌 "우리 벼를 재배한다."고 말한 적이 있습니까?

지금 제방을 막아서 이 물을 맑게 하려 한다면 萬頃의 벼를 재배하는 논에는 반드시 千頃의 제방을 사용해야 할 것이니, 1년에 한 번 진흙이 쌓이면 3년이면 꽉 찰 것입니다. 그런데 폐하께서 대번에 그들의 말을 믿고서 곧바로 地形을 관찰하게 하시니, 만일 관리들이 구차히 폐하의 뜻을 순종하여 참으로 폐하께서 興作하시는 데 뜻이 있다고 생각해서, 위로는 內帑庫의 곡식을 소모하고 아래로는 백성들의 농사철을 빼앗아 제방을 쌓는 일이 일단 시작된다면 물이 옛길을 잃을 것이니, 이렇게 된다면 비록 건의한 자를 죽여 그의 살점을 씹어 먹는다 하더라도 백성들에게 무슨 보탬이 되겠습니까?

1) 秦人之歌曰……長我禾黍 : 이 노래는 ≪漢書≫ 〈溝洫志〉에 보이는데, 鄭과 白의 두 溝渠가 완공되자 이 지역의 백성들이 그 혜택을 노래한 것이다.

**天下久平**하야 **民物滋息**하니 **四方遺利 蓋略盡矣**어늘 **今欲鑿空**하야 **訪尋水利**하니 **所謂卽鹿無虞**[1]니 **豈惟徒勞**리오 **必大煩擾**하리이다 **凡所擘**(벽)**畫利害**에 **不問何人**하고 **小則隨事酬勞**하고 **大則量才錄用**하며 **若官私格沮**하면 **幷重行黜降**하야 **不以赦原**하며 **若材力不辦興修**하면 **便許申奏替換**이라하니 **賞可謂重**이요 **罰可謂輕**이라 **然**이나 **幷終不言諸色人**[2]**妄有申陳**하고 **或官私誤興工役**이면 **當得何罪**하리니 **如此**면 **則妄庸輕剽浮浪姦人**이 **自此**로 **爭言水利矣**리이다 **成功則有賞**하고 **敗事則無誅**하니 **官司雖知其疏**나 **豈可便行抑退**리잇고 **所在**에 **追集老少**하야 **相視可否**하리니 **吏卒所過**에 **鷄犬一空**이요 **若非灼然難行**이면 **必須且爲興役**하리이다 **何則**고 **格沮之罪**는 **重**하고 **而誤興之過**는 **輕**하니 **人多愛身**하야 **勢必如此**하리이다

천하가 오랫동안 평안하여 백성과 물건이 더욱 불어났으니, 四方에 버려진 이익이 거의 다 없게 되었는데, 지금 쓸데없는 일을 행하여 水利를 일으키고자 하시니, 이것은 ≪周易≫에 이른바 "사슴을 잡으러 가되 虞人이 없다."는 것이니, 어찌 다만 헛수고에 그칠 뿐이겠습니까? 반드시 크게 백성들을 번거롭게 하고 소요시킬 것입니다.

農田의 利害를 계획한 條約에 따르면 "어떤 사람을 막론하고 작게는 그 일에 따라 공로에 보답하고 크게는 재주를 헤아려 錄用해야 하며, 또 만약 관청이나 백성들이 이것을 저지하면 모두 중하게 내치거나 좌천시켜 용서하지 않으며, 또 만약 재주와 능력이 工事를 일으키고 유지하는 일을 제대로 해내지 못하면 곧바로 조정에 上奏하여 지금의 담당자를 바꿀 것을 허락한다."라고 하였으니, 그렇다면 상은 무겁고 벌은 가볍다고 이를 수 있습니다.

그러나 끝내 이들 諸色人들이 함부로 申請하는 죄를 말하지 않을 것이고, 혹 관청이나 민간에서 잘못 공사를 일으키면 마땅히 무슨 죄를 받을 것이라고 말하지 않을 것이니, 이와 같다면 경망스럽고 용렬하고 경박하고 浮浪한 姦人들이 이로부터 다투어 水利를 말할 것입니다. 성공하면 상이 있고 일을 잘못해도 형벌이 없으니, 관청에서 비록 그 계획이 엉성한 것임을 안다 해도 어찌 곧바로 억제하고 물리칠 수 있겠습

니까?

所在地마다 노인과 젊은이들을 모아 施行의 可否를 살펴보게 될 것이니, 관리와 병졸들이 지나가는 곳에는 닭과 개도 완전히 사라질 것이고, 만약 분명히 시행하기 어려운 경우가 아니면 반드시 우선 役事를 시작할 것입니다. 어째서이겠습니까? 制止하는 죄는 무겁고 잘못 일으킨 허물은 가벼우니, 사람들은 대부분 자기 몸을 아껴서 형세가 반드시 이와 같이 될 것입니다.

1) 卽鹿無虞 : ≪周易≫ 屯卦 六三爻의 爻辭에 이르기를 "六三爻는 사슴을 쫓되 虞人이 없어 길을 잃고 숲속으로 빠져 들어갈 뿐이다. 君子는 기미를 알아 버리는 것만 못하니, 그대로 가면 부끄러우리라.〔卽鹿无虞 惟入於林中 君子幾 不如舍 往吝〕"라고 보이는데, 虞人은 산림감독관으로 사냥이 있게 되면 嚮導로서 길안내를 맡는 관직이다. 程伊川(程頤)의 ≪易傳≫에는 "사냥에는 虞人이 있어 길을 인도해주어야 하니, 인도하는 자가 없으면 오직 길을 잃고 숲속으로 빠져 들어갈 뿐이다. 君子는 일의 기미를 보아 버리고 쫓지 않는 것만 못하니, 가면 한갓 곤궁함과 부끄러움만 취할 뿐이다."라고 부연설명하였다. 여기서는 王安石 등이 水利를 일으켜 農地를 개간하려 함을 염두에 두고 한 말이다.

2) 諸色人 : 水利工事를 일으킨 여러 당사자들을 이른다.

**且古陂廢堰**(언)이 **多爲側近冒耕**하야 **歲月旣深**하야 **已同永業**[1]하니 **苟欲興復**인댄 **必盡追收**하리니 **人心或搖**면 **甚非善政**이니이다 **又有好訟之黨**과 **多怨之人**이 **妄言某處可作陂渠**라하야 **規壞所怨田產**하고 **或指人舊業**하야 **以爲官陂**라하야 **冒佃之訟**이 **必倍今日**하리니 **臣不知朝廷本無一事**어늘 **何苦而行此哉**잇가

또 오래된 제방과 버려진 방죽을 대부분 가까이 사는 자들이 불법으로 경작하여, 세월이 오래되어서 이미 永業田과 같이 되었습니다. 그런데 만일 水利를 다시 일으키려 한다면 반드시 모두 이것을 다시 환수해야 할 것이니, 이렇게 해서 인심이 혹 소요된다면 이는 진실로 좋은 政事가 아닙니다.

또 訟事를 좋아하는 무리와 원망이 많은 사람들이 있어서, 어느 곳에 제방과 水路를 만들 만하다고 함부로 말하여, 자기가 원망하는 사람의 田地와 재산을 파괴할 것을 도모할 것이요, 혹은 남의 오래된 永業田을 가리켜 관청의 제방이라고 말해서 불

법 경작의 訟事가 반드시 금일보다 배가 될 것이니, 조정에 본래 아무 일이 없었는데 왜 굳이 이런 일을 행하시는지, 臣은 알지 못하겠습니다.

1) 永業 : 永業田으로 世業田이라고도 한다. 개인의 소유권을 인정받아 상속이 가능한 田地를 이른다. 18세 이상의 남자는 田地 1백 畝를 나라로부터 받는데, 이 중 20畝는 永業田으로 받아 개인의 소유로 하였고, 80畝는 口分田으로 받아 경작하다가 자신이 사망하면 국가에 환납하였다.

**自古役人**에 **必用鄕戶**[1]하니 **猶食之必用五穀**[2]하고 **衣之必用絲麻**하며 **濟川之必用舟楫**하고 **行地之必用牛馬**하나니 **雖其間**에 **或有以他物充代**나 **然終非天下所可常行**이니이다 **今者徒聞江浙之間**에 **數郡雇役**[3]하고 **而欲措之天下**라하니 **是猶見燕晉之棗栗**과 **岷蜀之蹲鴟**(준치)[4]하고 **而欲以廢五穀**이니 **豈不難哉**잇가

예로부터 백성들을 부역시킬 적에 반드시 鄕戶를 사용하였으니, 이것은 밥을 먹을 적에 반드시 五穀을 사용하고 옷을 입을 적에 반드시 생사와 삼을 사용하며, 내를 건널 적에 반드시 배와 노를 사용하고 땅을 다닐 적에 반드시 소와 말을 사용하는 것과 같습니다. 비록 그 사이에 혹 다른 물건으로 충당하는 경우는 있으나 끝내 天下에 항상 행할 수 있는 방법은 아닙니다.

지금 삼가 들으니 揚子江과 浙江 사이에 있는 몇 郡에서 사람을 사서 부역을 시키고 이 방법을 온 천하에 시행하고자 한다고 하니, 이는 마치 燕·晉 지방에서는 대추와 밤을 먹고, 岷·蜀 지방에서는 큰 토란을 먹는 것을 보고는 五穀을 버리고자 하는 것과 같으니, 어찌 어렵지 않겠습니까?

1) 鄕戶 : 본래 향리의 民戶를 가리키는 말이나, 宋나라 때에는 특별히 중산층 이상의 民戶를 의미하였다. 宋나라는 민가를 9등으로 나누어, 4등 이상은 公用으로 인부를 징발하고 5등 이하는 면제하였다.

2) 五穀 : 다섯 가지 곡식으로 벼〔稻〕, 기장〔黍〕, 피〔稷〕, 보리〔麥〕, 콩〔菽〕을 가리킨다.

3) 雇役 : 宋나라는 백성들에게 매년 20일간 지방 관부의 말단 직무를 부담하는 부역을 시키고 이것을 差役이라 칭하였으나, 이에 따른 폐단이 없지 않았다. 이에 백성들에게 부역 대신 免役錢을 거둬, 이 돈으로 官에서 사람을 사서 부역을 시키는 제도를 시행하였는데, 이를 雇役 또는 免役이라 하였다.

4) 蹲鴟(준치) : 토란의 별명으로, 그 모양이 마치 올빼미가 웅크린 모습과 같다 하여 붙여진 이름이다. ≪史記 貨殖列傳 注≫

又欲官賣所在坊場[1]하야 以充衙前雇直(値)[2]라하니 雖有長役이나 更無酬勞라 長役所得旣微하면 自此必漸衰散하리니 則州郡事體 憔悴可知니이다 士大夫捐親戚하고 棄墳墓하야 以從官於四方者는 宣力之餘에 亦欲取樂이니 此人之至情也니이다 若凋弊太甚하야 廚傳蕭然이면 則似危邦之陋風하리니 恐非太平之盛觀이라 陛下誠慮及此하시면 必不肯爲하시리이다

또 관청에서 所在地의 坊場을 팔아서 衙前을 고용하는 품삯으로 충당하고자 한다 하니, 〈이렇게 재정이 어렵다면〉 비록 부역하는 기간이 길어지더라도 애초의 품삯 말고는 더 이상의 대가를 줄 수 없을 것입니다. 오랫동안 부역했는데도 소득이 적으면 부역하는 자들이 반드시 이로부터 점점 줄어들어 흩어질 것이니, 州郡의 事體가 피폐해지리라는 것을 알 수 있습니다.

士大夫들이 친척과 先塋을 버리고 사방에서 벼슬살이하는 것은 국가에 힘을 다한 뒤에 또한 즐거운 생활을 취하고자 해서이니, 이것이 사람의 지극한 心情입니다. 만약 州郡의 재정형편이 더욱 쇠잔하고 피폐하여 부엌과 객사가 너무 쓸쓸하다면 위태로운 나라의 누추한 풍속일 듯하니, 태평성대의 성대한 모습이 아닐 듯합니다. 폐하께서 진실로 생각이 여기에 미치신다면 반드시 이런 일을 기꺼이 하려 하지 않으실 것입니다.

1) 坊場 : 관에서 설치하고 관리하는 市場을 이른다.
2) 衙前雇直(値) : 宋나라 초기에 지방 관부의 府庫를 관리하고 官物 운반을 책임지는 里正과 鄉戶의 업무를 백성들 중에 上等戶로 하여금 부담하게 하였는데, 이를 衙前이라 하였다. 衙前의 勞役은 매우 무거워서 파산하는 자가 많이 있었다. 이에 仁宗 皇祐 연간에 官에서 사람을 사서 쓰는 雇役으로 바꾸었다. '直'은 '値'와 같으니, 雇直는 衙前役에게 주는 품삯이다.

且今法令이 莫嚴於御軍이요 軍法이 莫嚴於逃竄이라 禁軍三犯하고 廂軍五犯이면 大率

處死라 然逃軍이 常半天下하니 不知雇人爲役에 與廂軍何異리오 若有逃者면 何以罪之리잇가 其勢必輕於逃軍이면 則其逃必甚於今日하리니 爲其官長이 不亦難乎잇가 近者雖使鄕戶로 頗得雇人이나 然至於所雇逃亡이면 鄕戶猶任其責하니 今遂欲於兩稅之外에 別立一科하고 謂之庸錢하야 以備官雇[1])하시니 則雇人之責을 官所自任矣니이다

또 지금 法令은 軍을 통솔하는 것(軍法)보다 더 엄한 것이 없고, 軍法은 도망자를 처벌하는 것보다 더 엄한 것이 없습니다. 그래서 禁軍이 세 번 도망죄를 범하고 廂軍이 다섯 번 도망죄를 범하면 대체로 死刑에 처합니다. 그런데도 도망하는 군사들이 항상 천하의 절반을 차지하고 있으니, 사람을 사서 부역을 시킬 적에 이들이 廂軍과 무엇이 다른지 알지 못하겠습니다. 만약 이들 중 도망하는 자가 있으면 어떻게 처벌하시겠습니까? 형편상 반드시 도망한 군사보다는 가벼울 것이고 그렇게 되면 도망하는 자가 반드시 지금보다 더 많아질 것이니, 그 官長된 자가 일하기가 어렵지 않겠습니까?

근자에 비록 鄕戶들이 두루 사람을 고용할 수 있게 되었으나, 고용된 자가 도망하게 되면 鄕戶들이 여전히 그 책임을 맡게 되어 있습니다. 지금 여름과 가을의 兩稅(정규 세금) 외에 별도로 한 과목을 만들고 이것을 庸錢이라고 하여 官雇를 대비하고자 하시니, 그렇다면 사람을 사서 부역시키는 책임도 관청에서 스스로 맡아야 할 것입니다.

1) 兩稅之外……以備官雇 : 傭錢은 免役錢과 助役錢을 이른다. 差役法을 免役法으로 바꾸면서 본래의 差役 부담자들에게 거둔 세금을 免役錢이라 하며, 男丁이 한 사람인 單丁과 男丁이 없이 여자만 있는 女戶, 사찰과 道敎의 사원, 품계가 있는 집안 등은 본래 役이 없었으나 일정한 재산이 있으면 모두 免役錢의 절반을 거두고 이를 '助役錢'이라 칭하였다.

自唐楊炎[1])으로 廢租庸調[2])하야 以爲兩稅[3])하고 取大曆十四年[4])應干賦斂之數하야 以定兩稅之額하니 則是租調與庸을 兩稅旣兼之矣니이다 今兩稅如故어늘 奈何復欲取庸이닛고 聖人立法에 必慮後世하나니 豈可於常稅之外에 生出科名哉잇가 萬一不幸하야 後世에 有多欲之君하고 輔之以聚斂之臣[5])하야 庸錢不除하고 差役仍舊하야 使天下怨

**毒**인댄 **推所從來**하면 **則必有任其咎者矣**리이다

唐나라는 楊炎으로부터 租·庸·調를 폐지하여 兩稅를 만들고, 大曆 14년(779)에 마땅히 바쳐야 할 賦斂의 숫자를 다 계산하여 兩稅의 액수로 결정하였으니, 이것은 租·調·庸을 兩稅에 이미 겸한 것입니다. 지금 兩稅가 예전과 똑같은데 어찌서 다시 庸錢을 취하고자 하십니까?

聖人이 법을 확립할 적에는 반드시 후세를 염려하였으니, 어찌 정상적인 세금 외에 별도의 한 과목의 이름을 만들어낼 수 있겠습니까? 만일 불행하게도 후세에 욕심이 많은 군주가 있고 聚斂하는 신하가 그 군주를 보필하게 되어 庸錢을 없애지 않고 差役도 그대로 유지하여 천하 사람들로 하여금 해독을 원망하게 한다면, 그렇게 된 까닭을 미루어볼 경우 반드시 그 허물을 책임져야 할 자가 있을 것입니다.

1) 楊炎 : 727~781. 唐나라 德宗 때의 文臣으로 字는 公南이고 鳳翔 天興 사람이다. 建中 元年(780)에 재상이 되자, 당시 문란해진 租·庸·調의 租稅제도를 혁파하고 兩稅法으로 개혁하였다.
2) 租庸調 : 조세를 租·庸·調의 세 가지로 나누어 징수하는 租稅제도이다. 魏·晉時代 이래로 租稅의 기본 원칙으로 널리 시행되었는데, 唐나라 때에 완성되었다. 租는 농지에 부과하여 곡물을 징수하는 것이고, 庸은 사람에게 부과하여 力役 또는 그 代納物을 징수하는 것이고, 調는 戶에 부과하여 토산품을 징수하는 제도이다. 唐나라의 경우 丁마다 租로 粟 2석을 징수하고, 庸으로 1년에 20일 부역을 시키고, 부역하지 않을 때에는 1일당 絹布 3尺 또는 麻布를 납부하게 하였으며, 調로 絹布 2丈과 眞綿 3냥을 바치게 하였는데, 絹이 생산되지 않는 지방에서는 麻로 납부하게 하였다.
3) 兩稅 : 각 家戶의 재산에 따라 차등을 두어 세금을 부과하되 1년에 여름과 가을 두 차례에 穀物이나 錢 또는 織物 등으로 세금을 징수하는 제도이다. 唐나라 德宗 때, 재상 楊炎이 당시 문란해진 조세제도를 兩稅로 개혁하였다.
4) 大曆十四年 : 大曆은 唐나라 代宗의 年號이며, 14년(779)은 代宗이 죽고 德宗이 즉위한 해이다.
5) 聚斂之臣 : 백성들에게 세금을 과도하게 거두어 윗사람의 재산을 증식시키는 신하를 이르는데, ≪大學≫에 이르기를 "百乘의 집안은 聚斂하는 신하를 기르지 않으니, 聚斂하는 신하를 기를진댄 차라리 도둑질하는 신하를 두라."라고

보인다. 百乘의 집안이란 千乘인 제후국의 卿大夫로서 兵車 1백乘이 나올 만한 倉邑이 있는 집안을 이른다.

**又欲使坊郭等第之民**으로 **與鄕戶均役**하고 **品官形勢之家**로 **與齊民**[1] **幷事**하니이다 **其說曰 周禮**에 **田不耕者**는 **出屋粟**하고 **宅不毛者**는 **有里布**[2]하며 **而漢世宰相之子**도 **不免戍邊**이라하니 **此其所以藉口也**니이다

조정에서는 또 坊郭(도시)에 사는 등급이 높은 백성들로 하여금 鄕戶와 똑같이 부역을 부담하게 하고 品階가 있는 세력가들에게도 平民과 함께 부역하는 일을 시키고자 합니다. 그리고 그 주장하는 말에 이르기를 "≪周禮≫에 田地를 경작하지 않는 자는 벌금으로 3가호의 곡식을 내게 하였고, 집 주위에 뽕나무와 삼을 심지 않는 자는 벌금으로 한 마을 25가호의 삼베를 내게 하였으며, 漢나라 때에는 재상의 자제들도 변경에 수자리 가는 것을 면치 못했다."라고 하니, 이것이 그들이 口實로 삼는 것입니다.

1) 齊民 : 平民을 이른다.
2) 周禮田不耕者……有里布 : 里布는 25가호의 한 마을에서 세금으로 내는 삼베를 이른다. 이 내용은 ≪周禮≫ 〈載師〉에 대한 賈公彦의 註疏에 보인다.

**古者**엔 **官養民**이러니 **今者**엔 **民養官**하니이다 **給之以田而不耕**하고 **勸之以農而不力**이면 **於是乎有里布屋粟夫家之征**이러니 **而民無以爲生**하야 **去爲商賈**는 **事勢當耳**니 **何名役之**리오 **且一歲之戍 不過三日**이요 **三日之雇 其直(値)三百**이러니 **今世三大戶之役**[1]은 **自公卿以降**으로 **無得免者**하고 **其費豈特三百而已**릿가 **大抵事若可行**이면 **不必皆有故事**며 **若民所不悅**이요 **俗所不安**이면 **縱有經典明文**이나 **無補於怨**이니 **若行此二者**면 **必怨無疑**하리이다

옛날에는 관청에서 백성을 길러주었는데 지금은 백성들이 관청을 기르고 있습니다. 옛날에는 백성들에게 농지를 주는데도 농사를 짓지 않고 백성들에게 농사를 권장하는데도 농사에 힘쓰지 않으면, 이에 25가호의 삼베와 3가호의 곡식과 한 가장의 부역이 있었습니다. 그런데 지금은 백성들이 살아갈 수가 없어서 떠나가 商賈가 되는 것은 事勢上 당연한 것인데, 무슨 명목으로 이들에게 부역을 시킨단 말입니까?

옛날에는 또 1년에 수자리 사는 것이 3일을 넘지 않았고 3일의 품삯은 그 값이 3백 錢이었는데, 지금은 三大戶의 부역은 公卿 이하로 면할 수 있는 자가 없고, 또 그 비용이 어찌 다만 3백 錢에 그칠 뿐이겠습니까?

대체로 일이 만약 시행될 수 있는 것이라면 굳이 모두 故事가 있을 필요가 없지만, 만약 백성들이 좋아하지 않는 것이고 풍속에 편안히 여기지 않는 것이라면 비록 經典에 분명한 글이 있다 하더라도 원망을 없애는 데에 보탬이 되지 않으니, 만약 이 두 가지를 시행한다면 반드시 백성들이 원망할 것을 의심할 여지가 없습니다.

1) 三大戶之役 : 宋나라는 民家를 9등으로 나누어, 4등 이상은 差役의 의무를 지워 지방 관부의 말단 직무를 부담시켰고 5등 이하는 면제하였는데, 특히 부담이 큰 衙前 등의 차역은 3등급 이상의 부유한 家戶에만 부과하였다. 이를 三大戶之役이라 한다.

**女戶單丁**[1]은 **蓋天民之窮者也**라 **古之王者**는 **首務恤此**러니 **而今陛下**는 **首欲役之**하시니 **此等**은 **苟非戶將絶而未亡**이면 **則是家有丁而尙幼**하니 **若假之數歲**면 **則必成丁而就役**이요 **老死而沒官**하리니 **富有四海**어늘 **忍不加恤**이시닛고

女戶와 單丁은 하늘이 낸 백성 중에 곤궁한 자들입니다. 옛날 王者들은 되도록 이들을 맨 먼저 구휼하려고 하였는데, 지금 폐하께서는 맨 먼저 이들을 부역시키고자 하십니다. 이들은 만일 男丁이 없어 家戶가 장차 끊어지려 하는데 아직 끊어지지 않은 경우가 아니면 이는 집안에 男丁이 있으나 아직 어린 경우이니, 만약 몇 해를 기다리면 반드시 壯丁을 이루어서 부역에 나아갈 것이요, 女人만 있는 집은 늙어 죽으면 재산이 관청으로 적몰될 것인데, 폐하께서 四海의 부유함를 다 소유하셨으면서 차마 이들에게 救恤을 베풀지 않으신단 말입니까?

1) 女戶單丁 : 女戶는 20세 이상 60세 이하의 男丁이 없이 여자만 있는 家戶를 이르고, 單丁은 丁이 한 명인 家戶이다. 이들은 본래 差役에서 면제되었었는데, 免役法으로 바뀌면서 모두 助役錢의 부과대상이 되었다.

**孟子曰 始作俑者**는 **其無後乎**[1]인저하시고 **春秋**에 **書作丘甲, 用田賦**[2]하니 **皆重其始**

**爲民患也**니이다 **青苗放錢**[3)]은 **自昔有禁**이어늘 **今陛下始立成法**하야 **每歲常行**하시니 **雖云不許抑配**나 **而數世之後**에 **暴君汚吏**를 **陛下能保之歟**잇가 **異日天下恨之**하고 **國史記之曰 青苗錢**이 **自陛下始**라하면 **豈不惜哉**잇가

≪孟子≫에 이르기를 "처음 俑을 만든 자는 그 후손이 없을 것이다."라고 하였고, ≪春秋≫에는 丘甲法을 만든 것과 田賦를 사용한 것을 기록하였으니, 이는 모두 처음 백성의 폐해를 만든 것을 중하게 여긴 것입니다.

青苗錢의 방출은 예로부터 금하였는데, 지금 폐하께서 처음 實定法으로 확립하여 매년 정규적으로 시행하려 하시니, 비록 강제배정을 허락하지 않는다고 말씀하시나, 몇 대가 지난 뒤에 포악한 군주와 탐관오리가 나오지 않으리라고 폐하께서 장담하실 수 있으십니까? 후일에 천하가 이것을 통한으로 여기고 國史에 기록하기를 '青苗錢의 방출이 폐하로부터 시작되었다.'라고 한다면 어찌 애석하지 않겠습니까?

1) 孟子曰……其無後乎 : 俑은 나무로 만든 허수아비이고, 無後는 후손이 없음을 이른다. ≪孟子≫ 〈梁惠王 上〉에 이르기를 "仲尼가 말씀하시기를 '처음 俑을 장례에 사용한 자 그 후손이 없을 것이다.'라고 하셨으니, 이는 사람과 비슷한 俑을 장례에 사용하였기 때문이다."라고 하였다. 옛날에는 장례에 짚단으로 만든 허수아비를 사용하였는데, 후세에는 사람의 모양과 거의 같은 俑을 사용하였다. 이는 산 사람을 殉葬하는 제도가 생긴 근원으로 보아 후손이 없을 것이라고 비판한 것이다. 옛날에는 나쁜 일을 하면 죽어서 후손이 없게 된다고 생각하였다.

2) 春秋書作丘甲用田賦 : ≪春秋左氏傳≫ 成公 元年條에 이르기를 "3월에 丘甲法을 만들었다."라고 보이는데, 杜預의 注에 이르기를 "≪周禮≫에 의하면 9夫가 1井이 되고 4井이 1邑이 되고 4邑이 1丘가 되니, 1丘는 16井으로 戎馬 1匹과 소 3頭를 낸다. 4丘가 1甸이 되니, 1甸은 64井으로 長轂 1乘과 戎馬 4匹과 소 12頭와 甲士 3人과 步卒 72人을 낸다. 이것은 1甸이 부담하는 賦役인데, 지금 魯나라는 이것을 1丘에게 내게 하였기 때문에 가중한 賦斂을 나무란 것이다. 그러므로 이를 기록한 것이다."라고 하였다. 또 ≪春秋左氏傳≫ 哀公 12년조에 이르기를 "봄에 田賦를 시행하였다."라고 보이는데, 杜預의 注에 이르기를 "이것을 기록한 것은 法을 고쳐서 賦稅를 무겁게 한 것을 보이기 위해서이다."라고 하였다.

3) 青苗放錢 : 青苗錢의 放出을 이른다.

且東南買絹에 本用見(현)錢하고 陝西糧草를 不許折兌[1]하야 朝廷이 旣有著令하고 職司又每擧行하니이다 然而買絹에 未嘗不折鹽하고 糧草未嘗不折鈔하니 乃知靑苗不許抑配之說도 亦是空文이라 只如治平之初에 揀刺義勇[2]이니이다 當時詔旨慰諭하야 明言永不戍邊이라하야 著在簡書하야 有如盟約[3]이로되 於今幾日에 議論已搖하야 或以代還東軍[4]하고 或欲抵換弓手[5]하니 約束難恃가 豈不明哉잇가 縱使此令決行하야 果不抑配라도 計其間願請之戶하면 必皆孤貧不濟之人이니 家若自有羸(영)餘면 何至與官交易이리오 此等은 鞭撻已急이면 則繼之以逃亡하고 逃亡之餘엔 則均之隣保[6]하리니 勢有必至요 理有固然이니이다

또 동남 지방에서 비단을 사 올 적에는 본래 현금을 사용하게 되어 있고 陝西의 糧草(양식과 말먹이)는 折兌의 사용을 허락하지 않아서, 조정에 이미 분명한 명령이 있고 職司에서도 매번 그대로 거행하고 있습니다. 그런데도 비단을 사 올 적에 소금으로 바꾸어 지불하지 않은 적이 없고, 糧草를 지폐(어음)로 바꾸어 지불하지 않은 적이 없으니, 이로써 靑苗錢의 강제배정을 허락하지 않는다는 주장도 빈말이 될 것임을 알겠습니다.

이는 바로 治平 연간 초기에 의용군을 선발해서 기록한 것과 같습니다. 당시에 詔勅으로 백성들을 위로하고 타이르며 영원히 변경에 수자리를 살지 않게 하겠다고 분명히 말씀해서, 이것이 簡冊에 기재되어 마치 맹약과 같았는데, 지금 며칠 만에 의논이 이미 흔들려서 혹은 대신 東軍으로 돌리고 혹은 弓手로 바꾸려고 하니, 약속을 믿기 어려움이 어찌 분명하지 않겠습니까?

가령 이 명령을 결단코 시행해서 과연 靑苗錢을 강제로 배정하지 않는다 하더라도 그 사이에 이것을 받기를 청원하는 가호들을 따져보면 반드시 다 외롭고 가난하여 구제받지 못하는 사람들일 것이니, 만일 집안에 따로 여유가 있다면 어찌 관청과 交易함에 이르겠습니까? 이런 무리들은 너무 급하게 채찍질하고 매질하면 逃亡으로 이어질 것이고, 도망한 뒤에는 隣保들에게 이들의 채무를 고르게 배정하게 될 것이니, 이는 형편상 반드시 이르게 될 사태이고 이치상 당연한 일입니다.

1) 折兌 : 交子를 이르는데, 現金으로 바꿀 수 있는 有價證券으로 현재의 어음과 비슷하다. 처음 四川의 일부 富商들이 발행하였는데, 仁宗 때부터 官에서 직접 발행하고 개인의 발행을 금지함으로써 법적 지위를 확보하였다. 당시 宋나라의 화폐는 銅錢과 鐵錢이 주로 쓰였는데, 鐵錢은 무겁고 가치가 낮아 휴대하기가 불편하여 점차 사용이 줄어들었다. 당시 陝西路의 糧草는 銅錢이나 鐵錢만으로 구입하도록 법으로 강제되어 있었던 듯하다.
2) 揀刺義勇 : 揀刺는 가려 뽑음을 이른다. 英宗 治平 2년(1065)에 西夏가 변방을 침입하자, 당시 조정에서는 병력이 부족할까 염려하여 陝西省에서 15만여 명의 義勇軍을 모집하였는데, 이로 말미암아 민심이 크게 동요되었다. 이에 朝廷에서는 義勇軍을 변경의 수자리로 보내지 않겠다는 조칙을 내려 민심을 수습하였으나 그 약속은 지켜지지 않았다.
3) 著在簡書 有如盟約 : 簡書는 서책이나 문서를 이른다. 古代에는 竹簡에 모든 일을 기록하였으므로 서책이나 문서를 簡書라고 하였다. 여기서는 마치 국가의 문서에 기록된 맹약과 같이 분명한 일임을 이른 것이다.
4) 東軍 : 동쪽 州縣의 지방군(廂軍)을 이른 듯하다.
5) 弓手 : 지방 관부의 말단 직무 가운데 하나로 弓手는 耆長, 壯丁과 함께 치안을 담당하고 도적을 체포하였다.
6) 隣保 : 5家를 隣이라 하였는데, 이웃끼리 서로 보증하여 한 집에서 부역이나 세금을 내지 못하면 대신 부담하였다.

且夫常平[1)]之爲法也는 可謂至矣니 所守者約이요 而所及者廣이라 借使萬家之邑에 已有千斛이면 而穀貴之際에 千斛在市하면 物價自平이라 一市之價旣平하고 一邦之食自足하야 無操瓢乞匄(개)之弊하고 無里正[2)]催驅之勞니이다

또 常平의 法은 아주 완벽하다고 이를 만하니, 지키는 것이 간략하면서도 미치는 혜택이 넓습니다. 가령 1만 戶의 고을에 곡식 1천 斛만 저축되어 있다면, 곡식이 비쌀 때에 1천 斛을 시장에 방출해놓으면 물가가 저절로 고르게 될 것입니다. 한 시장의 물가가 고르게 되고 한 고을의 양식이 저절로 풍족해져서 쪽박을 차고 구걸하는 폐단이 없고 里正이 독촉하고 몰아치는 수고로움이 없었습니다.

1) 常平 : 常平倉으로, 풍년이 들면 값을 올려서 곡식을 사들이고, 흉년이 들면 값을 내려 곡식을 팔아서 물가를 항상 고르게 하는 제도를 말하는데, 漢나라 耿壽昌이 처음 만들었다.
2) 里正 : 지방 관부의 말단 직무 가운데 하나로 里마다 한 명을 두었는데 戶長, 鄕書手와 함께 부세를 감독하였다.

今若變爲靑苗하야 家貸一斛이면 則千戶之外에 孰救其飢리잇고 且常平官錢이 常患其少하니 若盡數收糴(적)이면 則無借貸요 若留充借貸면 則所糴幾何릿고 乃知常平靑苗其勢不能兩立이니 壞彼成此는 所喪愈多요 虧官害民하리니 雖悔何逮리잇고 臣竊計 陛下欲考其實하사 必然問人이시나 人知陛下方欲力行하고 必謂此法有利無害라하리니 以臣愚見으로 恐未可憑이니이다

그런데 이제 만약 常平의 法을 바꾸어 靑苗法을 만들어서 집집마다 1斛을 빌려준다면, 1천 戶 이외에는 누가 그 굶주림을 구원하겠습니까? 또 常平의 官錢은 항상 적어서 문제인데, 만약 전액을 다 사용하여 벼를 사들인다면 빌려줄 돈이 없고, 만약 돈을 남겨두어 빌려줄 돈을 충당하고자 한다면 사들이는 벼가 얼마나 되겠습니까? 이에 常平과 靑苗法은 그 형세가 양립할 수 없음을 알 수 있습니다.

저 常平을 파괴하여 이 靑苗法을 이룬다면 잃는 바가 더욱 많으며 관청을 훼손하고 백성을 해치게 될 것이니, 비록 후회한들 어찌 미칠 수 있겠습니까?

臣이 속으로 헤아려보건대 폐하께서 그 실정을 고찰하고자 하시어 반드시 사람들에게 물으셨을 것이나, 사람들은 폐하께서 현재 이것을 강력히 시행하고자 하심을 알고는 반드시 '이 法은 이로움만 있고 해로움은 없다.'고 말했을 것이니, 臣의 어리석은 소견으로 생각하건대 이들의 말을 믿을 수 없을 듯합니다.

何以明之오 臣頃在陝西[1]에 見刺義勇하야 提擧諸縣할새 臣嘗親行하니 愁怨之民이 哭聲振野로되 當時奉使還者 皆言民盡樂爲라하야 希合取容하니이다 自古如此하니 不然이면 則山東之盜를 二世何緣不覺[2]이며 南詔之敗를 明皇何緣不知[3]리잇고 今雖未至於斯나 亦望陛下審聽而已니이다

어째서 이것을 분명히 알겠습니까? 臣이 근간에 陝西省에 있으면서 의용군을 모집하는 일로 여러 縣을 관리할 적에 臣이 일찍이 직접 가서 보니, 근심하고 원망하는 백성들의 통곡소리가 들판에 진동하였으나, 당시에 使命을 받들고 갔다가 돌아온 자들은 모두 "백성들이 다 좋아한다."라고 말해서 윗사람의 뜻에 영합하여 용납되기를 바랐습니다.

이것은 예로부터 이러하였으니, 그렇지 않다면 山東 지방의 도둑을 秦나라의 二世皇帝가 무슨 연유로 깨닫지 못했으며, 南詔의 패전을 唐나라의 明皇이 무슨 연유로 몰랐겠습니까? 지금 비록 이 지경에는 이르지 않았으나 폐하께서 살펴 들으시기를 바랄 뿐입니다.

1) 臣頃在陝西 : 蘇軾은 仁宗 嘉祐 6년(1061) 12월부터 英宗 治平 2년(1065) 2월까지 大理評事 鳳翔府簽判을 지냈는데, 鳳翔府는 당시 陝西路에 속해 있었다.
2) 山東之盜 二世何緣不覺 : 山東은 지금의 山東省이 아니라 太行山 동쪽의 전역을 가리킨다. 秦나라에게 멸망당한 戰國의 六國이 모두 山東에 있었다. 처음 반란을 일으켰던 陳勝이 陳 땅에서 자립하여 楚王이라고 칭하자, 山東의 여러 지역에서 따라 일어나 秦나라의 관리들을 죽이고 陳勝에게 호응하였다. 秦나라의 謁者가 山東 지방에 使命을 받고 갔다가 돌아와 반란이 일어났다고 二世皇帝에게 고하자, 二世皇帝는 이 말을 듣고 유언비어를 퍼뜨린다고 노하여 謁者를 하옥시켰다. 이에 다른 謁者들은 처벌이 두려워 모두 반란한 내용을 皇帝에게 보고하지 않았다. 그리하여 결국 秦나라는 멸망하였다. 謁者는 官名이다. ≪史記 秦本紀≫
3) 南詔之敗 明皇何緣不知 : 南詔는 唐나라 때 烏蠻이 주체가 되어 건립한 국가로 雲南・四川・貴州 일대를 점거하고 있었으며, 明皇은 玄宗을 가리킨다. 長安에 와 있던 南詔의 인질이 도망가자 玄宗이 노하여 승상인 楊國忠으로 하여금 토벌하게 하였는데, 侍御史 李宓(복)이 거느린 7만 명의 군대가 南詔를 공격하다가 패하여 全軍이 敗沒당하였다. 楊國忠은 패전을 숨기고 도리어 승리했다고 아뢰고는 더욱 많은 군대를 보내어 토벌하게 하니, 전후에 전사한 자가 거의 20만에 이르렀으나, 사람들이 감히 말하는 자가 없어 玄宗은 이를 알지 못하였다. ≪唐書 楊國忠傳≫

昔漢武之世에 財力匱竭일새 用賈人桑弘羊之說하야 買賤賣貴하고 謂之均輸[1]라하니 於時에 商賈不行하고 盜賊滋熾하야 幾至於亂하니이다 孝昭旣立에 學者爭排其說한대 霍光이 順民所欲하야 從而予之하니 天下歸心하야 遂以無事[2]하니이다 不意今者에 此論復興이니이다 立法之初에 其說尙淺하야 徒言徙貴就賤하고 用近易遠이니이다 然而廣置官屬하고 多出緡錢하니 豪商大賈 皆疑而不敢動하야 以爲雖不明言販賣나 然旣已許之變易하니 變易旣行하고 而不與商賈爭利者는 未之聞也라하니이다

옛날 漢나라 武帝 때에 재력이 고갈되자, 장사꾼인 桑弘羊의 말을 따라 곡식이 쌀 때에 사서 비쌀 때에 팔고 이것을 均輸라 하니, 이때에 商賈들이 통행하지 않고 도적이 더욱 많아져 거의 혼란한 지경에 이르게 됐습니다.

孝昭帝가 즉위한 뒤에 학자들이 다투어 桑弘羊의 주장을 배척하자, 霍光이 백성들이 원하는 바를 따라 허락해주니, 천하의 인심이 돌아와서 마침내 무사하게 되었습니다. 그런데 뜻밖에 오늘 이러한 의논이 다시 일어나게 되었습니다.

法을 확립하는 초기에는 그 주장이 아직 깊지 않아서 다만 "비싼 물건을 수송하여 싼 곳으로 옮겨가고 가까운 지역의 물건을 먼 지방의 물건과 교환한다."라고 말합니다. 그러나 관리들을 널리 두고 緡錢을 많이 내게 하니, 큰 商賈들이 모두 의심하여 감히 움직이지 않으면서 말하기를 "비록 국가에서 물건을 販賣한다고 분명히 말하지는 않으나 이미 지금의 제도를 바꿀 것을 허락하였으니, 變易한 法이 이미 시행되는데 장사꾼들과 이익을 다투지 않는다는 말은 듣지 못했다."라고 합니다.

1) 均輸 : 均輸平準法의 준말이다. 漢나라 武帝 때에 大農丞이던 桑弘羊이 당시 잦은 정벌과 토목공사 때문에 발생한 국가의 財政難을 타개하려고 실시한 경제 정책의 하나이다. 수도에 平準官, 지방에 均輸官을 두고서 가격이 싼 지방의 물자를 비싼 지방으로 옮겨 팔며, 값이 쌀 때 사두었다가 비쌀 때 팔아 물가를 조절하고 財政을 확보하고자 한 정책이나, 이로 말미암아 상인들은 직업을 잃고 백성들은 자유판매의 길이 막혀 원망이 많았다. ≪漢書 武帝紀≫

2) 孝昭旣立……遂以無事 : 孝昭帝는 前漢의 6대 황제인 劉弗陵으로 武帝의 뒤를 이어 B.C. 87년에 즉위하여 B.C. 74년에 죽었다. 霍光은 武帝의 顧命大臣으로 武帝의 遺詔를 받고 大司馬·大將軍이 되어 8세의 어린 나이로 즉위한 昭帝

를 보필하였다. 始元 6년(B.C. 81)에 郡國에서 천거한 賢良·文學에게 백성들의 고통이 무엇인가를 물었는데, 대부분 鹽鐵·酒榷·均輸官을 혁파할 것을 말하자, 霍光이 이를 받아들였다. 霍光은 뒤에 昭帝가 後嗣 없이 죽자, 昌邑王 賀를 맞아들여 帝位에 오르게 했다가, 그가 無道한 짓을 자행하자 폐위시키고 다시 武帝의 太子였다가 반역죄로 죽은 戾太子의 손자 病已(宣帝)를 즉위시키는 등 전후 20년 동안 國政을 전담하였다. 鹽鐵과 酒榷은 소금과 철물, 술을 국가에서 전매함을 이른다. ≪漢書 霍光傳≫

**夫商賈之事**는 **曲折難行**이라 **其買也**에 **先期而與錢**하고 **其賣也**에 **後期而取直**하야 **多方相濟**하고 **委曲相通**하니 **倍稱之息**이 **由此而得**이니이다 **今官買是物**이면 **必先設官置吏**하리니 **簿書廩祿**이 **爲費已厚**요 **非良不售**하고 **非賄不行**이라 **是以**로 **官買之價**가 **比民必貴**요 **及其賣也**엔 **弊復如前**하리니 **商賈之利**를 **何緣而得**이릿가

장사꾼들이 매매하는 일은 아주 曲折이 많아 〈국가에서 그대로 시행하기가〉 어렵습니다. 물건을 살 때에는 기일에 앞서서 미리 돈을 주고, 물건을 팔 때에는 기일보다 늦게 값을 취하여, 다방면으로 서로 구제해주고 간곡히 서로 통하니, 곱절로 받는 이익이 이 때문에 얻어지는 것입니다.

그런데 지금 관청에서 이 물건을 사려면 반드시 먼저 해당 관청을 설립하고 관리를 두어야 할 것이니, 이렇게 되면 문서와 봉록의 비용이 이미 많을 것이요, 좋은 물건이 아니면 사지 않고 또 뇌물을 통하지 않으면 제대로 매매하지 않을 것입니다. 그리하여 관청에서 사는 값이 백성(商賈)에게 비하여 반드시 비쌀 것이고 또 팔 때에는 폐단이 다시 앞에 말씀드린 것과 같을 것이니, 현재 商賈들이 얻는 이익을 국가에서 어떻게 얻겠습니까?

**朝廷**이 **不知慮此**하고 **乃捐五百萬緡以與之**하니 **此錢一出**이면 **恐不可復**이니이다 **縱使其間**에 **薄有所獲**이나 **而征商之額**은 **所損必多**하리이다 **今有人**이 **爲其主牧牛羊**할새 **不告其主**하고 **而以一牛易五羊**호되 **一牛之失**은 **則隱而不言**하고 **五羊之獲**은 **則指爲勞績**이니이다 **陛下以爲壞常平而言青苗之功**하고 **虧商稅而取均輸之利**가 **何以異此**리잇고

조정에서는 이런 것들을 생각할 줄 모르고 마침내 5백만 緡錢을 내어서 이들에게 주니, 이 돈이 한번 방출되면 다시 돌아오지 못할까 염려됩니다. 비록 그 사이에 약간의 所得이 있더라도 상인에게 부과하는 세금은 줄어드는 것이 반드시 많을 것입니다.

지금 어떤 사람이 주인을 위하여 양과 소를 기르다가 주인에게 알리지 않고 소 한 마리를 양 다섯 마리와 바꾸되 소 한 마리를 잃은 것은 숨겨 말하지 않고 양 다섯 마리를 얻은 것만을 자신의 공적이라고 가리킵니다. 폐하께서 생각하시건대 常平의 제도를 파괴하여 青苗의 功을 말하고 상인의 세금을 줄어들게 하여 均輸의 이익을 취하는 것이 어찌 이와 다르다고 여기십니까?

**陛下天機洞照**하고 **聖略如神**하시며 **此事至明**하니 **豈有不曉**리잇가마는 **必謂已行之事**라하야 **不欲中變**하시고 **恐天下以爲執德不一**하고 **用人不終**이라 **是以**로 **遲留歲月**하야 **庶幾萬一**하시니 **臣竊以爲過矣**라하노이다 **古之英主**는 **無出漢高**니이다 **酈**(역)**生**이 **謀撓楚權**하야 **欲復六國**[1)]한대 **高祖曰 善**이라하고 **趣(促)刻印**이라가 **及聞留侯**[2)]**之言**하고 **吐哺而罵曰 趣(促)銷印**이라하니이다 **夫稱善未幾**에 **繼之以罵**하고 **刻印銷印**하야 **有同兒戲**로되 **何嘗累高祖之知人**이리오 **適足以明聖人之無我**니이다 **陛下以爲可而行之**라가 **知其不可而罷之**하시면 **至聖至明**이 **無以加此**리이다

폐하께서는 타고난 機智가 명철하시고 聖스러운 지략이 神과 같으시며 이 일은 지극히 분명하니, 어찌 깨닫지 못하실 리가 있겠습니까마는 반드시 '이미 시행한 일'이라고 여기셔서 중간에 변경하고자 하지 않고, 천하 사람들이 "마음을 지키기를 한결같이 하지 못하고 사람을 끝까지 등용하지 못한다."라고 비난할까 두려워하실 것입니다. 이 때문에 세월을 지체하면서 행여 萬에 하나 성공하기를 기대하시니, 臣은 속으로 잘못이라고 생각합니다.

옛날 영명한 군주로는 漢나라 高祖보다 더 뛰어난 분이 없습니다. 酈生(酈食其)이 楚나라의 권력을 흔들 것을 도모하여 6國을 다시 회복시킬 것을 계획하자, 高祖는 좋다고 칭찬하고 6國을 封하려고 印을 새길 것을 재촉하였습니다. 그러다가 留侯(張良)의 말을 듣고는 먹던 밥을 뱉고 酈生을 꾸짖으며 말하기를 "빨리 새겼던 印을 녹여라."고 재촉했습니다.

좋다고 칭찬한 지 얼마 안 되어 꾸짖음이 이어지고, 印을 새겼다가 印을 녹여서 마치 아이들 장난과 같았으나, 어찌 이것이 일찍이 사람을 알아본 高祖의 지혜에 累가 되었겠습니까? 다만 聖人이 아집이 없음을 밝혔을 뿐입니다. 폐하께서 이 法이 좋다고 여기셔서 시행하시다가 불가함을 아시고 혁파하신다면 지극히 성스럽고 지극히 밝으심이 이보다 더함이 없을 것입니다.

1) 酈(역)生……欲復六國 : 酈生은 漢나라 高祖 때의 遊說家인 酈食其(역이기)를 가리킨다. 高祖가 洛水를 사이에 두고 楚나라의 項羽와 겨루고 있었으나 자주 패하여 곤경에 빠져 있었다. 高帝가 楚나라를 흔들 계책을 묻자, 酈食其는 "6國의 후예를 다시 세워주면 楚나라를 이길 수 있을 것입니다."라고 말하였다. 高祖가 그 말을 받아들여 6國의 후예를 王으로 봉해주기 위해 印章을 당장 새기도록 재촉하였다. ≪史記 酈生列傳≫

2) 留侯 : 留侯는 漢나라 개국공신 張良의 封號이다. 張良이 外方에 나갔다가 돌아오자, 식사 중이던 高祖가 酈食其의 계책을 자랑 삼아 말하였다. 이에 張良이 高祖의 밥상에 놓여 있던 젓가락을 빌어 그 계책의 잘못을 하나하나 설명하니, 高祖는 당장에 印章을 녹여 없애게 하고 酈食其를 꾸짖으며 그의 계책을 폐기하였다. ≪史記 留侯世家≫ 옛날에는 산대로 계산하였는바, '計策'의 '策' 역시 산대이므로 젓가락을 빌어 산대로 삼은 것이다.

**議者必謂 民可與樂成**이요 **難與慮始**라 **故**로 **〈勸〉陛下堅執不顧**[1]하야 **期於必行**하리니 **此乃戰國貪功之人**이 **行險僥倖之說**이니이다 **陛下若信而用之**하시면 **則是徇高論而逆至情**이요 **持空名而邀實禍**하야 **未及樂成**에 **而怨已起矣**리니 **臣之所願結人心者**는 **此之謂也**니이다

의논하는 자들은 반드시 말하기를 "백성들은 함께 成功은 즐거워할 수 있고 더불어 시작을 도모하기는 어렵다."고 말할 것입니다. 그러므로 폐하께서 굳게 固執하고 돌아보지 아니하여 기필코 행하시도록 권고할 것이니, 이것은 바로 戰國時代에 功을 탐하는 사람들이 위험스러운 일을 행하면서 요행을 바라는 주장입니다.

폐하께서 만약 이 말을 믿고 따르신다면 이것은 高談峻論만 따르다가 백성들의 지극한 정을 거스르고 헛된 명예를 지키다가 실제 화를 불러서 미처 성공을 즐거워하기

전에 백성들의 원망이 이미 일어날 것이니, 臣이 민심을 맺기를 바란다는 것은 이것을 말하는 것입니다.

1) 〈勸〉陛下堅執不顧 : 本集과 ≪唐宋八大家文鈔 校注集評≫에는 모두 '勸'자가 없으나 呂祖謙이 찬한 ≪宋文鑑≫과 樓昉이 찬한 ≪崇古文訣≫ 및 眞德秀가 찬한 ≪續文章正宗≫에 의거하여 수정하였다.

士之進言者 爲不少矣로되 亦嘗有以國家之所以存亡과 曆數[1]之所以長短으로 告陛下者乎잇가 夫國家之所以存亡者는 在道德之淺深이요 不在乎强與弱이며 曆數之所以長短者는 在風俗之厚薄이요 而不在乎富與貧이니이다 道德誠深하고 風俗誠厚하면 雖貧且弱이나 不害於長而存이요 道德誠淺하고 風俗誠薄이면 雖强且富나 不救於短而亡이니 人主知此하면 則知所輕重矣리이다 是以로 古之賢君은 不以弱而忘道德하고 不以貧而傷風俗하며 而智者觀人之國에 亦以此察之하니이다

말씀을 올리는 선비들이 적지 않으나, 또한 일찍이 국가가 보존되고 망하는 이유와 曆數(國運)가 길고 짧은 까닭에 대해 폐하께 아뢴 자가 있었습니까? 국가가 보존되고 망하는 것은 도덕이 깊으냐 얕으냐에 달려 있고 국력이 강하냐 약하냐에 달려 있지 않으며, 曆數가 길고 짧은 것은 풍속이 후덕하냐 야박하냐에 달려 있고 나라가 부유하냐 가난하냐에 달려 있지 않습니다.

도덕이 참으로 깊고 풍속이 참으로 후덕하다면 비록 나라가 가난하고 또 약하더라도 장구하게 보존되는 데에 문제될 것이 없으며, 도덕이 진실로 얕고 풍속이 참으로 야박하다면 비록 나라가 부유하고 또 강하더라도 國運이 짧고 멸망됨을 구원할 수 없을 것이니, 군주가 참으로 이것을 안다면 가벼이 여기고 중하게 여길 바를 알 것입니다.

이 때문에 옛날 훌륭한 군주들은 나라가 약하다고 하여 도덕을 잊지 않았고, 나라가 가난하다고 하여 풍속을 손상하지 않았습니다. 그리고 지혜로운 자가 남의 나라를 관찰할 때에도 또한 반드시 이것을 가지고 살폈습니다.

1) 曆數 : 옛날 帝王이 되고 서로 계승하는 것이 책력의 절기와 같다 하여 붙여진 이름으로 그 나라의 國統이나 國運을 이른다. ≪書經≫ 〈虞書 大禹謨〉에 이르

기를 "하늘의 曆數가 네 몸에 있으니, 네가 끝내 元后의 자리에 오를 것이다. 〔天之曆數在汝躬 汝終陟元后〕"라고 보인다. 元后는 大君의 뜻이다.

**齊**는 **至强也**로되 **周公**이 **知其後必有簒弑之臣**[1]하고 **衛**는 **至弱也**로되 **季子知其後亡**[2]하며 **吳破楚入郢**에 **而陳大夫逢滑**이 **知楚之必復**[3]하고 **晉武旣平吳**에 **何曾**이 **知其將亂**[4]하고 **隋文旣平陳**에 **房喬知其不久**[5]하니이다

齊나라는 지극히 강하였으나 周公은 그 후손 중에 반드시 찬탈하고 시해하는 신하가 있을 것을 알았고, 衛나라는 지극히 약하였으나 季子는 다른 나라보다 뒤에 망할 줄을 알았으며, 吳나라가 楚나라를 격파하고 수도인 郢으로 쳐들어갔을 적에 陳나라 대부 逢滑은 楚나라가 반드시 회복할 것을 알았고, 晉나라 武帝가 吳나라를 점령하자 何曾은 장차 나라가 어지러워질 것을 알았으며, 隋나라 文帝가 陳나라를 점령하자 房喬(房玄齡)는 오래가지 못할 것임을 알았습니다.

1) 齊至强也 周公 知其後必有簒弑之臣 : 姜太公이 齊나라에 봉해진 뒤에 周公이 어떻게 나라를 다스릴 것인지를 물었다. 太公이 "현능한 자를 높이고 功 있는 자를 숭상하겠다."고 대답하자, 周公이 "후세에 반드시 찬탈하고 시역하는 신하가 있을 것이다."라고 하였다. 太公이 周公에게 똑같은 질문을 하자 周公은 "친한 이를 친하게 여기고 어른을 어른으로 높이겠다."고 하니, 太公은 "후세에 점차 쇠약해질 것이다."라고 하였다. 결국 齊나라는 田氏에 의해 나라를 찬탈당했고, 魯나라는 三桓에 의해 군주의 권한이 쇠약해졌다. ≪資治通鑑 外紀≫

2) 衛至弱也 季子知其後亡 : 이 내용은 ≪春秋左氏傳≫ 襄公 29년조에 보인다. 季子는 吳나라 公子 季札로 衛나라에 사신 가서 "衛나라에는 君子가 많으니 환란이 없을 것이다."라고 말하였다. 당시 衛나라는 약소국으로 혼란에 빠져 있었으나 季札의 예언대로 戰國時代 말기까지 나라를 유지하였다.

3) 吳破楚入郢……知楚之必復 : 이 내용은 ≪春秋左氏傳≫ 哀公 元年條에 보인다. 吳나라가 楚나라를 공격할 적에 陳나라에 사신을 보내 함께 楚나라를 공격할 것을 요청하였으므로 陳나라 懷公이 여러 신하들의 의견을 구하였다. 이때 大夫 逢滑이 楚나라는 반드시 회복될 것이고 오히려 吳나라에 화란이 닥칠 것이니, 吳나라 편을 들어서는 안 됨을 주장하자, 陳나라 懷公은 이 말을 따라 중립

을 지켰는데, 과연 楚나라는 부흥하여 國勢를 회복하였다.

4) 晉武旣平吳 何曾知其將亂：晉나라 武帝 太康 元年(280) 2월에 王渾과 王濬, 琅琊王 司馬伷가 吳나라를 평정하여 마침내 천하가 통일되었다. 하루는 太尉로 있던 何曾이 武帝를 모시고 宴會를 열고는 물러나와 아들들에게 말하기를 "主上이 大業을 창건하였으나 내가 매번 宴會에서 뵐 때마다 국가를 경륜하는 원대한 도모에 대해서는 들은 적이 없고 오직 평소의 일상적인 일만 말씀하니, 후손들에게 좋은 계책을 물려주는 방도가 아니다. 자신에게만 미칠 뿐이니, 후손들이 위태로울 것이다."라고 하였는데, 그 후 晉나라는 內亂이 계속되고 五胡十六國이 침공하여 큰 혼란에 빠졌다. ≪晉書 何曾傳≫

5) 隋文旣平陳 房喬知其不久：房喬는 唐나라의 명재상인 房玄齡으로 喬는 그의 字이다. 房玄齡은 어려서부터 매우 총명하고 文中子인 王通을 사사하여 학문을 깊이 닦았는데, 開皇 9년(589)에 隋나라 文帝가 南朝의 陳나라를 멸망시키고 천하를 통일하니, 사람들은 隋나라가 오래가리라고 여겼다. 그러나 房玄齡은 아버지 房彦謙에게 은밀히 말하기를, "隋 文帝는 功德도 없이 한갓 北周 황실의 근친이라 하여 살생을 하고 제왕의 지위를 빼앗았으니, 이는 후대를 위한 장구한 계책이 아닙니다. 지금 비록 평안하나 얼마 되지 않아 망할 것입니다."라고 하였는데, 과연 隋나라는 2代 만에 멸망하였다. ≪唐書 房玄齡傳≫

**元帝**는 **斬郅支**하고 **朝呼韓**하야 **功多於武宣矣**로되 **偸安**하야 **而王氏之釁生**[1]하고 **宣宗**은 **收燕趙**하고 **復河隍**하야 **力强於憲武矣**로되 **消兵**하야 **而龐勛之亂起**[2]하니이다 **故**로 **臣願陛下務崇道德而厚風俗**하고 **不願陛下急於有功而貪富强**이니이다 **使陛下富如隋**하고 **强如秦**하야 **西取靈武**하고 **北取燕薊**(계)[3]라도 **謂之有功**은 **可也**어니와 **而國之長短**은 **則不在此**하니이다

漢나라 元帝는 郅支單于의 목을 베고 呼韓耶單于에게 조회 받아서 功이 武帝와 宣帝보다 많았으나 구차히 안일만을 꾀하다가 王氏의 禍가 생겨났고, 唐나라 宣宗은 燕·趙 지방을 수복하고 河·湟 지방을 수복하여 국력이 憲宗과 武宗보다 강하였으나 병기를 녹여서 武備를 소홀히 함으로 인해 龐勛의 亂이 일어났습니다.

그러므로 臣은 폐하께서 힘써 도덕을 높이고 풍속이 후덕해지도록 하실 것을 원하

고, 폐하께서 功이 있는 것을 급하게 여겨서 부강을 탐하는 것을 원하지 않습니다. 만일 폐하께서 隋나라처럼 부유하고 秦나라처럼 강성하여 서쪽으로 靈武를 점령하고 북쪽으로 燕·薊 지방을 취한다 하더라도 功이 있다고 말할 수는 있으나 국운의 길고 짧음은 여기에 달려 있지 않습니다.

1) 元帝……而王氏之釁生 : 郅支는 匈奴의 王인 單于의 이름이다. 漢나라 元帝 建昭 3년(B.C. 36) 가을에, 西域의 都護인 甘延壽와 부장 陳湯이 황제의 制書를 위조하고 여러 성의 군사를 징발하여 匈奴를 불시에 기습해서 康居를 함락시키고 郅支單于를 참수하였으며, 元帝 竟寧 元年(B.C. 33) 봄에는 匈奴 呼韓邪單于가 조회하였다. 그러나 元帝는 우유부단하고 나약하여 후세의 史官들에게 "군주의 德이 밝지 못하고 여러 소인들이 지위에 있어, 蕭望之와 周堪의 어짊을 알았으나 善을 좋게 여기면서도 등용하지 못하고, 弘恭과 石顯의 간사함을 알았으나 惡을 미워하면서도 제거하지 못해서, 오로지 邪僻함을 일삼고 忠良한 사람을 해쳤으니, 西漢의 쇠퇴함이 여기에서 결정되었다."라는 평가를 받았다. 또한 외척인 王氏를 중용하여 결국 王莽이 漢나라를 멸망시키고 新나라를 건국하였다.
2) 宣宗……而龐勛之亂起 : 宣宗은 唐나라 16代 황제(재위 847~859)로 본명은 忱이며, 燕은 燕京(北京) 지역이고, 趙는 太原 지역이다. 宣宗 大中 3년(849) 6월에 涇源節度使 康季榮이 原州와 石門驛, 藏木峽, 制勝, 六盤, 石峽 등 여섯 관문을 수복하였으며, 7월에 靈武節度使 朱叔明이 長樂州를, 邠寧節度使 張君緒가 蕭關을, 鳳翔節度使 李玭(변)이 秦川을 수복하여 燕·趙 지방과 河·湟 지방을 모두 수복하였다. 龐勛의 亂은 17代 황제인 懿宗 咸通 9년(868)에 桂州를 지키던 군사들의 怨望을 이용하여 장교 許佶과 趙可立 등이 당시 糧料判官(군수품 담당관)인 龐勛을 수령으로 추대하고 일으킨 반란인데, 다음해에 龐勛이 죽자 평정되었다.
3) 西取靈武 北取燕薊(계) : 燕·薊는 지금의 北京 지역으로 당시 靈武는 西夏가 점령하고 燕·薊는 契丹이 점령하였으므로 말한 것이다.

夫國之長短은 如人之壽夭하니 人之壽夭는 在元氣하고 國之長短은 在風俗하니이다 世有尫羸(왕리)而壽考하고 亦有盛壯而暴亡하니 若元氣猶存이면 則尫羸而無害요 及其

已耗면 則盛壯而愈危니이다 是以로 善養生者는 愼起居하고 節飮食하며 導引關節하고 吐故納新[1)]하며 不得已而用藥이면 則擇其品之上, 性之良하야 可以久服而無害者하니 則五臟和平하야 而壽命長이니이다 不善養生者는 薄節愼之功하고 遲吐納之效하며 厭上藥而用下品하야 伐眞氣而助强陽하니 根本已危에 僵仆無日이니이다 天下之勢 與此無殊라 故로 臣願陛下愛惜風俗하야 如護元氣하노이다

國運의 길고 짧음은 사람이 장수하고 요절함과 같으니, 사람이 장수하고 요절함은 元氣에 달려있고, 國運이 길고 짧음은 풍속에 달려 있습니다.

세상에는 몸이 야위고 파리하면서도 壽考(장수)하는 자가 있고, 또한 기운이 강성하고 건장하면서도 갑자기 사망하는 자가 있으니, 만약 元氣가 그대로 보존되어 있다면 몸이 파리해도 해로울 것이 없고, 이미 元氣가 소진되었으면 몸이 강성하고 건장하여도 더욱 위태롭습니다.

이 때문에 養生을 잘하는 자들은 일어나고 앉음을 삼가고, 음식을 절제하며 관절을 導引하고 묵은 기운을 토해내고 새 기운을 받아들이는 丹田呼吸을 하며, 부득이하여 약을 쓰게 되면 품질이 상품이고 성질이 양순하여 오래 복용하여도 해가 없는 것을 택하니, 이렇게 하면 五臟이 화평해서 수명이 길어집니다.

養生을 잘하지 못하는 자들은 절제하고 삼가는 효험을 하찮게 여기고 丹田呼吸의 효험을 더디게 여기며, 上品의 약을 싫어하고 下品의 약을 써서 眞氣를 해치고 강한 양기를 도우니, 근본이 이미 위태로워서 언제 쓰러질지 모릅니다.

천하의 형세는 이와 다를 바가 없습니다. 그러므로 신은 폐하께서 풍속을 사랑하고 아끼셔서 元氣를 보호하듯이 하시기를 원하는 것입니다.

1) 吐故納新 : 묵은 탁한 기운을 몸 밖으로 뱉어내고 맑은 새 기운을 몸 안으로 들이마시어 장수하는 호흡법으로 ≪莊子≫ 〈外篇 刻意〉에 보인다.

古之聖人이 非不知深刻之法이 可以齊衆이요 勇悍之夫 可以集事하며 忠厚近於迂闊하고 老成初若遲鈍이니이다 然이나 終不肯以彼而易此者는 知其所得小而所喪大也니이다 曹參은 賢相也어늘 曰 愼無擾獄市[1)]라하고 黃霸는 循吏也어늘 曰 治道去泰甚[2)]이라하고 或譏謝安以淸談廢事[3)]한대 安笑曰 秦用法吏하야 二世而亡이라하니이다

옛날 聖人들은 각박한 法이 백성들을 가지런히 할 수 있고, 용맹하고 사나운 지아비가 일을 이룰 수 있으며, 忠厚는 迂闊에 가깝고 노성한 자들은 처음에 遲鈍한 듯함을 모르신 것이 아니었습니다. 그러나 끝내 저것을 가지고 이것과 바꾸려고 하지 않으신 것은 그 얻는 바가 적고 잃는 바가 많음을 알았기 때문입니다.

曹參은 어진 재상인데 말하기를 "부디 獄과 시장을 흔들지 말라." 하였고, 黃霸는 훌륭한 지방관인데 말하기를 "다스리는 道는 너무 심한 것만 제거하면 된다."고 하였으며, 혹자가 謝安에게 淸談으로 政事를 폐함을 비판하자, 謝安은 웃으면서 말하기를 "秦나라는 법을 집행하는 관리를 등용해서 2代 만에 망했다."고 하였습니다.

1) 曹參……愼無擾獄市 : 曹參은 漢나라의 開國功臣이다. 惠帝 2년(B.C. 193)에 승상 蕭何가 죽자, 齊나라 재상으로 있던 그가 蕭何의 후임으로 조정에 들어오게 되었다. 이때 曹參이 齊나라를 떠나면서 후임자에게 당부한 내용으로 獄과 市場을 흔들게 되면 간사한 자들이 용납될 곳이 없어져 오히려 혼란을 초래하기 때문에 한 말이다. ≪史記 曹相國世家≫

2) 黃霸……治道去泰甚 : 循吏는 민심을 따라 잘 다스리는 守令을 이른다. 黃霸는 漢나라 宣帝 때의 循吏이다. 卒吏로 발신하여 穎川太守로 있으면서 백성들에게 善政을 베풀어 치적이 천하의 제일로 승상에 오르고 建成侯에 봉해졌다. 黃霸가 穎川太守로 있을 적에 長吏 許丞이 늙고 병들어 귀가 어두우므로 督郵가 아뢰어 축출하고자 하였으나, 黃霸는 말하기를 "許丞은 청렴한 관리이다. 비록 늙었으나 아직도 절하고 일어나 전송하고 맞이할 수 있으니, 귀가 어두운 것이 무엇이 해롭겠는가?" 하였다. 어떤 사람이 그 까닭을 묻자, 黃霸가 말하기를 "자주 長吏를 바꾸면 舊官을 보내고 新官을 맞이하는 비용이 들고 간사한 관리들이 이 틈을 타서 문서를 없애고 재물을 도둑질하여 公私間에 허비하고 소모하는 것이 매우 많은데, 이 비용이 모두 백성들에게서 나오며, 바꾼 새 長吏도 반드시 어질지는 못하여 혹 舊官만 못하면 한갓 서로 더욱 어지럽기만 할 뿐이니, 무릇 다스리는 방도는 너무 심한 것만 제거하면 될 뿐이다."라고 하였다. ≪漢書 黃霸傳≫

3) 或譏謝安以淸談廢事 : 東晉의 재상인 謝安은 會稽의 東山에 은거하다가 40세가 넘은 뒤에야 벼슬길에 나가 재상이 되고 淝水의 大戰에서 前秦의 苻堅을 대파하여 절대 위기에 처한 나라를 구하였다. 그는 풍류를 즐겼으며 玄學(老莊思

想)에 뜻을 두어 淸談을 일삼았다. 淸談은 세속적인 이야기가 아닌 無爲自然의 고상한 말을 이른다. 본문의 내용은 王羲之의 비판에 대한 謝安의 대답인데, 두 사람은 會稽 蘭亭의 修禊를 함께한 절친한 사이이다. ≪晉書 謝安傳≫

**劉晏**[1]**爲度**(탁)**支**하야 **專用果銳少年**하야 **務在急速集事**하니 **好利之黨**이 **相師成風**하니이다 **德宗初卽位**하야 **擢崔祐甫爲相**한대 **祐甫以道德寬大**로 **推廣上意**라 **故**로 **建中之政**[2]이 **其聲翕然**하야 **天下想望**하야 **庶幾貞觀**[3]이러니 **及盧杞爲相**에 **諷上以刑名整齊天下**하야 **馴致澆薄**하야 **以及播遷**하니이다

그리고 唐나라 때에 劉晏은 度支(戶曹)가 되어서 오로지 과단성 있고 銳氣가 있는 소년들을 등용하여 되도록 급속히 일을 이루려고 힘쓰니, 이익을 좋아하는 무리들이 서로 본받아 풍속을 이루었습니다. 그러다가 德宗이 처음 즉위하여 崔祐甫를 재상으로 발탁하자, 崔祐甫가 도덕과 관대함으로 임금의 뜻을 미루어 넓혔습니다. 그러므로 建中 연간의 政事가 그 명성이 자자해서 천하 사람들이 훌륭한 정치를 생각하고 기대하여 거의 貞觀 연간의 정치에 미치게 되었습니다. 그런데 盧杞가 재상이 되자 임금에게 刑名學으로 천하를 정돈할 것을 諷諫하여 인심이 점점 야박해지도록 만들어서 播遷함에 이르게 되었습니다.

1) 劉晏 : 字는 士安으로 南華 사람인데 재주가 뛰어났으며, 경제에 밝아 代宗 때에 領度支鹽鐵使가 되어 천하의 재정을 관장하였는데, 시행하는 과정에서 젊고 급진적인 소년들을 등용하여 문제가 되었다. ≪舊唐書 劉晏傳≫

2) 建中之政 : 建中은 唐나라 德宗(李适)의 年號이다. 德宗은 代宗의 장남으로 대를 이어 779년에 제위에 오르자, 崔祐甫를 재상으로 발탁하여 힘써 선정을 베풀고 租·庸·調를 兩稅로 바꿔 문란해진 稅政을 개선시키는 등 '貞觀의 治'에 비견할 만한 좋은 정치를 행하였다. 盧杞는 字가 子良으로 玄宗 때 名相이었던 盧懷愼의 손자이다. 구변이 뛰어났으나 성격이 음험하고 간사한 소인이었다. 崔祐甫가 죽은 뒤에 재상으로 발탁되자, 충신들을 모함하여 무수히 죽였으며, 자신의 권세를 굳히기 위해 황제에게 刑名學으로 나라를 다스릴 것을 권하여 가혹한 政事를 펴니, 백성들이 견디지 못하고 마침내 朱泚의 난이 일어나 德宗이

奉天으로 播遷하기도 하였다. 德宗은 만년에 환관들을 많이 등용하였는데, 이는 훗날 당나라 멸망의 큰 원인이 되기도 하였다.

3) 貞觀 : 唐나라 太宗의 年號(627~649)이다. 太宗이 재위한 이 시기는 '貞觀의 治'라 하여 중국 후기 역사상 가장 뛰어난 太平聖代로 일컬어진다.

**我仁祖之御天下也**에 **持法至寬**하고 **用人有敍**하며 **專務掩覆**(부)**過失**하고 **未嘗輕改舊章**하시니이다 **然**이나 **考其成功**하면 **則曰未至**라 **以言乎用兵**이면 **則十出而九敗**하고 **以言**(其)〔乎〕**府庫**하면 **則僅足而無餘**로되 **徒以德澤在人**하고 **風俗知義**라 **是以**로 **升遐之日**에 **天下如喪考妣**[1]하며 **社稷長遠**하야 **終必賴之**하니 **則仁祖可謂知本矣**니이다 **今議者不察**하고 **徒見其末年**에 **吏多因循**하야 **事不振擧**하고 **乃欲矯之以苛察**하고 **齊之以智能**하야 **招來新進勇銳之人**하야 **以圖一切速成之效**라가 **未享其利**하고 **澆風已成**하니이다

우리 仁祖(仁宗)께서 천하를 다스리실 적에 법을 지키기를 지극히 너그럽게 하고 사람을 등용함에 순서가 있었으며, 오로지 남의 과실을 덮어주기에 힘쓰고 일찍이 옛 법을 가벼이 고치지 않으셨습니다.

그러나 그 성공을 고찰해보면 지극하지 못하다고 말할 만합니다. 用兵(전쟁)한 것을 말하면 열 번 출전해서 아홉 번 패하였고, 國庫의 충실을 말하면 겨우 지탱하여 남는 것이 없었으나, 다만 덕택이 백성들에게 남아 있고 풍속이 義理를 알았습니다. 이 때문에 천하 백성들이 仁祖가 승하하시던 날에 자기 부모를 잃은 듯이 슬퍼하였고 社稷(국가)이 장구하여 끝내 그 혜택을 입었으니, 그렇다면 仁祖는 근본을 아셨다고 이를 만합니다.

그런데 지금 의논하는 자들은 이것을 살피지 못하고, 다만 仁祖 말년에 관리들이 대부분 그럭저럭 세월을 보내어서 일이 제대로 거행되지 못한 것을 보고는, 마침내 까다롭게 살핌으로써 이것을 바로잡으려 하고 智能으로써 이것을 가지런히 하고자 하였습니다. 그리하여 新進의 용감한 사람을 불러와 일체 속히 이루려는 효과를 도모하려 하다가 그 이익을 누리기 전에 야박한 풍속이 이미 이루어졌습니다.

1) 如喪考妣 : 考妣는 父母와 같은 뜻으로, 堯帝가 승하함에 백성들이 마치 부모를 여읜 것처럼 슬퍼한 것으로, 이 말은 ≪書經≫ 〈舜典〉에 보인다.

**且天時不齊**[1)]하니 **人誰無過**리오 **國君含垢**니 **至察無徒**[2)]니이다 **若陛下多方包容**이면 **則人材取次可用**이어니와 **必欲廣置耳目**[3)]하야 **務求瑕疵**하면 **則人不自安**하야 **各圖苟免**하리니 **恐非朝廷之福**이요 **亦豈陛下所願哉**잇가 **漢文**이 **欲用虎圈嗇夫**한대 **釋之以爲利口傷俗**[4)]이라하니 **今若以口舌捷給而取士**하고 **以應對遲鈍而退人**하며 **以虛誕無實爲能文**하고 **以矯激不仕爲有德**하면 **則先王之澤**이 **遂將散微**하리이다

하늘의 四時도 고르지 않을 때가 있으니, 사람이 누군들 허물이 없겠습니까? 군주는 남의 잘못을 포용해야 하니, 너무 살피면 따르는 무리가 없습니다. 만약 폐하께서 다방면으로 사람들을 포용하신다면 인재를 차례대로 등용하실 수 있을 것이지만 만약 감시하는 관리를 널리 두어서 힘써 남의 하자를 찾으려고 하신다면 사람들이 스스로 편안하지 못해서 각자 구차히 책임만 면하려고 할 것이니, 이는 조정의 복이 아닐 듯하며 또한 어찌 폐하께서 원하시는 바이겠습니까?

漢나라 文帝가 虎圈의 嗇夫를 등용하려고 하자 張釋之가 "말 잘하는 사람은 風俗을 해친다."고 하였으니, 지금 만약 민첩하게 대답하고 말을 잘한다고 하여 선비를 취하고, 응대하기를 遲鈍하게 한다고 하여 사람을 물리치며, 허탄하여 실제가 없는 것을 글을 잘한다고 하고, 고집스럽고 과격하여 벼슬하지 않는 것을 덕이 있다고 여기신다면 先王의 은택이 마침내 장차 흩어지고 미약해질 것입니다.

1) 天時不齊 : '天'은 本集과 ≪唐宋八大家文鈔 校注集評≫에 모두 '大'로 되어 있다. '大時不齊'는 ≪禮記≫ 〈學記〉에 이르기를 "큰 德은 한 가지만 맡지 않고, 큰 道는 한 가지만 국한되지 않고, 큰 신의는 맹약하지 않고, 큰 때는 똑같지 않다.〔大德不官 大道不器 大信不約 大時不齊〕"라고 보이는데, 鄭玄의 注에 "大時는 天時이다."라고 하였다.

2) 至察無徒 : ≪大戴禮記≫에 이르기를 "물이 너무 맑으면 고기가 없고, 사람이 너무 살피면 무리가 없다.〔水至淸則無魚 人至察則無徒〕"라고 보인다.

3) 耳目 : 民政을 은밀히 정탐하는 관리를 이른다.

4) 漢文……釋之以爲利口傷俗 : 釋之는 張釋之로 堵陽 사람인데, 騎郞이 되었다가 漢나라 文帝에게 발탁되어 謁者僕射가 되었으며, 그 후 廷尉가 되어 추호의 사심 없이 법을 집행하여 후세의 귀감이 되었다. 張釋之가 文帝를 수행하여 虎圈에 올랐는데, 文帝가 上林苑의 尉에게 여러 禽獸들의 장부에 대해서 묻자 尉가

좌우를 둘러보며 대답하지 못하였고, 虎圈의 嗇夫가 옆에서 尉를 대신하여 매우 자세히 대답하였다. 文帝가 말하기를 "관리의 합당하지 못함이 이와 같단 말인가?" 하고, 張釋之에게 명하여 嗇夫를 上林令으로 삼으려 하였다. 張釋之가 아뢰기를 "周勃과 張相如는 長者라고 알려졌으나 두 사람이 일을 말할 적에 일찍이 입에서 말을 제대로 내지 못했으니, 어찌 이 嗇夫의 민첩하게 대답하는 구변을 본받겠습니까? 嗇夫가 口辯이 있다 하여 품계를 뛰어넘어 승진시킨다면 천하 사람들이 바람을 따라 쏠리듯 다투어 구변을 일삼아 그 실제가 없을까 두렵습니다." 하니, 文帝가 嗇夫를 上林令으로 임명하지 않았다. 虎圈은 호랑이를 가두어 기르는 우리이며, 嗇夫는 낮은 관직이다. ≪史記 張釋之傳≫

**自古用人**에 **必須歷試**하야 **雖有卓異之器**나 **必有已成之功**하니 **一則使其更**(경)**變而知難**하야 **事不輕作**하고 **一則待其功高而望重**하야 **人自無辭**니이다 **昔先主以黃忠爲後將軍**[1)]한대 **而諸葛亮**이 **憂其不可**하야 **以爲忠之名望**이 **素非關張**[2)]**之倫**이니 **若班爵遽同**이면 **則必不悅**이라하더니 **其後**에 **關羽果以爲言**하니이다 **以黃忠豪勇之姿**와 **以先主君臣之契**로도 **尙復慮此**하니 **況其他乎**잇가

예로부터 사람을 등용할 적에는 반드시 여러 번 시험을 거쳐서 비록 탁월한 器局이 있더라도 반드시 이미 이룬 공로가 있어야 하였으니, 한편으로는 그로 하여금 變故를 겪게 하여 어려운 줄을 알아서 가볍게 일을 만들지 않게 하고, 한편으로는 공이 높고 명망이 중해지기를 기다려서 사람들이 저절로 비방하는 말이 없어지게 하고자 한 것이었습니다.

옛날 蜀漢의 先主가 黃忠을 後將軍으로 승진시키자, 諸葛亮이 그 불가함을 우려하여 아뢰기를 "黃忠의 명망은 평소 關羽, 張飛의 무리와 같은 등급이 아니니, 만약 班爵이 갑자기 같아지면 반드시 저들이 기뻐하지 않을 것입니다."라고 하였는데, 그 후 關羽가 과연 이것을 말하였습니다. 黃忠의 호걸스럽고 용맹한 자품과 先主의 君臣간의 절친한 사이로도 오히려 이것을 우려했으니, 하물며 다른 사람에 있어서이겠습니까?

1) 昔先主以黃忠爲後將軍 : 先主는 蜀漢을 건국한 劉備를 가리킨다. 219년 劉備가 漢中을 공략했을 때, 黃忠이 定軍山 전투에서 적장 夏侯淵을 죽이고 승리하

였다. 그 공적으로 征西將軍에 올랐으며, 이해 劉備가 漢中王에 오르자 後將軍이 되어 關內侯라는 작위를 하사받고 關羽, 張飛, 趙雲, 馬超와 함께 五虎大將軍에 제수되었다. 이에 關羽 등은 黃忠과 동격으로 취급되는 것을 달가워하지 않았다.

2) 關張 : 劉備의 의형제들인 關羽와 張飛를 이른다. 두 사람은 劉備와 桃園에서 결의하고 의형제가 되어, 평생 劉備를 따라 蜀漢의 건국에 큰 공을 세웠다.

**嘗謂 漢文不用賈生**[1]이라하야 **以爲深恨**이로되 **臣嘗推究其旨**하고 **竊謂不然**하노이다 **賈生**은 **固天下之奇才**요 **所言**이 **亦一時之良策**이니이다 **然**이나 **請爲屬國**하야 **欲係單于**[2]는 **則是處士之大言**이요 **少年之銳氣**니이다 **昔**에 **高祖以三十萬衆**으로 **困於平城**[3]하니 **當時將相群臣**이 **豈無賈生之比**리잇가 **三表五餌**[4]를 **人知其疏**어늘 **而欲以困中行說**[5]하니 **尤不可信矣**니이다 **兵**은 **凶器也**어늘 **而易言之**하니 **正如趙括之輕秦**[6]이요 **李信之易楚**[7]하니 **若文帝亟**(극)**用其說**이면 **則天下殆將不安**하리이다

〈세상 사람들은〉 일찍이 漢나라 文帝가 賈生(賈誼)을 등용하지 않았다고 해서 매우 한스러워합니다. 그러나 臣은 일찍이 그 뜻을 미루어 연구하고는 속으로 옳지 않다고 생각했습니다.

賈生은 진실로 천하의 기이한 재주이고 賈生이 말한 것 또한 한때의 좋은 계책입니다. 그러나 屬國을 관리하는 관원이 되기를 자청하여 匈奴의 單于를 묶어 잡아오겠다고 말하였으니, 이것은 處士의 흰소리요 소년의 銳氣일 뿐입니다.

옛날 漢나라 高祖가 30만 大軍으로도 平城에서 匈奴에게 곤욕을 당했는데, 당시 장수와 정승과 여러 신하들 중에 어찌 賈生에 비할 자가 없었겠습니까? 三表와 五餌는 사람들이 누구나 그 소략함을 아는데도 이것을 가지고 中行說(중항열)에게 곤욕을 주고자 했으니, 더욱 믿을 수 없습니다.

兵器는 흉기인데 賈生은 이를 쉽게 말하였습니다. 이것은 바로 趙括이 秦나라를 깔보고 李信이 楚나라를 깔본 것과 같으니, 만약 文帝가 대번에 賈生의 말을 따랐더라면 천하가 장차 거의 不安하게 되었을 것입니다.

1) 漢文不用賈生 : 賈生은 西漢의 學者이며 정치이론가인 賈誼(B.C. 200~B.C.

168)를 가리킨다. 시문에 뛰어나고 제자백가에 정통하였으며, 20세에 文帝에게 발탁되어 博士가 되었다가 太中大夫로 승진되었다. 文帝는 그가 재상의 재목임을 알아보고 公卿으로 삼아 正朔과 服色을 고치고 법률을 제정하며 禮樂을 일으키려 하였으나, 周勃과 灌嬰 등 당시 대신들의 반대에 부딪혀 그 의논을 쓰지 못하고 長沙王太傅로 좌천시켰는데, 33세의 나이로 요절하였다. 그가 요절하자 천하 사람들이 賈生이 뜻을 펴지 못한 것을 안타까워하였다. ≪漢書 賈誼傳≫

2) 請爲屬國 欲係單于 : 屬國은 제후국이나 여러 異民族의 나라를 관장하는 관직이며, 單于는 匈奴 임금의 칭호이다. 賈誼가 梁懷王의 太傅로 있으면서 長篇의 上疏文을 文帝에게 올렸는데, 여기에 말하기를 "지금 匈奴가 거만하고 침략하여 지극히 不敬한데도, 漢나라가 해마다 金과 솜, 비단을 바쳐 이들을 받들어서 발이 도리어 위에 있고 머리가 도리어 아래에 있습니다. 전도됨이 이와 같은데도 이것을 풀지 못하니, 이러고도 오히려 나라에 人物이 있다고 하겠습니까? 눈물을 흘릴 만하다는 것이 이것입니다. 臣이 삼가 匈奴의 무리를 헤아려보건대 우리 漢나라의 하나의 큰 縣에 불과한데, 천하의 큼을 가지고 한 縣의 무리에게 곤욕을 당하니, 執事者들을 위하여 매우 부끄러워합니다. 폐하께서는 어찌하여 한번 臣을 屬國을 다스리는 관리로 삼아 匈奴를 주관하게 하지 않으십니까? 신의 계책을 시행한다면 반드시 單于의 목을 매어 그의 목숨을 제압하고, 中行說을 엎드리게 하여 그 등을 매질하며, 匈奴의 무리를 들어 오직 上께서 명령하시는 대로 따르게 하겠습니다."라고 하였다.

3) 高祖以三十萬衆 困於平城 : 漢나라 高祖가 직접 군대를 인솔하고 匈奴의 冒頓單于(묵특선우)를 공격했다가 平城 인근의 白登山에서 匈奴의 30만 대군에게 7일 동안이나 포위를 당하는 곤경에 빠졌던 일을 말한다. 이때 陳平이 계책을 내어 單于의 부인 閼氏(연지)에게 후한 뇌물을 써서 겨우 포위에서 풀려날 수 있었다. ≪史記 韓信列傳≫

4) 三表五餌 : 賈誼가 올린 匈奴에 대한 회유책으로, 다섯 가지 미끼와 세 가지 훌륭한 행실을 이른다. 盛服과 수레와 말을 주어서 그 눈〔目〕을 파괴하고, 아름다운 음식과 진귀한 맛으로 그 입〔口〕을 파괴하고, 음악과 미인으로 그 귀〔耳〕를 파괴하고, 높은 집과 큰 창고와 많은 노비로 그 배〔腹〕를 파괴하고, 와서 항복하는 자들을 황제가 직접 불러 보아 예우하고 친히 술을 따라주며 음식을 먹여주어서 그 마음〔心〕을 파괴하는 것이니, 이것이 다섯 가지 미끼이다. 남에

게 굴복하는 것을 좋아하고 남의 技藝를 좋아함은 仁한 道(仁道)이고, 信을 큰 操行으로 여김은 떳떳한 義(常義)이고, 사랑함에 진실이 있고 이미 허락한 것을 실천하는 것(然諾)이 三表이다. ≪漢書 賈誼傳≫

5) 中行說 : 匈奴의 冒頓單于가 죽고 아들 稽粥單于가 즉위하자, 文帝가 匈奴와의 화친을 도모하여 公主를 稽粥單于에게 시집보냈는데, 이때 宦者인 中行說로 하여금 공주를 시종하게 하였다. 中行說은 匈奴에 가는 것을 싫어하여 말하기를, "내가 그곳에 가면 반드시 배반하여 漢나라의 걱정거리가 될 것이다."라고 하였는데, 과연 中行說은 匈奴에 가자마자 漢나라를 배반하고 單于에게 항복하여 漢나라의 은밀한 일을 다 말해주어 漢나라의 큰 걱정거리가 되었다. ≪史記 匈奴傳≫

6) 趙括之輕秦 : 趙括은 戰國時代 趙나라 장군 趙奢의 아들이다. 性情이 경망하여 兵法을 배운 뒤 천하에 자기를 당할 자가 없다고 늘 자부하였으므로 아버지로부터 趙나라 군대를 망칠 사람은 틀림없이 括일 것이라는 경계를 받았다. 秦나라가 趙나라를 공격하여 長平에서 대치하였는데, 秦나라의 反間計에 따라 趙括이 廉頗 대신 장수가 되었으나 秦軍을 경시하다가 결국 秦나라 장군 白起에게 크게 패하여 자신은 죽고 趙軍 40만은 항복했다가 모두 구덩이에 묻혀 죽었다. ≪史記 廉頗藺相如傳≫

7) 李信之易楚 : 李信은 秦나라 장군이다. 秦始皇이 楚나라를 정벌하고자 하여 장수들에게 필요한 병력을 묻자, 王翦은 최소한 60만의 병력을 요구하였으나, 李信은 20만이면 충분하다고 대답하였다. 그 후 李信은 蒙恬과 함께 20만 병력을 이끌고 楚나라를 공격했다가 楚나라의 유인책에 걸려 대패를 당하고 말았다. ≪史記 白起王翦傳≫

使賈生嘗歷艱難이면 亦必自悔其說이요 用之晩歲면 其術必精이어늘 不幸喪亡하니 非意所及이니이다 不然이면 文帝豈棄材之主며 絳灌[1]이 豈蔽賢之士리잇가 至於晁錯[2]하야는 尤號刻薄하니이다 文帝之世에 止於太子家令이어늘 而景帝旣立하야 以爲御史大夫하니 申屠賢相[3]이 發憤而死하니이다 紛更政令하야 天下騷然하고 及至七國發難하야는 而錯之術亦窮矣하니 文景優劣을 於此可見이니이다

만일 賈生이 일찍이 어려운 일을 경험했더라면 또한 반드시 스스로 자기의 주장을 후회하였을 것이요, 만년에 등용되었다면 그 방법이 반드시 정밀했을 것인데 불행히

도 일찍 죽었으니, 예상 밖의 일이었습니다. 그렇지 않다면 文帝가 어찌 人才를 버리는 나쁜 군주이며, 絳侯 周勃과 灌嬰 등이 어찌 어진 이를 은폐하는 사람이겠습니까?

晁錯에 이르러는 더욱 각박하기로 이름났습니다. 그는 文帝 때에는 벼슬이 太子家令에 그쳤는데 景帝가 즉위하여 御史大夫로 삼으니, 어진 정승인 申屠嘉가 울분으로 죽었습니다. 晁錯는 政事와 명령을 어지러이 고쳐서 천하가 소란하였고, 7國이 난을 일으킴에 이르러서는 晁錯의 계책이 또한 곤궁하였으니, 文帝와 景帝의 우열을 여기에서 알 수 있습니다.

1) 絳灌 : 漢나라 高祖의 신하인 絳侯 周勃과 灌嬰의 병칭이다. 두 사람이 합심하여 呂氏 일족을 몰아내고 文帝를 옹립하여 漢나라 황실을 튼튼하게 하였다. 그러나 이들은 賈誼의 급진적인 개혁을 반대하였다. ≪史記 絳侯周勃世家≫, ≪史記 灌嬰列傳≫

2) 晁錯 : 晁는 '鼂'로도 쓰는데, 漢나라 文帝・景帝 때의 文臣이며 학자이다. 申不害, 商鞅 등의 刑名學을 배웠고 벼슬이 御史大夫에 이르렀다. 景帝 때에 御史大夫가 되자 제후들의 봉토를 삭감하여 제후들에게 미움을 샀다. 吳, 楚 등 7國이 晁錯의 죄를 따진다는 명목으로 반란을 일으키자, 景帝가 袁盎의 말을 받아들여 晁錯를 거리에서 참수하였다. ≪漢書 晁錯傳≫

3) 申屠賢相 : 申屠賢相은 어진 정승 申屠嘉를 가리킨다. 申屠嘉는 漢나라 高祖를 따라 출정하여 공을 세워 都尉가 되었고, 文帝 때에 丞相이 되어 故安侯에 봉해졌다. 사람됨이 淸廉하고 强直하여 私情이 통하지 않았다. 景帝 때에 晁錯가 用事하는 것을 미워하였는데, 晁錯가 宗廟의 담장을 허물자 이것을 문제 삼아 죽이려 하였으나 景帝가 끝내 그를 용서하였으므로, 분개하여 피를 토하고 죽었다. 諡號는 節이다. ≪漢書 申屠嘉傳≫

大抵名器爵祿[1)]은 人所奔趨니 必使積勞而後遷하야 以明持久而難得이면 則人各安其分하야 不敢躁求하리이다 今若多開驟進之門하야 使有意外之得이면 公卿侍從을 跬(규)步可圖하리이다 其得者는 旣不肯以僥倖自名이요 則不得者는 必皆以沈淪爲恨하리니 使天下常調[2)]로 擧生妄心하야 恥不若人이면 何所不至리오 欲望風俗之厚인들 豈可得哉리잇가

대저 名器와 爵祿은 사람들이 다투어 달려가는 것이니, 반드시 공로를 쌓은 뒤에 승진하게 해서 오랫동안 벼슬하게 하여 높은 벼슬을 얻기가 어렵다는 것을 밝힌다면, 사람마다 각기 자기 분수를 편안히 여겨서 감히 조급하게 구하지 않을 것입니다. 이제 만약 갑자기 승진하는 문을 많이 열어놓아 그들로 하여금 의외의 얻음이 있게 한다면 公卿과 侍從官을 한 걸음에 도모할 수 있을 것입니다.

벼슬을 얻은 자들은 자기가 요행으로 얻었다고 스스로 말하려 하지 않을 것이요, 벼슬을 얻지 못한 자들은 반드시 모두 자신이 침체되어 있는 것을 恨으로 여길 것입니다. 천하에 정상적으로 調用되는 자들로 하여금 모두 엉뚱한 생각을 내어 남만 못한 것을 부끄럽게 여기게 한다면 이들이 무슨 짓을 못하겠습니까? 이러고서 풍속이 후덕해지기를 바란들 어찌 될 수 있겠습니까?

1) 名器爵祿 : 名器는 신분의 귀천을 구별하는 爵號와 車馬, 衣服, 儀物 등을 말하며, 爵祿은 작위와 봉록을 이른다.
2) 常調 : 科擧를 통해 立身하여 정상적인 절차를 거쳐 調用되는 자들을 이른다.

**選人之改京官**을 **常須十年以上**하야 **荐更**(천경)**險阻**하고 **計析毫釐**하니 **其間一事蹔牙**면 **常至終身淪棄**하니이다 **今乃以一人之薦**으로 **擧而予之**호되 **猶恐未稱**하야 **章服隨至**하니 **使積勞久次而得者**로 **何以厭服哉**리잇가 **夫常調之人**은 **非守則令**이니이다 **員多闕少**하야 **久已患之**하니 **不可復開多門以待巧進**하니이다 **若巧者侵奪已甚**이면 **則拙者迫怵無聊**하리니 **利害相形**을 **不得不察**이니이다 **故**로 **近歲**에 **樸拙之人愈少**하고 **而巧進之士益多**하니 **惟陛下重之惜之**하시고 **哀之救之**하소서

科擧로 선발된 사람들이 京官이 되려면 항상 10년 이상을 기다립니다. 그리하여 거듭 어렵고 험한 일을 겪으며 아주 작은 일까지도 다 따지고 헤아리니, 그 사이에 한 가지 일이라도 잘못되면 항상 종신토록 버려지게 됩니다.

그런데 이제 한 사람의 천거로 이 사람들을 등용하여 높은 벼슬을 주면서 행여 걸맞지 못할까 염려하여 儀仗과 服飾이 뒤따르니, 공로를 쌓아서 오랫동안 차례를 기다려 얻는 자들을 어떻게 만족시키고 복종시킬 수 있겠습니까?

정상적으로 調用되는 사람들은 郡守가 아니면 縣令이 됩니다. 京官으로 오려는 사

람은 많고 결원은 적어서 예전부터 이것을 병통으로 여기고 있으니, 다시 많은 문을 열어놓아 약삭빠른 자들이 등용될 수 있게 해서는 안 됩니다. 만약 약삭빠른 자들이 자리를 빼앗는 것이 너무 심하게 되면 우직한 자들은 핍박받고 두려워서 의지할 데가 없게 될 것이니, 이로 인한 이해관계를 살피지 않으면 안 됩니다.

그러므로 근년에 질박하고 우직한 사람들은 더욱 적어지고 약삭빠르게 승진하는 인사들은 더욱 많아지니, 바라건대 폐하께서는 벼슬을 소중히 여겨 아끼시고 정상적으로 調用되는 사람들을 가엾게 여겨 구원하소서.

**如近日三司[1]獻言**하야 **使天下郡選一人**하야 **催驅三司文字**호되 **許之先次指射**(석)**以酬其勞**하니 **則其數年之後**에 **審官吏部 又有三百餘人得先占闕**하리니 **常調待次**가 **不其愈難**이리잇가 **此外**에 **勾當發運[2]均輸**하고 **按行農田水利**하야 **已振監司[3]之體**도 **各懷進用之心**하고 **轉對[4]者望以稱旨而驟遷**하고 **奏課[5]者求爲優等而速化**하야 **相勝以力**하고 **相高以言**하야 **而名實亂矣**리이다 **惟陛下以簡易爲法**하시고 **以清淨爲心**하사 **使姦無所緣**하고 **而民德歸厚**하소서 **臣之所願厚風俗者**는 **此之謂也**니이다

예컨대 근일에 三司(制置三司條例司)에서 건의하여, 천하로 하여금 郡마다 한 사람을 선발해서, 三司에서 내리는 문서를 지방에 독촉하게 하되, 이들에게 차례에 앞서 자신이 차후의 관직을 스스로 지정하게 하여 그 공로에 보답할 것을 허락하였으니, 몇 년 뒤에는 관리임용을 관장하는 吏部에서 또 3백여 명이 먼저 결원이 나는 자리를 차지하게 될 것입니다. 이렇게 되면 정상적으로 調用되어 차례를 기다리는 자들이 벼슬을 얻기가 더욱 어려워지지 않겠습니까?

이 밖에 發運과 均輸의 일을 담당하고 農田과 水利를 조사하여 監司의 체통을 떨친 자들도 각각 등용될 마음을 품을 것이며, 轉對하는 자들도 임금의 뜻에 잘 부응해서 빨리 승진되기를 바라고, 考課를 아뢰는 자들도 優等의 考課를 받아 속히 승진되기를 구하여, 서로 힘으로써 이기고 말로써 높여 名과 實이 혼란해질 것입니다.

바라건대 폐하께서는 간략함을 법으로 삼고 淸淨함을 마음으로 삼아서 간사한 자들이 의지할 곳이 없게 하고 백성의 덕(마음)이 후덕함에 돌아가게 하소서. 臣이 風俗을 후하게 하기를 바란다는 것은 이것을 말하는 것입니다.

1) 三司 : 여기서는 새로 설치한 制置三司條例司를 가리킨 것이다.
2) 勾當發運 : 勾當은 담당과 같으며, 發運은 均輸法의 시행을 위해 화물을 운반함을 이른다.
3) 監司 : 각 路의 轉運使司와 提點刑獄司, 安撫使司를 총칭한 것이다.
4) 轉對 : 百官이 교대로 궁중에 들어가 임금의 질문에 응대하고 時政을 아뢰며 進言하는 일을 이른다. 輪對라고도 한다.
5) 奏課 : 官長들이 자기가 관장하는 관리들의 근무성적을 임금에게 보고하는 일을 이른다.

古者建國에 使內外相制하고 輕重相權하니이다 如周如唐은 則外重而內輕[1]하고 如秦如魏는 則外輕而內重[2]하니 內重之末은 必有姦臣指鹿之患[3]하고 外重之弊는 必有大國問鼎之憂[4]라 聖人이 方盛而慮衰하사 當先立法以救弊하니이다 國家는 租賦를 籍於計省[5]하고 重兵을 聚於京師하니 以古揆今이면 則似內重하니이다

옛날 나라를 세울 적에는 內(중앙)와 外(지방)가 서로 견제하고 권력의 輕重을 서로 저울질하게 하였습니다. 예컨대 周나라와 唐나라는 外가 중하고 內가 가벼웠고 秦나라와 魏나라는 外가 가볍고 內가 중하였으니, 內가 중한 末流에는 반드시 간신이 사슴을 가리켜 말이라고 하는 병통이 있게 되고, 外가 중한 폐단은 반드시 강성한 제후국들이 천자의 자리를 엿보는 우환이 있게 됩니다.

聖人은 한창 성할 적에 쇠할 경우를 미리 염려해서 마땅히 먼저 法을 세워 그 폐단을 바로잡습니다.

우리 宋나라는 조세를 計省에서 관리하고 많은 병력을 도성에 모아두었으니, 옛날에 비추어 지금을 헤아려보면 內가 중한 듯합니다.

1) 如周如唐 則外重而內輕 : 周나라는 원래 封建國家로 제후들을 많이 봉하였는데, 말엽인 戰國時代에는 일곱 제후국이 天子國인 周나라를 무시하고 천하를 다투었다. 唐나라 말엽은 藩鎭이 발호하여 천자의 권한이 땅에 떨어져 떨치지 못하였으므로 이렇게 말한 것이다.
2) 如秦如魏 則外輕而內重 : 秦나라와 魏나라는 중앙집권제로 모든 권한이 중앙에 있었으므로 이렇게 말한 것이다.

3) 姦臣指鹿之患 : 指鹿은 秦나라 二世皇帝인 胡亥에게 趙高가 사슴을 바치며 말이라고 했던 '指鹿爲馬'의 故事를 가리킨다. 趙高가 二世皇帝에게 사슴을 바치면서 말이라고 말하자, 二世皇帝가 신하들에게 물었는데, 사슴이라고 바르게 말하는 자도 있었고, 趙高의 비위를 거스르기 어려워 침묵을 지키거나 말이라고 대답하는 자도 있었다. 그 후 趙高는 당시 사슴이라고 말한 자들을 골라 은밀히 제거하니, 이후로 감히 趙高의 말을 거역하는 자가 없게 되었다. ≪史記 秦始皇本紀≫ 여기서는 간신이 권력을 독단함을 비유하여 말한 것이다.

4) 大國問鼎之憂 : 問鼎은 諸侯가 천자 나라를 넘보는 것을 의미한다. ≪春秋左氏傳≫ 宣公 3년조에 "楚子가 陸渾의 戎을 토벌하고 周나라 경내에서 군대를 진열하여 위용을 과시하니, 定王이 王孫滿을 보내어 楚子를 위로하였다. 楚子가 王孫滿에게 솥의 大小와 輕重을 묻자, 王孫滿은 '王者가 되는 것은 德에 달려 있는 것이지 솥에 달린 것이 아니다.……周나라 德이 비록 쇠하였으나 天命이 바뀌지 않았으니, 솥의 경중은 물을 것이 아니다.'라고 대답했다."라고 하였다. 솥은 夏나라 禹王이 治山治水를 끝내고 주조했다는 九鼎으로, 三代를 전해 내려오던 傳國의 보물로 국가의 상징물인데, 楚子가 輕重을 물은 것은 王者의 자리를 넘보는 뜻이 있으므로 王孫滿이 이렇게 대답한 것이다. 楚子는 楚나라 莊王을 가리킨 것이다.

5) 計省 : 나라의 財政을 맡은 三司, 곧 鹽鐵司·度支司·戶部司를 이른다.

恭惟祖宗所以深計而預圖를 固非小臣所能億(臆)度(탁)而周知니이다 然이나 觀其委任臺諫[1]之一端하면 則是聖人過防之至計니이다 歷觀秦漢以及五代히 諫諍而死 蓋數百人이나 而自建隆[2]以來로 未嘗罪一言者하고 縱有薄責이라도 旋卽超陞하며 許以風聞하고 而無官長하야 風采所繫[3]는 不問尊卑하야 言及乘輿면 則天子改容하고 事關廊廟[4]면 則宰相待罪하나니이다 故로 仁宗之世에 議者譏宰相但奉行臺諫風旨[5]而已라하니 聖人深意를 流俗豈知리잇가 擢用臺諫이 固未必皆賢이요 所言이 亦未必皆是라 然이나 須養其銳氣而借之重權者는 豈徒然哉리잇가 將以折姦臣之萌하야 而救內重之弊也일새니이다

공손히 생각하건대, 祖宗께서 깊이 헤아리시고 미리 도모하신 것은 진실로 小臣들

이 臆測하여 두루 알 수 있는 바가 아닙니다. 그러나 臺諫들에게 권한을 위임한 한 가지 일을 보면 이는 聖人들이 엄밀하게 방비한 지극한 계책이었습니다.

臣이 차례로 살펴보건대 秦·漢 이래로 五代時代에 이르기까지 간쟁하다가 죽은 이가 수백 명이었는데, 우리 宋나라는 建隆 연간 이래로 한 사람도 간쟁한 자를 죄준 적이 없고 비록 경미한 견책이 있더라도 곧바로 높이 승진시켰으며, 風聞을 채집하여 조사하는 것을 허락하고 이것을 제재하는 長官도 없어서 風聞으로 채집한 내용에 관계되면 지위의 높고 낮음을 묻지 않고 탄핵하게 하였습니다. 그리하여 말이 천자에게 미치면 천자가 용모를 고치고, 일이 廊廟(의정부)에 관계되면 재상들이 待罪를 하였습니다.

그러므로 仁宗 때에 의논하는 자들은 "재상들이 다만 臺諫들의 뜻을 받들어 시행할 뿐이다."라고 비난하기까지 하였으니, 聖人의 깊은 뜻을 세속 사람들이 어찌 알겠습니까?

발탁하여 등용한 臺諫들이 진실로 반드시 다 어진 것도 아니요 말한 바가 또한 반드시 다 옳은 것도 아니었으나, 반드시 그 銳氣를 길러서 막중한 권한을 빌려주었으니, 어찌 이유 없이 그랬겠습니까? 장차 姦臣이 싹트는 것을 꺾어 內가 중한 폐단을 바로잡으려고 했던 것입니다.

1) 臺諫 : 臺官과 諫官의 총칭이다. 臺官은 御史臺의 관원으로 侍御史·殿中侍御史·監察御史를 이르고, 諫官은 諫院의 관원으로 諫議大夫·拾遺·補闕·司諫·左右正言 등을 이른다.
2) 建隆 : 宋나라 太祖 趙匡胤의 年號(960~962)이다.
3) 風采所繫 : 風采는 御史들이 풍문으로 들어 채집한 내용을 기록한 詞狀을 이른다.
4) 廊廟 : 大臣들의 집무처로 朝廷을 가리키는바, 조선조의 議政府와 같은 곳이다.
5) 風旨 : 상대방의 意中을 이른다.

夫姦臣之始에는 以臺諫折之而有餘나 及其旣成하야는 以干戈取之而不足하니이다 今法令嚴密하고 朝廷淸明하니 所謂姦臣은 萬無此理하니이다 然이나 養猫는 所以去鼠니 不可以無鼠而養不捕之貓하고 畜狗는 所以防姦이니 不可以無姦而畜不吠之狗하니 陛下得不上念祖宗設此官之意하시고 下爲子孫立萬歲之防이시릿가 朝廷紀綱이 孰大

於此리오

姦臣이 처음 발호할 때에는 臺諫으로 충분히 꺾을 수 있으나, 이미 간신의 지위가 확고해지고 나면 창과 방패로 취하여도 부족합니다. 지금 법령이 엄밀하고 조정이 깨끗하니, 이른바 간신이라는 것은 생겨날 리가 전혀 없습니다. 그러나 고양이를 기르는 것은 쥐를 없애기 위한 것이니, 쥐가 없다고 해서 쥐를 잡지 않는 고양이를 길러서는 안 되고, 개를 기르는 것은 간사한 도둑을 막기 위한 것이니, 간사한 도둑이 없다고 해서 짖지 않는 개를 길러서는 안 됩니다.

폐하께서는 위로 祖宗이 諫官을 설치한 뜻을 생각하시지 않고 아래로 자손을 위하여 萬世의 방비를 세우지 않으실 수 있겠습니까? 조정의 기강이 무엇이 이보다 크겠습니까?

臣自幼小所記와 及聞長老之談하니 皆謂臺諫所言은 常隨天下公議하야 公議所與를 臺諫亦與之하고 公議所擊을 臺諫亦擊之하니이다 及至英廟之初하야 始建稱親之議[1)]하니 本非人主大過요 亦無禮典明文이로되 徒以衆心未安하고 公議不允이라하야 當時臺諫이 以死爭之하니이다

臣이 어릴 때부터 기억하고 있는 것과 장로들로부터 들은 말은, 모두 "臺諫들이 조정에서 말하는 것은 항상 천하의 공론을 따라서, 공론이 인정하는 바를 臺諫이 또한 인정하고 공론이 공격하는 바를 臺諫이 또한 공격한다."라고 하였습니다.

英宗 初年에 이르러 처음으로 生父를 어버이라고 칭하는 의논을 세우니, 이것은 본래 군주의 큰 잘못이 아니고 또한 禮典에 분명한 글이 없었는데도, 다만 사람들의 마음이 편안해 하지 않고 公論이 인정하지 않는다 하여 당시 臺諫들이 죽음을 무릅쓰고 간쟁하였습니다.

1) 英廟之初 始建稱親之議 : 宋나라 仁宗이 後嗣가 없이 죽자, 從兄인 濮安懿王 允讓의 아들 趙曙로 뒤를 잇게 하니, 바로 英宗이다. 英宗이 즉위한 다음 해에 조칙을 내려 生父 濮安懿王의 崇封 문제를 의논하면서 韓琦, 歐陽脩 등의 의논을 받아들여 濮安懿王을 皇考라 칭하고자 하였다. 이에 范純仁, 呂誨, 呂大防 등은 仁宗을 皇考라 부르고 濮安懿王을 皇伯이라 불러야 한다고 반대하여 큰

분쟁이 일어났다. ≪宋史 英宗本紀≫

今者에 物論沸騰하고 怨讟交至하니 公議所在를 亦可知矣어늘 而相顧不發하니 中外失望하니이다 夫彈劾積威之後에는 雖庸人이라도 亦可以奮揚하고 風采消委之餘에 雖豪傑이라도 有所不能振起하니 臣恐 自玆以往으로 習慣成風하야 盡爲執政私人하야 以致人主孤立하니 紀綱一廢면 何事不生이리잇가

지금 新法에 대한 여론이 비등하고 원망과 비방이 함께 이르고 있으니, 공론의 所在를 또한 알 수 있습니다. 그런데 臺諫들이 서로 돌아보고 말을 못하니, 이 때문에 中外에서 실망하고 있습니다.

탄핵하여 위엄을 쌓은 뒤에는 비록 용렬한 諫官이라도 기세를 떨칠 수 있고, 風聞으로 채집하는 것이 사라지고 시든 뒤에는 비록 호걸스러운 諫官이라도 떨치고 일어나지 못하는 경우가 있습니다. 臣은 이후로 이런 습관이 풍조를 이루어 臺諫들이 모두 執政大臣의 사사로운 사람이 되어서 군주가 고립될까 두려우니, 기강이 한번 무너지면 무슨 일인들 생기지 않겠습니까?

孔子曰 鄙夫는 可與事君也歟哉아 其未得之也엔 患不得之하고 既得之엔 患失之하나니 苟患失之면 無所不至矣[1]라하시니이다 臣始讀此書하고 疑其太過하야 以爲 鄙夫之患失은 不過備位而苟容이라하니이다 及觀李斯憂蒙恬之奪其權[2]하야 則立二世以亡秦하고 盧杞憂懷光之數其惡[3]하야 則誤德宗以再亂하니 其心이 本生於患失이로되 而其禍乃至於喪邦하니 孔子之言이 良不爲過로소이다

孔子께서 말씀하시기를 "비루한 사람과는 더불어 君主를 섬길 수 있겠는가? 지위를 얻기 전에는 지위를 얻지 못할까를 걱정하고 지위를 얻고 나서는 잃을 것을 걱정하니, 만일 지위를 잃을 것을 걱정한다면 못하는 짓이 없게 된다."라고 하셨습니다.

臣은 처음 이 글을 읽고 너무 지나친 말씀이 아닌가 하고 의심하여 '비루한 사람들이 지위를 잃을 것을 걱정함은 그저 자신들이 자리나 차지하여 구차히 용납되려는 데 불과할 뿐이다.'라고 생각하였습니다. 그러다가 李斯는 蒙恬이 자기의 권력을 빼앗을 것을 걱정하여 二世皇帝를 세워 秦나라를 망하게 하고, 唐나라 盧杞는 李懷光이 자기 죄

악을 일일이 들추어 논죄할 것을 근심하여 德宗을 오도해서 재차 亂이 일어나게 한 것을 보니, 그 마음은 본래 지위를 잃을 것을 걱정함에서 생겼는데, 그 禍는 마침내 나라를 망침에 이르렀습니다. 孔子의 말씀이 진실로 지나친 것이 아니었습니다.

1) 孔子曰……無所不至矣 : 이 내용은 ≪論語≫ 〈陽貨〉에 보인다.

2) 李斯憂蒙恬之奪其權 : 李斯는 楚나라 사람으로 荀卿에게서 수학하고 秦나라에 가서 客卿이 되어 法治主義로 국정을 다스려 始皇帝의 천하통일을 도왔으며, 그 공으로 丞相의 지위에 올랐다. 封建制를 폐지하고 郡縣制를 실시하였으며, 문자를 통일하여 小篆을 제정하는 등 왕업의 기초를 닦았으나, 始皇帝가 죽었을 때, 간신 趙高의 말을 따라 始皇帝의 詔書를 위조하여 太子 扶蘇와 장군 蒙恬을 죽이고 二世皇帝 胡亥를 세우는 데 결정적인 역할을 하였다. 蒙恬은 始皇帝의 측근 장군으로 천하통일 후 군사 30만 명을 거느리고 북쪽 변경을 경비하는 총사령관으로서 上郡(現 陝西省 膚施縣)에 주둔하여 萬里長城을 쌓고 있었다. 또 太子 扶蘇는 始皇帝에게 간언을 하다가 蒙恬軍의 監軍으로 쫓겨나 있었다. 이에 趙高는 扶蘇가 황제가 되면 蒙恬이 재상이 되고 李斯는 쫓겨날 것이라고 설득하여 李斯를 謀議에 끌어들일 수 있었다. ≪史記 李斯列傳≫, ≪史記 蒙恬列傳≫

3) 盧杞憂懷光之數其惡 : 盧杞는 唐나라 德宗 때의 文臣이다. 字가 子良으로 구변이 뛰어났으나 성격이 음험하고 간사한 소인이다. 崔祐甫가 죽은 뒤, 재상으로 발탁되자 충신들을 모함하여 무수히 죽였으며, 권세를 굳히기 위해 가혹한 政事를 펴서 마침내 朱泚의 난이 일어나 德宗이 奉天으로 파천하게 만들었다. 李懷光은 당시 朔方節度使였는데, 朱泚의 반군이 奉天을 포위하여 德宗이 위기에 처하자, 蒲城으로부터 군대를 이끌고 달려와 朱泚의 군대를 醴泉에서 패퇴시키고 德宗을 구하였다. 李懷光은 재상 盧杞를 죽여 정사를 바로잡아야 함을 자주 말하였는데, 盧杞가 이를 두려워하여 李懷光이 조정으로 들어오지 못하도록 모함하자, 李懷光은 이에 노하여 스스로 난을 일으켜 朱泚의 반란군에 합류하였다가 朱泚의 난이 평정된 후 토벌군이 이르자 자살하였다. ≪唐書 德宗本紀≫

**是以**로 **知爲國者 平居**에 **必常有忘軀犯顔之士**면 **則臨難**하야 **庶幾有徇義守死之臣**하니이다 **若平居**에 **尙不能一言**이면 **則臨難**에 **何以責其死節**이리잇가 **人臣**이 **苟皆如此**하면

天下亦曰殆哉리이다 君子는 和而不同하고 小人은 同而不和[1)]하나니 和는 如和羹하고 同은 如濟水[2)]하니이다 故로 孫寶[3)]有言 周公大聖이요 召公大賢이로되 猶不相悅하야 著於經典이나 兩不相損이라하니이다

이 때문에 나라를 다스리는 자가 평소에 항상 '자기 몸을 잊고 直諫하는 선비'를 조정에 두면 國難이 있을 때를 당하여 거의 의리를 따라 죽음으로써 나라를 지키는 신하가 있게 됨을 알게 되었습니다. 만약 평소에 한마디 말도 못한다면 國難이 있을 때에 그가 忠節에 죽기를 어찌 바랄 수 있겠습니까? 신하들이 모두 이와 같다면 천하가 또한 위태로워질 것입니다.

君子는 남과 화합하되 부화뇌동하지 않고 小人은 부화뇌동하되 화합하지 않으니, '和'는 국에 간을 맞추는 것과 같고 '同'은 물에 물을 더하는 것과 같습니다. 그러므로 孫寶가 말하기를 "周公은 大聖人이시고 召公은 大賢人이셨는데도 서로 좋아하지 않아서 이러한 내용이 經典에까지 나왔으나, 두 분 모두 서로 덕망이 줄어들지는 않았다."라고 하였습니다.

1) 君子……同而不和 : 이 내용은 ≪論語≫ 〈子路〉에 보인다.

2) 和如和羹 同如濟水 : 和羹은 국에 간을 맞추는 것이고, 濟水는 '以水濟水'로 물에다가 물을 더함을 이른다. ≪晏子春秋≫에 齊나라 景公이 자기 의견에 동조하는 梁丘據를 보고 晏嬰에게 "梁丘據는 나와 和하다."라고 하자, 晏嬰이 이르기를 "梁丘據는 同이라고 하여야 하니 어찌 和가 될 수 있겠습니까? 임금이 可라고 말씀하시는 것 중에 否가 있으면 신하가 否라는 의견을 올려서 그 可함을 이루어야 하고, 임금이 否라고 하시더라도 可함이 있으면 신하가 그 可하다는 의견을 올려서 그 否를 없애야 하니, 이 때문에 정사가 공평하여 백성들이 범하지 않는 것입니다. 그런데 지금 梁丘據는 그렇지 않아 임금이 可라고 하시면 可라고 찬성하고, 임금이 否라고 하시면 또한 否라고 하니, 이는 마치 물에 물을 탄 것과 같으니 누가 그것을 먹겠습니까?"라고 하였다. 和는 원래 음식의 간을 맞춰 조화를 이루는 것으로 사람도 옳고 그름을 따져서 조화롭게 함을 이르며, 同은 부화뇌동하여 무조건 윗사람의 의견을 따름을 이른다. ≪晏子春秋≫는 春秋時代 齊나라의 명재상인 晏嬰이 지은 책이며, 晏嬰의 字는 平仲이다.

3) 孫寶 : 漢나라 哀帝·平帝 때의 文臣으로 字가 子嚴이며, 京兆尹과 大司農을 지

냈다. 平帝 때에 간신인 太師 孔光과 大司徒 馬宮 등이 王莽의 공덕을 칭송하여 周公에 견주며 종묘에 告祀할 것을 청하였는데, 孫寶가 이에 반대하여 말하기를 "周公은 大聖人이시고 召公은 大賢人이셨는데도 서로 좋아하지 않아서 이러한 내용이 經典에까지 나왔으나, 두 분 모두 서로 덕망이 줄어들지는 않았다. 지금 일이 있을 때마다 여러 신하들이 한 목소리로 王莽의 공덕을 칭송하나, 그의 잘못을 비난하는 자가 없을 수 있겠는가?"라고 하였다. 이로 말미암아 이 의논이 중지되었다. ≪漢書 孫寶傳≫ 周公과 召公은 모두 周나라 초기의 정승으로 周公은 이름이 旦이고 召公은 이름이 奭인데, ≪書經≫ 〈周書 召誥〉는 바로 周公이 召公을 설득하기 위하여 지은 글이라 한다.

**晉之王導**[1)]는 **可謂元臣**[2)]이라 **每與客言**에 **擧坐稱善**이로되 **而王述**[3)]**不悅**하야 **以爲 人非堯舜**인댄 **安得每事盡善**이리오하니 **導亦斂**衽**謝之**하니이다 **若使言無不同**하고 **意無不合**하야 **更**(경)**唱迭和**면 **何者非賢**이리잇가 **萬一有小人居其間**이면 **則人主何緣知覺**이리잇가 **臣之所謂願存紀綱者**는 **此之謂也**니이다

晉나라의 王導는 元勳이 있는 대신이라고 이를 만하였습니다. 매번 손님들과 말할 적에 좌중의 모든 사람들이 그를 잘한다고 칭찬하였으나, 王述은 기뻐하지 않으며 이르기를 "사람이 堯·舜이 아닌데 어찌 매사를 다 잘하겠는가?"라고 하니, 王導 또한 옷깃을 여미고 사례하였습니다.

만일 조정에 말이 똑같지 않음이 없고 의견이 부합하지 않음이 없어서 번갈아 선창하고 화답한다면 누군들 어진 이가 아니겠습니까? 만일 소인이 그 사이에 끼어 있게 된다면 군주가 어떻게 이런 내용을 알겠습니까? 臣이 말하는 "기강을 보존하기를 원한다."는 것은 이것을 말하는 것입니다.

1) 王導 : 晉나라의 명재상으로 臨沂 사람이며 字는 茂弘이고 諡號는 文獻이다. 元帝가 琅邪王으로 있을 때부터 그를 도와 帝位에 오르는 데 큰 功을 세웠고 뒤이어 丞相이 되었으며, 元帝의 遺詔를 받들어 明帝, 成帝를 보필하였다. 元帝 때에 그의 從兄인 征南大將軍 王敦이 江東을 진압한 功을 믿고 권력을 전횡하다가 武昌의 난을 일으켜 王氏가 멸족당할 위기에 처해지자, 일족 20여 명을 거느리고 매일같이 待罪함으로써 元帝의 신임을 다시 얻어 큰 공신이 되었

다. ≪晉書 王導傳≫

2) 元臣 : 나라에 큰 공이 있는 重臣을 이른다.

3) 王述 : 晉나라 成帝 때의 문신으로 字는 懷祖이며 太原 晉陽 사람이다. 청렴하고 강직하여 재물에 뜻이 없었으며 곧은 말을 잘하였다. 벼슬이 臨海太守, 揚州刺史 등을 거쳐 尙書令에 이르렀다.

**臣**이 **非敢歷詆新政**하야 **苟爲議論**이니이다 **如近日裁減皇族恩例**[1]하시고 **刊定任子**[2]**條式**하시며 **修完器械**하고 **閱習鼓旗**[3]는 **皆陛下神筭之至明**이요 **乾剛之必斷**이니이다 **物議旣允**하니 **臣敢有辭**이리잇가 **然**이나 **至於所獻之三言**하야는 **則非臣之私見**이요 **中外所病**이니 **其誰不知**리잇가

臣이 감히 새로운 政事(新法)를 낱낱이 비방하여 구차히 의논하려는 것이 아닙니다. 예컨대 근래에 皇族에게 내리는 準例(恩例)를 줄이고 任子의 규정을 개정하시며 병기를 수리하여 완전하게 하고 깃발과 북을 이용하여 군대의 지휘체계를 검열하고 익히게 하신 것들은 모두 폐하께서 신묘하게 계산하신 지극히 현명하신 조처이고 乾의 强健함으로 반드시 결단하신 것입니다. 여론이 이미 인정하고 있으니, 신이 감히 다른 말을 하겠습니까?

그러나 제가 위에서 올린 세 가지 말씀에 이르러서는 臣의 私見이 아니요 中外에서 모두 병통으로 여기는 바이니, 그 누가 이것을 모르겠습니까?

1) 近日裁減皇族恩例 : 恩例는 국가에서 皇族에게 준례로 내리는 특혜를 이른다. 熙寧 2년(1069)에 神宗은 宗室授官法을 제정하여 皇族에게 내리는 恩例를 제한하였는바, 宣祖(宋 太祖 趙匡胤의 아버지)와 太祖・太宗의 자손만 國公으로 봉하여 대를 잇게 하였고, 그 나머지 玄孫의 자손들에게는 外職만을 허용하였으며, 喪服이 끊긴 자손들에게는 벼슬을 주지 않고 대신 과거에 응시할 수 있도록 허용하였다.

2) 任子 : 천자가 郊祀에 祭天의식을 거행하거나 큰 경사가 있을 때에 재상의 자손들에게 蔭職으로 벼슬을 내리는 제도이다.

3) 閱習鼓旗 : 군대를 검열하고 훈련시키는 것을 이른다. 鼓旗는 군중에서 지휘하는 북과 깃발의 신호체계를 이른다.

昔에 禹戒舜曰 無若丹朱傲하야 惟慢游是好[1)]하소서하니 舜豈有是哉리잇가 周公戒成王曰 無若商王受之迷亂하야 酗於酒德哉[2)]하소서하니 成王豈有是哉리잇가 周昌은 以漢高爲桀紂[3)]하고 劉毅는 以晉武爲桓靈[4)]하나 當時人君이 曾莫之罪하고 而書之史冊하야 以爲美談하니이다 使臣所獻三言이 皆朝廷未嘗有此면 則天下之幸이니 臣與有焉이요 若有萬一似之면 則陛下安可不察이리잇가

옛날 禹임금이 舜임금에게 경계하시기를 "丹朱처럼 오만하여 태만하게 노는 것을 좋아하지 마십시오."라고 하셨으니, 舜임금이 어찌 이런 일이 있으셨겠습니까? 周公이 成王에게 경계하시기를 "商王 受와 같이 혼미하고 어지러워서 술에 빠지지 마십시오."라고 하셨으니, 成王이 어찌 이런 일이 있으셨겠습니까? 周昌은 漢나라 高祖를 桀・紂와 같은 폭군이라고 비난하였고, 劉毅는 晉나라 武帝를 漢나라 桓帝・靈帝과 같은 庸君이라고 비난하였으나, 당시의 군주들이 일찍이 이들을 처벌한 적이 없고 이것을 역사책에 써서 미담으로 삼고 있습니다.

만일 臣이 올린 세 가지 말씀이 모두 조정에 일찍이 이러한 일이 없었다면 이것은 천하의 다행이니 臣 또한 다행함이 있을 것이요, 만약 萬에 하나 이와 유사한 것이 있게 된다면 폐하께서 어찌 살피시지 않을 수 있겠습니까?

1) 禹戒舜……惟慢游是好 : 丹朱는 堯帝의 아들로 不肖하여 帝位를 계승하지 못하였는바, 이 내용은 ≪書經≫ 〈虞書 益稷〉에 보인다.
2) 周公戒成王曰……酗於酒德哉 : 商王 受는 紂王으로 이 내용은 ≪書經≫ 〈周書 無逸〉에 보인다.
3) 周昌以漢高爲桀紂 : 周昌은 沛縣 사람으로 성격이 강직하고 말을 몹시 더듬었으나 直諫을 잘하였으며, 漢나라 高祖를 따라 출전하여 군공을 세워 御史大夫가 되고 汾陰侯에 봉해졌다. 한 번은 그가 일을 아뢰기 위해 궁궐로 들어갔는데, 高祖가 애첩인 戚姬를 끌어안은 채 자신을 맞이하자, "폐하는 桀・紂와 같은 폭군입니다."라고 직간하였다. ≪漢書 周昌傳≫
4) 劉毅以晉武爲桓靈 : 劉毅는 晉나라 武帝 때의 名臣으로 字는 仲雄이고 벼슬이 左僕射에 이르렀다. 그는 부귀를 草芥처럼 여기고 기개가 높아 直諫을 잘하였다. 어느 날 武帝가 자신을 漢나라 황제 중 누구에게 비길 수 있겠느냐고 묻자, 劉毅는 서슴없이 桓帝나 靈帝라고 대답하였다. 武帝가 화를 내자, 劉毅가 말하

기를 "漢나라의 桓帝와 靈帝는 벼슬을 팔면 그 돈이 官庫로 들어갔는데, 폐하는 벼슬을 팔면 그 돈이 私門으로 들어가니, 이를 들어 말한다면 폐하께서는 그들만 못합니다."라고 하였다. 桓帝와 靈帝는 東漢 말기의 昏君으로 賣官賣職을 하고 宦官들에게 휘둘려 黨錮의 禍를 일으켜 수많은 名士들을 죽이거나 귀양 보냈다. ≪晉書 劉毅列傳≫

**然而臣之爲計**는 **可謂愚矣**니이다 **以螻蟻之命**으로 **試雷霆之威**하야 **積其狂愚**하니 **豈可屢赦**리잇가 **大則身首異處**하고 **破壞家門**이요 **小則削籍投荒**하야 **流離道路**하리이다 **雖然**이나 **陛下必不爲此**하시리이다 **何也**오 **臣**은 **天賦至愚**하야 **篤於自信**이니이다

그러나 臣의 계책은 어리석다고 말할 만합니다. 개미나 땅강아지 같은 하찮은 목숨으로 우레와 같은 폐하의 위엄을 시험하여 미친 짓과 어리석은 짓을 거듭하고 있으니, 어찌 번번이 용서해주실 수 있겠습니까? 크게는 참형을 당하여 목이 몸과 다른 곳에 처해지고 가문이 파괴될 것이요, 작게는 仕籍에서 삭제되어 먼 곳으로 귀양 가서 도로에서 떠돌아다니게 될 것입니다. 그러나 폐하께서는 반드시 이렇게 하지 않으실 것입니다. 어째서이겠습니까? 臣은 천성이 지극히 어리석어서 폐하께서 처벌하지 않으실 것을 깊이 믿어 의심치 않습니다.

**向者與議學校貢擧**[1)]에 **首違大臣**[2)]**本意**하야 **已期竄逐**하니 **敢意自全**이리잇가 **而陛下獨然其言**하사 **曲賜召對**하야 **從容久之**하시고 **至謂臣曰 方今政令得失**이 **安在**오 **雖朕過失**이라도 **指陳**이 **可也**라하시니 **臣卽對曰 陛下生知之性**으로 **天縱文武**[3)]시니 **不患不明**하고 **不患不勤**하고 **不患不斷**이요 **但患求治太速**하고 **進人太銳**하고 **聽言太廣**이라하니이다 **又俾具述所以然之狀**하시고 **陛下頷之曰 卿所獻三言**을 **朕當熟思之**호리라하시니이다 **臣之狂愚 非獨今日**이로되 **陛下容之久矣**하시니 **豈有容之於始而不赦之於終**이리잇가 **恃此而言**하야 **所以不懼**하노이다

지난번에 學校 貢擧의 의논에 참여했을 적에 臣이 첫 번째로 大臣(王安石)의 本意를 어기고는 귀양 가고 쫓겨날 것을 이미 예상하고 있었으니, 감히 스스로 온전하기를 바랐겠습니까? 그런데도 폐하께서 홀로 臣의 말을 옳게 여기셔서 곡진하게 召對

해주시어 오랫동안 간곡하게 말씀하셨고, 심지어는 臣에게 이르시기를 "지금 政令의 잘잘못이 어디에 있는가? 비록 짐의 과실이라도 솔직히 지적하여 아뢰는 것이 可하다."라고 하셨습니다.

臣이 즉시 대답하기를 "폐하께서는 生而知之의 성품(자질)으로 하늘이 내신 文武兼全의 재주이시니, 밝지 못함이 염려가 되지 않고 부지런하지 못함이 염려가 되지 않고 결단하지 못함이 염려가 되지 않고, 다만 다스림을 너무 급히 바라시고 사람을 등용하기를 너무 빨리하시고 남의 말을 듣기를 너무 널리 하시는 것이 문제가 됩니다."라고 하였습니다.

그러자 폐하께서는 또다시 臣으로 하여금 상황이 이렇게 되는 이유를 자세히 진술하게 하시고, 턱을 끄덕이며 말씀하시기를 "경이 올린 세 가지 말을 짐이 마땅히 익숙히 생각해보겠다."라고 하셨습니다.

臣의 미치고 어리석은 짓이 비단 오늘뿐만이 아닌데도 폐하께서 포용하신 지가 오래되었으니, 어찌 처음에는 포용하셨다가 끝에는 용서하지 않으실 리가 있겠습니까? 臣이 이것을 믿고 말씀드리기 때문에 두려워하지 않는 것입니다.

1) 向者與議學校貢擧 : 이 내용은 본서의 권4 〈議學校貢擧箚子〉에 자세히 보인다.
2) 大臣 : 당시 집정하고 있던 王安石을 이른다.
3) 陛下生知之性 天縱文武 : 生知는 生而知之의 준말로 이 말은 ≪論語≫ 〈述而〉에 '我非生而知之者'라고 보이는데, 尹氏(尹焞)의 注에 "孔子는 나면서부터 저절로 아신 聖人이다."라고 하였으며, 性은 타고난 자질을 이른다. 天縱은 ≪論語≫ 〈子罕〉에 '天縱之將聖'이라고 보이는데, 朱子의 注에 "縱은 肆(풀어놓다)와 같으니 한량을 하지 못함을 말한다.〔縱猶肆 言不爲限量也〕"라고 하였다. 이후로 天縱은 '하늘이 내시어 한량할 수 없는 뛰어남'을 이르게 되었다. 文武는 文德과 武勇을 겸비함을 이른다.

臣之所懼者는 譏刺既衆하고 怨仇實多하야 必將詆臣以深文하고 中臣以危法하야 使陛下雖欲赦臣이나 而不可得이니 豈不殆哉리잇가 死亡不辭나 但恐天下以臣爲戒하야 無復言者니이다 是以로 思之經月하고 夜以繼日하야 書成復毀 至於再三하니이다 感陛下聽其一言하야 懷不能已하야 卒進其說하오니 惟陛下憐其愚忠而卒赦之하소서 不勝俯

**伏待罪**하야 **憂恐之至**하노이다

臣이 두려워하는 것은 臣을 비난하는 자들이 이미 많고 원수들이 실로 많아서 반드시 장차 臣을 아주 까다로운 法條文으로 비방하고 臣을 가혹한 법으로 모함해서, 폐하께서 비록 臣을 용서하고자 하시더라도 할 수 없게 만드는 것이니, 어찌 위태롭지 않겠습니까? 臣이 죽는 것은 사양하지 않겠으나 다만 천하 사람들이 臣을 경계로 삼아서 다시 直言할 자가 없게 될까 두렵습니다.

이 때문에 한 달이 넘게 생각하고 밤중에도 계속하여 이것을 생각해서 상소문을 만들었다가 다시 찢곤 한 것이 두세 번에 이르렀습니다. 그러다가 폐하께서 臣의 한마디 말씀을 들어주신 것에 감격하여, 가슴속에 있는 회포를 다 말씀드리지 않을 수가 없어서 끝내 말씀을 올리오니, 바라건대 폐하께서는 저의 어리석은 충성을 가엾게 여기시고 끝내 용서해주소서. 俯伏하여 죄가 내려지기를 기다리며 지극히 두려워하고 근심하는 마음을 이기지 못하겠습니다.

**予按 蘇氏父子兄弟所上皇帝書不同**이라 **老蘇**는 **當仁廟時**하야 **朝廷方尙安定**하야 **鬯**(창)**暢德澤**이라 **故**로 **其書 大較勸主上務攬威權**하고 **責名實**하며 **長公, 次公**은 **當神廟時**하야 **朝廷方變法令**하야 **亟富强**이라 **故**로 **其書 大較勸主上務省紛更**하고 **持寬大**라 **然而次公之言**은 **猶紆徐曲巽**이로되 **而長公之言**은 **似覺骨鯁痛切矣**라 **然**이나 **三人中**에 **長公更勝**이라 **其指陳利害**는 **似賈誼**하고 **明切事情**은 **似陸贄**하니 **汝輩讀古人文章**에 **須於此細細權衡**이라야 **方得下手處**니라

내가 살펴보니, 蘇氏의 부자와 형제가 皇帝에게 올린 글이 똑같지 않다. 老蘇(蘇洵)는 仁宗 때에 조정이 한창 안정을 숭상하여 덕택을 펼쳤으므로, 그 글이 대체적으로 主上에게 위엄과 권한을 장악하고 名實을 책망하기를 힘쓸 것을 권하였고, 長公(蘇軾)과 次公(蘇轍)은 神宗 때에 조정이 한창 법령을 변경하여 부국강병을 급히 바랐으므로, 그 글이 대체적으로 主上에게 법령을 어지럽게 변경하는 것을 줄이고 관대함을 유지하기를 힘쓸 것을 권하였다. 그러나 次公의 말은 그래도 여유가 있고 완곡

하고 겸손하였으나 長公의 말은 骨鯁이 있어 통렬함을 느끼게 한다.

그러나 세 사람 가운데 長公이 더욱 뛰어나다. 利害를 지적하여 아룀은 賈誼와 같고, 事情에 밝고 간절함은 陸贄와 같으니, 그대들은 고인의 문장을 읽을 적에 모름지기 이런 부분에 대해 세세히 저울질하여야 비로소 문장에 손 쓸 곳을 알게 될 것이다.

宋大家蘇文忠公文抄 卷3

# 上書

## 01. 再上皇帝書* 재차 皇帝께 올린 글

* 本集에는 이 편 머리에 '熙寧四年三月□日 殿中丞 直史館 判官告院 權開封府推官 蘇軾 謹昧萬死 再拜上書皇帝陛下'라는 37字가 있다. 그러므로 이 글이 熙寧 4년(1071)에 쓰여졌으며, 이때 蘇軾이 서울인 開封에 있었음을 알 수 있다. 郎曄의 ≪經進東坡文集史略≫에는 이 글을 〈再論時政書〉라 제목하고 다음과 같은 注가 붙어 있다. "이때 新法이 시행되자 中外에서 모두 그 불편함을 말하니, 神宗 또한 의심하여 자못 깨우치는 뜻이 있었으나 王安石의 무리가 新法의 시행을 더욱 고집하였으므로 東坡公(蘇軾)이 이미 萬言書를 올리고 또다시 이 글을 올린 것이다."

再上書는 不出前書所言이요 特於前書所未及盡者에 更爲曲𢚩之耳니라

재차 올린 글은 앞 글에서 말한 내용을 벗어나지 않고 다만 앞 글에서 미처 다하지 못한 것에 대해 다시 곡진하게 말했을 뿐이다.

臣聞之호니 益戒於禹曰 任賢勿貳하고 去邪勿疑[1)]라하며 仲虺言湯之德曰 用人惟己하고 改過不吝[2)]이라하며 秦穆이 喪師於崤하고 悔痛自誓한대 孔子錄之[3)]하시니이다 自古聰明豪傑之主 如漢高帝, 唐太宗이 皆以受諫如流하고 改過不憚으로 號爲秦漢以來百王之冠[4)]하니이다

臣은 들으니, 伯益이 禹임금을 경계하기를 "어진 이에게 맡기되 두 마음을 품지 말고, 사악한 이를 물리치되 의심하지 말라."라고 하였으며, 仲虺가 湯임금의 德을 말하기를 "사람을 등용할 때에 자신으로 생각하고, 허물을 고칠 때에 인색하지 않았다."라고 하였으며, 秦나라 穆公이 崤山에서 패전하고 잘못을 뉘우쳐 통렬히 스스로 맹세

하자, 孔子께서 이것을 ≪春秋≫에 기록하였습니다.

예로부터 漢나라 高帝와 唐나라 太宗과 같은 聰明하고 豪傑스러운 군주들은 모두 간언을 받아들이기를 흐르는 물과 같이 하여 거스르지 않고 허물을 고치기를 꺼리지 않음으로써 秦·漢 이래로 百王의 으뜸이라고 불려지고 있습니다.

1) 益戒於禹曰……去邪勿疑 : 伯益은 堯·舜·禹임금을 차례로 섬긴 名臣으로 일찍이 禹임금을 도와 洪水를 다스렸는데, 이 내용은 ≪書經≫ 〈虞書 大禹謨〉에 보인다.

2) 仲虺言湯之德曰……改過不吝 : 仲虺는 商나라 湯임금의 名臣으로 左相이 되어 〈仲虺之誥〉라는 글을 지어 올렸는데, 이 내용 역시 여기에 보인다. '사람을 등용하되 자신으로 생각한다.〔用人惟己〕'는 것은 군주가 신하의 입장으로 易地思之하여 일을 시킴을 말하기도 하고, 신하의 말을 군주 자신이 말한 것처럼 신중히 생각하여 처리해야 함을 말하기도 하는데, 여기서는 후자를 가리킨 것으로 보인다.

3) 秦穆喪師於崤……孔子錄之 : 秦나라 穆公은 성이 嬴이고 이름이 任好인데, 명재상인 百里奚와 蹇叔을 등용하여 春秋時代 五霸의 하나가 되었다. 崤山은 河南省 洛寧縣 북쪽에 있는데, 서북쪽으로는 陝縣과 접하고 동쪽으로는 澠池縣과 접한 요새지이다. ≪書經≫ 〈周書 秦誓〉의 蔡沈의 注에 "杞子가 鄭나라에서 秦나라에 사람을 보내 '鄭나라 사람이 나에게 北門의 자물쇠를 맡겼으니, 만일 秦나라에서 은밀히 군대를 이끌고 오면 내가 北門을 열어주어 鄭나라를 점령할 수 있다.'고 하였다. 穆公이 원로대신인 蹇叔에게 이것을 물었으나 그는 '위험하다.'고 반대하였다. 이에 穆公은 孟明, 西乞, 白乙 세 장수를 보내 鄭나라를 습격하게 하였으나, 鄭나라의 동맹국인 晉나라가 이 정보를 입수하고 鄭나라를 구원하기 위해 출동하여 崤山에서 싸운 결과 秦軍이 大敗하여 세 장수가 사로잡히고 말았다. 이에 穆公은 자신의 과오를 뉘우치고 여러 신하들에게 맹세하는 글을 지어 보였는데, 이것이 바로 〈秦誓〉이다." 하였다. ≪春秋≫의 經文은 孔子가 지었다고 하는데, ≪春秋左氏傳≫ 僖公 32년조에 이르기를 "여름 4월에 晉나라 사람이 姜戎과 함께 崤山에서 秦軍을 대파하였다."라고 간단하게 기록하였을 뿐이며, 자세한 내용은 經文을 부연설명한 ≪春秋左氏傳≫에 보인다. 이에 대하여 ≪唐宋八大家文鈔 校注集評≫에는 "≪春秋≫를 孔子가 지었다

하므로 이렇게 부연해서 말한 것이다."라고 하였다. 그러나 筆者의 생각으로는 ≪史記≫ 〈孔子世家〉에 이르기를 "孔子가 ≪詩經≫과 ≪書經≫을 산삭했다."라고 하였으니, '孔子가 이 사실을 기록했다.'고 함은 ≪春秋≫나 ≪春秋左氏傳≫을 가리킨 것이 아니고, 孔子가 ≪書經≫을 산삭할 때에 〈秦誓〉를 삭제하지 않고 ≪書經≫에 기록해 넣었음을 가리킨 것으로 보인다.

4) 百王之冠 : 모든 帝王 중에 최고임을 이른다.

**孔子曰 君子之過**는 **如日月食焉**하야 **過也**에 **人皆見之**하고 **更也**에 **人皆仰之**[1]라하시니 **聖賢擧動**을 **明白正直**이 **不當如是邪**잇가 **所用之人**은 **有邪有正**하고 **所作之事**는 **有是有非**하니 **是非邪正**을 **兩言而定**이니 **正則用之**하고 **邪則去之**하며 **是則行之**하고 **非則改之**니이다 **此理甚明**하야 **猶饑之必食**하고 **渴之必飮**하니 **豈有別生義理**하고 **曲加粉飾**하야 **而能欺天下哉**잇가

孔子께서 말씀하시기를 "君子의 허물은 日食·月食과 같아서 잘못이 있을 때에는 사람들이 모두 그것을 보고, 허물을 고치면 사람들이 모두 우러러본다."라고 하셨으니, 聖賢이 거동을 明白하고 正直하게 하기를 이와 같이 하지 않을 수 있겠습니까?

등용하는 인물에는 간사한 사람이 있고 정직한 사람이 있으며, 하는 일에는 옳은 것이 있고 그른 것이 있습니다. 옳고 그름과 간사하고 정직함은 두 말로 충분히 결정할 수 있으니, 정직하면 쓰고 간사하면 제거하며, 옳으면 행하고 그르면 중지하는 것입니다. 이 이치가 매우 분명하여 굶주리면 반드시 밥을 먹고 목마르면 반드시 물을 마시는 것과 같으니, 어찌 별도로 다른 義理를 내세우고 곡진히 粉飾(아름답게 미화함)을 더해서 天下 사람들을 속일 수 있겠습니까?

1) 孔子曰……人皆仰之 : 이 내용은 ≪論語≫ 〈子張〉에 보인다. 원래 子貢의 말인데, ≪論語≫가 대부분 孔子의 言行을 기록한 책이므로 孔子가 말씀한 것으로 표기한 듯하다.

**書曰 與治同道**하면 **罔不興**이요 **與亂同事**하면 **罔不亡**[1]이라하니 **陛下自去歲以來**로 **所行新法**은 **皆不與治同道**니이다 **立條例司**하고 **遣靑苗使**하고 **斂助役錢**하고 **行均輸法**[2]하야

**四海騷動**하고 **行路怨咨**하니 **自宰相以下**로 **皆知其非**로되 **而不敢爭**이니이다 **臣愚惷**하야 **不識忌諱**하야 **迺者**에 **上疏論之詳矣**[3)]로되 **而學識淺陋**하야 **不足以感動聖明**하니이다

≪書經≫에 이르기를 "德이 있어 나라를 잘 다스린 자와 道를 함께하면 나라가 흥하지 않음이 없고, 德이 없어 나라를 어지럽힌 자와 일을 함께하면 나라가 망하지 않음이 없다."라고 하였는데, 폐하께서 작년 이래로 시행하신 新法들은 모두 옛날 나라를 잘 다스린 자와 道를 함께하지 않으신 것입니다. 制置三司條例司를 세우고 靑苗使者를 보내고 助役錢을 거두고 均輸法을 시행해서 천하의 백성들이 소동하고 길 가는 자들이 원망하고 있으니, 재상으로부터 이하가 모두 그 잘못을 알고 있으나 감히 간쟁하지 못합니다.

臣은 어리석고 미련하여 꺼리고 피할 줄을 몰라서 지난번에 상소하여 이것을 자세히 논하였으나, 학식이 얕고 누추해서 聖明하신 군주를 감동시키지 못했습니다.

1) 書曰……罔不亡 : 이 내용은 ≪書經≫ 〈太甲 下〉에 보인다.

2) 陛下自去歲以來……行均輸法 : 熙寧 2년(1069) 2월에 神宗은 王安石을 재상으로 임명하여 新法을 시행하였다. 王安石은 制置三司條例司를 설치하여 新法을 시행하는 일을 관장하게 하고 재상인 陳升之와 함께 이 일을 주도하였다. 그리하여 이해 각 도에 提擧常平 등의 관원을 두고는 이들을 靑苗使라 칭하고 靑苗法을 시행하게 하였다. 助役錢은 백성들이 부역 대신 인부를 살 돈을 바치던 제도이다. 송나라는 원래 백성들에게 매년 20일간의 부역을 시키고 이것을 差役이라 칭하였으나, 이해 5월 司農寺에서 모든 호구에게 助役錢을 내고 差役을 면제하게 하였다. 均輸란 값을 공평하게 한다는 뜻인데, 이해 10월 制置三司條例司의 건의에 따라 發運使에게 모든 부세를 총괄하게 하고 곡식을 수매 또는 방출하는 일을 모두 관장하게 하여, 값이 싼 물건을 값이 비싼 곳으로 수송하고 생산지가 가까운 물건을 먼 곳으로 수송하여 값을 공평하게 하는 均輸法을 시행하였다. 이 제도 역시 원래의 취지와는 상관없이 상인들의 매매차익을 가로채고 국가에서 강제로 물건을 매매하여 백성들에게 폐해가 없지 못하였다.

3) 迺者 上疏論之詳矣 : 바로 앞에 보이는 〈上神宗皇帝書〉로 곧 萬言書를 가리킨다.

**近者**에 **故相舊臣**과 **藩鎭侍從**이 **雜然爭言其不便**[1)]하고 **以至臺諫二三人**하야는 **本其**

所與締交唱和表裏之人也[2)]로되 然卒不免一言其非者는 豈非物議沸騰하고 事勢迫切하야 而不可止歟잇가 自非見利忘義하야 居之不疑者면 孰肯終始膠固하야 不自湔洗이릿가 如吳師孟은 乞免提擧하고 胡宗愈는 不願檢詳[3)]하야 如逃垢穢하야 惟恐不脫하니 人情畏惡(오)가 一至於此하니이다

그런데 近者에 옛 정승과 신하들과 藩鎭에 있는 자들과 侍從官들이 너도나도 다투어 그 불편함을 말하고, 두세 명의 臺諫에 이르러서는 본래 新法을 주장하는 자들과 교분을 맺어서 안팎에서 선창하고 화답하는 사람들이었으나 끝내 한 번 그 잘못을 말함을 면치 못하였으니, 이것은 어찌 公論이 沸騰하고 事勢가 절박하여 그만둘 수 없기 때문이 아니겠습니까?

만일 이익을 보고 의리를 잊어서 이것을 편안히 여기고 의심하지 않는 자가 아니라면, 누가 기꺼이 始終 고집하여 스스로 잘못을 씻으려 하지 않겠습니까? 예컨대 吳師孟은 提擧에서 면직될 것을 청원하였고 胡宗愈는 檢詳 벼슬을 맡으려고 하지 않아서 벼슬자리를 떠나기를 마치 더러운 오물을 피하듯이 하여 행여 벗어나지 못할까 두려워하니, 人情에 新法을 미워하고 싫어함이 마침내 여기에 이르렀습니다.

1) 故相舊臣……雜然爭言其不便 : 옛 정승은 韓琦·富弼·司馬光·范仲淹 등을 가리키며, 藩鎭은 각 路에 나가 있는 지방관을 이르고, 侍從官은 조정에서 임금을 가까이 모시는 近臣으로, 조선조의 司諫院과 司憲府·弘文館의 관원과 같은 무리를 이른다.

2) 以至臺諫二三人……唱和表裏之人也 : 臺諫은 御史臺의 御史와 諫院의 諫官을 가리킨다. 王安石은 평소 呂公著와 친하였는데, 諫官들이 대부분 新法을 비판하자 呂公著를 御史中丞으로 임명하였다. 그러나 모두들 新法이 불편하다고 말하자, 呂公著 역시 新法을 반대하는 말을 올렸다. 이에 王安石은 呂公著가 자신을 배반했다 하여 知潁州事로 좌천시켰으며, 이외에도 좌천된 臺諫이 있었다. ≪溫公日錄≫ 그리고 ≪唐宋八大家文鈔 校注集評≫에는 臺諫을 諫官으로 해석하였으나 옳지 않은 듯하다. 조선조에서도 司憲府와 司諫院의 관원을 臺諫이라 하였는데, 司憲府는 바로 御史臺에 해당된다. 唱和表裏는 ≪唐宋八大家文鈔 校注集評≫에 '이쪽에서 선창하면 저쪽에서 화답하여 안과 바깥을 얽어 맺음〔此唱彼和 內外構結〕'으로 해석하였다.

3) 如吳師孟……不願檢詳 : 吳師孟(1021~1110)은 字가 醇翁으로 成都 사람인데, 進士試에 급제하였다. 王安石은 자신과 同甲이라 하여 梓州路提擧常平을 시켰으나 新法을 반대하고 면직될 것을 청원하였다. 胡宗愈는 字가 完夫로 集賢校理를 거쳐 同知諫院이 되었는데 王安石이 격식을 뛰어넘어 李定을 御史로 임명하자 이것을 비난하다가 眞州通判으로 좌천되었다. ≪宋人傳記 資科索引≫, ≪宋史 胡宗愈傳≫ 提擧는 바로 提擧常平으로 常平倉의 관원이다. 檢詳은 檢詳樞密院諸房文字를 가리킨 것으로 보이며 지위는 中書檢正官에 이르렀다 한다.

近者에 中外讙言[1)]호되 陛下已有悔悟意라하야 道路相慶하야 如蒙大賚라하니이다 實望陛下於旬日之間에 渙發德音[2)]하고 洗蕩乖僻하야 追還使者하고 而罷條例司러니 今者側聽所爲컨대 蓋不過使監司로 體量抑配而已라하니 比之未悟하면 所較幾何잇고 此孟子所謂知兄臂之不可紾이로되 而姑勸以徐하고 知隣鷄之不可攘이로되 而月取其一[3)]이니 帝王改過를 豈如是哉잇가

近者에 中外 사람들이 크게 떠들어 말하기를 "폐하께서 이미 뉘우치고 깨달으시는 의향이 있으시다."라고 하면서 도로에서 서로 경하하여 큰 은혜를 입은 듯이 기뻐하였습니다.

그리하여 실로 陛下께서 열흘 사이에 크게 德音을 내리시고 잘못된 일을 깨끗이 씻어서 靑苗使者를 다시 돌아오게 하고 制置三司條例司를 혁파할 것을 바라고 있었습니다. 그런데 지금 하신 일을 엎드려 들으니, "監司로 하여금 억지로 배정하는 것을 잘 헤아려서 처리하게 할 뿐이다."라고 하니, 폐하께서 깨닫지 못했을 때와 비교하면 차이가 얼마나 됩니까?

이는 ≪孟子≫에 이른바 "형의 팔뚝을 비틀어서는 안 됨을 알면서도 우선 천천히 비틀라고 권하고, 이웃집 닭을 훔쳐서는 안 됨을 알면서도 매달 한 마리만 훔쳐 먹는다."라는 것이니, 帝王이 허물을 고치는 것을 어찌 이와 같이 형식적으로 할 수 있습니까.

1) 中外讙言 : 讙은 '喧'과 통하여 큰소리로 떠들어 말함을 이르기도 하며 歡과 통하여 기뻐함을 이르기도 하는데, ≪唐宋八大家文鈔 校注集評≫에는 기뻐함으

로 해석하였다.

2) 渙發德音 : 渙發은 크게 내리는 것이며, 德音은 은혜로운 소리, 반가운 소식을 이른다.

3) 此孟子所謂……而月取其一 : ≪孟子≫ 〈盡心 上〉에 齊나라 宣王이 父母의 三年喪을 期年으로 단축하려 하자, 公孫丑가 "期年으로 단축하는 것이 그래도 喪服을 입지 않는 것보다는 낫다."라고 말하였다. 이에 孟子는 "이것은 어떤 사람이 자기 兄의 팔뚝을 비틀자, 자네가 그에게 '우선 천천히 비틀라.'고 권하는 것과 같다. 또한 孝弟를 가르칠 뿐이다."라고 하였다. 이에 대하여 朱子의 注에 "孝弟를 가르치면 저들이 兄의 팔뚝을 비틀어서는 안 됨과 父母의 喪期를 단축해서는 안 됨을 스스로 알게 될 것이다."라고 하였다. 그리고 ≪孟子≫ 〈滕文公 下〉에는 宋나라의 戴盈之가 묻기를 "租稅를 10분의 1로 경감하고 관문의 통행세를 면제해야 하나 지금 당장 시행하기 어려우니, 금년은 우선 세금을 경감하고 내년에야 완전히 시행하겠습니다."라고 하자, 孟子는 "지금 어떤 사람이 매일 이웃집의 닭을 훔쳐 먹고 있었는데 혹자가 '이는 의로운 일이 아니다.'라고 타이르자, 그는 '우선 숫자를 줄여서 매월 한 마리씩 잡아먹다가 내년에야 그만두겠다.'고 말하는 것과 같다. 만일 세금을 많이 거두는 것이 의롭지 않음을 알았다면 당장 그만두어야지 어찌 내년을 기다리겠는가?"라고 하였는데, 위의 두 내용을 축약하고 변형하여 사용한 것이다. 井田法은 농민들에게 소득의 10분의 1만 내게 하였으나 당시에는 대부분 10분의 2를 조세로 징수하였으며, 여행자와 상인들에게 관문 통과에 따른 세금을 징수하였는데, 孟子는 이는 불법이라고 비판하였다.

**臣又聞陛下以爲此法**을 **且可試之三路**[1]라하니 **臣以爲此法**은 **譬之**컨대 **醫者之用毒藥**하야 **以人之死生**으로 **而試其未效之方**이니 **三路之民**이 **豈非陛下赤子**완대 **而可試以毒藥乎**잇가 **今日之政**은 **小用則小敗**하고 **大用則大敗**하니 **若力行而不已**면 **則亂亡隨之**하리니 **臣非敢過爲危論**하야 **以聳動陛下也**니이다

臣이 또 들으니, "陛下께서 '이 靑苗法을 우선 三路에 시행하라.'라고 하셨다."고 합니다. 臣은 생각하건대 이 法은 비유하면 醫員이 毒藥을 써서 사람의 생명을 가지고 효험이 입증되지 않은 藥方을 시험하는 것과 같으니, 三路의 백성들이 어찌 陛下의

赤子가 아니기에 毒藥을 가지고 시험할 수 있단 말입니까?

오늘날에 시행하는 政事는 작게 시행하면 작게 실패하고 크게 시행하면 크게 실패하니, 만약 강력히 시행하고 그치지 않으신다면 혼란과 멸망이 뒤따를 것이니, 臣이 감히 지나치게 과장하여 위험한 말씀을 드려서 陛下를 놀라게 하려는 것이 아닙니다.

1) 三路 : 路는 우리의 道와 같은데, 당시 京東路, 淮南路, 河北路 세 곳에 青苗法을 시행하려 하였다.

**自古存亡之所寄者 四人而已**니 **一曰民**이요 **二曰軍**이요 **三曰吏**요 **四曰士**니 **此四人者**에 **一失其心**이면 **足以生變**이어늘 **今陛下一擧而兼犯之**하시니이다 **青苗, 助役之法**이 **成**이면 **則農不安**하고 **均輸之令**이 **出**이면 **則商賈不行**하야 **而民始憂矣**요 **併省**(생)**諸軍**하고 **迫逐老病**하며 **至使戍兵之妻**로 **與士卒雜處其間**하야 **貶殺**(쇄)**軍分**하야 **有同降配**하고 **遷徙淮甸**하야 **僅若流放**[1]이라 **年近五十**이면 **人人懷憂**하야 **而軍始怨矣**니이다

예로부터 국가의 存亡이 달려 있는 것은 네 종류의 사람일 뿐이니, 첫 번째는 백성(평민)이고 두 번째는 군인이고 세 번째는 관리이고 네 번째는 선비입니다. 이 네 종류의 사람 중에 한 가지라도 그 마음을 잃으면 충분히 변란을 일으킬 수 있습니다. 그런데 지금 陛下께서는 一擧에 이 네 가지를 범하셨습니다.

青苗錢과 助役錢을 거두는 法이 이루어지면 農民들이 불안해 할 것이고, 均輸하라는 명령이 내려지면 商賈들이 물건을 유통하지 않을 것이므로 백성들이 비로소 근심하게 되었습니다. 그리고 여러 군대를 합병하여 줄이고 늙고 병든 자를 구박하여 축출하며, 심지어는 수자리 사는 병사들의 아내까지 士卒과 함께 그 사이에 뒤섞여 거처하여 군사들의 신분을 폄하하여 降配와 같게 하고, 淮甸 지방을 이리저리 떠돌아다녀서 거의 流放하는 신세와 같게 될 것입니다. 나이가 50세에 가까우면 사람마다 추방될까 근심하는 마음을 품어서 군사들이 원망하게 되었습니다.

1) 併省(생)諸軍……僅若流放 : 併省은 합병하여 줄이는 것으로 熙寧 3년(1070) 龍猛軍에 소속된 8명의 指揮를 6명으로 줄이고 350명의 정원을 3백명으로 감축하는 등 군대의 편제를 대폭 축소한 일을 가리킨다. 降配는 강등하여 賤民 등에 편입하는 것이며, 淮甸은 淮河 지역으로 畿甸, 곧 京畿 지역과 가깝다 하

여 붙인 이름이다. 流放은 流配와 같은 뜻이다.

**內則不取謀於元臣侍從**하고 **而專用新進小生**하며 **外則不責成於守令監司**하고 **而專用青苗使者**하며 **多置閒局**하고 **以擯老成**[1)]하야 **而吏始解體矣**[2)]니이다 **陛下臨軒選士**를 **天下謂之龍飛牓(榜)**이러니 **而進士一人**이 **首削舊恩**하야 **示不復用**[3)]하시니 **所削者**는 **一人而已**나 **然士莫不悵恨者**는 **以陛下有厭薄其徒之意也**니이다 **今用事者**[4)] **又欲漸消進士**하고 **純取明經**[5)]하니 **雖未有成法**이나 **而小人招權**하야 **自以爲功**하야 **更相扇搖**하야 **以謂必行**이라하야 **而士始失望矣**니이다

안으로는 元老大臣과 侍從官들에게 智謀를 취하지 않고 오로지 新進少年들을 등용하며, 밖으로는 守令과 監司에게 성공을 책임 지우지 않고 오로지 青苗使者를 등용하며, 쓸데없는 관서를 많이 설치하고 老成한 자들을 물리쳐서 관리들이 비로소 解體하게 되었습니다.

陛下께서 친히 임석하여 선비들을 뽑으시는 것을 天下에서는 '龍飛榜'이라 일렀는데, 進士 한 사람(장원급제자)이 맨 먼저 옛날의 恩典을 박탈당하여 다시는 進士 출신을 등용하지 않을 뜻을 보이시니, 박탈당한 것은 한 사람뿐이나 선비들이 서글퍼하고 恨하지 않는 자가 없는 것은 陛下께서 進士의 무리들을 싫어하고 하찮게 여기는 뜻이 있으시기 때문입니다.

지금 권력을 행사하는 자들이 또다시 점점 進士科를 줄이고 순전히 明經科로 선비들을 취하고자 하니, 아직 완성된 法이 있지는 않으나 小人들이 권력을 잡아서 스스로 이것을 功이라고 내세우며 번갈아 서로 선동해서 반드시 시행할 것이라고 말하여 선비들이 비로소 실망하고 있습니다.

1) 多置閒局 以擯老成 : ≪唐宋八大家文鈔 校注集評≫에 의하면 쓸데없는 관서를 많이 두었다는 것은 熙寧 3년(1070) 5월 杭州의 洞霄宮, 永康軍의 丈人觀, 亳州의 明道宮, 華州의 雲臺觀, 建州의 武夷宮, 台州의 崇道觀, 成都의 玉局觀, 建昌軍의 仙都觀, 江州의 太平觀, 洪州의 玉隆觀과 五嶽廟, 太原의 興安王廟, 嵩山의 崇福宮과 舒州의 靈仙觀의 준례를 따라 提擧官 등을 설치한 일을 가리킨다. 또한 예전에는 知州를 지낸 신하 중에 노쇠하여 직책을 맡을 수 없는 자

들에게 한가로운 부서에 있게 하여 우대하였으나, 이때 이 제도를 없앤 것으로 보인다.

2) 吏始解體矣 : ≪唐宋八大家文鈔 校注集評≫에 吏는 관리의 제도로 보아 관리 제도가 해체되는 것으로 해석하였으나, 해체는 해이와 같은 뜻으로 관리들이 해이해져 봉직할 의욕을 내지 않는 것으로 봄이 타당할 듯하다.

3) 陛下臨軒選士……示不復用 : 龍飛榜은 登龍門과 같은 뜻으로 科擧에 급제하면 벼슬길이 크게 열린다 하여 붙인 이름이다. 宋나라는 詩賦 등의 製述로 뽑는 것을 進士科라 하고 經學으로 뽑는 것을 明經科라 하였는데, 進士科로 급제하는 자가 훨씬 많았으며 進士科의 장원급제자에게는 굳이 地方官으로 나가지 않고 곧바로 館閣의 직임을 맡게 하고, 地方官으로 나가더라도 州官의 두 번째인 通判으로 곧장 승진하였다. 그러나 이때 神宗은 王安石 등의 말을 따라 進士試의 장원급제자에게 주는 특별한 은전을 모두 삭제하게 하였으므로 말한 것이다.

4) 用事者 : 지나치게 권력을 남용하는 자들을 이르는데, 여기서는 王安石과 그 일당을 가리킨 것이다.

5) 明經 : 明經科를 이르는데, 明經科는 여러 經書로 시험하였다. 본래는 進士科가 중용되었으나, 王安石이 집권한 이래 經世致用을 중시하여 明經科에서 주로 선비를 선발하였다.

**今進士半天下**하니 **自二十以上**으론 **便不能誦記注義**하야 **爲明經之學**[1]하리니 **若法令一更**이면 **則士各懷廢棄之憂**요 **而人材短長**이 **終不在此**[2]하리이다 **昔秦禁挾書**에 **而諸生皆抱其業**하야 **以歸勝, 廣**하야 **相與出力而亡秦者**는 **豈有他哉**잇가 **亦徒以失業而無所歸也**[3]일새니이다 **故**로 **臣願陛下勿復言此**하노이다 **民憂而軍怨**하고 **吏解體而士失望**이면 **禍亂之源**이 **有大於此者乎**잇가 **今未見**(현)**也**나 **一旦有急**이면 **則致命之士 必寡矣**리니 **方是之時**하야 **不知希合苟容之徒 能爲陛下**하야 **收板蕩而止土崩乎**[4]잇가

지금 進士科에 응시하려고 하는 자들이 天下에 절반이나 되는데, 20세 이후로는 곧 經書의 注義를 외거나 기억하지 못하여 明經學을 하지 못할 것이니, 만약 法令이 한 번 바뀌면 선비들이 각각 科擧工夫를 폐지해야 하는 걱정을 품을 것입니다. 그리고 人材의 장점과 단점이 끝내 여기에 달려 있는 것이 아닙니다.

옛날 秦나라에서 책을 끼고 다니는 것을 금하자 諸生들이 모두 공부하던 서책을 안고서 陳勝과 吳廣에게 귀의하여 서로 힘을 내어 秦나라를 망하게 하였으니, 이는 어찌 다른 이유가 있었겠습니까? 또한 다만 학업을 잃어 돌아갈 데가 없었기 때문입니다. 그러므로 臣은 陛下께서 다시는 이것(明經科 등용)을 말씀하지 마시기를 바라는 것입니다.

백성들이 근심하고 군사들이 원망하며 관리들이 해체되고 선비들이 실망한다면 禍亂의 근원이 이보다 더 큰 것이 있겠습니까? 지금 아직 禍亂이 나타나지는 않았으나 하루아침에 국가에 위급한 일이 있으면 국가를 위해 목숨을 바치는 인사들이 반드시 적을 것이니, 이때를 당하여 지금 윗사람에게 영합하기를 바라고 구차히 용납하는 무리들이 陛下를 위해서 板蕩을 수습하고 土崩을 그치게 할 자가 있을지 모르겠습니다.

1) 自二十以上……爲明經之學 : 注義는 經書의 注疏로 孔穎達의 ≪正義≫ 따위를 가리킨다. 당시 進士科에 급제하기 위해 製述을 익힌 수많은 科生들이 나이가 이미 20세가 넘었으므로 經書와 그 注疏를 욀 수가 없어 明經科에 급제할 수 없음을 말한 것이다.

2) 人材短長 終不在此 : 王安石이 "詩賦는 經世致用의 學問이 아닌데 이들을 크게 등용하기 때문에 쓸 만한 人材가 없는 것이다."라고 하여 進士科를 축소하고 明經科 출신의 人士를 대폭 등용할 것을 주장하였으므로, 蘇軾은 人材의 장점과 단점이 進士科나 明經科에 달려 있지 않다고 말한 것이다.

3) 昔秦禁挾書……無所歸也 : 挾書는 책을 옆에 끼고 다니는 것으로 秦나라는 禁挾書律을 제정하여 이를 금지하였다. 陳勝은 이름이 涉인데 吳廣과 함께 부역하는 戍兵들을 거느리고 현지로 가던 도중, 장맛비가 내려 제 날짜에 도착하지 못해서 사형을 받게 되었다. 이에 이 병사들을 거느리고 반란을 일으키니, 秦나라의 虐政에 시달리던 백성들이 크게 동조하여 결국 秦나라는 멸망하고 말았다. 秦나라는 선비들이 失政을 비판하자, 經書를 불태우고 선비들을 묻어 죽였으며 서책을 집에 보관하거나 옆에 끼고 다니는 것을 모두 금하였다. ≪史記≫ 〈儒林傳〉에 이르기를 "陳勝과 吳廣이 반란하자 선비들이 강습하던 禮器와 樂器를 가지고 그들에게 귀의한 것은 秦나라가 선비들에게 학업을 하지 못하게 하였기 때문이다."라고 하였으므로 이 말을 인용한 것이다.

4) 不知希合苟容之徒……收板蕩而止土崩乎 : 板蕩은 나라가 혼란함을 이르고, 土

崩은 民亂이 일어나 나라가 흙이 무너지듯 붕괴됨을 이른다. ≪詩經≫〈大雅〉의 〈板〉과 〈蕩〉은 모두 국가의 혼란을 읊은 내용이므로 이들 시편의 이름을 합하여 혼란을 가리키는 말로 쓰인다. 이는 곧 국가가 위급할 때에 아첨하던 무리들이 몸을 바쳐 충성을 다할 자가 적음을 말한 것이다.

去年諸軍之始併也에 左右之人이 皆以士心樂併으로 告陛下하니이다 近者放停軍人李興[1)]이 告虎翼[2)]吏率錢行賂하야 以求不併하니 則士卒不樂을 可知矣니이다 夫諂諛之人이 苟務合意하야 不憚欺罔者 類皆如此라 故로 凡言百姓樂請青苗錢하고 樂出助役錢者를 皆不可信이니이다

작년 여러 군대를 처음 합병할 때에 좌우에 있는 측근들은 모두 군사들이 합병을 좋아한다고 폐하께 아뢰었습니다. 그런데 近者에 放停軍人 李興이 "虎翼軍의 관리가 돈을 받고 뇌물을 써서 합병되지 않기를 바란다."라고 고발하였으니, 士卒들이 이것을 좋아하지 않는다는 것을 알 수 있습니다.

아첨하는 사람들이 구차히 윗사람의 뜻에 영합하기를 힘써서 欺罔을 꺼리지 않는 것이 대체로 이와 같습니다. 그러므로 무릇 백성들이 青苗錢을 청원하고 助役錢을 내기를 좋아한다고 말하는 자들을 모두 믿을 수가 없습니다.

1) 放停軍人李興 : 放停軍人은 추방된 군인, 곧 국가의 감원정책에 따라 강제로 제대한 군인을 가리킨 것으로 보이며, 李興은 누구인지 자세하지 않다. ≪唐宋八大家文鈔 校注集評≫에는 放停을 군대의 이름이라 하였으나 옳지 않은 듯하다.
2) 虎翼 : 군대의 이름으로 殿前司 虎翼과 侍衛司 虎翼의 두 종류가 있었는데, 어느 것을 가리켰는지는 자세하지 않다.

陛下以爲青苗抑配를 果可禁乎잇가 不惟不可禁이라 迺不當禁也니이다 何以言之오 若此錢을 放而不收면 則州縣官吏 不免責罰이요 若此錢을 果不抑配면 則願請之戶 後必難收索[1)]하리니 前有抑配之禁하고 後有失陷之罰이면 爲陛下官吏 不亦難乎잇가 故로 臣以爲旣行青苗使면 則不當禁抑配라하노니 其勢然也일새니이다 人皆謂陛下聖明神武하야 必能從義脩慝하야 以致太平이어늘 而近日之事는 乃有文過遂非[2)]之風하니 此

臣所以憤懣太息而不能已也니이다

陛下께서는 青苗錢을 억지로 배정함을 과연 금지할 수 있다고 여기십니까? 이는 단지 금할 수 없을 뿐만 아니라 금해서는 안 되는 것입니다. 어째서 이렇게 말하는가 하면, 만약 이 돈을 방출하고 회수하지 않는다면 州縣의 관리가 責罰을 면치 못할 것이요, 만약 이 돈을 억지로 배정하지 않는다면 청원하는 집안들은 〈대부분 지극히 가난하여〉 뒤에 반드시 징수하기가 어려울 것이니, 앞에는 억지로 배정하지 말라는 금령이 있고 뒤에는 青苗錢을 회수하지 못하는 잘못에 대한 罰이 있다면, 陛下의 官吏 노릇하기가 또한 어렵지 않겠습니까?

그러므로 臣은 이미 青苗使者를 파견했다면 강제로 배정함을 금해서는 안 된다고 말하는 것이니, 그 형세가 이렇기 때문입니다. 사람들은 모두 '陛下께서는 聖明하고 神武하셔서 반드시 義理로 옮기고 잘못을 고쳐서 태평성세를 이룰 것이다.'라고 생각하고 있습니다. 그런데 오늘날의 일은 도리어 文過遂非하는 유풍이 있으니, 이 때문에 臣이 답답해하고 크게 한숨 쉬어서 그치지 못하는 것입니다.

1) 若此錢……後必難收索 : 青苗錢을 강제로 배정하지 않고 청원하는 자에게만 나누어줄 경우, 이들은 모두 지극히 가난한 백성들이어서 곡식이 익었을 때에 本色과 利息을 회수하지 못함을 말한 것이다.
2) 文過遂非 : 過는 모르고 지은 잘못이고 非는 알면서도 지은 죄악을 이르는데, 곧 過誤를 문식하여 진짜 죄악을 이룸을 뜻한다.

昔賈充用事에 天下憂恐한대 而庾純, 任愷 戮力排之러니 及充出鎭秦涼에 忠臣義士 莫不相慶하야 屈指數日하야 以望維新之化하니이다 而馮紞(침)之徒 更(경)相告曰 賈公遠放이면 吾等失勢矣라하야 於是에 相與獻謀하야 而充復留하니 則晉氏之亂이 成於此矣[1]니이다 自古로 惟小人爲難去하니 何則고 去一人이면 而其黨破壞라 是以로 爲之計謀游說者衆也일새니이다

옛날 賈充이 권력을 행사하자 천하 사람들이 근심하고 두려워하였는데, 庾純과 任愷가 힘을 다하여 이들을 배척했습니다. 그래서 賈充이 외직으로 나가 秦州와 涼州 지방의 진영을 맡게 되자, 忠臣과 義士들이 서로 경하하지 않는 이가 없어서 손가락

을 꼽아 날짜를 세며 새로운 교화가 내려지기를 바랐습니다. 그런데 馮紞의 무리가 번갈아 서로 말하기를 "賈公이 멀리 추방되면 우리들이 권세를 잃을 것이다."라고 하였습니다. 그리하여 이에 서로 함께 모의해서 賈充이 다시 조정에 남게 되니, 晉나라의 혼란이 여기에서 이루어졌습니다.

예로부터 小人은 제거하기가 어려우니, 왜냐하면 한 명을 제거하면 그 무리들이 파괴됩니다. 이 때문에 그들을 위해서 계략을 세우고 游說하는 자들이 많기 때문입니다.

1) 昔賈充用事……成於此矣 : 賈充은 晉나라 武帝 때의 사람으로 機智가 있었으나 아첨과 탐욕으로 國政을 크게 어지럽혔다. 이에 侍中 任愷와 中書令 庾純 등이 함께 미워하고 있었는데, 마침 氐・羌이 關中 지방에서 배반하자, 武帝가 이것을 깊이 우려하였다. 任愷 등은 이 기회에 賈充을 그곳으로 파견하여 氐・羌을 진압하게 하였는데, 그의 도당인 荀勉과 馮紞 등이 모략을 꾸며 賈充의 딸을 太子와 결혼하게 하고 파견하는 날짜를 지체하다가 결국 賈充은 그대로 조정에 남게 되었다. 秦州와 涼州는 바로 關中 지방이다. 晉나라는 賈充의 전횡과 그의 딸인 賈后의 포악함으로 말미암아 결국 五胡十六國의 혼란에 빠지고 東晉으로 전락하게 되었다.

**今天下賢者 亦將以此觀陛下**하야 **爲進退之決**하리니 **或再失望**이면 **則知幾之士 相率而逝矣**리이다 **豈皆如臣等輩 偸安懷祿**하야 **而不忍去哉**잇가 **猖狂不遜**하야 **忤陛下多矣**라 **不敢復望寬恩**하니 **俯伏引領**하야 **以待誅戮**하노이다

지금 天下의 賢者들 또한 장차 이것을 가지고 陛下를 관찰하여 進退를 결정할 것이니, 만일 혹시라도 다시 賢者들을 실망시키게 되면 기미를 아는 선비들이 서로 이끌고 떠나갈 것입니다. 어찌 모두 편안함을 탐하고 祿俸을 생각해서 차마 떠나가지 못하는 臣들과 같겠습니까?

臣은 미치고 不遜하여 陛下의 뜻을 거스른 것이 많습니다. 감히 다시 너그러운 은혜를 바랄 수가 없으니, 俯伏하고 목을 늘이고 죽여주시기를 기다립니다.

## 02. 上皇帝書* 皇帝께 올린 글

* 이 글은 본래 年譜에 실려 있지 아니하여 작성 연도의 기록이 없다. 그러나 첫 구에 '今月初五日南至'라고 기록되어 있어 이 글이 쓰여진 해의 12월 5일이 동지임을 알 수 있으며, 이로써 추정해보면 이 글은 熙寧 10년(1077)에 쓰여졌음을 알 수 있다. 이때 蘇軾은 42세로 知徐州事로 있었다.

學本經術이요 而養生之訣도 無出此矣니라

학문이 經學에 근본하였고 養生의 秘訣도 여기에서 벗어나지 않는다.

臣伏以 今月初五日南至[1)]에 文武百僚入賀하니 所以賀一陽來復[2)]也니이다 謹按 易復卦에 雷在地中이 復이니 先王以하야 至日閉關하야 商旅不行하고 后不省方[3)]이라한대 說易者曰 乾은 六陽之氣也니 爲十一月하고 爲十二月하고 爲正月하고 爲二月하고 爲三月하고 爲四月하야 而乾之陽極矣요 陽極則陰生하니 陰生則夏至矣라 坤은 六陰之氣也니 爲五月하고 爲六月하고 爲七月하고 爲八月하고 爲九月하고 爲十月하야 而坤之陰極矣[4)]요 陰極則陽生하니 陽生則冬至矣라하니이다

臣이 엎드려 생각하건대, 이달 초닷새 日南至(冬至)에 文武百官들이 들어와 축하하였으니, 이것은 한 陽이 와서 회복됨을 축하한 것이었습니다.

삼가 살펴보건대 ≪周易≫의 復卦에 이르기를 "우레가 땅 가운데에 있는 것이 復卦이니, 先王이 이 象을 보고서 冬至에 關門을 닫아 장사꾼과 여행자들이 다니지 못하게 하며 諸侯들은 지방을 시찰하지 않는다."라고 하였습니다.

이에 ≪周易≫을 해설하는 자들이 말하기를 "乾은 六陽의 기운이니, 11월이 되고 12월이 되고 정월이 되고 2월이 되고 3월이 되고 4월이 되어 乾의 陽이 지극해지고, 陽이 지극하면 陰이 생기니 陰이 생기면 夏至가 된다. 坤은 六陰의 기운이니, 5월이 되고 6월이 되고 7월이 되고 8월이 되고 9월이 되고 10월이 되어 坤의 陰이 지극해지고, 陰이 지극하면 陽이 생기니 陽이 생기면 冬至가 된다."라고 하였습니다.

1) 日南至 : 태양이 남쪽에 이른다는 뜻으로, 冬至의 별칭이다. 지구의 남북 축이

23도 반이 기울어져 있기 때문에, 黃道상에서 태양이 春分에 赤道와 만났다가 이후 북쪽으로 향하여 夏至에 북위 23.5도에 이르고, 다시 북쪽에서 남쪽으로 방향을 바꾸어 秋分에 赤道와 만났다가 남쪽으로 향하여 冬至에 남위 23.5도에 이르고, 이후 다시 남쪽에서 북쪽으로 가기 때문에 冬至를 日南至라고 칭하는 것이다. 黃道는 태양이 지구를 공전한다고 생각할 때 이루어지는 태양의 궤도이다.

2) 一陽來復 : 一陽이 와서 회복된다는 것은 곧 음력 10월에 陰氣만 있다가 11월 冬至가 되면 陽氣가 처음으로 생기는 것을 말한다. 음력 10월을 상징하는 ≪周易≫의 坤卦는 여섯 爻가 모두 陰爻인데 11월을 상징하는 復卦에서 처음 陽爻 하나가 생겨나기 때문에 이렇게 말한 것이다.

3) 雷在地中……后不省方 : 이 내용은 ≪周易≫ 復卦 〈象傳〉에 보인다.

4) 乾六陽之氣也……而坤之陰極矣 : ≪周易≫의 64卦에 乾卦는 6爻가 모두 陽爻이고 坤卦는 모두 陰爻이므로 乾은 六陽의 기운이고 坤은 六陰의 기운이라고 한 것이다. 또 八卦에 乾은 세 爻가 모두 陽이고 坤은 세 爻가 모두 陰인데, 64卦를 12개월에 배합하고 이것을 12辟卦라 한다. 辟卦는 한 陽爻가 처음 생기는 동짓달의 復卦로부터 시작하여 12월은 臨卦, 정월은 泰卦, 2월은 大壯卦, 3월은 夬卦, 4월은 乾卦이며, 夏至가 있는 5월에 한 陰爻가 처음 생기는 姤卦로부터 시작하여 6월은 遯卦, 7월은 否卦, 8월은 觀卦, 9월은 剝卦, 10월은 坤卦이므로 이렇게 말한 것이다.

**自太極分爲二儀**하고 **二儀分爲四象**[1]하고 **四象分爲十二月**하고 **十二月分爲三百六十五日**하니 **五日爲一候**하야 **分爲七十二候**하고 **三候爲一氣**하야 **分爲二十四氣**하야 **上爲日月星辰**하고 **下爲山川草木鳥獸蟲魚**하니 **不出此陰陽之氣升降而已**하나이다

太極이 나뉘어 二儀(兩儀)가 되고 二儀가 나뉘어 四象이 되고 四象이 나뉘어 12個月이 되고 12個月이 나뉘어 365日이 되니, 5日이 1候가 되므로 〈365日이〉 나뉘어 72候가 되고, 3候가 1氣가 되므로 〈365일이〉 나뉘어 24氣가 됩니다. 그리하여 위로는 日・月・星辰이 되고 아래로는 草・木과 鳥・獸와 蟲・魚가 되니, 이것들은 모두 陰・陽의 기운이 오르내림에서 벗어나지 않을 뿐입니다.

1) 自太極分爲二儀 二儀分爲四象 : 이 내용은 ≪周易≫ 〈繫辭傳 上〉에 "易에 太極이 있으니, 太極이 兩儀를 낳고 兩儀가 四象을 낳고 四象이 八卦를 낳는다."라고 보인다. 太極은 우주와 만물의 생성에 있어 근원이 되는 本體로 천지와 음양이 아직 분화되기 이전의 혼돈상태의 元氣를 말하며, 兩儀는 陰과 陽을 이른다. 四象은 太陽·少陰·少陽·太陰을 이르며, 八卦는 乾·兌·離·震·巽·坎·艮·坤의 여덟 괘를 이른다.

**惟人也 全天地十干之氣**하야 **十月而成形**이라 **故**로 **能天能地能人**하야 **一消一息**하고 **一呼一吸**에 **晝夜與天地相通**하니 **差舛**(천)**毫忽**이면 **則邪沴**(려)**之戾氣 干之矣**라 **故**로 **於冬至一陽之生也**에 **五陰在上**하고 **五陽在伏**하야 **而一陽初生於**(泰)〔伏〕**之下**하니 **其氣至微**하고 **其兆絪縕**하야 **可以靜而不動**이요 **可以嗇養而不可以發宣**이라 **故**로 **乾之初九爻曰 潛龍勿用**이라한대 **孔子曰 陽在下也**[1]라하시니 **言陽方潛於下**하야 **未可以用也**니이다

그런데 그중에서 오직 인간은 天地 十干의 기운을 온전히 받아서 잉태한 지 10개월 만에 형체를 이룹니다. 그러므로 天道에도 능하고 地道에도 능하고 人道에도 능해서, 한 번 사라지고 한 번 자라나며 한 번 숨을 내쉬고 한 번 숨을 들이마심에 낮과 밤이 하늘과 땅과 서로 통하니, 털끝만치라도 어긋나면 간사하고 나쁜 기운이 범하게 됩니다.

그러므로 冬至에 한 陽이 생겨날 적에 다섯 陰이 위에 있고 다섯 陽이 땅 가운데에 엎드려 있어 한 陽이 처음으로 엎드려 있는 아래에서 생겨나니, 그 기운이 지극히 隱微하고 그 조짐이 絪縕하여 靜을 하여야 하고 움직여서는 안 되며, 아껴서 길러야 하고 發宣해서는 안 됩니다.

그러므로 乾卦 初九爻辭에 이르기를 "못에 잠겨 있는 龍이니, 쓰지 말아야 한다."라고 하였는데, 孔子는 〈象傳〉에서 發明하시기를 "陽이 아래에 있기 때문이다."라고 하셨으니, 陽氣가 막 아래에 잠겨 있으므로 써서는 안 됨을 말씀하신 것입니다.

1) 孔子曰 陽在下也 : 이 내용은 乾卦 初九爻 〈象傳〉에 '潛龍勿用 陽在下也'라고 보인다. 〈象傳〉은 〈十翼〉 중의 하나로 卦辭와 爻辭의 意義를 해설한 것인데, 卦辭를 해설한 것을 大象이라 하고 爻辭를 해설한 것을 小象이라고 하는바, 孔子

께서 편찬한 것으로 알려져 있다.

先王이 於是日에 閉關하야 商旅不行하고 后不省方하니 關者는 門戶所由以闔闢也요 商旅者는 動以利心也요 后者는 凡居人上者를 謂之群后하니 所以治事者也요 方者는 事也라 門戶不開하면 則微陽閉而不出也요 利心不動하면 則外物感而不應也요 方事不省하면 則視聽收而不發也니이다 先王이 奉若天道를 如此之密하야 用之於國이면 則安靜而不勞하고 用之於身이면 則冲和而不竭하니이다 昔者에 伏羲, 神農, 黃帝, 堯, 舜이 皆得此道하니이다 臣敢因至日以獻하오니 伏乞 聖慈[1]留神省覽하시면 實社稷無疆之福이리이다

先王이 이 동짓날에 關門을 닫아서 장사꾼과 여행자들이 다니지 못하게 하고 諸侯들이 지방을 시찰하지 않게 하였으니, 關門은 門戶로서 사람들이 말미암아 닫고 여는 것이고, 장사꾼과 여행자들은 이익을 추구하는 마음으로 動하는 자요, 后는 무릇 人民의 윗자리에 있는 자를 群后라고 이르니 일을 다스리는 자들이고, 方은 〈지방을 시찰하는〉 政事입니다.

門戶를 열지 않으면 작은 陽이 닫혀 있어 밖으로 나가지 않고, 이익을 추구하는 마음이 動하지 않으면 外物이 감동하여도 응하지 않고, 지방을 시찰하는 일을 하지 않으면 사람의 보고 듣는 것이 수렴되어서 발산하지 않게 됩니다.

先王은 天道를 받들어 순응하기를 이와 같이 치밀하게 하여, 이것을 나라에 사용하면 나라가 안정되어 수고롭지 않고, 이것을 자기 몸에 사용하면 몸이 調和로워 기운이 고갈되지 않았습니다. 옛날에 伏羲・神農・黃帝・堯・舜이 모두 이 道를 얻었던 것입니다.

臣이 감히 冬至로 인하여 이 말씀을 올리오니, 엎드려 바라건대 聖慈께서 留念하여 살펴주신다면 실로 社稷의 무궁한 福이 될 것입니다.

1) 聖慈 : 聖明慈祥함을 이른다. 옛날에 皇帝나 皇太后에 대해 찬양하던 말이다.

## 03. 徐州上皇帝書* 徐州에서 皇帝께 올린 글

* 本集에는 이 편 머리에 '元豐元年十月□日 尙書祠部員外郎 直史館 知徐州軍州事 臣蘇軾 謹冒萬死 再拜上書皇帝陛下'라는 39字가 있다. 이로써 이 글이 元豐 元年(1078)에 쓰여졌으며, 이때 蘇軾이 知徐州事로 在任 中임을 알 수 있다.

**此等文字**는 **識見筆力**이 **竝入西漢**이라

이 글들은 識見과 筆力이 모두 西漢(前漢)의 경지에 들어갔다.

**臣以庸材**로 **備員冊府**[1]라가 **出守兩郡**[2]하니 **皆東方要地**니이다 **私竊以爲 守法令**하고 **治文書**하고 **赴期會**로는 **不足以報塞萬一**일새 **輒伏思念東方之要務**로 **陛下之所宜知者**하야 **得其一二**하야 **草具以聞**하오니 **而陛下擇焉**하소서

臣은 용렬한 재주로 冊府의 人員數만 채우고 있다가 외직으로 나가 두 고을을 맡으니, 이곳들은 모두 東方의 중요한 지역입니다. 속으로 생각하기를 '그저 法令을 지키고 文書를 다스리고 期會를 따르는 것만으로는 만분의 일이나마 은혜에 보답할 수가 없다.'고 여겼습니다. 이에 엎드려 東方의 要務로 폐하께서 마땅히 아셔야 할 것들을 가려내서 그중에 한두 가지를 대략 갖추어 아뢰오니, 폐하께서 採擇하소서.

1) 冊府 : 皇帝의 書冊들을 관리하고 보관하는 곳이다. 당시 蘇軾은 尙書祠部 員外郎 直史館으로 있었기 때문에 이렇게 말한 것이다.

2) 出守兩郡 : 太守는 본래 漢나라 景帝가 秦나라의 郡守를 바꿔 이름한 것인데 이후 널리 쓰여졌다. 宋나라는 郡을 州로 개칭하였으므로 공식적으로는 太守 대신 知州가 쓰였다. 여기서 兩郡이라고 한 것은 蘇軾이 熙寧 7년(1074)부터 4년간 知密州事로 있다가 知徐州事로 移任하였기 때문에 이렇게 말한 것이다

**臣**이 **前任密州**할새 **建言 自古**로 **河北**이 **與中原離合**하야 **常係社稷存亡**이어늘 **而京東之地**[1]는 **所以灌輸河北**이니 **甁竭則罍**(뢰)**恥**요 **脣亡則齒寒**이요 **而其民**이 **喜爲盜賊**하야 **爲患最甚**이라하야 **因爲陛下**(盡)〔畫〕**所以待盜賊之策**하니이다 **及移守徐州**에 **覽觀山川之形勢**하고 **察其風俗之所上**하며 **而考之於載籍**하니 **然後**에 **又知徐州爲南北之要**하야

而京東諸郡安危所寄也니이다 昔에 項羽入關하야 旣燒咸陽하고 而東歸하야는 則都彭城[2]하니이다 夫以羽之雄略으로 捨咸陽而取彭城이면 則彭城之險固形便하야 足以得志於諸侯者를 可知矣니이다

臣이 전에 密州를 맡았을 때에 건의하기를 "예로부터 河北 지방은 中原과 떨어졌다 합했다 해서 항상 國家의 存亡과 관계되었는데, 京東 지방은 河北 지방에 物資를 공급하는 곳입니다. 甁이 고갈됨은 罍(큰 병)의 수치이고 입술이 없어지면 이가 시린 법입니다. 또 이 지역 百姓들은 盜賊이 되기를 좋아해서 폐해가 되는 것이 아주 심합니다."라고 아뢰고, 인하여 폐하를 위해 도적을 대비하는 대책을 모두 계획하였습니다.

그러다가 자리를 옮겨 徐州를 맡게 되자 山川의 지형을 자세히 살펴보고 風俗의 崇尙하는 바를 관찰하며 여러 典籍들을 살펴본 뒤에는, 또 徐州가 南北의 중요한 지역이 되어서 京東 지방의 여러 郡의 安危가 徐州에 달려 있다는 것을 알게 되었습니다.

옛날 項羽가 關中으로 들어가서 咸陽을 불태우고 동쪽으로 돌아와서는 彭城에 도읍했습니다. 項羽와 같이 뛰어난 智略을 가진 자가 咸陽을 버리고 彭城을 취했으니, 그렇다면 彭城이 險固하고 地形이 편리하여 충분히 諸侯들에게 뜻을 얻을 수 있었다는 것을 알 수 있습니다.

1) 京東之地 : 京東은 당시의 수도인 開封의 동쪽 지역을 가리킨다. 宋나라는 開封의 동쪽에 京東東路와 京東西路를 두었다. 路는 宋代의 行政區域으로 현재 中國의 省과 같다.

2) 昔項羽入關……則都彭城 : 項羽(B.C. 221~B.C. 206)는 이름이 籍으로 楚나라 장수 項燕의 아들인데, 秦나라 말기에 봉기하여 제후들을 거느리고 秦나라를 멸망시킨 다음 동쪽으로 돌아와 스스로 楚 霸王이 되어 彭城에 도읍하였다.≪史記 項羽本紀≫ 徐州가 바로 彭城이다.

臣觀其地호니 三面被山하고 獨其西平川數百里에 西走梁宋[1]하니 使楚人開關而延敵호되 材官騶發[2]하고 突騎雲縱하면 眞若屋上建瓴水也[3]니이다 地宜菽麥하야 一熟而飽數歲하며 其城三面阻水하야 樓堞之下에 以汴, 泗爲池하고 獨其南可通車馬하야 而戲馬臺[4]在焉하니이다 其高十仞이요 廣袤(무)百步니 若用武之世에 屯千人其上하고 聚

櫑(뢰)木炮石[5]하야 凡戰守之具로 以與城相表裏하고 而積三年糧於城中이면 雖用十萬人이라도 不易取也리이다

臣이 이 지역을 관찰해보니, 三面은 山으로 둘러싸여 있고 오직 서쪽만 내가 흐르는 수백 리의 平地가 있어서 서쪽으로 梁·宋 지방으로 왕래할 수 있으니, 만일 楚 지방 사람들이 關門을 열고서 적을 맞이하되 材官들이 화살을 쏘고 突騎(돌격 기병대)를 풀어놓는다면, 참으로 지붕 위에서 병을 세워 물을 쏟는 것과 같게 될 것입니다.

또 이 지역은 조와 보리가 잘 자라 한 번 豊年이 들면 몇 년 동안 배불리 먹으며, 이 城은 三面이 물로 막혀 있어서 望樓나 城堞 아래에는 汴水와 泗水로 垓子가 이루어져 있고, 오직 남쪽만 수레와 말이 통행할 수 있어서 戲馬臺가 이곳에 있습니다. 그 높이는 열 길이고 넓이와 길이는 百 步이니, 만약 武力을 행사하는 세상에 천 명을 戲馬臺 위에 주둔시키고 櫑木과 炮石 등 모든 전투하고 수비하는 도구들을 모아서 城과 서로 表裏가 되게 하고 3년 먹을 군량을 성안에 쌓아놓는다면, 비록 10만의 大軍을 사용하더라도 쉽게 점령할 수 없을 것입니다.

1) 梁宋 : 梁은 大梁으로 北宋 때의 도읍인 汴梁을 이르는데, 지금의 河南省 開封이다. 宋은 南京 應天府로 지금의 河南省 商丘인데, 春秋時代에 宋나라가 있었고 唐나라 때에는 宋州였으므로 宋이라 한 것이다.

2) 材官騶發 : 材官은 武官을 이르며 騶는 菆로 좋은 화살을 이른다.

3) 若屋上建瓴水也 : 지붕 위에서 병을 거꾸로 세워 병속에 들어 있는 물을 쏟아내는 것과 같음을 이른다. 漢나라 田肯이 高祖에게 用兵의 유리한 형세에 대해 진언을 하면서, 마치 "지붕 꼭대기에 앉아 물병을 거꾸로 들고 아래로 쏟는 것처럼〔居高屋之上 建瓴水〕 막힘이 없을 것이다."라고 말하였다. 곧 명령이나 지휘가 일사천리로 막힘없이 전달될 수 있음을 비유한다.

4) 戲馬臺 : 徐州 본성 남쪽에 있는 臺 이름으로 項羽가 축조했다고 한다.

5) 櫑(뢰)木炮石 : 櫑木은 크고 둥근 나무로 옛날 이것을 성 위에 쌓아놓았다가 적군이 성으로 다가오면 일제히 굴려 적군이 접근하지 못하게 하였다. 炮石은 대포로 돌을 날림을 이른다.

其民이 皆長大하고 膽力絕人하야 喜爲剽掠하야 小不適意하면 則有飛揚跋扈之心하니

非止爲盜而已니이다 漢高祖는 沛人也[1)]요 項羽는 宿遷人也[2)]요 劉裕는 彭城人也[3)]요 朱全忠은 碭山人也[4)]니 皆在今徐州數百里間耳라 其人以此自負하야 凶桀之氣 積以成俗하니이다 魏太武는 以三十萬人으로 攻彭城호되 不能下[5)]하고 而王智興이 以卒伍庸材로 恣睢於徐에 朝廷亦不能討[6)]하니 豈非以其地形便利하고 人卒勇悍故耶잇가

이 지역 百姓들은 모두 키가 크고 膽力이 남보다 뛰어나서 노략질하기를 좋아하여 조금만 자기의 뜻에 맞지 않으면 날뛰고 跋扈하는 마음을 가지니, 다만 도적이 될 뿐만이 아닙니다. 漢나라 高祖는 沛縣 사람이고 項羽는 宿遷 사람이고 劉裕는 彭城 사람이고 朱全忠은 碭山 사람인데, 이들 지역은 모두 徐州 수백 리 안에 있습니다.

이 지역 사람들은 이것을 가지고 자부하여 흉악하고 호걸스러운 기운이 쌓여서 풍속을 이루었습니다. 北魏 太武帝는 30만 大軍으로도 彭城을 공격하였으나 점령하지 못하였고, 王智興이 졸병의 용렬한 資質로 徐州에서 눈을 부릅뜨고 제멋대로 굴었으나 朝廷에서 또한 이들을 토벌하지 못했으니, 이는 어찌 그 地形이 편리하고 人民과 兵卒들이 용맹하고 사납기 때문이 아니겠습니까?

1) 漢高祖沛人也 : 漢 高祖는 劉邦으로 高祖는 그의 廟號이며, 沛는 지금의 江蘇省 沛縣으로 徐州의 북쪽에 있다.
2) 項羽宿遷人也 : ≪史記≫ 〈項羽本紀〉에 "項羽는 下相 사람이다."라고 하였는데, 下相은 바로 지금의 江蘇省 宿遷으로 徐州 동쪽에 있다.
3) 劉裕彭城人也 : 劉裕(363~422)는 南北朝時代 南朝 宋나라를 창건한 武帝의 이름이다. 본래 徐州 사람으로 처음 晉나라에서 벼슬하였는데, 많은 공을 세워 세력이 커지자 끝내 禪讓을 받아 東晉을 멸하고 宋나라를 세웠다.
4) 朱全忠碭山人也 : 朱全忠(852~912)은 五代 梁나라의 太祖이다. 본래의 이름은 溫인데 뒤에 晃으로 개명하였다. 도적 黃巢의 장수였다가 882년 관군에 항복하여 唐나라 僖宗으로부터 全忠이라는 이름을 하사받았다. 그 뒤 황소의 잔당과 그 밖의 군웅을 평정하여 梁王에 봉해지고 각지의 절도사를 겸하는 등 화북 제일의 실력자가 되었다. 뒤에 昭宗을 살해하고 哀帝를 세웠다가 907년에 唐나라를 멸망시키고 梁나라를 세웠다. 碭山은 徐州 서쪽에 있다.
5) 魏太武……不能下 : 太武帝는 北魏의 拓跋燾를 가리킨다. 南朝의 宋나라 文帝 元嘉 27년(450)에 文帝가 군사를 내어 魏나라를 정벌하자, 太武帝가 大軍을

이끌고 黃河를 건너 徐州를 포위하고 3개월간 공격하였으나 끝내 함락시키지 못하였다. ≪南史 宋本記≫

6) 王智興……朝廷亦不能討 : 王智興(758~836)은 兵卒 출신으로 徐州刺史 李洧의 부하로 있다가 唐나라 憲宗 元和 13년(818)에 李師道의 난을 진압하는 데 공을 세워 沂州刺史에 제수되었다. 이후 徐州에서 반란을 일으켜 조정에 대항하였는데, 唐나라에서는 여러 차례 병력을 내어 토벌하였으나 끝내 실패하자 어쩔 수 없이 그를 徐州刺史로 임명하였다. ≪舊唐書 王智興傳≫

**州之東北七十餘里**는 **卽利國監**[1]이니 **自古爲鐵官**[2]하야 **商賈所聚**에 **其民富樂**하니이다 **凡三十六冶**니 **冶戶**[3]는 **皆大家**라 **藏鏹巨萬**하야 **常爲盜賊所窺**로되 **而兵衛寡弱**하야 **有同兒戲**하니이다 **臣中夜以思**에 **卽爲寒心**하니 **使劇賊致死者十餘人**이 **白晝入市**하면 **則守者皆棄而走耳**리이다 **地旣産精鐵**하야 **而民皆善鍛**하니 **散冶戶之財**하야 **以嘯召無賴**하면 **則烏合之衆**의 **數千人之仗**을 **可以一夕具也**니 **順流南下**하면 **辰發巳至**[4]하야 **而徐有不守之憂矣**리이다 **使不幸而賊有過人之才**하야 **如呂布, 劉備**[5]**之徒**가 **得徐而逞其志**하면 **則京東之安危**를 **未可知也**니이다

徐州에서 동북방으로 70여 리 되는 지점이 바로 利國監이 있는 곳인데, 예로부터 鐵을 맡은 관청으로 商賈들이 모이는 곳이라서 百姓들이 부유하게 잘삽니다. 모두 36개의 冶戶(대장간)가 있는데 이 冶戶들은 모두 부유한 집안들로서 쇠(돈꿰미) 巨萬을 보관하여 항상 도적들이 엿보는데도, 수비하는 병졸들이 적고 약하여 아이들 놀이와 같습니다.

臣이 한밤중에 이것을 생각하면 가슴이 서늘해집니다. 목숨을 내놓은 사나운 賊 10여 명이 白晝에 市場으로 들어오면 지키는 자들이 모두 대장간을 버리고 도망갈 것입니다.

이 지역은 이미 精鐵이 생산되어서 百姓들이 다 단련을 잘하니, 冶戶의 재물을 흩어서 無賴輩들을 불러 모은다면, 烏合之衆으로 모인 수천 명의 兵器를 하루 저녁에 갖출 수가 있습니다. 흐르는 물을 따라 남쪽으로 내려오면, 辰時에 출발하면 巳時에 이르러서 徐州를 지키지 못하는 憂患이 있을 것입니다.

그리고 불행히도 도적들 중에 보통사람보다 뛰어난 재주를 가지고 있는 자가 있어서 呂布나 劉備와 같은 무리가 徐州를 점령하고 그 뜻을 편다면, 京東의 安危를 예측할 수 없습니다.

1) 利國監 : 철광을 채취하고 철물을 주조하던 관서의 이름이다.
2) 鐵官 : 宋나라는 소금과 철을 관에서 전매하였는데, 이를 관장하는 官署의 이름이다.
3) 冶戶 : 鐵을 제련하는 대장간을 이른다. 宋나라 때에 冶鐵業은 주로 徐州, 兗州, 相州에 성행하였는데, 규모에 있어서 徐州가 으뜸이었다.
4) 辰發巳至 : 신속히 도착할 수 있음을 이른다. 오늘날의 시간으로 환산하면 辰時는 7시부터 8시까지이고, 巳時는 9시부터 10시까지이다.
5) 呂布劉備 : 呂布는 後漢 말기의 武將으로 자는 奉先이며 五原郡 九原縣 사람이다. 뛰어난 무용으로 이름을 떨쳤으나 끝내 曹操에게 잡혀 처형되었다. 劉備는 蜀漢을 건국한 昭烈皇帝를 이른다. 이 두 사람은 모두 한때 徐州刺史로 있었기 때문에 말한 것이다.

**近者**에 **河北轉運司**[1] **奏乞禁止利國監鐵**하야 **不許入河北**한대 **朝廷從之**하니이다 **昔**에 **楚人亡弓**하고 **不能忘楚**한대 **孔子猶小之**[2]하시니 **況天下一家**하야 **東北二冶**가 **皆爲國興利**어늘 **而奪彼與此**는 **不已隘乎**잇가 **自鐵不北行**으로 **冶戶皆有失業之憂**하야 **詣臣而訴者數**(삭)**矣**니이다 **臣欲因此**하야 **以征(徵)冶戶**하야 **爲利國監之捍屛**하노이다 **今三十六冶**에 **冶各百餘人**이 **採礦伐炭**하니 **多饑寒亡命强力鷙忍之民也**니이다

근자에 河北轉運司에서 利國監의 鐵을 금지하여 河北 지방으로 들여오지 못하게 할 것을 청하자, 朝廷에서 그 의견을 따랐습니다. 옛날에 楚나라 사람이 활을 잃고 楚나라를 잊지 못하자, 孔子께서 오히려 그릇이 작다고 여기셨습니다. 하물며 〈지금〉 天下가 한 집안이 되어서 동쪽과 북쪽 두 대장간이 있는 곳이 모두 나라를 위하여 利益을 일으키고 있는데, 저기의 것을 빼어다가 여기에 주는 것은 너무 偏狹하지 않겠습니까?

鐵을 북쪽 지방으로 수출하지 못하게 되자, 冶戶들이 모두 失業할 우려가 있어서 臣에게 찾아와 하소연한 것이 여러 번이었습니다.

臣은 이 기회를 이용하여 冶戶를 징발해서 利國監의 울타리로 만들고자 합니다. 지금 36개의 冶戶에 각각 백여 명의 人夫들이 철광을 채굴하고 숯을 만들 나무를 베고 있는데, 이들은 대부분 추위와 굶주림에 쫓겨서 亡命한 자들로 힘이 세고 사납고 잔인한 百姓들입니다.

1) 轉運司 : 宋代에는 各路를 통치하기 위해 轉運司・提點刑獄・安撫使의 三司를 두고 이들을 모두 監司라고 칭하였는데, 이 중 轉運司는 財賦와 漕運을 관장하였다.

2) 昔楚人亡弓……孔子猶小之 : 春秋時代 楚나라 共(恭)王의 고사이다. 共王이 사냥을 나갔다가 활을 잃었는데, 좌우의 신하들이 모두 이를 찾으려 하자 王이 이것을 말리면서 "楚王이 잃었으니 楚나라 사람이 얻었을 것이다."라고 하였다. 孔子는 이 말을 듣고 말씀하시기를 "안타깝게도 그 度量이 그다지 크지 못하도다. '사람이 활을 잃었으니 사람이 이를 얻었을 것이다.'라고 말하지 않고, 굳이 楚나라를 말하는가?"라고 하였다. ≪孔子家語≫

**臣欲使冶戶**로 **每冶**에 **各擇有材力而忠謹者**하야 **保任十人**하고 **籍其名於官**하야 **授以却刃刀槊**하야 **教之擊刺**(척)호되 **每月兩衙**[1]에 **集於知監之庭**하야 **而閱試之**하고 **藏其刃於官**하야 **以待大盜**하며 **不得役使**하고 **犯者**는 **以違制論**이니이다 **冶戶爲盜所(擬)〔睨〕**가 **久矣**라 **民皆知之**하니 **使冶出十人以自衛**하면 **民所樂也**요 **而官又爲除近日之禁**하야 **使鐵得北行**이면 **則冶戶皆悅而聽命**하야 **奸猾破膽**하야 **而不敢謀矣**리이다

臣은 冶戶로 하여금 冶戶마다 각각 재주와 힘이 있고 성품이 충성스럽고 삼가는 자들을 선발하여 10명씩 保任하게 하고 그 이름을 관청의 장부에 올린 다음, 날을 세우지 않은 칼과 창을 주어서 치고 찌르는 방법을 가르치고 매월 두 번 衙參할 때에 知監의 뜰에 모이게 해서 이들을 査閱하려 합니다. 그리고 시험한 뒤에는 그 병기를 관청에 보관하여 큰 도적을 대비하게 하며, 이들을 使役시키지 못하게 하고 어기는 자는 황제의 制命을 어긴 罪로 논하고자 합니다.

冶戶들은 도둑들에게 노림을 당한 지가 오래입니다. 百姓들이 다 이것을 알고 있으니, 冶戶마다 10명씩을 내어서 스스로 지키게 한다면 百姓들이 기꺼이 따를 것이고, 관청에서 또 近日의 禁令을 제거해서 鐵을 북쪽으로 수출하게 한다면 冶戶들이 모두

기뻐하고 명령을 따라서 奸猾한 자들이 落膽하여 감히 다른 일을 도모하지 못할 것입니다.

1) 兩衙 : 두 번 衙參하는 것을 이르는데, 衙參은 관리들이 衙門에 나아가 자신의 업무를 보고하고 政事를 결정하는 일을 이른다.

**徐城**이 **雖險固**나 **而樓櫓敝惡**하고 **又城大而兵少**하야 **緩急不可守**니이다 **今戰兵千人耳**니 **臣欲乞移南京新招騎射兩指揮於徐**[1]하오니 **此**는 **故徐人也**라 **嘗屯於徐**하야 **營壘材石**이 **旣具矣**러니 **而遷於南京**하니이다 **異時**에 **轉運使分東西路**[2]하야 **畏饋餉之勞**하야 **而移之西耳**러니 **今兩路爲一**하니 **其去來無所損益**이요 **而足以爲徐之重**이니이다 **城下數里**에 **頗産精石無窮**이요 **而奉化廂軍**[3] **見**(현)**闕**이 **數百人**이니 **臣願募石工以足之**호되 **聽不差出**하야 **使此數百人者**로 **常採石以甃城**이면 **數年之後**에 **擧爲金湯之固**[4]하리니 **要使利國監**을 **不可窺**면 **則徐無事**요 **徐無事**면 **則京東無虞矣**리이다

徐州城은 비록 험고하나 望樓가 허물어지고 조악하며 또 城은 큰데 兵力이 적어서 위급할 때에 지킬 수가 없습니다. 현재 전투할 수 있는 군사가 겨우 1천 명뿐이니, 臣은 南京에서 새로 모은 騎射軍의 두 指揮를 徐州로 옮길 것을 청하오니, 이들은 원래 徐州 사람들입니다. 일찍이 徐州에 주둔해서 營壘(주둔지)를 만들 재목과 돌이 이미 구비되었었는데, 營壘를 南京으로 옮기고 말았습니다.

예전에는 轉運使가 東路와 西路로 나뉘어 이들을 饋餉하는 수고로움을 꺼려서 서쪽으로 옮겼을 뿐입니다. 그런데 지금은 東·西 兩路가 하나가 되었으니, 〈두 指揮를 徐州로 옮긴다면〉 이리 가든 저리 가든 손해되거나 이익되는 바가 없고 충분히 徐州의 중요함이 될 수 있을 것입니다.

그리고 徐州城 아래 몇 리에는 자못 좋은 돌이 무궁하게 생산되고 奉化의 廂軍은 현재 결원이 수백 명이니, 臣은 원컨대 石工을 모집하여 이 결원을 채우되 다른 일에 차출되지 않도록 하고, 이 수백 명으로 하여금 항상 돌을 채취하여 城을 쌓게 한다면 몇 년 뒤에는 모두가 金城湯池의 험고한 城이 될 것입니다.

요컨대 利國監을 적들로 하여금 엿보지 못하게 한다면 徐州가 무사할 것이고, 徐州가 무사하다면 京東에 우려할 일이 없게 될 것입니다.

1) 臣欲乞移南京新招騎射兩指揮於徐 : 宋나라의 4京 가운데 하나인 南京은 지금의 河南省 商丘縣이다. 騎射는 京東路의 여러 州에 설치된 騎兵인 騎射軍을 이르며, 兩指揮는 軍을 지휘하는 都指揮使와 副指揮使를 이른다. ≪宋史 兵志≫
2) 轉運使分東西路 : 宋나라 때에는 지방 조직인 路를 합치기도 하고 나누기도 하였는데, 예컨대 京東路 같은 경우는 하나로 합치기도 하고 京東東路와 京東西路로 나누기도 하였다. 至道 3년(997)에는 徐州와 南京 應天府가 모두 京東路였으나, 熙寧 7년(1074)에는 東・西 2路로 나누어 徐州는 京東東路에, 南京 應天府는 京東西路에 속하였다.
3) 奉化廂軍 : 奉化縣의 지방군을 이른다. 宋代의 兵制는 전국의 군대를 禁軍, 廂軍, 鄕軍, 藩軍의 네 가지로 나누었는데, 禁軍은 황제의 친위군인 중앙군으로 首都에 주둔하다가 윤번제로 지방 州縣에 나가 근무하였다. 廂軍은 地方軍으로 州의 수비를 주임무로 하였으며, 鄕軍과 藩軍은 비상설 조직으로 鄕軍은 각 지역 壯丁을 뽑아 자신의 지역을 수비하는 임무를 맡았으며, 藩軍은 귀순한 이민족의 병사로 변경을 수비하게 하였다.
4) 金湯之固 : 金湯은 '金城湯池'의 줄임말로 쇠로 만든 철옹성과 펄펄 끓는 물로 채워진 것과 같은 험한 垓子가 있는 견고한 요새지를 말한다.

**沂(기)州는 山谷重阻하야 爲逋逃淵藪[1]하야 盜賊이 每入徐州界中하니이다 陛下若採臣言하시고 不以臣爲不肖이신댄 願復三年守徐[2]하시고 且得兼領沂州兵甲巡檢公事[3]하시면 必有以自效하리이다 京東惡盜 多出逃軍하니 逃軍爲盜면 民則望風畏之는 何也오 技精而法重也일새니이다 技精則難敵하고 法重則致死는 其勢然也니이다**

沂州는 산과 골짜기가 겹겹으로 막혀 있어 도망하는 자들의 소굴이 되어서 도적들이 매번 徐州 경내로 들어오고 있습니다. 폐하께서 만약 臣의 말을 채택하시고 臣을 不肖하다고 여기지 않으신다면, 원컨대 다시 3년 동안 徐州를 맡기시고 또 겸하여 沂州의 兵甲巡檢公事를 관장하게 하소서. 이렇게 하신다면 반드시 스스로 좋은 成果를 바치게 될 것입니다.

京東 지방의 흉악한 도적들은 대부분 도망병 출신이니, 도망병들이 도적이 되면 백성들이 풍문만 듣고도 두려워하는 것은 어째서이겠습니까? 武藝가 정밀하고 國法이

嚴重하기 때문입니다. 武藝가 정밀하면 상대하기가 어렵고 國法이 엄중하면 死力을 다하여 대항하게 되니, 이는 형세가 그러한 것입니다.

1) 逋逃淵藪 : 도망하는 자들이 모여 숨어 지내는 곳을 이른다. 淵은 깊은 물로 물고기가 모이는 곳이고, 藪는 수풀로 짐승들이 모이는 곳이다.
2) 願復三年守徐 : 宋나라 때 州와 縣을 맡은 지방관의 임기는 3년이었는데, 蘇軾이 자신을 知徐州事에 連任시켜 줄 것을 청한 것이다.
3) 兵甲巡檢公事 : 한 지방의 軍事를 관장하는 무관직을 이른다.

自陛下置將官하고 修軍政으로 士皆精銳로되 而不免於逃者는 臣嘗考其所由컨대 蓋自近歲以來로 部送罪人하야 配軍[1]者를 皆不使役人하고 而使禁軍하니 軍士當部送者受牒卽行하야 往返이 常不下十이라 道路之費를 非取息錢이면 不能辦이니이다 百姓畏法하야 不敢貸하고 貸亦不可復得이요 惟所部將校가 乃敢出息錢與之라가 歸而刻其糧賜라 以故로 上下相持하야 軍政不修하야 博弈飮酒하야 無所不至하고 窮苦無聊면 則逃去爲盜하니이다

폐하께서 將官을 설치하고 軍政을 닦으신 이래로 군사들이 모두 정예병이 되었으나 도망하는 것을 면치 못하는 것은, 臣이 일찍이 그 까닭을 살펴보건대 근년 이래로 罪人을 압송하여 군대에 배정하는 일을 모두 役人을 시키지 않고 禁軍(황제의 친위군)을 시킵니다. 죄인을 압송하는 일을 맡은 군사들이 죄인을 압송하라는 문서를 받으면 즉시 길을 떠나는데, 오고 가는 날짜가 항상 열흘 이상이 걸려 道路의 경비를 이자를 내는 돈이 아니면 장만하지 못합니다.

백성들은 法을 두려워해서 감히 이것을 빌려주지 못하고 빌려주더라도 다시 받을 수가 없으며, 오직 거느리고 있는 將校가 감히 利息錢을 내어주었다가 돌아오면 녹봉으로 받는 양식에서 깎아버립니다. 이 때문에 윗사람과 아랫사람이 서로 대립하여 軍政이 다스려지지 못해서 도박을 하고 술을 마시는 등 못하는 짓이 없고, 매우 곤궁하고 괴로워서 무료하면 도망가서 도적이 되는 것입니다.

1) 配軍 : 죄인을 변경으로 유배 보내어 수자리 살게 하는 것을 이른다.

臣自至徐로 卽取不係省錢百餘千하야 別儲之라가 當部送者면 量遠近裁取호되 以三月刻納하고 不取其息하며 將吏有敢貸息錢者면 痛以法治之하니 然後에 嚴軍政하고 禁酒博이러니 比期年에 士皆飽暖하야 練熟技藝하야 等第爲諸郡之冠하니이다 陛下遣敕使按閱하사 所具見也시니이다 臣願下其法諸郡하야 推此行之하시면 則軍政修而逃者寡하리니 亦去盜之一端也니이다

臣이 徐州에 부임하자마자 아무 데에도 속하지 않은 省錢 백여 緡(千)을 취하여 따로 저축해두었다가 죄인을 압송하는 일이 있게 되면 거리의 원근을 헤아려서 적당히 가져가게 하되 3개월로 시한을 정하여 바치게 하고 利息을 취하지 않았으며, 將帥와 官吏들 중에 감히 利息錢을 빌려주는 자가 있으면 통렬히 法으로 다스렸습니다. 그런 뒤에 軍政을 엄하게 하고 술 마시고 도박하는 것을 금하였습니다.

1년이 지나자 군사들이 모두 배부르고 따뜻하여 武藝를 익숙하게 익혀서 등급이 여러 郡의 으뜸이 되었습니다. 이는 폐하께서 칙사를 보내어 조사하고 살피셔서 자세히 보신 바입니다. 臣은 원컨대 이 방법을 여러 郡에 내려서 이것을 미루어 행하게 하소서. 그러면 軍政이 닦여져서 도망병이 적어질 것이니, 또한 도적을 제거하는 한 방법이 될 것입니다.

臣聞之호니 漢相王嘉[1]曰 孝文帝時에 二千石長吏[2] 安官樂職하야 上下相望하야 莫有苟且之意러니 其後에 稍稍變易하야 公卿以下 轉相促急하고 司隸, 部刺史[3]가 發揚陰私하야 吏或居官數月而退하고 二千石益輕賤하니 吏民慢易之하야 知其易危하고 小失意하면 則有離畔之心하니이다 前山陽亡徒蘇令[4]이 從(縱)橫에 吏士臨難하야 莫肯伏節死義者는 以守相[5]威權이 素奪故也니이다 國家有急이면 取辦於二千石이니 二千石이 尊重難危라야 乃能使下라하니이다

臣이 들으니, 漢나라 승상 王嘉가 다음과 같이 말하였습니다.

"孝文帝 때에는 二千石의 長吏가 관청을 편안히 여기고 직책을 즐거워하여서 上下가 서로 바라보면서 구차한 뜻이 없었는데, 그 뒤에 차츰차츰 변하여 公卿 이하가 더욱 서로 각박해지고, 司隸와 部의 刺史들이 남의 은밀한 일을 들추어냅니다. 그리하

여 관리가 혹 관직에 있은 지 수개월 만에 물러나고 二千石이 더욱 가볍게 여겨지고 천시당하니, 관리와 백성들이 이들을 깔보고 업신여기며 이들을 위태롭게 하기가 쉽다는 것을 알고는 조금만 자기 뜻에 맞지 않으면 離反의 마음을 갖습니다. 전에 山陽의 도망한 무리 蘇令이 제멋대로 횡행하는데도 관리와 군사들이 亂을 당하여 節義를 위해 기꺼이 죽으려는 자가 없었던 것은 守・相의 權威가 평소에 실추되었기 때문입니다. 국가에 위급한 일이 있으면 二千石에게 책임을 맡기니, 二千石의 지위가 존중되고 위태롭게 하기가 어려워야 비로소 아랫사람을 부릴 수 있습니다."

1) 王嘉 : 前漢 哀帝 때의 승상으로 字는 公仲이며 平陵 사람이다. 위의 내용은 ≪漢書≫ 〈王嘉傳〉에 보인다.
2) 二千石長吏 : 二千石은 본래 漢代의 관리 등급으로 俸祿의 多寡에 따른 명칭인데, 三公 이하에 中二千石으로부터 百石에 이르기까지 모두 14등급으로 나누었으나, 여기서는 지방을 관장하는 太守의 의미로 쓰였다. 長吏는 지방의 장관을 이른다. 石은 고대의 용량 단위로, 1石은 10斗이다. ≪漢書 百官公卿表≫
3) 部刺史 : 漢나라 때에 전국을 13개의 部로 나누고 部마다 刺史를 두었다.
4) 山陽亡徒蘇令 : 蘇令은 前漢 成帝 때 山陽(現 金鄉縣)에 있던 鐵官의 인부였는데, 永始 3년(B.C. 14)에 2백여 명의 무리와 함께 민란을 일으켜 19개 郡・國을 횡행하며 東郡太守와 汝南都尉를 죽이고 스스로 장군이라고 칭하였다. 뒤에 汝南太守 嚴訢에게 잡혀 처형되었다.
5) 守相 : 郡의 太守와 諸侯國의 相을 이른다.

**以王嘉之言而考之於今**하면 **郡守之威權**이 **可謂素奪矣**니이다 **上有監司伺其過失**하고 **下有吏民持其長短**하야 **未及按問**에 **而差替之命**이 **已下矣**니이다 **欲督捕盜賊**하야 **法外求一錢以使人**이라도 **且不可得**이라 **盜賊凶人**의 **情重而法輕者**를 **守臣**이 **輒配流之**하면 **則使所在法司**로 **覆按其狀**하야 **劾以失入**[1)]하니이다 **惴惴如此**하니 **何以得吏士死力**하야 **而破奸人之黨乎**잇가 **由此觀之**하면 **盜賊所以滋熾者**는 **以陛下守臣權太輕故也**니이다

王嘉의 말을 가지고 지금에 고찰해보면 郡守의 권위가 평소 실추되었다고 이를 만합니다. 위에서는 監司가 그의 과실을 사찰하고 있고 아래에서는 아전과 백성들이 그의 장단점을 평가하는 권한을 쥐고 있어서, 미처 나라에서 조사하여 죄를 묻기도 전

에 교체하라는 命이 이미 내려옵니다.

守令들이 도적을 독촉하여 잡고자 해서 法 밖에 1錢을 구하여 사람을 부리려 하더라도 이조차도 제대로 할 수가 없습니다. 도적과 흉악한 자들의 罪質이 정상은 중하나 法은 가벼운 자들을 守令이 〈刑을 무겁게 내려〉 곧 流配 보내면, 이들이 所在地의 法司로 하여금 자신의 범죄 상황을 조사하게 하여 失入으로 탄핵합니다.

守令들이 이와 같이 벌벌 떨고 있으니, 어떻게 관리와 군사들이 죽을힘을 다하여 간악한 자들의 도당을 깨뜨리겠습니까? 이것을 가지고 살펴보건대 도적들이 더욱 더 熾盛하는 까닭은 폐하의 守令들의 권력이 너무 가볍기 때문입니다.

1) 失入 : 법 적용을 가혹하게 하여 잘못 죄에 넣어 억울한 처벌을 내림을 이른다.

**臣願陛下稍重其權**하야 **責以大綱**하고 **略其小過**하시며 **凡京東多盜之郡**에 **自青, 鄆**(운) **以降**으로 **如徐, 沂, 齊, 曹之類**를 **皆愼擇守臣**하고 **聽法外處置强盜**하시며 **頗賜緡錢**하야 **使得以布設耳目**하고 **蓄養爪牙**하노이다 **然緡錢**은 **多賜則難常**이요 **少**면 **又不足於用**이니 **臣以爲每郡**에 **可歲別給一二百千**하야 **使以釀酒**하고 **凡使人戢捕盜賊**이면 **得以酒予之**하며 **敢以爲他用者**는 **坐贓論**이니이다 **賞格之外**에 **歲得酒數百斛**이면 **亦足以使人矣**리니 **此又治盜之一術也**니이다

臣은 원컨대 폐하께서 太守들의 권한을 조금 중하게 해서 큰 강령만을 책임 지우고 작은 허물은 가볍게 넘기시며, 京東 지방 중 도적이 많은 고을인 青州・鄆州 이하로 徐州・沂州・齊州・曹州와 같은 지역에는 모두 太守들을 신중히 선발하고 法 밖으로 强盜들을 처치하는 것을 허락하시며, 또 약간의 緡錢을 하사해서 그들로 하여금 耳目(정탐꾼)을 널리 배치하고 爪牙(용맹한 병사들)를 기르게 하소서.

그러나 緡錢은 많이 하사하면 계속하기가 어렵고 적으면 또 쓰기에 부족하니, 臣은 생각하건대 군마다 1년에 별도로 1, 2백 千(緡)을 주어서 이 돈으로 술을 빚게 하고, 사람을 시켜서 도적을 체포하게 했으면 이 술을 가지고 상을 주며 감히 달리 이 술을 쓰는 자는 贓律(뇌물죄)로 다스려야 할 것입니다. 그리하여 賞으로 주는 것 외에 해마다 술 수백 섬을 얻는다면 또한 충분히 사람을 부릴 수 있을 것이니, 이것도 도적을 다스리는 한 방법입니다.

然이나 此는 皆其小者요 其大者는 非臣之所當言이니 欲默而不發이면 則又私自念컨대 遭値陛下英聖特達如此어늘 若有所不盡이면 非忠臣之義라 故로 昧死復言之하노이다

그러나 이것은 모두 자질구레한 것이고 큰 것은 臣이 마땅히 말할 바가 아니니, 침묵하고 발설하지 않고자 하였으나 또 속으로 스스로 생각하건대 이와 같이 英聖하고 特達한 폐하를 만났는데도 만일 말을 다하지 않는 것이 있다면 忠臣의 의리가 아니라고 여겨졌습니다. 그러므로 죽을죄를 무릅쓰고 다시 말씀드리는 것입니다.

昔者에 以詩賦取士러니 今陛下以經術用人하시니 名雖不同이나 然皆以文詞進耳니이다 考其所得하면 多吳, 楚, 閩, 蜀之人이요 至於京東, 西, 河北, 河東, 陝西五路하야는 蓋自古豪傑之場이라 其人이 沈鷙勇悍하야 可任以事라 然이나 欲使治聲律하고 讀經義하야 以與吳, 楚, 閩, 蜀之士로 爭得失於毫釐之間이면 則彼有不仕而已라 故로 其得人常少하니이다 夫惟忠孝禮義之士는 雖不得志라도 不失爲君子어니와 若德不足而才有餘者는 困於無門이면 則無所不至矣라 故로 臣願陛下特爲五路之士하야 別開仕進之門하노이다

옛날에는 詩賦로 선비를 뽑았는데 지금 폐하께서는 經學으로 인재를 등용하시니, 詩賦와 經學은 이름은 비록 같지 않으나 모두 文章으로 등용하는 것입니다. 과거에 선발된 것을 살펴보면 吳·楚 지방과 閩·蜀 지방의 사람이 많고, 京東·京西·河北·河東·陝西의 다섯 路에 이르러서는 예로부터 호걸들이 배출된 장소라서 이 지역 사람들은 침착하고 사납고 용맹하여 일을 맡길 수는 있으나, 이들로 하여금 詩賦의 음률을 배우고 經義를 읽게 해서 吳·楚와 閩·蜀 지방 사람들과 털끝만 한 사이에서 得失을 다투게 한다면, 이들은 오직 벼슬하지 않을 뿐입니다. 이 때문에 이 지역에서 과거로 사람을 뽑은 것이 항상 적은 것입니다.

忠孝와 禮義의 선비는 비록 뜻을 얻지 못하더라도 君子가 되려는 뜻을 잃지 않지만, 만약 德이 부족하고 재주가 有餘한 자는 등용할 문이 없어 곤궁하게 되면 못하는 짓이 없습니다. 그러므로 臣은 원컨대 폐하께서 특별히 이 다섯 路의 선비들을 위하여 별도로 벼슬에 등용되는 문을 열어주셨으면 합니다.

漢法에 郡縣秀民을 推擇爲吏하고 考行察廉하야 以次遷補하야 或至二千石하고 入爲公

卿하니이다 古者에 不專以文詞取人이라 故로 得士爲多하니이다 黃霸[1)]는 起於卒史하고 薛宣[2)]은 奮於書佐하고 朱邑[3)]은 選於嗇夫하고 丙吉[4)]은 出於獄吏하며 其餘名臣循吏도 由此而進者를 不可勝數니이다

漢나라 법에 郡縣의 빼어난 백성을 추천하고 선발하여 관리로 삼고는 그 사람의 행실을 고찰하고 청렴도를 살펴서 차례로 승진시켜 보임하여, 혹은 二千石에까지 이르고 조정에 들어가서 公卿이 되기도 했습니다.

옛날에는 오로지 문장만으로 사람을 뽑지 않았습니다. 그러므로 선비를 얻은 것이 많습니다. 黃霸는 卒史에서 발신하였고 薛宣은 書佐에서 분발했고 朱邑은 嗇夫에서 選用되고 丙吉은 獄吏 출신이며, 그 나머지 이름난 신하들과 循吏에 이르기까지 이로 말미암아 등용된 자를 이루 다 헤아릴 수 없습니다.

1) 黃霸 : 字는 次公으로 前漢 宣帝 때의 循吏이다. 처음에 左馮翊의 二千石 卒史로 발신하여 백성들에게 善政을 베풀고 潁川太守로 있으면서 치적이 천하의 제일로 승상에 오르고 建成侯에 봉해졌다. ≪漢書 循吏傳≫
2) 薛宣 : 字는 贛君이다. 前漢 元帝 때 廷尉의 書佐로 몸을 일으켜 成帝 때 刺史를 거쳐 승상에 이르렀으며 高陽后에 봉해졌다. ≪漢書 薛宣傳≫
3) 朱邑 : 字는 仲卿인데, 젊어서 桐鄕의 嗇夫로 벼슬을 시작하여 大司農에 이르렀다. 嗇夫는 지방에서 聽訟과 賦稅를 담당한 말단 관직이다. ≪漢書 循吏傳≫
4) 丙吉 : 邴吉로도 쓰는데, 漢나라 宣帝 때의 名臣이다. 자는 少卿으로 魯國 北海 사람이다. 미관말직인 獄吏로 관직을 시작하여 廷尉右監과 御史大夫를 거쳐 승상이 되었고, 사후에 定侯에 봉해졌다. ≪漢書 丙吉傳≫

唐自中葉以後로 方鎭이 皆選列校[1)]하야 以掌牙兵[2)]하니 是時에 四方豪傑이 不能以科擧自達者 皆爭爲之하야 往往積功하야 以取旄鉞하니이다 雖老奸巨盜 或出其中이나 而名卿賢將으로 如高仙芝, 封常淸, 李光弼, 來瑱, 李抱玉, 段秀實[3)]之流는 所得이 亦已多矣니이다

唐나라는 중엽 이후로 方鎭(節度使)들이 모두 列校를 자신들이 선발해서 牙兵을 관장하게 하니, 이때 사방의 호걸 중에 과거를 통해 스스로 영달하지 못한 자들이 모

두 다투어 列校가 되어서 왕왕 공로를 쌓아 旄鉞을 취했습니다. 비록 늙은 간신과 큰 도적이 혹 그 가운데서 나오기도 했지만, 이름난 公卿과 어진 장수로 예컨대 高仙芝·封常淸·李光弼·來瑱·李抱玉·段秀實과 같은 무리들을 얻은 것이 또한 이미 많습니다.

1) 列校 : 여러 하급 軍官을 이른다.
2) 牙兵 : 軍士의 한 종류로 대장을 수행하여 본진에 있는 군사를 이르는데, 여기서는 節度使의 친위군을 이른 것으로 보인다.
3) 高仙芝……段秀實 : 高仙芝는 본래 高句麗 사람으로 唐나라 玄宗 開元 29년(741)에 安西副都護가 되었다가 곧 四鎭都知兵馬使가 되었다. 玄宗 天寶 6년(747)에 吐蕃이 사라센제국과 동맹을 맺고 서쪽으로 팽창하던 唐나라의 세력을 견제하기 위하여 동진하자, 그는 行營節度使에 발탁되고 吐蕃을 정벌하기 위하여 1만 명의 군사를 이끌고 파미르고원을 넘어가 기습공격으로 吐蕃의 군사기지인 連雲堡를 격파하였으며, 계속 진격하여 小勃律國의 수도인 阿弩越城을 점령해서 서역 일대의 주도권을 확보하는 큰 공을 세웠다. 귀국하여 御史中丞에 오르고 이어서 特進 兼左金吾大將軍 同正員이 되었으며, 755년에는 密雲郡公의 봉작을 받았다. 封常淸은 高仙芝의 부하로 그 막하에서 공을 세우고 玄宗 天寶 6년(747)에 節度判官에 제수되었으며, 이후 伊西節度等使를 역임하였다. 李光弼은 安祿山의 난에 郭子儀의 천거로 河東節度使가 되어 많은 군공을 세워 臨淮郡王에 봉해졌다. 來瑱은 天寶 11년(752)에 伊西北庭行軍司馬에 제수되었다가, 安祿山의 난에 穎川太守가 되어 많은 군공을 세워 벼슬이 開府儀同三司에 이르렀다. 李抱玉은 肅宗 乾元 元年(758)에 李光弼의 천거로 偏裨가 되었다가, 安祿山의 난에 많은 공을 세우고 벼슬이 司空에 이르렀다. 段秀實은 唐나라 德宗 때 馬璘의 行軍司馬와 司農卿을 지냈으며, 朱泚의 난에 거짓으로 朱泚에게 투항하여 그를 격살하려 하다가 피살되었다. 德宗이 뒤에 그의 충렬을 기려 太尉에 추증하였다.

**王者之用人**은 **如江河**하니 **江河所趨**면 **百川赴焉**하고 **蛟龍生之**하며 **及其去而之他**면 **則魚鼈無所還其體**하고 **而鯢鰍**(예추)**爲之制**니이다 **今世胥史牙校**[1]가 **皆奴僕庸人者**는 **無他**라 **以陛下不用也**일새니이다 **今欲用胥史牙校**로되 **而胥史行文書**하고 **治刑獄錢穀**하면

其勢不可廢鞭撻이니 鞭撻一行이면 則豪傑不出於其間이니이다 故로 凡士之刑者는 不可用이요 而用者는 不可刑이니이다

王者가 인물을 등용하는 것은 江河와 같으니, 江河가 흘러가는 곳에 온 냇물이 다 모여들고 蛟龍도 생장합니다. 그런데 江河가 떠나서 다른 곳으로 흘러가면 물고기와 자라도 제 몸을 돌릴 곳이 없고 큰 암고래와 작은 미꾸라지들도 제재를 받습니다.

지금 세상에 胥史와 牙校들이 모두 奴僕과 용렬한 사람들인 것은 딴 이유가 없습니다. 폐하께서 이들을 등용하지 않으시기 때문입니다.

지금 胥史와 牙校를 등용하려 하되 胥史에게 문서를 돌리고 刑獄과 錢穀을 다스리게 한다면 형편상 이들에게 채찍질을 내리지 않을 수 없으니, 채찍질이 한번 행해지면 호걸들이 그 사이에서 나오지 않습니다. 그러므로 모든 선비 중에 형벌을 받은 자는 등용하지 말아야 하고 등용될 자는 형벌하지 말아야 합니다.

1) 胥史牙校 : 胥史는 여러 관아에서 관리를 돕는 胥吏를 이르고, 牙校 또한 관아에서 숙위하는 하급장교를 이른다.

故로 臣願陛下採唐之舊하야 使五路監司, 郡守로 共選士人하야 以補牙職[1]호되 皆取人材하야 心力有足過人이나 而不能從事於科擧者를 祿之以今之庸錢[2]하고 而課之鎭稅, 場務,[3] 督捕盜賊之類호되 自公罪杖以下聽贖하소서 依將校法하야 使長吏得薦其才者하야 第其功閥하고 書其歲月하야 使得出仕를 比任子[4]호되 而不以流外[5]로 限其所至하시며 朝廷察其尤異者하야 擢用數人이면 則豪傑英偉之士 漸出於此途하야 而奸猾之黨을 可得而籠取也리이다 其條目委曲은 臣未敢盡言이오니 惟陛下留神省察하소서

그러므로 臣은 원컨대 폐하께서 唐나라의 옛 제도를 택하셔서 다섯 路의 監司와 郡守로 하여금 모두 선비를 선발하여 牙職을 보임하되 모두 인재를 가려 뽑아, 마음과 힘은 충분히 남보다 뛰어나나 과거에 종사할 수 없는 자는 지금의 庸錢으로써 녹봉을 주고, 이들에게 鎭稅와 場務와 도적을 감독하여 잡는 일 따위를 책임 지우되 국가의 刑罰 중 杖刑 이하는 돈을 내어 죄를 면제받을 수 있도록 허락하소서.

그리고 將校의 法을 따라 長吏(太守)로 하여금 그중에 재주가 있는 자를 천거해서 그 공적을 차례로 등급 매기고 그가 근무한 기간을 기록해서 이들로 하여금 나와 벼

슬하기를 任子와 같게 하시되, 流外라고 해서 승진하는 것을 제한하지 않게 하시며, 朝廷에서는 이 가운데 더욱 특이한 자를 찾아내어 몇 사람을 특별히 발탁 등용하소서. 이렇게 하면 호걸스럽고 뛰어난 선비들이 점점 이 길로 나와서 奸猾한 무리를 통째로 잡을 수 있을 것입니다.

그 條目의 자세한 것까지는 臣이 감히 다 말씀드릴 수 없으니, 바라옵건대 폐하께서는 留念하여 살피소서.

1) 牙職 : 관아의 일반직 관원이나 관아를 숙위하는 장교를 이른다.
2) 庸錢 : 부역과 관련하여 거둔 세금을 이른다. 모든 백성들은 부역의 의무를 져서 1년에 24일을 부역하였으며, 부역을 하지 않는 자는 하루에 絹 3尺을 대신 납부하게 하였는데, 이를 '庸'이라고 하였다. 庸은 '傭'과 통한다.
3) 鎭稅場務 : 鎭稅는 관아의 세금 관련 업무이며, 場務는 市場을 다스리는 업무를 이른다.
4) 任子 : 郊祀 등 국가의 큰 행사가 있을 적에 평소 功이 있는 公卿의 子弟들에게 특별히 관직을 내리는 제도이다.
5) 流外 : 後魏(386~534) 때에 시작된 관직제도이다. 관직의 등급을 1品에서 9品까지 두고 다시 正과 從으로 나누었는데 이를 流內라고 하였으며, 9品 이외에 따로 正과 從의 구별없이 9級을 두고서 이를 流外라고 하였다. 이들은 미관말직들로 流內로 승진될 수 없었다.

昔에 晉武平吳之後에 詔天下罷軍役하야 州郡悉去武備어늘 惟山濤論其不可[1]한대 帝見之하고 曰 天下名言也라호되 而不能用이러니 及永寧[2]之後에 盜賊蜂起호되 郡國皆以無備하야 不能制하야 其言乃驗하니이다 今臣於無事之時에 屢以盜賊爲言하니 其私憂過計 亦已甚矣라 陛下縱能容之나 必爲議者所笑하리이다 使天下無事而臣獲笑는 可也어니와 不然하야 事至而圖之하면 則已晩矣리이다 干犯天威하오니 罪在不赦니이다

옛날 晉나라 武帝가 吳나라를 점령한 다음 천하에 조칙을 내려 軍役을 파하게 해서 郡縣에서 모두 武備를 제거하였는데, 오직 山濤만이 그 불가함을 논하였습니다. 武帝가 이를 보고 말하기를 "天下의 名言이다."라고 하였으나, 그 말을 끝내 쓰지 못했습니다. 그러다가 永寧 이후에 도적들이 봉기하였으나 郡·國에서 모두 대비가 없어

서 제재하지 못하여, 그제야 山濤의 말이 맞다는 것이 증험되었습니다.

지금 臣이 일이 없는 때에 여러 번 도적을 가지고 말씀을 올리니, 사사로운 우려와 지나친 계산이 또한 너무 심합니다.

폐하께서 비록 이를 용납하시더라도 반드시 議論하는 자들에게 비웃음을 사게 될 것입니다. 만일 천하가 무사해서 臣이 비웃음을 받는다면 괜찮지만, 그렇지 않아서 일이 닥친 뒤에 도모하려고 한다면 너무 늦을 것입니다. 하늘의 위엄을 범하오니, 죄가 용서받을 수 없습니다.

1) 山濤論其不可 : 山濤는 晉나라 때의 이름난 문신이다. 자는 巨源이며 河內 懷縣 사람으로 竹林七賢 중의 한 사람이다. 武帝가 吳나라를 평정한 다음 천하에 조칙을 내려 軍役을 파하게 하자, 이의 부당함을 강력하게 논하였으나 받아들여지지 않았는데, 뒤에 武備가 허술하여 五胡十六國의 난이 일어나게 되었다.

2) 永寧 : 晉나라 惠帝 때의 年號(301)이다.

## 04. 代張方平諫用兵書* 張方平을 대신해서 用兵에 대해 간한 글

* 이 글은 작성 연도에 대한 명확한 기록이 없다. 그러나 이 글 가운데 '李憲의 군대가 다시 洮州로 출동했다.'는 내용이 있는데, 이는 元豐 4년(1081)에 일어난 사건으로, 이때 蘇軾은 좌천되어 黃州에 있었으며 張方平은 致仕하고 南京에 거주하고 있었다. 아마도 이 글은 元豐 4년에 蘇軾이 南京에 가서 張方平을 방문하고 그를 위하여 代作한 듯하다. 張方平(1007~1091)은 字가 安道이며 應天 宋城 사람이다. 仁宗 景祐 元年(1034)에 進士로 출사하여 神宗 때에 벼슬이 參知政事에 이르렀다. 蘇軾의 부친인 蘇洵의 知己로 蘇洵의 묘갈명을 지었는데, 이 내용이 본서 권10 〈謝張太保撰先人墓碣書〉에 보인다.

**予嘗謂 自古**로 **論用兵**은 **惟漢淮南王安**의 **諫伐閩越書爲最**러니 **而此書**의 **法度**는 **似又勝之**하니 **此等文章**은 **與天地**로 **竝傳者**니라

내 일찍이 생각하건대, 예로부터 用兵을 논한 것 중에는 오직 漢나라 淮南王 劉安이 閩越을 정벌하는 것을 간한 글이 최고라고 여겼는데, 이 글의 법도는 그보다도 더 나은 듯하니, 이러한 문장은 天地와 함께 전해

질 만한 것이다.

**臣聞 好兵**은 **猶好色也**라 **傷生之事非一**이로되 **而好色者必死**하고 **賊民之事非一**이로되 **而好兵者必亡**이라하니 **此**는 **理之必然者也**니이다 **夫惟聖人之兵**은 **皆出於不得已**라 **故**로 **其勝也**엔 **享安全之福**하고 **其不勝也**엔 **必無意外之患**이니이다 **後世用兵**은 **皆得已而不已**라 **故**로 **其勝也**엔 **則變遲而禍大**하고 **其不勝也**엔 **則變速而禍小**라 **是以**로 **聖人**은 **不計勝負之功**하고 **而深戒用兵之禍**하니이다

臣은 들으니 "전쟁을 좋아함은 여색을 좋아하는 것과 같다. 생명을 손상하는 일이 한두 가지가 아니지만 여색을 좋아하는 자는 반드시 죽고, 백성을 해치는 일이 한두 가지가 아니지만 전쟁을 좋아하는 자는 반드시 망한다."라고 하였으니, 이것은 이치에 반드시 그러한 것입니다.

聖人이 군대를 출동한 것은 모두 부득이한 데서 나왔습니다. 그러므로 이겼을 경우에는 안전한 福을 누리고, 이기지 못했을 경우에도 반드시 뜻밖의 患亂이 없었습니다. 그런데 후세의 用兵은 모두 그만둘 수 있는데도 그만두지 않았습니다. 그러므로 이기면 變亂이 더디나 禍가 크고, 이기지 못하면 變亂이 빠르나 禍가 적습니다. 이 때문에 聖人은 승부의 功을 따지지 않고 用兵의 禍를 깊이 경계했던 것입니다.

**何者**오 **興師十萬**이면 **日費千金**하고 **內外騷動**하야 **殆(怠)於道路者**[1] **七十萬家**라 **內則府庫空虛**하고 **外則百姓窮匱**하야 **饑寒逼迫**하야 **其後**에 **必有盜賊之憂**하고 **死傷愁怨**하야 **其終**에 **必致水旱之報**하며 **上則將帥擁衆**하야 **有跋扈之心**하고 **下則士衆久役**하야 **有潰叛之志**하야 **變故百出**하니 **皆由用兵**하니이다 **至於興事首議之人**하야는 **冥謫**[2]**尤重**하니 **蓋以平民無故緣兵而死**하야 **怨氣充積**하야 **必有任其咎者**라 **是以**로 **聖人**이 **畏之重之**하야 **非不得已**면 **不敢用也**하시니이다

어째서이겠습니까? 10만 명의 군대를 일으키면 날마다 千金을 허비하고 內外가 소동해서 도로에서 위태로운 자가 70만 家戶나 됩니다. 안으로는 나라의 창고가 텅 비고 밖으로는 백성들이 곤궁해서 굶주림과 추위에 내몰립니다. 그런 뒤에는 반드시

도적의 우려가 있고 또 죽거나 부상함에 근심하고 원망하여, 종말에는 반드시 홍수와 한해의 응보가 있으며, 위로는 장수가 병력을 보유하여 발호하는 마음이 있게 되고, 아래로는 군사들이 오랫동안 부역하여 반란하고 궤멸하려는 마음이 있어서 온갖 변고가 다 나오니, 이는 모두 用兵에서 연유한 것입니다.

앞장서서 事端을 일으켜 전쟁을 의논한 사람에게는 보이지 않는 귀신의 견책이 더욱 무거우니, 이는 平民들이 까닭 없이 전쟁 때문에 죽어 원망하는 기운이 가득히 쌓여서 반드시 그 허물을 책임져야 할 자가 있기 때문입니다. 그러므로 聖人은 전쟁을 두려워하고 신중히 여겨서 부득이한 경우가 아니면 감히 군대를 동원하지 않았던 것입니다.

1) 殆(怠)於道路者 : 本集과 ≪唐宋八大家文鈔 校注集評≫에는 '殆'가 '怠'로 되어 있으나 뜻이 그리 분명하지 않으므로 底本을 그대로 따랐다. 혹 '怨'字의 誤記가 아닌가 생각된다.

2) 冥謫 : 冥은 冥府로 저승에서 귀신이 내리는 벌을 이른다.

**自古**로 **人主好動干戈**라가 **由敗而亡者**를 **不可勝數**하니 **臣今不敢復言**이요 **請爲陛下言其勝者**호리이다 **秦始皇**은 **旣平六國**하고 **復事胡越**[1]하야 **戍役之患**이 **被於四海**하니 **雖拓地千里**하야 **遠過三代**나 **而墳土未乾**에 **天下怨叛**하야 **二世被害**하고 **子嬰被擒**[2]하야 **滅亡之酷**이 **自古所未嘗有也**니이다

예로부터 군주가 창과 방패를 동원하기 좋아하다가 패전으로 말미암아 망한 자를 이루 다 셀 수가 없으니, 臣은 지금 감히 이들에 대해 다시 말씀드리지 않고, 청컨대 폐하를 위해서 승리한 자들을 말씀드리겠습니다.

秦나라 始皇은 이미 6國을 평정하고 다시 北胡와 南越을 정벌하여 수자리 사는 부역의 근심이 四海에 가득하니, 비록 국경을 千里나 개척하여 三代時代를 크게 뛰어넘었으나 始皇이 죽어서 무덤의 흙이 마르기도 전에 천하 사람들이 원망하고 배반하여 아들인 二世皇帝가 시해를 당하였고 子嬰이 사로잡혀서 참혹하게 멸망하였으니, 이는 예로부터 일찍이 그 유례가 없는 것이었습니다.

1) 復事胡越 : 胡越은 북쪽의 匈奴와 남쪽의 越 지방을 이른다. 始皇 32년(B.C.

215)에 始皇이 북쪽 변경을 순행하였는데, 이때 盧生이 海島에 들어갔다가 돌아와 예언서의 일종인 ≪籙圖書≫를 지어 바치며 아뢰기를, "秦나라를 멸망하게 할 자는 胡입니다."라고 하였다. 이에 始皇은 군대 30만 명을 징발하고 장군 蒙恬을 보내어 북쪽으로 匈奴를 정벌하고 河南 땅을 거두어 44개 縣을 만들고 長城을 쌓았다. 始皇은 또다시 32년에 요역을 피해 도망한 자와 집이 가난하여 남의 노예가 된 자들을 붙잡아 군대를 만들고 南越을 공격하여 점령한 다음, 그 땅에 桂林, 象郡, 南海 등의 郡을 설치하였다. ≪史記 秦始皇本紀≫

2) 子嬰被擒 : 子嬰은 二世皇帝의 형의 아들(조카)로, 始皇의 長子 扶蘇의 아들이라 하나 확실하지 않다. 당시 정권을 專斷하던 승상 趙高가 二世皇帝를 시해하고 子嬰을 임금으로 세웠는데, 子嬰이 趙高를 죽이고 三族을 멸하였다. 劉邦의 군대가 도성인 咸陽으로 쳐들어오자, 子嬰은 흰 수레를 타고 나와 항복하고 천자의 옥새를 바쳐 생명을 부지하였으나 뒤에 다시 咸陽을 점령한 項羽에게 살해되었다. ≪史記 漢高祖本紀≫

**漢武帝**는 **承文景富溢之餘**하야 **首挑匈奴**하야 **兵連不解**하고 **遂使侵尋**이 **及於諸國**하야 **歲歲調發**하야 **所向成功**하니이다 **建元**[1]**之間**에 **兵禍始作**하니 **是時**에 **蚩尤旗出**하야 **長與天等**[2]이러니 **其春**에 **戾太子生**[3]이라 **自是**로 **師行三十餘年**에 **死者無數**러니 **及巫蠱事**[4] **起**에 **京師流血**하야 **僵尸數萬**하고 **太子父子皆敗**하니이다 **班固以爲 太子生長於兵**하야 **與之終始**하니 **帝雖悔悟自克**이나 **而歿身之恨**이 **已無及矣**[5]라하니이다

漢나라 武帝는 국가가 부유하여 재물이 넘쳐나던 文帝와 景帝의 뒤를 이어받고 먼저 匈奴에게 도전하여 전쟁이 이어져 그치지 않았으며, 마침내 침략이 점차 여러 나라에까지 미치게 되어 해마다 군대를 징발해서 향하는 곳마다 功을 세웠습니다.

建元 연간에 兵亂의 禍가 처음 시작되었는데, 이때 하늘에는 蚩尤旗가 나와 길이가 하늘 끝까지 이어질 정도로 길었습니다. 이해 봄에 戾太子가 출생하였는데, 이로부터 군대를 출동한 지 30여 년에 죽은 자가 무수히 많았으며, 巫蠱의 獄事가 일어나자 京師에 피가 흘러서 쓰러진 시신이 수만 명이었고, 太子 父子가 모두 패망하였습니다.

班固의 ≪漢書≫에 이르기를 "太子가 兵亂 중에 태어나고 성장해서 戰禍와 시종을 같이하였으니, 武帝가 비록 뉘우치고 깨달아 스스로 극복하였으나 평생의 한은 이미

어쩔 수 없었다."라고 하였습니다.

1) 建元 : 漢나라 武帝 때의 年號(B.C. 140~B.C. 135)이다.
2) 蚩尤旗出 長與天等 : 蚩尤旗는 彗星의 일종으로 꼬리 부분이 구부러져 있어서 깃발같이 보이므로 旗라 하였다. 옛날 ≪天文志≫에 兵亂이 일어나게 되면 나타나는데 길이가 길수록 병란이 길고 참혹하다고 하였다. ≪漢書 天文志≫
3) 戾太子生 : 戾太子는 漢나라 武帝의 正妃인 衛皇后의 소생으로 태자로 봉해졌던 劉據의 諡號이다. 元光 元年(B.C. 134)에 태어났는데, 武帝 征和 2년(B.C. 91)에 江充에 의하여 巫蠱의 禍가 일어나 誣陷을 입게 되자, 군대를 일으켜 江充을 죽였으나 결국 패하여 도망갔다가 자살하였다.
4) 巫蠱事 : 巫蠱의 獄事를 이른다. 巫蠱는 일종의 저주인데, 당시 武帝를 저주한다는 유언비어가 있자 武帝가 江充에게 이를 다스리게 하였다. 江充이 武帝의 총애를 믿고 평소 사이가 좋지 않던 戾太子를 압박하고자 저주에 사용된 것으로 보이는 木人(나무로 만든 인형)이 太子宮에서 많이 나왔다고 무고하였다. 이에 戾太子는 황제가 도성에 있지 않은 틈을 타 궁중 수비병을 동원하여 江充을 살해하였다. 이를 太子의 반란이라고 여긴 武帝가 군대를 보내 체포하려 하자 戾太子는 虢州로 도망갔으나 죄를 면할 수 없음을 알고 자결하였는데, 이 사건으로 그의 처자식과 수많은 사람이 처형되었다.
5) 班固以爲……已無及矣 : 이 내용은 ≪漢書≫ 〈武五子傳贊〉에 보인다.

**隋文帝**는 **旣下江南**[1)]하고 **繼事夷狄**이러니 **煬帝嗣位**하야 **此志不衰**라 **皆能誅滅强國**하야 **威**(鎭)〔**震**〕**萬里**나 **然而民怨盜起**하야 **亡不旋踵**하니이다

隋나라 文帝는 江南을 함락하자 이어서 오랑캐 정벌을 일삼았는데, 煬帝가 뒤를 이어서도 이 마음이 쇠퇴하지 않았습니다. 그리하여 모든 강성한 나라들을 誅滅하여 위엄이 만리에 진동하였습니다. 그러나 백성들이 원망하고 도둑떼가 일어나서 얼마 되지 않아 멸망하고 말았습니다.

1) 旣下江南 : 江南은 南朝인 陳나라를 가리킨다. 隋나라 文帝인 楊堅은 陳나라를 평정하여 천하를 통일하는 위업을 달성하였으나, 뒤를 이은 煬帝가 高句麗 정벌에 실패한 다음 도적떼가 봉기하여 곧 멸망하였다.

唐太宗은 神武無敵하고 尤喜用兵이라 旣已破滅突厥, 高昌, 吐谷渾等이로되 猶且未厭하야 親駕遼東[1)]하니 皆志在立功이요 非不得已而用이니이다 其後武氏之難에 唐室陵遲하야 不絶如線[2)]하니 蓋用兵之禍는 物理難逃니이다 不然이면 太宗이 仁聖寬厚하고 克己裕人하야 幾至刑措어늘 而一傳之後에 子孫塗炭하니 此豈爲善之報也哉잇가 由此觀之컨대 漢唐은 用兵於寬仁之後라 故로 其勝而僅存하고 秦隋는 用兵於殘暴之餘라 故로 其勝而遂滅하니이다

唐나라 太宗은 神武가 대적할 자가 없었고 또 用兵하기를 좋아하였습니다. 이미 突厥, 高昌, 吐谷渾 등을 격파하여 멸망시키고도 만족하지 못해서 친히 遼東을 정벌하였으니, 이는 모두 뜻이 功을 세우는 데에 있었고 부득이하여 用兵한 것이 아니었습니다. 그 후에 則天武后의 난리에 唐나라 황실이 점점 쇠퇴하여 國統이 한 가닥의 실오라기처럼 이어져 겨우 끊어지지 않았으니, 用兵의 禍는 사물의 이치상 피하기 어려운 것입니다.

그렇지 않다면 太宗은 인자하고 聖스럽고 너그럽고 후덕하였으며, 자기의 사욕을 이기고 남을 여유롭게 해서 거의 형벌을 쓰지 않는 지경에 이르렀는데, 帝位가 한번 전해진 뒤에 자손이 도탄에 빠졌으니, 이것이 어찌 선행을 한 보답이겠습니까?

이것을 가지고 살펴보면 漢나라와 唐나라는 너그럽고 인자한 뒤에 用兵하였기 때문에 승리하였으나 겨우 보존하였고, 秦나라와 隋나라는 잔인하고 포악한 뒤에 用兵하였기 때문에 승리하고도 마침내 멸망한 것입니다.

1) 親駕遼東 : 唐나라 太宗은 貞觀 18년(644) 11월에 萊州와 遼東 두 방면으로 출병하여 高句麗 정벌에 직접 나섰다가 패하여 다음해에 長安으로 회군하였다.
2) 武氏之難……不絶如線 : 武氏는 唐나라 高宗의 황후인 則天武后로, 高宗이 죽은 뒤 정권을 잡은 다음 아들인 中宗과 睿宗을 차례로 폐위하고 스스로 제위에 올라 神聖皇帝라 칭하고 국호를 周나라로 개명하였다. 또한 제후왕에 봉한 여러 왕자들을 무수히 살해하여 皇族인 李氏를 거의 없애 친정 조카를 후계자로 세우려 하였으나, 만년에 張柬之, 狄仁傑 등 대신들이 폐위되었던 中宗을 다시 황제로 추대하여 唐나라가 회복되었다. 그러나 中宗의 황후인 韋氏가 武三思와 간통하여 中宗을 시해하고 殤帝를 세운 다음 계속 정권을 농단하였는데, 뒤

에 玄宗이 된 李隆基에게 축출됨으로써 唐나라는 비로소 안정되었다. 蘇軾이 唐나라의 國統이 한 가닥의 실오라기처럼 이어졌다고 한 것은 바로 이러한 곡절을 말한 것이다.

**臣每讀書至此**에 **未嘗不掩卷流涕**하야 **傷其計之過也**니이다 **若使此四君者 方其用兵之初**에 **隨卽敗衄**(뉵)하고 **惕然戒懼**하야 **知用兵之難**이런들 **則禍敗之興**이 **當不至此**어늘 **不幸每擧輒勝**이라 **故**로 **使狃於功利**하야 **慮患不深**하니이다 **臣**은 **故**로 **曰 勝則變遲而禍大**하고 **不勝則變速而禍小**라하니 **不可不察也**니이다

臣은 매번 책을 읽다가 이 부분에 이르면 책을 덮고 눈물을 흘리면서 그 計策의 잘못됨을 서글퍼하지 않은 적이 없었습니다.

만약 이 네 君主들이 用兵하던 초기에 곧바로 패전하여 惕然히 경계하고 두려워해서 用兵의 어려움을 알았던들 禍敗의 일어남이 마땅히 이 지경에 이르지는 않았을 것입니다. 그런데 불행히도 매번 전쟁할 때마다 승리하여 그들로 하여금 功利에 길들여져서 후환을 깊이 염려하지 못하게 만들었습니다.

臣은 그러므로 말하기를 "이기면 變亂이 더디나 禍가 크고, 이기지 못하면 變亂이 빠르나 禍가 적다."라고 하는 것이니, 살피지 않으면 안 됩니다.

**昔仁宗皇帝 覆**(부)**育天下**하야 **無意於兵**하시니 **將士惰偸**하고 **兵革朽鈍**[1]이라 **元昊**[2]**乘間**하야 **竊發西鄙**하니 **延安, 涇原, 麟, 府之間**에 **敗者三四**요 **所喪**이 **動以萬計**나 **而海內晏然**하고 **兵休事已**에 **而民無怨言**하고 **國無遺患**하니 **何者**오 **天下臣庶 知其無好兵之心**하고 **天地鬼神**이 **諒其有不得已之實故也**니이다

옛날 우리 仁宗皇帝께서는 천하를 감싸 길러주시고 전쟁에 뜻이 없으셨으니, 將兵들이 나태해지고 병기와 갑옷이 해지고 무뎌졌습니다. 元昊가 이 틈을 타서 서쪽 변방에서 몰래 뛰쳐나오니, 延安・涇原・麟州・府州의 사이에서 패전한 것이 서너 차례였고 병사를 잃은 것이 걸핏하면 만 명으로 헤아려졌으나 그래도 천하가 편안하였으며, 전쟁이 끝나자 백성들이 원망하는 말이 없고 나라에 뒤탈이 없었으니, 어째서이겠습니까? 천하의 臣民들이 仁宗皇帝께서 전쟁을 좋아하는 마음이 없으심을 알았

고, 天地의 神明이 그 부득이한 실제가 있음을 諒察하였기 때문입니다.

1) 兵革朽鈍 : 兵은 병기이고, 革은 가죽으로 만든 갑옷이며, 朽鈍은 병기와 갑옷을 수리하지 않아 갑옷이 썩고 병기가 무뎌짐을 이른다.

2) 元昊 : 西夏의 군주로 원래는 姓이 李氏였는데, 뒤에 趙氏 姓을 하사받았다. 아버지 德明의 뒤를 이어 즉위한 다음 西夏의 전성기를 이룩하였다. 西夏는 몇 번에 걸친 宋나라와의 전쟁에서 승리하고 仁宗 慶曆 4년(1044) 宋나라가 매년 조공을 바치는 조건으로 講和하여 그 전성기를 열었다. 世系를 보면 元昊, 諒祚(亮祚), 秉常, 乾順의 순으로 이어졌다.

**今陛下天錫勇智**로 **意在富强**이라 **卽位以來**로 **繕甲治兵**하야 **伺候隣國**하시니 **群臣百寮窺見此指**하고 **多言用兵**하니이다 **其始也**에 **弼臣執國命者 無憂深思遠之心**하고 **樞臣當國論者 無慮害持難之識**하며 **在臺諫之職者 無獻替**[1]**納忠之議**하야 **從微至著**하야 **遂成厲階**하니이다

지금 폐하께서는 하늘이 내신 용맹과 지혜로, 뜻이 富國强兵에 있으십니다. 그래서 즉위한 이래로 갑옷을 수선하고 병기를 단련하여 이웃나라를 엿보고 계시니, 群臣과 百官들이 이런 뜻을 살피고는 대부분 用兵을 말하고 있습니다. 그래서 맨 처음에 보필하는 신하로서 나라의 운명을 쥐고 있는 자가 깊이 근심하고 멀리 생각하는 마음이 없었고, 樞密院의 신하로 국론을 담당한 자들이 해로움을 우려하고 신중함을 유지하는 식견이 없었으며, 臺諫의 직책에 있는 자들이 獻可替否하여 충성을 바치는 의논이 없었습니다. 그리하여 작은 것으로부터 드러남에 이르러서 마침내 禍의 단서를 이루었습니다.

1) 獻替 : '獻可替否'의 준말로, 임금이 마땅히 행해야 할 일은 과감히 건의하고 행하면 안 될 일은 그만두도록 간하는 것을 이른다.

**旣而**요 **薛向**은 **爲橫山之謀**[1]하고 **韓絳**은 **效深入之計**[2]하며 **陳升之, 呂公弼等**이 **陰與之協力**이라가 **師徒喪敗**하고 **財用耗屈**하니 **較之寶元, 慶曆之敗**[3]하면 **不及十一**이나 **然而天怒人怨**하야 **邊兵背叛**하고 **京師騷然**하야 **陛下爲之旰食**[4]**者累月**하니 **何者**오 **用兵**

之端을 陛下作之일새니이다 是以로 吏士無怨敵之意하고 而不直陛下也니이다 尙賴祖宗積累之厚와 皇天保祐之深이라 故로 使兵出無功하야 感悟聖意하니이다

이윽고 薛向은 橫山의 계책을 내고 韓絳은 적지에 깊이 쳐들어갈 계책을 바쳤으며, 陳升之와 呂公弼 등은 은밀히 이들과 함께 협력하다가 군대가 패망을 당하고 財用이 다 탕진되었습니다. 이는 寶元과 慶曆 연간의 패전에 비교하면 10분의 1에도 미치지 못하는데, 하늘이 노여워하고 백성들이 원망해서 변경의 병사들이 배반하고 京師가 소란해졌습니다.

폐하께서는 이 때문에 政務를 밤늦도록 보시느라 식사를 제때에 하지 못하신 지가 여러 달이 되었으니, 이는 어째서이겠습니까? 用兵하는 단서를 폐하께서 만드셨기 때문입니다. 그러므로 관리와 군사들은 적을 원망하는 뜻이 없고 폐하의 일을 옳다고 여기지 않는 것입니다.

그래도 다행히 祖宗께서 두터이 쌓으신 공덕과 皇天의 깊은 保佑에 힘입어 군대가 출동함에 功이 없게 만들어서 聖上의 뜻을 감동시켜 깨닫게 하셨습니다.

1) 薛向爲橫山之謀 : 治平 4년(1067)에 淸澗城의 种諤(충악)이 '西夏의 2대 임금인 諒祚의 失政으로 민심이 이반되어, 橫山 일대의 백성들이 그 수령 嵬名山을 중심으로 宋나라에 귀순할 뜻이 있음'을 보고하자, 宋나라는 이해 10월 군대를 출동시켜 綏州로 진격해서 橫山 일부의 땅을 점령하였다. 그러나 이때부터 宋나라는 西夏와의 講和가 깨져 西夏軍이 변경을 자주 침략하여 전쟁이 그치지 않았다. 熙寧 2년(1069)에 种諤이 西夏를 공격하여 橫山을 수복할 것을 상주하자, 神宗이 轉運使 薛向에게 대책을 물으니, 薛向은 '橫山을 지키는 嵬名山 등은 宋나라에 귀순할 뜻이 있으므로 이를 공격하면 橫山의 수복이 가능하다.'는 계책을 올렸다. 이에 种諤이 군대를 내어 嵬名山을 기습공격하여 그의 항복을 받아내었다.

2) 韓絳效深入之計 : 熙寧 3년(1070)에 西夏의 임금 諒祚가 죽고 어린 아들 秉常이 7세의 나이로 즉위하자 어머니 梁太后가 섭정하였는데, 西夏는 宋나라와의 국경문제를 해결하기 위해 온 국력을 모아 30만 대군을 일으켜 環慶을 침공하였다. 이때 參知政事 韓絳이 宣撫使가 되어 种諤 등과 함께 西夏軍을 맞아 싸워 다음해 정월에 羅兀城 전투에서 크게 이기고 국경을 넘어 慶州까지 쳐들어갔

다. 그러나 군대를 정비한 西夏에게 羅兀城에서 다시 싸워 참패하였고 이후 전쟁은 혼전에 빠졌다. 이에 神宗이 군대를 회군시키고 羅兀城을 포기하였다.

3) 寶元慶曆之敗 : 寶元(1038~1039)과 慶曆(1041~1048)은 모두 宋나라 仁宗 때의 年號이다. 寶元 元年(1038)에 西夏의 元昊가 처음 황제를 칭하자 宋나라가 공격하여 西夏와의 전쟁이 시작되었는데, 이 전쟁은 慶曆 4년(1044)에 宋나라가 매년 조공을 바치는 조건으로 講和함으로써 종료되었다.

4) 旰食 : 국가에 어려운 일이 많아 군주가 제때에 밥을 먹지 못하고 항상 늦게 먹음을 이른다. ≪春秋左氏傳≫ 昭公 20년조에 이르기를 "伍奢는 아들 伍員(伍子胥)이 오지 않았다는 말을 듣고 말하기를 '楚나라 임금과 대부들은 아마도 旰食하게 될 것이다.'고 하였다."라고 보이는데, 杜預의 注에 "楚나라는 장차 吳나라에 대한 근심으로 밥도 제때에 먹지 못하게 될 것이라는 말이다."라고 하였다.

**然**이나 **淺見之士 方且以敗爲恥**하고 **力欲求勝**하야 **以稱上心**이라 **於是**에 **王韶**는 **構禍於熙河**[1]하고 **章惇**은 **造釁於橫山**[2]하고 **熊本**은 **發難於渝瀘**(유로)[3]하니이다 **然此等**은 **皆戕賊已降**하고 **俘纍老弱**하야 **困弊腹心**하야 **而取空虛無用之地**하야 **以爲武功**이라 **使陛下受此虛名**하고 **而忽於實禍**하야 **勉强砥礪**하야 **奮於功名**이라 **故**로 **沈起, 劉彝 復發於安南**[4]하야 **使十餘萬人**으로 **暴露瘴毒**하야 **死者十而五六**이요 **道路之人**이 **斃於輸送**하야 **貲糧器械 不見敵而盡**이라 **以爲用兵之意 必且少衰**러니 **而李憲之師 復出於洮州矣**[5]니이다 **今師徒克捷**하야 **銳氣方盛**[6]하니 **陛下喜於一勝**하사 **必有輕視四夷**하고 **陵侮敵國之意**하시리니 **天意難測**하야 **臣實畏之**하노이다

그러나 식견이 얕은 人士들은 지금 막 패전을 수치로 여기고 힘써 승리하기를 구하여 聖上의 마음을 맞추고자 합니다. 이에 王韶는 熙河 지방에서 禍를 만들어 내고 章惇은 橫山 지방에서 분쟁을 일으키고 熊本은 渝州・瀘州에서 전란을 일으켰습니다. 그러나 이들은 모두 이미 항복한 자들을 살해하고 노약자들을 포로로 잡으면서 우리의 도성지역을 피폐하게 만들고 텅 비어 쓸모없는 땅을 점령하여 武功으로 삼았습니다.

그리하여 폐하로 하여금 이 헛된 명예를 얻고 실제의 禍를 소홀하게 여겨서 억지로 힘써 갈고 닦아 功名에 분발하게 하였습니다. 그리하여 沈起와 劉彝가 다시 安南으로 출동하여 10여 만의 大軍으로 하여금 瘴毒이 있는 지역에서 낮에는 햇볕을 쪼이고

밤에는 이슬을 맞게 하여 죽은 자가 10에 5, 6명에 이르렀고, 도로에서 식량을 운반하는 자들은 수송하다가 죽어서 군수물자와 식량과 병기가 적을 만나기도 전에 다 없어졌습니다.

이에 臣은 用兵하려는 뜻이 반드시 장차 조금 수그러질 것이라 여겼는데, 李憲의 군대가 다시 洮州로 출동하였습니다. 지금 이 군대가 승리하여 銳氣가 한창 강성하니, 폐하께서는 한 번의 승리에 도취되어 반드시 四夷를 깔보고 적국을 업신여기시는 뜻이 있으실 것이니, 하늘의 뜻을 측량하기가 어려워서 臣은 실로 두려워합니다.

1) 王韶構禍於熙河 : 熙河는 지금의 甘肅省 臨洮 지역이다. 神宗 즉위 초에 文臣 王韶는 西夏와 羌族 등의 外夷들을 평정할 것을 주장하는 平戎策을 올려 神宗의 嘉納을 받고, 熙河에서 오랑캐들을 몇 차례 공격하여 승리한 다음 그 공로로 벼슬이 樞密副使에 이르렀다. ≪宋史 王韶傳≫

2) 章惇造釁於橫山 : 神宗은 橫山을 수복하고자 하였는데, 熙寧 4년(1071)에는 荊湖北路의 察訪으로 파견된 章惇이 辰州를 함락시키고 이곳에 浣州를 설치하였으며, 승세를 타고 潭州의 梅山을 함락시키고 安化縣을 설치하였다. ≪宋史 章惇傳≫

3) 熊本發難於渝瀘(유로) : 瀘州는 지금의 四川省 瀘州市 일대이고, 渝州는 지금의 重慶市 일대이다. 熙寧 4년(1071)에 瀘州의 제염업자들이 직업을 잃게 되자 여러 오랑캐들을 선동하여 함께 반란을 일으켰는데, 조정에서는 熊本을 파견하여 이들을 진압하게 하였다. 熊本은 군대를 출동시켜 오랑캐의 경계를 침입해서 46개의 오랑캐 촌락을 점령하여 많은 오랑캐를 죽이고 땅 240여 리를 점령하였다. ≪宋史 熊本傳≫

4) 沈起劉彝復發於安南 : 安南은 지금의 베트남 북쪽 일대로 옛날 南交의 땅이다. 秦나라 때 점령하여 象郡을 두었고, 漢나라 때에는 交趾, 日南, 九眞 등 세 郡을 두었으며, 唐나라 때에 安南都護府를 두어 다스렸기 때문에 이후 安南이라 칭하였다. 安南은 宋나라에 복종하여 朝貢하였으나 知桂州事로 있던 沈起와 劉彝 등이 자주 국경을 침범하자 이에 반란을 일으켰다. ≪宋史 外國傳≫

5) 李憲之師 復出於洮州矣 : 1067년 秉常이 7세에 西夏의 3代 임금으로 즉위하였는데, 나이가 어려 母后가 섭정하였다. 元豐 4년(1081)에 친정을 하게 된 秉常이 宋나라에 귀순하고자 하였으나 母后의 반대로 그 뜻을 이루지 못하였고

끝내 왕권을 박탈당하였다. 이러한 정치적 혼란을 틈타 宋나라는 李憲으로 하여금 西夏를 공격하게 하여 대승을 거두었다. ≪宋史 李憲傳≫

6) 今師徒克捷 銳氣方盛 : 이때 宋나라의 劉昌祚가 단독으로 출병하여 西夏의 크고 작은 수령 3백여 명을 참수하고 2천 4백 명의 首級을 얻었으며, 靈州城 아래에서 싸워 대승을 거두고 2천 7백여 명의 首級을 얻었다. 또한 种諤이 西夏의 군대와 無定川에서 싸워 5천 명의 首級을 얻었으므로 말한 것이다. ≪宋史 外國傳≫

且夫戰勝之後에 陛下可得而知者는 凱旋捷奏하고 拜表稱賀하야 赫然耳目之觀耳니이다 至於遠方之民이 肝腦塗於白刃하고 筋骨絶於餽餉하야 流離破産하야 鬻(육)賣男女하고 薰眼折臂自經[1]之狀하야는 陛下必不得而見也요 慈父孝子孤臣寡婦之哭聲을 陛下必不得而聞也시리이다 譬猶屠殺牛羊하고 刳臠(고련)魚鼈하야 以爲膳羞하면 食者는 甚美나 死者는 甚苦하니 使陛下見其號呼於梃刃之下하고 宛轉於刀几之間하시면 雖八珍之美라도 必將投箸而不忍食이어든 而況用人之命하야 以爲耳目之觀乎잇가

또 싸워서 승리한 뒤에 폐하께서 알 수 있는 것은, 개선하여 승리를 아뢰고 表文을 올려 축하해서, 혁연히 耳目의 구경거리가 되는 것일 뿐입니다. 그러나 먼 지방 백성들의 肝腦가 적의 시퍼런 칼날에 찢겨지고 힘줄과 뼈가 군량을 수송하다가 끊어져서 유리하고 파산하여 아들딸을 팔아먹으며 스스로 눈을 멀게 하고 팔을 부러뜨리고 목매 죽는 참상에 이르러서는 폐하께서 반드시 보지 못하셨을 것이요, 자애로운 부모와 효도하는 자식과 외로운 신하와 과부들이 통곡하는 소리를 폐하께서 반드시 듣지 못하셨을 것입니다.

비유하면 소와 양을 도살하고 물고기와 자라를 잡아다가 배를 갈라 살점을 도려내서 맛있는 음식을 만들면 먹는 사람은 매우 맛있지만 죽는 것들은 매우 괴로운 것과 같으니, 만일 폐하께서 소와 양이 몽둥이와 칼날 아래에서 울부짖고 물고기와 자라가 칼과 도마 사이에서 펄떡거리는 것을 보신다면 비록 아름다운 八珍味라도 반드시 장차 젓가락을 던지고 차마 드시지 못할 터인데, 하물며 사람의 생명을 사용하여 耳目의 구경거리로 삼으신단 말입니까?

1) 薰眼折臂自經 : 薰眼은 눈에 독한 약의 연기를 쐬게 하여 실명시키는 것이고, 折臂는 팔을 부러뜨리는 것이며, 自經은 스스로 목매달아 죽는 것으로 모두 兵役 등을 피하기 위해 自害하는 행위이다.

且使陛下將卒精强하고 府庫充實하야 如秦, 漢, 隋, 唐之君이라도 旣勝之後에 禍亂方興이면 尙不可救어든 而況所在將吏 罷軟凡庸하야 較之古人하면 萬萬不逮하고 而數年以來로 公私窘乏하야 內府累世之積이 掃地無餘하고 州郡征稅之儲가 上供殆盡하야 百官俸廩을 僅而能繼하고 南郊賞給을 久而未辦하니 以此擧動으론 雖有智者나 無以善其後矣니이다

또 폐하께서 秦·漢과 隋·唐의 군주와 같이 將兵이 정예롭고 강하며 府庫가 충실하다 할지라도 승리한 뒤에 禍亂이 막 일어나면 오히려 구원할 수가 없을 텐데, 하물며 지금은 所在地마다 장수와 관리들이 피폐하고 연약하고 용렬해서 옛사람에 비교하면 결코 미치지 못하며, 또 몇 년 이래로 公私간에 財政이 궁핍해서 內府에 몇 代 동안 축적한 것이 땅을 쓸어낸 듯 남은 것이 없고 州郡에서 징수하여 저축한 세금이 上供으로 거의 없어져서, 百官의 祿俸을 근근이 이어가며 南郊에서 郊祀 지내고 하사하던 賞을 오랫동안 마련하지 못하고 있으니, 이런 擧動으로는 비록 지혜로운 자가 있다 할지라도 그 뒤를 잘 수습할 방법이 없습니다.

且饑疫之後에 所在盜賊蜂起하니 京東, 河北은 尤不可言이니이다 若軍事一興이면 橫斂隨作하야 民窮而無告하리니 其勢不爲大盜면 無以自全이라 邊事方深에 內患復起면 則勝廣之形[1]이 將在於此하리니 此老臣所以終夜不寐하고 臨食而歎하야 至於慟哭而不能自止也니이다 且臣聞之호니 凡擧大事엔 必順天心이니 天之所向에 以之擧事면 必成이요 天之所背에 以之擧事면 必敗라하니이다

또 기근과 전염병이 있은 뒤에는 곳곳마다 도적이 봉기하니, 그중에서도 京東과 河北 지방은 더더욱 말할 수가 없습니다. 만일 軍事(전쟁)를 한 번 일으키게 되면 뒤따라 苛斂誅求가 자행되어 백성들이 곤궁하여도 하소연할 데가 없을 것이니, 그 형세가

큰 도둑(반란군)이 되지 않으면 스스로 온전히 살 길이 없습니다.

변경에 전쟁이 한창인데 內亂이 다시 일어난다면 陳勝과 吳廣과 같은 형국이 장차 여기에 있을 것이니, 이 때문에 老臣은 밤새도록 잠을 자지 못하고 밥상을 대하고도 탄식하다가 통곡함에 이르러 스스로 그치지 못하는 것입니다.

또 臣이 들으니 무릇 大事를 일으킬 적에는 반드시 天心에 순응해야 하니, 하늘이 향하는 바에 따라 그대로 擧事하면 반드시 성공하고, 하늘이 저버리는 바에 따라 그대로 擧事하면 반드시 패한다고 하였습니다.

1) 勝廣之形 : 勝廣은 陳勝과 吳廣으로, 秦나라의 虐政에 맨 먼저 반기를 들고 일어난 인물이다. 이들은 본래 秦나라 戍卒들로 이들이 봉기하자 이곳저곳에서 반란이 일어나 秦나라는 건잡을 수 없는 혼란에 빠져 끝내 멸망하였다.

蓋天心向背之迹은 見於災祥豊歉(겸)之間하니이다 今自近歲로 日食星變과 地震山崩과 水旱癘疫이 連年不解하야 民死將半하니 天心之向背를 可以見矣어늘 而陛下方且斷然不顧하야 興事不已하시니 譬如人子得過於父母에 惟有恭順靜思하고 引咎自責이면 庶幾可解어늘 今乃紛然詰責奴婢하고 恣行箠楚하니 以此事親이면 未有見赦於父母者라 故로 臣願陛下遠覽前世興亡之迹하고 深察天心向背之理하사 絶意兵革之事하시고 保疆睦隣하야 安靜無爲가 固社稷長久之計니이다 上以安二宮[1]朝夕之養하고 下以濟四方億兆之命하시면 則臣雖老死溝壑이나 瞑目於地下矣리이다

天心이 향하느냐 저버리느냐는 자취는 災殃과 祥瑞, 풍년과 흉년의 사이에 나타납니다. 그런데 지금 近年 이래로 日食과 별의 변고, 지진과 산사태, 水害와 旱害와 전염병이 해마다 그치지 않고 계속되어 백성들이 장차 절반이 죽게 되었으니, 天心이 향하느냐 저버리느냐를 여기에서 볼 수 있습니다.

그런데도 폐하께서는 단호히 돌아보지 않고 끊임없이 전쟁을 일으키시니, 비유하면 자식이 부모에게 잘못을 저질렀을 적에 오직 공손하고 화순하며 조용히 생각하고 허물을 자신에게 돌려 자책하면 거의 부모의 노여움을 풀 수 있는데, 도리어 분분하게 노비들을 나무라고 멋대로 종아리와 볼기를 치는 것과 같으니, 이런 방법으로 어버이를 섬긴다면 부모에게 용서받을 자가 있지 않습니다.

그러므로 臣은 폐하께서 前代의 흥하고 망한 자취를 멀리 살펴보시고 天心이 향하고 저버리는 이치를 깊이 살피셔서, 전쟁하는 일을 단념하시고는 오직 疆土를 보존하고 이웃나라와 화친해서 安靜하여 아무 일도 하지 않으시기를 바라오니, 이것이 진실로 社稷을 장구하게 하는 계책입니다.

그리하여 위로는 두 宮의 봉양을 조석으로 편안히 받들고 아래로는 사방 億兆 백성들의 목숨을 구제하신다면, 臣이 비록 늙어 죽어서 시신이 도랑에 뒹굴더라도 지하에서 편안히 눈을 감겠습니다.

1) 二宮 : 太皇太后 曹氏와 太后 高氏(宣仁高后)를 이른다.

**昔漢祖破滅群雄**하야 **遂有天下**하고 **光武百戰百勝**하야 **祀漢配天**하나이다 **然**이나 **至白登被圍**하야는 **則講和親之議**[1)]하고 **西域請吏**엔 **則出謝絶之言**[2)]하니 **此二帝者 非不知兵也**라 **蓋經變旣多**하면 **則慮患深遠**이니이다

옛날 漢나라 高祖는 群雄을 격파하고 멸망시켜 마침내 천하를 소유하였고, 光武帝는 백전백승하여 漢나라 宗廟에 다시 제사를 지내어 天帝에 배향하였습니다. 그러나 高祖는 白登에서 포위를 당하게 되자 화친의 의논을 강구하였고, 光武帝는 西域에서 관리를 파견해줄 것을 청하자 사절하는 말을 내었으니, 이 두 황제가 用兵하는 법을 알지 못한 것이 아닙니다. 이는 변고를 많이 겪으면 환란을 우려함이 깊고 멀기 때문이었습니다.

1) 白登被圍 則講和親之議 : 白登은 白登山으로 山西省 大同 동남쪽에 있다. 漢나라 高祖가 B.C. 200년에 직접 군대를 인솔하고 匈奴의 冒頓單于(묵특선우)를 공격했다가 平城 인근의 白登山에서 匈奴의 30만 대군에게 7일 동안 포위당한 일을 말한다. 이때 陳平이 계책을 내어 單于의 왕비 閼氏(연지)에게 후한 뇌물을 써서 겨우 포위에서 풀려날 수 있었다. ≪史記 韓信列傳≫

2) 西域請吏 則出謝絶之言 : 後漢 光武帝의 建武 14년(38)에 莎車國과 鄯善國 등 서역의 여러 나라들이 匈奴를 배반하고 漢나라에 복속되기를 원하며 사신을 보내 와 조공하고 都護府를 다시 설치해줄 것을 청하였으나 光武帝는 이를 거절하였으며, 建武 21년(45)에 車師國과 鄯善國 등 18나라가 다시 사신을 보내 조공하고 아들을 인질로 보내며 都護府 설치를 다시 간곡히 청하였으나 光武帝는 인

질을 돌려보내며 북쪽 변방이 안정되지 않았다는 이유로 끝내 이를 거절하였다.

今陛下深居九重하사 而輕議討伐하시니 老臣庸懦하야 私竊以爲過矣라하노이다 然이나 人臣納說於君에 因其旣厭而止之하면 則易爲力이요 迎其方銳而折之하면 則難爲功이니이다 凡有血氣之倫은 皆有好勝之意하니 方其氣之盛也엔 雖布衣賤士라도 有不可奪이니 自非智識特達하고 度量過人이면 未有能勇於奮發之中하야 舍己從人하야 惟義是聽者也니이다

지금 폐하께서는 깊이 구중궁궐에 거처하시면서 가볍게 토벌을 의논하시니, 용렬하고 나약한 老臣은 적이 잘못이라고 생각합니다. 그러나 신하가 군주에게 말씀을 올릴 적에, 군주가 이미 싫어하는 것을 가지고 만류하면 힘(효과)이 되기가 쉽고, 의욕이 아주 강성할 때를 맞아 꺾으면 功(효과)이 되기가 어렵습니다.

무릇 혈기를 가지고 있는 종류들은 다 이기기를 좋아하는 마음이 있으니, 이기기를 좋아하는 기운이 막 성할 때에는 비록 布衣의 천한 선비라도 그 뜻을 빼앗을 수가 없습니다. 만일 지식이 특출하고 도량이 보통사람보다 크게 뛰어난 자가 아니면, 분발하는 도중에 용기 있게 자기 의견을 버리고 남의 말을 따라서 오직 의로움만을 따르는 자는 있지 않습니다.

今陛下盛氣於用武하시니 勢不可回를 臣非不知로되 而獻言不已者는 誠見陛下聖德寬大하사 聽納不疑라 故로 不敢以衆人好勝之常心으로 望於陛下니이다 且意陛下他日에 親見用兵之害하시면 必將哀痛悔恨하사 而追究左右大臣未嘗一言이요 臣亦將老且死하야 見先帝於地下하면 亦有以藉口矣리이다 惟陛下哀而察之하소서

지금 폐하께서 武力을 쓰는 데 기운을 다하고 계시니, 그 형세를 돌릴 수 없음을 臣이 모르는 것이 아닙니다. 그런데도 이런 말씀을 끊임없이 올리는 까닭은, 진실로 폐하의 聖德이 관대하셔서 남의 말을 의심하지 않고 받아들이시는 것을 보았기 때문입니다. 이에 감히 이기기를 좋아하는 보통사람들의 마음을 가지고 폐하께 바랄 수가 없는 것입니다.

또 생각하건대 폐하께서 후일에 用兵의 폐해를 직접 보시면, 반드시 장차 애통하고

후회하고 恨스러워하시면서 左右에 있는 大臣들이 일찍이 한마디도 만류하지 않은 것을 추궁하실 것입니다. 그리고 臣 또한 장차 늙어 죽어 先帝를 지하에서 뵙게 되면 입에 올릴 말〔口實〕이 있을 것입니다. 바라건대 폐하께서는 불쌍히 여기시어 살펴주소서.

## 05. 代滕甫論西夏書* 滕甫를 대신해서 西夏를 정벌할 것을 논한 글

* 滕甫는 字가 元發인데, 魯王의 諱를 피하여 字를 이름으로 쓰고 다시 字를 達道라 하였으며, 東陽 사람이다. 進士科로 출사하여 神宗의 두터운 신임을 받아 知制誥와 知諫院을 역임하였는데, 처족 李逢의 반역에 연좌되어 安州로 폄적되었다. 이때 蘇軾 또한 烏臺詩案으로 黃州에 유배되어 있으면서 滕甫를 위하여 이 글을 지은 것이다.

老臣典刑之言이라

老大臣의 전형적인 말이다

臣은 素無學術하고 老不讀書하니 每欲披竭愚忠하야 上補聖明萬一이나 而肝肺枯涸(학)[1]하야 卒無可言이니이다 近者因病求醫하야 偶悟一事하니 推之有政이면 似可施行이니 惟陛下財(裁)幸하소서 臣近患積聚[2]러니 醫云 據病當下[3]니 一日而愈요 若不下면 半月而愈라하니이다 然中年以後로 一下一衰하니 積衰之患은 終身之憂也라 臣私計之호니 終不以一日之快로 而易終身之憂라 遂用其言하야 以善藥磨治하야 半月而愈하니 初不傷氣하야 體力益完하니이다

臣은 평소 학술이 없고 늙어서 책을 읽지 못하니, 매번 어리석은 忠心을 모두 피력해서 만분의 일이나마 聖明한 군주를 돕고자 하나, 肺와 肝이 바짝 말라서 끝내 말할 만한 것이 없었습니다.

근자에 질병으로 인하여 의원을 찾다가 우연히 한 가지 일을 깨달았는데, 이것을 政事에 미루어가면 시행할 만할 듯하니, 바라건대 폐하께서 잘 재량하시면 다행이겠습니다.

臣이 근래 積聚病을 앓았는데, 의원이 말하기를 "병에 근거해보면 마땅히 下劑를 써서 내려야 하니, 내리면 하루에 치료될 것이요, 내리지 않으면 반달이 되어야 치료될 것이다."라고 하였습니다. 그러나 臣은 中年 이후로는 한 번 내리면 한 번 쇠약해지니, 쇠약함이 쌓이는 근심은 종신의 우환이었습니다.

臣이 가만히 생각해보니, 끝내 하루의 상쾌함을 가지고 종신의 우환과 바꿀 수가 없다고 여겨졌습니다. 그래서 마침내 의원의 말을 따라 좋은 약을 가지고 치료하여 반달 만에 나으니, 애당초 기운을 손상하지 않아서 체력이 더욱 완전해졌습니다.

1) 肝肺枯涸(학) : 생각이 고갈되어 心中에 사려하는 바가 없음을 이른다.
2) 積聚 : 뱃속에 氣血이 뭉쳐 응어리가 생기는 병증인데, 溫白元이나 沈香 등의 下劑를 써서 치료한다.
3) 當下 : 마땅히 下劑를 써서 아래로 배설시켜야 한다는 뜻이다.

**因悟近日臣僚獻言**하야 **欲用兵西方**은 **皆是醫人欲下**하야 **一日而愈者也**니 **其勢亦未必不成**이니이다 **然**이나 **終非臣子深愛君父**하야 **欲出萬全之道也**니이다 **以陛下聖明**으로 **將賢士勇**하니 **何往不克**이리오마는 **而臣尙以爲非萬全者**는 **俗言 彭祖**[1]**觀井**에 **自係大木之上**하고 **以車輪覆**(부)**井而後**에 **敢觀**이라하니 **此言雖鄙**나 **而切於事**라 **陛下愛民憂國**이 **非特如彭祖之愛身**이요 **而兵者**는 **凶器**라 **動有存亡**하야 **其陷人可畏**가 **有甚於井**이라 **故**로 **臣願陛下之用兵**을 **如彭祖之觀井**이니 **然後**에 **爲得也**하리이다

이를 통해 근래에 臣僚들이 폐하께 말씀을 올려 西方(西夏)에 用兵하려고 하는 것은 모두 의원들이 下劑를 써서 하루 만에 병을 치료하려는 것임을 깨달았으니, 그 형세가 또한 반드시 이루어지지 않을 것은 아니나, 끝내 臣子들이 君父를 깊이 사랑해서 萬全의 방도로 나아가고자 하는 것은 아닙니다.

성스럽고 밝으신 폐하께서는 장수가 어질고 군사들이 용맹하니 어디 간들 이기지 못하시겠습니까마는, 그런데도 臣이 오히려 萬全의 계책이 아니라고 여기는 것은, 세속에서 말하기를 "彭祖가 우물을 굽어보아 살필 적에 자신이 우물에 빠질까 염려하여 몸을 큰 나무 위에 묶어놓고 수레바퀴로 우물을 덮은 뒤에야 살펴보았다."라고 하니, 이 말이 비록 비속하나 일에는 간절합니다.

폐하께서 백성을 사랑하시고 나라를 우려하심이 비단 彭祖가 자기 몸을 아끼는 것과 같을 뿐만이 아니요, 兵器는 흉기여서 걸핏하면 국가의 存亡이 달려 있으니, 사람을 죽음에 빠뜨려 두려울 만함이 우물보다 더욱 심합니다. 그러므로 臣은 폐하께서 彭祖가 우물을 관찰한 것처럼 用兵하시기를 바라는 것이니, 그런 뒤에야 萬全을 기약하실 수 있을 것입니다.

1) 彭祖 : 본명은 籛鏗으로 堯임금 때 彭城에 봉해진 뒤 夏·殷·周 三代에 걸쳐 8백 년을 살았다는 전설상의 인물인데, ≪史記≫ 〈楚世家〉에는 五帝 중 한 명인 顓頊의 손자라고 기록되어 있다. 劉向의 ≪列仙傳≫에 彭祖의 행적과 장수 비결이 기록되어 있는데, 본문의 내용은 그 典據가 분명하지 않다. 아마도 蘇軾 당시의 俗說로 후대에 전해지지 않은 듯하다.

**臣竊觀自古善用兵者**는 **莫如曹操**[1]요 **其破滅袁氏**는 **最有巧思**하니 **請試爲陛下論之**호리이다 **袁紹以十倍之衆**으로 **大敗於官渡**하고 **僅以身免**[2]이어늘 **而操斂兵不追者**는 **何也**오 **所以緩紹而亂其國也**니이다 **紹歸國益驕**하야 **忠賢就戮**하고 **嫡庶幷爭**[3]이라가 **不及八年**에 **而袁氏無遺種矣**니이다 **向使操急之**라도 **紹旣未可以一擧蕩滅**이니 **若懼而修政**하야 **用田豐**[4]**而立袁譚**이면 **則成敗**를 **未可知也**니이다

臣이 엎드려 살펴보니, 예로부터 用兵에 뛰어난 자로는 曹操만 한 이가 없고 그중에서도 袁氏(袁紹)를 격파하여 멸망시킨 것이 가장 교묘한 생각이었으니, 한번 폐하를 위하여 論證해보겠습니다.

袁紹가 曹操의 열 배나 되는 병력을 가지고 官渡에서 대패하여 겨우 자기 한 몸만 죽음을 면하였는데, 曹操가 군대를 거두고 추격하지 않았던 것은 무슨 까닭이었겠습니까? 이것은 袁紹를 느슨히 풀어주어서 그 나라를 혼란하게 만들기 위해서였습니다.

袁紹는 자기 나라로 돌아가자 더욱 교만해져서 忠賢들이 모두 죽임을 당했으며, 嫡子와 庶子가 서로 다투다가 8년이 채 못 되어 袁氏는 남은 종자가 없게 되었습니다. 그때 만일 曹操가 급하게 몰아쳤더라도 袁紹를 일거에 소탕하여 멸망시키지는 못했을 것이니, 袁紹가 만약 두려워하여 政事를 닦아 田豐을 등용하고 袁譚을 후계자로 세웠더라면 成敗를 알 수 없었을 것입니다.

1) 曹操 : 字는 孟德이고 廟號는 太祖이며 諡號는 武帝이다. 沛國 譙縣 사람으로 後漢 말기 黃巾賊의 난에 공을 세워 두각을 나타내었으며, 여러 군벌들을 차례로 평정하고 이후 승승장구하여 獻帝로부터 魏王에 봉해졌다. 뒤에 아들 曹丕가 선양을 받아 魏나라 황제가 된 뒤에 太祖 武帝로 추존되었다.

2) 袁紹以十倍之衆……僅以身免 : 後漢 建安 5년(200)에 중원의 패권을 놓고 袁紹와 曹操가 官渡에서 결전하였는데, 曹操가 대승하여 천하쟁패의 기틀을 닦았으며 袁紹는 끝내 멸망에 이르게 되었다. 陳壽의 ≪三國志≫에 의하면 袁紹의 군사는 총 10여 만이었고 曹操의 군사는 1만에 불과하였으나 패전 후 袁紹는 겨우 8백여 騎의 패잔군을 거느리고 도망하였으므로 이렇게 말한 것이다.

3) 嫡庶幷爭 : 여기서의 庶子는 妾의 아들이 아니고 衆子의 뜻으로 사용하였다. 後漢 建安 7년(202) 河北 지방의 패자였던 袁紹가 曹操에게 官渡의 싸움에서 대패하고 병을 얻어 죽으면서 後嗣를 미처 정하지 못했는데, 막하의 장수 審配와 逢紀 등이 袁紹의 유명이라고 칭탁하고는 적자인 袁譚을 물리치고 셋째 아들 袁尙을 후사로 세웠다. 이에 袁譚이 격분하여 袁尙을 공격하다가 패하여 도망하였는데, 이후 형제간의 반목과 공격이 계속되다가 결국 曹操에게 모두 패망하였다.

4) 田豐 : 後漢 靈帝 때에 茂才로 천거되어 侍御史로 있다가 환관들의 전횡에 환멸을 느껴 벼슬을 버리고 은거하던 중 袁紹의 참모가 되어 뛰어난 계책을 많이 올렸다. 袁紹가 曹操를 공격하기 위해 대군을 출병하자, 이를 반대하다가 袁紹의 노여움을 유발하여 군의 사기를 저하시킨다는 이유로 옥에 갇혔으며, 그의 예언대로 袁紹가 官渡의 전투에서 대패하자 그의 慧眼을 시기한 참모들의 모함으로 죽임을 당하였다.

其後에 北征烏丸하고 討袁尙, 袁熙하니 尙熙走遼東이어늘 或勸操遂平之한대 操曰 彼素畏尙等하니 吾今急之則合이요 緩之則自相圖하리니 其勢然也라하고 遂引兵還하야 曰 吾方使公孫康[1]斬送其首라하더니 已而요 果然하니 若操者는 可謂巧於滅國矣니이다 滅國은 大事也라 不可以速이니 譬如小兒之毁齒를 以漸搖撼之면 則齒脫而小兒不知요 若不以漸하야 一拔而得齒면 則毁齒可以殺兒라 故로 臣願陛下之取西夏를 如曹操之取袁氏也하노이다

그 뒤에 曹操가 북쪽으로 烏丸을 정벌하고 袁尙과 袁熙를 토벌하자, 袁尙과 袁熙가 遼東으로 달아났습니다. 이에 혹자가 曹操에게 이들을 평정할 것을 권하자, 曹操는 말하기를 "袁譚이 평소 袁尙 등을 두려워하였는데, 내가 이제 급하게 몰아치면 형제가 연합할 것이고 느슨하게 버려두면 자기들끼리 서로 도모할 것이니, 그 형세가 그러하다."라고 하고는 마침내 군대를 이끌고 돌아오며 말하기를 "내 바야흐로 公孫康으로 하여금 저들의 머리를 베어 보내게 만들겠다."라고 하였는데, 얼마 후 과연 그렇게 되었습니다. 그러니 曹操와 같은 자는 남의 나라를 멸망시키는 데 아주 교묘하다고 이를 만합니다.

남의 나라를 멸망시키는 것은 큰 일입니다. 절대로 서둘러서는 안 되니, 비유하면 어린아이의 썩은 이를 조금씩 흔들어 뽑으면 이가 빠져도 아이가 알지 못하나, 만약 조금씩 뽑지 않고 일거에 이를 뽑으면 썩은 이가 아이를 죽일 수도 있는 것과 같습니다. 그러므로 臣은 폐하께서 西夏를 점령하시기를 曹操가 袁氏를 취한 것처럼 하시기를 바라는 것입니다.

1) 公孫康 : 後漢 獻帝 때에 遼東太守였던 公孫度의 아들이다. 袁熙와 袁尙이 曹操에게 쫓겨 귀의해 오자, 公孫康은 曹操를 두려워한 나머지 두 사람의 목을 베어 보내고 귀순하였다.

**方元昊强時**에 **謀臣猛將**이 **盡其智力**호되 **十年而不敢近**이러니 **今者**에 **主弱臣强**하야 **其國內亂**[1)]하니 **陛下使偏師一出**하야 **斬名王**하고 **虜僞公主**[2)]하고 **築蘭, 會等州**하시면 **此眞千載一時**니 **天以此賊授陛下之秋也**니이다 **兵法有之**하니 **同舟而遇風**이면 **則吳越相救**를 **如左右手**[3)]라하니 **今秉常**[4)]이 **雖爲母族所簒**이나 **以意度之**하면 **其世家大族**이 **亦未肯俯首連臂**하야 **爲此族用也**어늘 **今乃合而爲一**하야 **堅壁淸野**하야 **以抗王師**를 **如左右手**는 **此正同舟遇風之勢也**니 **法當緩之**니이다

옛날 元昊가 한참 강성할 적에는 우리 宋나라의 謀士와 용맹한 장수가 지혜와 힘을 다하였어도 감히 10년 동안 접근하지 못하였습니다. 그런데 지금 西夏가 군주는 약하고 신하는 강하여 내란이 일어났으니, 폐하께서 일부의 군대를 한번 출동시켜 이름난 王들을 목 베고 거짓 公主들을 사로잡고 蘭州와 會州 등에 築城을 하신다면, 이는

참으로 하늘이 적을 폐하께 주는 千載一遇의 좋은 기회입니다.

兵法에 다음과 같은 내용이 있으니, "한 배를 타고 가다가 풍랑을 만나면 전혀 모르는 吳와 越이 마치 왼손과 오른손처럼 서로 구원한다."고 하였습니다.

지금 秉常이 비록 母族(외척)에게 찬탈을 당하였으나, 헤아려보면 그 世家와 大族들이 또한 기꺼이 머리를 숙이고 팔뚝을 나란히 하여 이 외척을 위해 쓰이려 하지 않을 터인데, 지금 도리어 연합하여 하나가 되어서 성벽을 견고히 지키고 들을 깨끗이 청소하고서 천자의 군대에 항거하기를 왼손과 오른손이 서로 구원하듯이 하고 있으니, 이것이 바로 한 배를 타고 풍랑을 만났을 때의 형세인 것입니다. 그러므로 병법상 마땅히 이들을 느슨하게 해주어야 하는 것입니다.

1) 其國內亂：1067년 秉常이 7세에 西夏의 3代 임금으로 즉위하였는데, 나이가 어려 어머니 梁太后가 섭정하였다. 元豐 4년(1081)에 친정을 하게 된 秉常이 宋나라에 귀순하고자 하였으나 母后의 반대로 그 뜻을 이루지 못하였고 끝내 母后에 의해 왕권을 박탈당하였다. 이에 국내가 크게 어지러워졌다.
2) 斬名王 虜僞公主：名王은 西夏에서 봉한 큰 왕이며, 僞公主는 거짓 公主란 뜻으로 西夏를 괴뢰정권으로 보아 폄하한 명칭이다.
3) 兵法有之……如左右手：吳와 越은 春秋時代 사이가 나빴던 두 나라로, 이 내용은 ≪孫子兵法≫ 〈九地〉에 보인다.

今天威已震하니 臣願陛下選用大臣宿將素爲賊所畏服者하야 使兼帥五路[1]하고 聚(衆)〔重〕兵境上하야 號稱百萬하고 蒐乘補卒호되 牛酒日至하고 金鼓之聲이 聞於數百里間하야 外爲必討之勢로되 而實不出境하며 多出金幣하야 遣間使辯士[2]하야 離壞其黨與하시고 且下令曰 尺土를 吾不愛하고 一民을 吾不有也리니 其有能以地與衆降者면 卽以封之요 有敢攘其地, 掠其人者면 皆斬하리라하시면 不出一年에 必有權均力敵하야 內自相疑者하니이다

지금 천자의 위엄이 이미 진동하고 있으니, 臣은 원컨대 폐하께서 대신과 경험이 많은 노련한 장수로서 평소 적이 두려워하고 복종할 만한 자를 選用하시어, 그로 하여금 5路의 군대를 겸하여 거느리게 하고 많은 군대를 국경에 결집시킨 다음 백만

대군이라고 칭하게 하소서. 그런 다음 戰車兵을 모으고 步卒들을 보충하되 소고기와 술이 날로 이르게 하고 징소리와 북소리가 수백 리 사이에 들리게 해서, 겉으로는 반드시 토벌할 형세인 것처럼 하나 실제로는 국경을 나가지 않으며, 금과 폐백을 많이 풀어서 間使와 辯士를 보내어 그 黨與(같은 세력)들이 이반하고 무너지게 하소서.

또 한편으로 명령을 내리시기를 "한 자의 땅도 내가 아까워하지 않고 한 명의 백성도 내가 소유하지 않을 것이니, 땅과 백성을 가지고 항복하는 자가 있으면 즉시 그것을 가지고 봉해줄 것이요, 감히 땅을 빼앗고 인민을 노략질하는 자가 있으면 모두 斬刑에 처하겠다."라고 하소서.

이렇게 하시면, 1년이 되지 않아서 반드시 저들과 권력이 비슷하고 힘이 대등하여 안에서 스스로 서로 의심하는 자가 있게 될 것입니다.

1) 五路 : 鄜(부)延路 · 環慶路 · 涇原路 · 秦風路 · 永興路의 5路를 이른다.
2) 間使辯士 : 間使는 敵의 내정을 탐지하고 이간시키기 위해 보내는 使者를 이르고, 辯士는 戰國時代의 縱橫家처럼 변론이 뛰어나 遊說를 잘하는 선비를 이른다.

人情不遠하야 各欲求全하야 及王師之未出에 爭爲先降하야 以邀重賞하리니 陛下因而分裂之하시고 卽用其酋豪하야 命以爵秩하야 棋布錯峙하야 務使相仇를 如漢封呼韓邪(야)[1]하고 通西域故事하며 不過於要害處에 築一城하야 屯數千人하고 置一將하야 以護諸部하시면 可使數百年而內保境이요 不煩城守饋運하리니 豈非萬全之至計哉잇가 臣願陛下斷之於中하사 深慮而遠計之하노이다

인정은 크게 다르지 않아서 각자 온전하기를 구하고자 하므로 저들은 천자의 군대가 출동하기도 전에 다투어 먼저 항복하여 많은 상을 바랄 것이니, 폐하께서 인하여 땅을 나누어주고 즉시 그 酋豪들을 등용하여 관작과 품계로써 임명하여, 바둑알들이 이곳과 저곳에 배치되어 서로 대치하듯이 하게 하셔야 할 것입니다. 그리하여 되도록 서로 원수가 되게 하여 옛날 漢나라가 呼韓邪單于를 봉해준 것처럼 하고 西域을 통한 고사와 같이 하며, 또 다만 그 要害處에 한 성을 축조하여 수천 명의 군대를 주둔시키고 한 장수를 설치하여 여러 部를 보호하게 하소서.

이렇게 하신다면 수백 년 동안 국내를 향하여 국경을 잘 보존할 것이고, 굳이 성을

지키고 군량을 운반할 필요가 없을 것이니, 어찌 萬全의 지극한 계책이 아니겠습니까? 臣은 바라건대, 폐하께서는 마음속으로 결단하셔서 깊이 생각하고 멀리 헤아리소서.

1) 呼韓邪(야) : 匈奴 單于의 이름이다. 漢나라 宣帝 甘露 3년(B.C. 51)에 종족간의 내분에서 郅支單于에게 패하고 漢나라에 귀순할 것을 청하자, 宣帝가 이를 받아들여 董忠 등으로 하여금 군대를 거느리고 그를 도와 匈奴를 평정하게 하여 북방을 안정시켰다. 이로부터 漢나라와 匈奴는 강화하게 되었는데, 특히 元帝 建昭 6년(B.C. 33) 呼韓邪單于가 元帝의 後宮인 王昭君을 單于의 왕비인 閼氏(연지)로 맞이하여 漢과 匈奴의 화친이 더욱 굳어져 평화가 유지되었다.

夫爲人臣計는 與爲人主計로 不同하니이다 人臣은 非攘地效首擄면 無以爲功이어니와 爲陛下計는 惟天下安, 社稷固耳니이다 陛下神聖冠古하사 動容擧意가 皆是功德이니 但能措泰山之安하야 與天地等壽하시면 則竹帛에 不可勝紀[1]하야 而堯, 舜, 禹, 湯을 不足過也리이다 議者不知出此하고 爭欲急於功名하야 履危犯難하야 以勞聖慮하니 臣竊不取하노이다

人臣을 위한 계책은 군주를 위한 계책과는 똑같지 않습니다. 신하는 적의 땅을 빼앗고 적의 首級과 포로를 바치는 경우가 아니면 공을 세울 수가 없지만, 폐하를 위한 계책은 오직 천하를 편안하게 하고 社稷을 견고하게 하는 것뿐입니다.

폐하께서는 神聖함이 고금에 으뜸이셔서 용모를 움직이고 생각을 일으키시는 것이 모두 功德이니, 다만 국가를 泰山처럼 편안한 곳에 두어서 天地와 더불어 똑같이 오래가게 하신다면 竹帛(靑史)에 공을 이루 다 기록할 수가 없어서 堯·舜과 禹·湯을 굳이 넘으려 할 것이 없을 것입니다.

그런데 의논하는 자들은 이런 쪽으로 계책을 세울 줄을 알지 못하고, 다투어 공명을 급히 이루고자 하여 위험한 일을 하고 어려움을 무릅써서 聖上의 생각을 수고롭게 하니, 臣은 적이 취하지 않습니다.

1) 竹帛 不可勝紀 : 竹帛은 역사책으로, 고대에는 종이가 없어 竹簡과 비단에 글을 써서 전하였으므로 붙여진 이름이다. 이는 세운 공이 너무 뛰어나 역사책에 다

기록할 수 없을 정도라는 뜻이다.

古人有言호되 省(생)功不如省事요 省事不如淸心[1]이라하니이다 劉洎(계)諫唐太宗曰 皇天은 以不言爲貴하고 聖人은 以不言爲德이라 老子稱大辯若訥(눌)하고 莊子言至道無文이라하니이다 且多記則損心하고 多語則損氣하니 心氣內損하고 形神外勞하면 初雖不覺이나 後必爲累하리니 須爲社稷自愛라하니 人臣愛君이 未有如洎之深切者也니 臣竊慕之하노이다

옛사람이 말하기를 "功을 줄이는 것이 일을 줄이는 것만 못하고, 일을 줄이는 것이 마음을 맑게 하는 것만 못하다."라고 하였습니다.

그리고 劉洎가 唐나라 太宗에게 간하기를 "皇天은 말하지 않는 것을 귀하게 여기고, 聖人은 말하지 않는 것을 德으로 여깁니다. 老子는 '훌륭한 말을 하는 사람은 어눌한 듯하다.'고 하였고, 莊子는 '지극한 道는 글이 없다.'고 하였습니다. 또 기억을 많이 하면 마음을 손상시키고 말을 많이 하면 기운을 손상시키니, 마음과 기운이 안에서 손상되고 형체와 정신이 밖에서 수고로우면 처음은 비록 깨닫지 못하나 뒤에는 반드시 累가 될 것이니, 모름지기 社稷을 위하여 스스로 아끼소서."라고 하였습니다. 人臣 중에 군주를 사랑하기를 劉洎처럼 깊고 간절하게 한 자가 있지 않으니, 臣은 속으로 그를 사모합니다.

1) 古人有言……省事不如淸心 : 이 내용은 ≪晉書≫ 〈荀勖傳〉에 보인다. 荀勖은 말하기를 "관리를 줄이는 것이 관직을 줄이는 것만 못하고, 관직을 줄이는 것이 일을 줄이는 것만 못하고, 일을 줄이는 것이 마음을 맑게 하는 것만 못하다.〔省吏不如省官 省官不如省事 省事不如淸心〕"라고 하였다. 郞本에는 省功이 '省官'으로 되어 있다.

雖謫守在外하야 不當妄言이나 然自念舊臣은 譬之老馬라 雖筋力已衰하야 不堪致遠이나 而經涉險阻하야 粗識道路하오니 惟陛下哀愍其愚而憐其意하시면 不勝幸甚이리이다

臣이 비록 좌천되어 고을을 맡아 외지에 있으므로 妄言을 해서는 안 되나, 스스로 생각하건대 오래된 신하는 늙은 말에 비견될 수 있습니다. 늙은 말은 이미 근력이 쇠

해서 멀리 갈 수는 없으나 일찍이 험준하고 막힌 곳을 지나고 건너서 대강 길을 아니, 바라건대 폐하께서 저의 어리석음을 가엽게 여기시고 저의 뜻을 어여삐 여겨주신다면 다행스러움을 이기지 못하겠습니다.

與代張方平諫用兵書同이나 而此篇行文處는 不如張方平書라 然이나 引曹操之不追袁紹하고 所遺公孫康斬尙一節은 卻切秉常情事하니 兵略이 甚奇니라

위의 〈代張方平諫用兵書〉와 내용은 같으나 이 篇의 行文한 곳은 〈代張方平諫用兵書〉만 못하다. 그러나 曹操가 袁紹를 추격하지 않고 公孫康에게 남겨주어서 袁尙의 목을 베어 오게 한 것을 인용한 한 大文(본문)은 西夏의 秉常의 실정과 일에 매우 절실하니, 兵略이 참으로 奇異하다.

## 06. 代滕甫辯謗乞郡書* 滕甫를 대신하여 비방을 변명하고 郡職을 맡을 것을 청한 글

* 本集에는 제목이 〈代滕甫辯謗乞郡狀〉으로 되어 있다. 辯謗은 남의 비방을 변명하는 것이며, 乞郡은 外職으로 郡을 맡는 것을 청하는 것이데, 郡을 맡는다는 것은 宋나라 때에는 知州事로 제수됨을 의미한다. ≪總案≫에 의하면 "神宗 元豐 7년(1084) 2월에 滕甫가 李逢의 반역으로 筠州에 安置되자, '辯謗引疾疏'를 지어 가지고 와서 보여주므로 蘇軾이 이 글로 고쳐주었다."라고 하였다. 引疾은 신병을 이유로 벼슬에서 물러남을 이른다.

悲切이라

비통함이 간절하다

臣聞人情은 不問賢愚하고 莫不畏天而嚴父라 然而疾痛則呼父하고 窮窘則號天이라하니 蓋情發於中하야 言無所擇이니 豈以號呼之故로 謂無嚴畏之心이릿고 今臣之所患이 不止於疾痛이요 而所憂有甚於窮窘하니 若不號呼於君父면 更將趨赴於何人이릿고 伏望

聖慈는 少加憐察하소서

臣이 듣건대 "사람의 心情은 어질고 어리석음을 불문하고, 하늘을 두려워하고 아버지를 존경하지 않는 이가 없으나, 병들어 아프면 아버지를 부르고 곤궁하면 하늘에 호소한다."고 하였습니다. 이는 생각이 마음속에서 나와서 말을 가릴 겨를이 없어서이니, 어찌 하늘에 부르짖고 아버지를 불렀다고 해서 하늘을 두려워하고 아버지를 존경하는 마음이 없다고 할 수 있겠습니까?

지금 臣이 걱정하는 바는 疾痛에 그치지 않고 근심하는 바는 곤궁보다 더 심함이 있으니, 만약 君父에게 호소하고 하소연하지 않는다면 다시 장차 누구에게 달려가겠습니까? 엎드려 바라건대 聖慈하신 폐하께서는 다소나마 가엾게 여기고 살펴주소서.

臣은 本無學術하고 亦無材能이나 惟有忠義之心은 生而自許하니이다 昔에 季孫有言호되 見有禮於其君者면 事之를 如孝子之養父母也하고 見無禮於其君者면 誅之를 如鷹鸇之逐鳥雀也[1]라하니 臣雖不肖나 允蹈斯言하니이다 但信道直前하야 謂人如己라 旣蒙深知於聖主하니 肯復借交於衆人이리오 任其惷(충)愚하야 積成仇怨하니이다 一自離去左右로 十有二年이니 浸潤之言[2]이 何所不有리오 至謂臣陰黨反者하야 故縱罪人[3]이라하니 若依斯言이면 死未塞責이니이다

臣은 본래 학식이 없고 재능 또한 없으나 오직 충의로운 마음만은 태어나면서부터 타고났다고 자부하였습니다. 옛날 季孫氏가 말하기를 "군주에게 禮가 있는 자를 보면 내가 그를 섬기기를 효자가 부모를 공양하듯이 하고, 군주에게 무례하게 구는 자를 보면 내가 그를 주벌하기를 매와 새매가 참새들을 쫓는 것처럼 하겠다."라고 하였으니, 臣이 비록 불초하나 진실로 이 말을 실천하였습니다.

다만 道를 믿고 곧장 앞으로 나아가면서 남들도 나와 같을 것이라고 생각하여 이미 聖主에게 깊이 인정을 받았으니, 어찌 다시 衆人에게 교분을 빌리고자 하였겠습니까? 미련하고 어리석은 대로 행동하여 이것이 쌓여 원한이 되었습니다.

臣이 한번 皇上의 좌우를 떠난 지 12년이 되었으니, 서서히 적셔드는 참소가 어느 곳인들 있지 않겠습니까? 심지어는 '臣이 은밀히 반역자와 한 도당이 되어서 고의로 죄인을 풀어주었다.'고까지 말하니, 만약 이 말대로라면 臣은 죽어도 그 죄책을 다

면하지 못할 것입니다.

1) 季孫有言……如鷹鸇之逐鳥雀也 : 季孫은 春秋時代 魯나라의 大夫로 이름은 行文이며 謚號는 文子인데, 이 내용은 ≪春秋左氏傳≫ 文公 18년조에 보인다.
2) 浸潤之言 : 참소하는 말이 마치 물이 서서히 젖어드는 듯하여 듣는 자가 자기도 모르는 사이에 그의 말에 빠져듦을 이른다. ≪論語≫ 〈顔淵〉에 '浸潤之譖'이라고 보이는데, 朱子의 注에 이르기를 "浸潤은 물이 스며들고 적셔져서 점점 번지고 갑자기 하지 않음과 같은 것이다."라고 하였다.
3) 臣陰黨反者 故縱罪人 : 反者는 반역한 자로 滕甫의 처족 李逢의 반역을 이르며, 故縱罪人은 故意로 죄인을 풀어줌을 이른다.

**竊伏思 宣帝**는 **漢之英主也**로되 **以片言而誅楊惲**[1]하고 **太宗**은 **唐之興王也**로되 **以單詞而殺劉洎**[2]하니 **自古忠臣烈士 遭時得君**이로되 **而不免於禍者 何可勝數**리오 **而臣**은 **獨蒙皇帝陛下始終照察**하야 **愛惜保全**하시니 **則陛下聖度 已過於宣帝太宗**이요 **而臣之遭逢**이 **亦古人所未有**니이다

엎드려 생각하건대, 宣帝는 漢나라의 英明한 군주였으나 한마디 말 때문에 楊惲을 죽였고, 太宗은 唐나라를 일으킨 賢君이었으나 한마디 말 때문에 劉洎를 죽였으니, 예로부터 忠臣과 烈士가 좋은 때를 만나고 군주의 신임을 얻었으나 화를 면치 못한 경우를 어찌 다 셀 수 있겠습니까? 그런데 臣은 유독 황제폐하께서 시종 굽어 살피시어 아껴주고 보존해주시는 은혜를 입고 있으니, 폐하의 성스러운 도량이 이미 漢나라 宣帝와 唐나라 太宗보다 뛰어나고, 臣이 知遇를 입은 것이 또한 옛사람에게 일찍이 없었던 바입니다.

1) 片言而誅楊惲 : 楊惲은 漢나라 宣帝 때의 문신이다. 字는 子幼이고 司馬遷의 외손으로 ≪史記≫를 후대에 전하였다. 청렴하고 사사로움이 없었으나 자신의 행실과 재능을 자랑하고 또 성질이 각박하여 조정에 원망하는 사람이 많았다. 太僕인 戴長樂의 상소로 작위를 잃고 廢庶人이 된 후 재물을 늘리는 것을 스스로 즐거움으로 삼자, 친구인 安定太守 孫會宗이 이를 경계하였는데, 孫會宗에게 답서를 보내면서 조정을 원망하고 비판하였다. 마침 日食의 변고가 있자, 騶馬猥의 佐인 成이 상서하여 고발하기를 "楊惲이 교만하고 사치하여 잘못을 뉘우

치지 않으니, 日食의 재앙은 이 사람이 부른 것입니다."라고 하자, 宣帝는 그를 廷尉에게 내려 조사하게 하여 孫會宗에게 회답한 편지를 찾아내었다. 宣帝가 이것을 보고 그를 미워하여 大逆無道罪로 腰斬刑에 처하였다. ≪漢書 楊惲傳≫ 騶馬猥는 말을 먹이는 하급관리이다.

2) 單詞而殺劉洎 : 單詞는 한마디 말이며, 劉洎는 字가 思道이고 荊州 사람인데 성격이 곧고 강직하여 諫言을 잘하였다. 太宗이 遼東을 정벌할 적에 劉洎에게 명을 내려 太子가 監國하는 것을 돕게 하였는데, 이때 褚遂良과 서로 사이가 좋지 못하였다. 遼東征伐에서 돌아온 太宗의 병이 악화되자 劉洎가 문안하였는데, 褚遂良이 이 일과 연관지어, "劉洎가 '국가의 일은 굳이 근심할 것이 없으니, 다만 어린 군주를 보좌하여 商나라 伊尹과 漢나라 霍光의 고사를 행하고 大臣 중에 두 마음을 품은 자를 주벌해야 한다.'고 했습니다."라고 무고하였다. 太宗이 완쾌된 후 이를 조사하도록 명하여 결백함이 밝혀졌으나, 太宗은 끝내 의심을 거두지 못하고 賜死하였다. ≪舊唐書 劉洎傳≫ 伊尹은 商王 太甲을 폐출하였다가 다시 복위시켰으며, 霍光은 昌邑王 劉賀를 漢나라 황제로 옹립하였다가 부도덕한 일을 자행하자 폐위하고 宣帝를 다시 옹립한 權臣이다.

日月在上하니 更何憂虞리오마는 但念世之憎臣者多하고 而臣之賦命至薄하야 積毁消骨하고 巧言鑠(삭)金이라 市虎成於三人[1]하고 投杼(저)起於屢至[2]하니 儻因疑似하야 復至人言이면 至時에 雖欲自明이나 陛下亦難屢赦라 是以로 及今無事之日하야 少陳危苦之詞하노이다

해와 달처럼 밝으신 군주가 위에 계시니 臣이 다시 무엇을 근심하겠습니까마는 다만 생각하건대, 세상에 臣을 미워하는 자들이 많고 臣의 타고난 운명이 지극히 기박하여 훼방이 쌓여서 뼈를 녹이고 공교로운 讒言이 쇠를 녹이고 있습니다.

市場의 호랑이가 세 사람의 말로 이루어지고, 베 짜던 북을 던지고 도망한 것이 같은 말이 여러 번 반복됨에서 일어났으니, 혹시라도 의심하고 있는 터에 다시 비방하는 말이 이르게 된다면 그때에 가서 비록 스스로 해명하고자 한들 폐하께서 또한 번번이 赦免하시기가 어려우실 것입니다. 臣은 이 때문에 지금 무사할 때에 위태롭고 괴로운 말씀을 다소나마 아뢰는 것입니다.

1) 市虎成於三人 : 허무맹랑한 말도 여러 번 들으면 자신도 모르게 그 말을 믿게 됨을 비유하는 말이다. 戰國時代 魏나라 龐葱이 太子와 함께 邯鄲에 볼모로 가면서 魏王에게 말하기를 "지금 한 사람이 시장에 호랑이가 나타났다고 하면 왕께서 믿으시겠습니까?" 하고 물었다. 왕이 "믿지 않는다."라고 대답하였다. 이어 말하기를 "두 번째 사람이 시장에 호랑이가 나타났다고 하면 믿으시겠습니까?"라고 하자, 왕이 "의심하겠다."라고 대답하였다. 龐葱이 "그렇다면 세 번째 사람이 시장에 호랑이가 나타났다고 하면 왕께서 믿으시겠습니까?"라고 하니, 왕이 "과인도 믿겠다."라고 대답하였다. 이에 龐葱이 "시장에 호랑이가 없는 것은 분명합니다. 그러나 세 사람의 말이 호랑이를 만드는 것입니다."라고 하여 자신에 대한 근거 없는 비방을 믿지 말 것을 諷諫하였다. ≪戰國策 魏策≫

2) 投杼(저)起於屢至 : 投杼는 베 짜던 북을 던지고 도망함을 이르는데, 이는 아무리 헛소문이라도 계속 듣게 되면 이를 믿게 된다는 말이다. 春秋時代 魯나라의 曾參은 孔子의 제자로 효성이 지극하고 인자하여 曾子로 추앙을 받은 인물이다. 그런데 그와 이름이 같은 또 다른 曾參이란 자가 살인을 하자, 사람들이 曾子가 살인한 줄 잘못 알고 曾子의 어머니에게 찾아가서 "曾參이 사람을 죽였다."라고 고하였다. 曾子의 어머니는 두 번째까지는 "내 아들이 사람을 죽일 리가 없다."라고 하며 태연하게 베를 짰으나, 세 번째 사람이 와서 또다시 이렇게 말하자 화가 자신에게 미칠 것을 두려워한 나머지 베 짜던 북을 던지고 담장을 넘어 달아났다. ≪戰國策 秦策≫

晉王導[1)]는 乃王敦之弟也로되 而不害其爲元臣하고 崔造[2)]는 源休之甥也로되 而不廢其爲宰相하니이다 臣與反者로 義同路人[3)]이어늘 獨於寬大之朝에 爲臣終身之累하니 亦可悲矣니이다 凡今游宦之士 稍與貴近之人으로 有葭莩之親[4)]과 半面之舊[5)]하면 則所至에 便蒙異待하고 人亦不敢交攻이니이다 況臣은 受知於陛下中興之初하야 效力於衆人未遇之日이어늘 而乃毁訾不忌하고 踐踏無嚴하니이다 臣何足言이리오마는 有辱天眷하니 此臣所以涕泣(체읍)而自傷者也니이다

晉나라 王導는 바로 王敦의 從弟였으나 큰 공신이 됨에 무방하였고, 崔造는 源休의 생질이었으나 재상이 되는 데에 장애가 되지 않았습니다. 臣은 반역한 자와의 情誼가

길 가는 사람처럼 전혀 상관이 없는데도, 유독 이 관대한 조정에서 臣의 終身의 累로 삼고 있으니, 또한 슬플 만합니다.

지금 모든 벼슬하는 선비들은 신분이 높은 분이나 近臣들과 조금이라도 連戚이 되고 약간의 舊面만 있으면 이르는 곳마다 곧바로 특별한 대우를 받고 사람들도 감히 공격하지 못합니다.

더구나 臣은 폐하께서 中興하는 초기에 知遇를 받아서 다른 사람들이 폐하를 만나기 전에 힘을 다 바쳤는데도 거리낌 없이 臣을 헐뜯고 비방하며 無嚴하게 짓밟고 있습니다. 미천한 臣이야 어찌 말할 것이 있겠습니까마는 聖上의 돌보심에 累가 되고 있으니, 이 때문에 臣이 눈물을 흘리면서 스스로 서글퍼하는 것입니다.

1) 王導 : 晉나라의 명재상으로, 臨沂 사람이며 字는 茂弘이고 諡號는 文獻이다. 元帝 때에 그의 從兄 王敦이 江東을 진압하여 征南大將軍이 되어 공을 믿고 권력을 전횡하다가 武昌의 난을 일으켜 王氏가 멸족당할 위기에 처해지자, 王導는 일족 20여 명을 거느리고 매일같이 待罪하였다. 그리하여 元帝의 신임을 다시 얻어 큰 공신이 되었다. ≪晉書 王導傳≫

2) 崔造 : 唐나라 代宗·德宗 때의 문신으로, 字는 玄宰이며 博陵 安平 사람이다. 建中 4년(783) 朱泚의 난이 일어났을 적에 그는 建州刺史로 있었는데 휘하의 군대를 이끌고 德宗을 도와 난을 진압하고자 하였다. 이에 德宗이 가상히 여겨 京師로 소환하였는데, 마침 외삼촌 源休가 朱泚에게 가담하였다가 주벌을 당하자, 疏를 올려 죄를 청하고 감히 대궐로 들어가지 못하였다. 德宗이 禮를 안다고 칭찬하며 給事中의 벼슬을 내렸다가 貞元 2년(786)에 마침내 재상으로 임명하였다.

3) 義同路人 : 義는 情誼이며, 路人은 길 가는 행인으로 전혀 상관없는 사람을 이른다. 滕甫가 원래 반역자들과 전혀 관계가 없음을 말한 것이다.

4) 葭莩之親 : 아주 먼 친척을 비유하는 말이다. 葭莩는 갈대의 줄기에 붙어 있는 얇고 흰 膜으로 인척을 의미한다.

5) 半面之舊 : 겨우 얼굴이나 아는 정도로 교분이 깊지 못한 사이를 이른다. 後漢의 應奉이 20세에 袁賀를 찾아갔을 적에, 수레를 만드는 匠人이 부채로 얼굴을 가려 半面만 내보이면서 袁賀가 출타 중이라고 알려주었으므로 곧장 발길을 돌렸는데, 수십 년이 지난 뒤에 應奉이 거리에서 그 장인을 알아보고 반갑게 불

렀다는 고사가 전한다. ≪後漢書 應奉列傳≫

**今臣**은 **旣安善地**[1)]하고 **又忝清班**[2)]하니 **非敢別有僥求**하야 **更思錄用**이니이다 **但患難之後**에 **積憂傷心**하고 **風波之間**에 **怖畏成疾**하니 **敢望陛下憫餘生之無幾**하시고 **究前日之異恩**하사 **或乞移臣淮浙間一小郡**하야 **稍近墳墓**하고 **漸謀歸休**하시면 **異日**에 **復得以枯朽之餘**로 **仰瞻天日之表**[3)]하리니 **然後**에 **退伏田野**하야 **自稱老臣**하야 **追敍始終之遭逢**하야 **以(託)〔詫〕鄉隣之父老**하면 **區區志願**이 **永畢於斯**리이다 **伏願陛下憐其志**하고 **察其愚**하사 **而赦其罪**하소서 **臣無任感恩知罪**하야 **激切屛營之至**하노이다

지금 臣은 이미 좋은 지방을 편안히 여기고 또 清班에 올랐으니, 감히 별도로 요행히 바라는 것이 있어서 다시 錄用되기를 생각하는 것이 아닙니다.

다만 환란을 겪은 뒤에 근심이 쌓여서 마음이 상하고 풍파를 겪는 사이에 두려워서 병이 되었으니, 감히 바라건대 폐하께서는 臣의 여생이 얼마 남지 않은 것을 가엾게 여기시고 지난날의 특별한 은혜를 끝까지 내리셔서, 혹 臣을 淮河와 浙江 사이의 한 작은 郡으로 옮기셔서 다소나마 고향의 先塋에 가깝게 하고 점차 고향으로 돌아가 쉴 것을 도모할 수 있게 하여주신다면, 후일 다시 마르고 늙은 몸으로 天日의 儀表를 우러러 바라볼 수 있을 것입니다.

이런 뒤에 臣이 田野에 물러나 있으면서 스스로 老臣이라고 칭하며 시종 훌륭한 군주를 만났던 지난 일을 말하고 이웃의 父老들에게 자랑한다면, 區區한 소원이 영원히 여기에서 다할 것입니다.

엎드려 바라옵건대 폐하께서는 저의 마음을 가엾게 여기시고 저의 어리석음을 살피셔서 그 죄를 용서하소서. 신은 은혜에 감사하고 죄를 알아서 激切하고 두려워하는 지극한 마음을 감당할 수 없습니다.

1) 善地 : 좋은 땅이란 뜻으로, 당시 滕甫가 安置되어 있던 筠州를 가리킨 것이다.

2) 清班 : 관직 가운데 깨끗한 반열로 학식이 높고 가문이 훌륭한 사람으로만 임명하는 중요한 관직을 말하는데, 주로 임금의 측근에서 근무하는 侍從의 신하를 가리킨다. 蘇軾은 한때 官告院의 副職인 判院으로 근무한 적이 있어 이렇게 말한 듯하다.

3) 天日之表 : 天日은 하늘의 태양으로 임금을 상징하며, 表는 儀表로 임금의 훌륭한 儀表란 뜻이다.

**予觀 子瞻一生所橫被讒構處**하야 **往往痛心矣**라 **故**로 **所代滕甫辯謗處**에도 **亦種種刺骨**하야 **嗚咽涕洟**하니라

내가 살펴보건대 子瞻은 일생 동안 억울하게 참소와 모함을 받아 왕왕 가슴이 아팠었다. 그러므로 滕甫를 대신해서 비방을 변명한 글에서도 또한 종종 뼈에 사무친 내용이 있어서 독자들로 하여금 오열하며 눈물, 콧물을 흘리게 하는 것이다.

宋大家蘇文忠公文抄 卷4

# 箚子

## 01. 議學校貢擧箚子* 學校와 貢擧를 의논한 箚子

* 本集에는 이 편 머리에 '熙寧四年正月日 殿中丞 直史館 判官告院 蘇軾奏狀 准勅講求學校貢擧利害 令臣等各具議狀聞奏者'라는 41字가 있다. 이로써 이 글이 熙寧 4년(1071)에 쓰여졌으며, 이때 蘇軾이 判官告院으로 在任 中이었음을 알 수 있다. 箚子는 신하가 군주에게 올리는 짤막한 글로 文體上 奏議類에 해당하는데, 本集과 ≪唐宋八大家文鈔 校注集評≫에는 모두 '札子'로 표기되어 있다.

長公은 總只是欲於今所行之法에 得所行之實이요 不必別變이니 而論自明確이라

長公(蘇軾)은 모두 오직 지금 행하는 법에서 행하는 바의 실제를 얻고자 하였고 굳이 별도로 변경하려고 하지 않은 것이니, 의논이 진실로 명확하다.

準勅하야 講求學校貢擧利害하야 令臣等으로 各具議狀聞奏者하시니이다 右臣은 伏以得人之道는 在於知人이요 知人之法은 在於責實이니 使君相有知人之才하고 朝廷有責實之政이면 則胥史皂隷(조예)에도 未嘗無人이온 而況於學校貢擧乎잇가 雖因今之法이라도 臣以爲有餘라하노이다 使君相無知人之才하고 朝廷無責實之政이면 則公卿侍從에도 猶患無人이온 況學校貢擧乎잇가 雖復古之制라도 臣以爲不足矣라하노이다

詔勅을 내리셔서 學校와 貢擧(과거제도)의 이해를 강구하게 하시고, 臣 등으로 하여금 각각 의논하는 글을 갖추어 아뢰게 하였습니다.

이상에 대하여 臣은 엎드려 생각하건대, 人才를 얻는 방법은 인물을 알아보는 데에

달려 있고, 인물을 알아보는 방법은 실제를 책임 지우는 데 달려 있으니, 만일 군주와 정승이 인물을 알아보는 재주가 있고 조정에서 실제를 책임 지우는 政事가 있다면 胥史(胥吏)와 皂隷(하인)들 중에도 일찍이 훌륭한 人才가 없지 않으니, 하물며 學校와 貢擧에 있어서이겠습니까? 비록 지금의 法을 그대로 사용하더라도 臣은 부족하지 않다고 여깁니다.

만일 군주와 정승이 인물을 알아보는 재주가 없고 조정이 실제를 책임 지우는 政事가 없다면 公卿과 侍從들 중에도 오히려 人才가 없음을 근심할 터인데 하물며 學校와 貢擧에 있어서이겠습니까? 비록 옛날 제도를 회복하더라도 臣은 부족하다고 여깁니다.

夫時有可否하고 物有廢興하니 方其所安엔 雖暴君이라도 不能廢하고 及其旣厭엔 雖聖人이라도 不能復이라 故로 風俗之變에 法制隨之하니 譬如江河之徙移에 順其所欲行而治之하면 則易爲功이요 强其所不欲行而復之하면 則難爲力이니이다 使三代聖人이 復生於今이라도 其選擧養才 亦必有道矣리니 何必由學이릿고 且天下固嘗立學矣라 慶曆之間[1]에 以爲太平可待러니 至於今日하야 惟有空名僅存이니이다

때에는 옳고 그름이 있고 일에는 폐하고 흥함이 있으니, 사람들이 막 편안히 여길 때에는 비록 暴君이라도 이것을 폐하지 못하고, 이미 사람들이 싫어함에 미쳐서는 비록 聖人이라도 회복하지 못합니다.

그러므로 풍속이 변함에 따라서 法制가 따라 변하는 것이니, 비유하면 江河의 물길이 바뀔 적에 그 물이 흘러가고자 하는 것을 따라 다스리면 功을 이루기가 쉽고, 그 물이 흘러가고자 하지 않는 것을 억지로 힘써 옛 물길을 회복하려 하면 힘을 쓰기가 어려운 것과 같습니다.

만일 三代의 聖人이 지금 다시 태어나신다 하더라도 과거로 선발하고 人才를 기르는 데에 또한 반드시 방법이 있을 것이니, 어찌 반드시 옛날처럼 學校의 제도를 따르겠습니까?

또 천하에 진실로 일찍이 學校를 세웠으므로 慶曆 연간에 태평성대를 기대할 수 있다고 여겼으나 오늘날에 이르러서는 學校가 있다는 헛된 이름만 겨우 남아 있을

뿐입니다.

1) 慶曆之間 : 慶曆은 仁宗의 年號로 慶曆 4년(1044) 3월, 여러 府와 州·郡에 學校(鄕學)를 세우게 하였으며, 수학하는 학생이 2백 명이 넘을 경우 별도로 縣學을 세우도록 하였다. 그리고 만일 州·縣 등에서 제때 學校를 마련하지 못할 경우 文宣王의 사당에서 수학하게 하였다. 文宣王은 唐나라 때 孔子에게 내린 諡號로 각 지방에는 孔子의 사당을 세우게 하였다.

今陛下必欲求德行道藝之士하야 責九年大成之業[1]인댄 則將變今之禮하고 易今之俗이요 又當發民力以治宮室하고 斂民財以養游士하며 百里之內에 置官立師하야 獄訟을 聽於是하고 軍旅를 謀於是하며 又當以時簡不率教者하야 屛之遠方하야 終身不齒하시리니 則無乃徒爲紛亂以患苦天下耶잇가 若乃無大變改하고 而望有益於時하시면 則與慶曆之際로 何異리잇가 故로 臣以謂 今之學(者)〔校〕는 特可因循舊制하야 使先王之舊物로 不廢於吾世면 足矣라하노이다

지금 폐하께서 반드시 德行과 道藝의 선비를 구하고자 하시어 9년에 大成하는 學業을 바라신다면 장차 지금의 禮를 변경하고 지금의 풍속을 바꿔야 할 것이요, 또 마땅히 백성들의 노동력을 내어서 宮室을 수리하고 백성들의 財物을 거두어서 떠돌아다니는 선비들을 길러야 할 것이며, 백 리의 고을 안에 관청을 설치하고 스승을 세워서 獄訟을 이곳에서 다스리고 군대의 일을 이곳에서 도모하셔야 할 것입니다. 그리고 또 마땅히 때로 가르침을 따르지 않는 자들을 추려내어 먼 지방으로 물리쳐서 종신토록 선비의 대열에 끼지 못하게 해야 할 것이니, 이렇게 한다면 한갓 분란하게 해서 천하 사람들을 근심하게 하고 고통스럽게 하는 것이 아니겠습니까?

만약 크게 변경하지 않고 세상에 유익하기를 바라신다면 慶曆 연간과 무엇이 다르겠습니까? 그러므로 臣은 지금의 學校는 다만 옛 제도를 그대로 따라서 先王이 옛날 하시던 일을 우리 세대에서 폐하지 않게 하면 충분하다고 여깁니다.

1) 九年大成之業 : 이 내용은 ≪禮記≫ 〈學記〉에 보인다. 여기에는 학교에서 배우는 내용을 설명하면서 "1년에는 經書의 句讀를 떼는 것과 뜻을 분별하는 것을 살펴보고, 3년에는 학업을 공경하는 것과 무리들과 어울리는 것을 살펴보고,

5년에는 널리 익히고 스승을 친애하는 것을 살펴보고, 7년에는 학문을 논하고 벗을 취하는 것을 살펴보니 이것을 일러 小成이라 하며, 9년에는 類를 알아 통달하여 강하게 서서 위반하지 않게 하니 이것을 大成이라 한다."라고 하였다.

至於貢擧之法하야는 行之百年이나 治亂盛衰 初不由此라 陛下視祖宗之世의 貢擧之法이 與今孰爲精[1]이며 言語文章이 與今孰爲優며 所得文(章)〔武〕長才 與今孰爲多며 天下之(士)〔事〕與今爲孰(辯)〔辨〕이닛고 較此四者하면 而長短之議決矣리이다 今議者所變改는 不過數端하니 或曰 鄕擧德行而略文章이라하고 或曰 專取策論而罷詩賦라하며 或欲擧唐室故事하야 兼採譽望而罷封彌[2]하고 或欲罷經生朴學[3]하야 不用貼墨[4]而考大義하니 此數者는 皆知其一이요 不知其二者也니 臣請歷言之호리이다

貢擧의 法에 이르러는 시행한 지가 백 년이 되었으나, 나라의 治亂과 盛衰가 애당초 이 貢擧에 달려 있지 않습니다. 폐하께서 보시기에 祖宗時代의 貢擧의 법이 지금과 비교하여 어느 때가 더 정밀하며, 言語와 文章이 지금과 비교하여 어느 때가 더 나으며, 文武의 뛰어난 재주를 얻은 것이 지금과 비교하여 어느 때가 더 많으며, 천하의 일이 지금과 비교하여 어느 때가 더 잘 다스려졌다고 여기십니까? 이 네 가지를 비교해본다면 좋고 나쁜 의논이 결정될 것입니다.

지금 의논하는 자들이 변경하고자 하는 것은 몇 가지에 불과하니, 혹자는 "지방에서 德行이 있는 자를 천거하고 文章으로 뽑는 것을 생략해야 한다."고 말하고, 혹자는 "오로지 策論으로 사람을 뽑고 詩賦를 없애야 한다."고 말하며, 혹자는 唐나라 때의 고사를 들어서 명예와 인망이 있는 사람을 겸하여 채택하고 封彌의 제도를 없애고자 하며, 혹자는 明經科와 朴學을 폐하여 貼經과 墨義를 쓰지 않고 大義를 고찰하고자 하니, 이 몇 사람들은 모두 하나만을 알고 둘은 알지 못하는 자들입니다. 臣이 청컨대 낱낱이 말씀드리겠습니다.

1) 與今孰爲精 : 本集과 ≪唐宋八大家文鈔 校注集評≫에는 모두 '與今爲孰精'으로 되어 있는데, 뜻은 큰 차이가 없는바 아래 또한 모두 그러하다.
2) 封彌 : 과거시험의 부정을 막기 위하여, 답안지에 쓴 응시자의 이름 등을 풀로 붙여 가리는 것을 이른다. 옛날 과거에 응시하는 자는 답안지의 오른편 끝에

姓名과 生年月日, 住所와 父, 祖父, 曾祖父, 外祖父의 四祖를 기록하였다. ≪宋史 選擧志≫

3) 朴學 : 訓詁를 위주로 한 漢代의 經學을 이른다. 朴學은 당시 義理보다는 訓詁를 중시하였으므로 王安石의 新法黨이 이를 폐지하고자 한 것이다.

4) 貼墨 : 貼經과 墨義를 이른다. 貼經은 시험관이 경전 중에서 임의로 한 단락을 선택하여 시험지에 적어놓고 위와 아래 줄을 종이로 붙여 보이지 않게 한 다음 응시자로 하여금 가려진 부분을 써넣게 하는 방법인데, 10첩 중 6개 이상 맞으면 급제되었다. 墨義는 필답시험인데 시험관이 경전에 의거해 문제를 출제하여 응시자로 하여금 그 해당되는 경문의 뜻과 前代 사람의 注, 疏 등을 쓰게 하는 방법이었다.

**夫欲興德行**인댄 **在於君人者 修身以格物**하고 **審好惡以表俗**이니이다 **孟子所謂君仁莫不仁**이요 **君義莫不義**[1]니 **君之所向**에 **天下趨焉**이니이다 **若欲設科立名以取之**면 **則是敎天下相率而爲僞也**니이다 **上以孝取人**이면 **則勇者割股**하고 **怯者廬墓**하며 **上以廉取人**이면 **則弊車羸**(리)**馬**와 **惡衣菲食**으로 **凡可以中上意**를 **無所不至矣**리니 **德行之弊 一至於此乎**인저

德行을 일으키고자 한다면 이에 대해 성공하느냐 실패하느냐의 관건은 군주가 자기 몸을 닦아서 남을 바로잡으며 좋아하고 싫어함을 잘 살펴서 풍속의 表率(모범)이 되는 데에 달려 있습니다. 이는 孟子께서 말씀한 “군주의 마음이 仁하면 仁하지 않은 것이 없고 군주의 마음이 義로우면 義롭지 않은 것이 없다.”라는 것이니, 군주가 향하는 바에 따라 천하 사람들이 달려가게 마련입니다.

만약 어떤 科目과 名目을 설치하여 선비를 뽑고자 하신다면 이는 천하 사람들에게 서로 이끌고 거짓을 하도록 가르치는 것입니다. 윗사람이 孝行으로써 사람을 뽑으면 용감한 자는 다리 살점을 베어내어 부모에게 올리고 겁이 많은 자는 侍墓살이를 하며, 윗사람이 淸廉으로써 사람을 뽑으면 선비들이 낡은 수레와 파리한 말을 타고 나쁜 옷을 입고 나쁜 음식을 먹는 등 임금의 뜻에 맞출 수 있는 것이라면 무슨 짓이든 하지 않는 바가 없을 것이니, 德行의 병폐가 마침내 이에 이르게 됩니다.

1) 君仁莫不仁 君義莫不義 : 이 내용은 ≪孟子≫ 〈離婁 上〉에 보인다.

**自文章而言之**하면 **則策論爲有用**이요 **詩賦爲無益**이어니와 **自政事言之**하면 **則詩賦策論**이 **均爲無用矣**니이다 **雖知其無用**이나 **然自祖宗以來**로 **莫之廢者**는 **以爲設法取士不過如此也**니 **豈獨吾祖宗**이리오 **自古堯舜亦然**하니이다 **書曰 敷奏以言**하고 **明試以功**[1)]이라하니 **自古堯舜以來**로 **進人**에 **何嘗不以言**이며 **試人**에 **何嘗不以功乎**잇가 **議者必欲以策論**으로 **定賢愚能否**하니 **臣請有以質之**하노이다

文章을 가지고 말하면 策論이 유용한 것이 되고 詩賦는 무용한 것이 되지만, 政事의 입장에서 말한다면 詩賦와 策論이 똑같이 무용한 것이 됩니다. 비록 이것이 무용한 줄 알지만 그런데도 祖宗 이래로 이것을 폐지하지 않았던 것은 法을 만들어 선비를 뽑음이 이와 같음에 불과하다고 여겼기 때문이니, 어찌 다만 우리 祖宗뿐이겠습니까? 예로부터 堯·舜 또한 그랬습니다.

≪書經≫에 이르기를 "펴서 아뢰기를 말로써 하고 밝게 시험하기를 功으로써 한다."라고 하였으니, 예로부터 堯·舜 이래로 사람을 등용함에 어찌 말로써 하지 않은 적이 있으며, 사람을 시험함에 어찌 功으로써 하지 않은 적이 있습니까? 의논하는 자들이 반드시 策論을 가지고 사람의 賢愚와 能否를 결정하고자 하니, 臣은 청컨대 한번 질문해보겠습니다.

1) 書曰……明試以功 : 이 내용은 ≪書經≫ 〈虞書 舜典〉에 보인다.

**近世士大夫文章華靡者 莫如楊億**[1)]하니 **使楊億尙在**면 **則忠淸鯁亮之士也**니 **豈得以華靡少之**리잇고 **通經學古〈者〉**[2)] **莫如孫復石介**[3)]하니 **使孫復石介尙在**면 **則迂闊矯誕之士也**니 **又可施之於政事之間乎**잇가 **自唐至今**히 **以詩賦爲名臣者**를 **不可勝數**하니 **何負於天下**완대 **而必欲廢之**잇고

근세에 士大夫들 가운데 문장이 화려하기로는 楊億만 한 자가 없는데 만일 楊億이 아직도 살아 있다면 그는 충성스럽고 청렴하고 강직하고 진실한 선비였으니, 어찌 문장이 화려하다 하여 그를 하찮게 여길 수 있겠습니까? 經書를 통달하고 옛것을 배우기로는 孫復과 石介만 한 자가 없는데 만일 孫復과 石介가 아직도 살아 있다면 이들은 迂闊하고 虛誕한 선비일 것이니, 또 어찌 政事의 사이에 베풀 수 있겠습니까?

唐나라로부터 지금에 이르기까지 詩賦로 선발되어 名臣이 된 자를 이루 다 셀 수 없는데, 이들이 天下에 무슨 잘못이 있기에 반드시 詩賦를 폐하고자 한단 말입니까?

1) 楊億 : 973~1020. 宋나라 眞宗 때의 文人으로 字가 大年이고 浦城 사람이다. 어려서부터 신동으로 불렸으며, 11세 때에 文名을 날려 太宗의 부름을 받고 詩賦의 시험을 거친 뒤 곧바로 秘書省正字에 임명되었으며, 眞宗 때에 翰林學士, 修撰, 侍郎을 역임하였다. 그의 문장은 唐나라 李商隱의 문풍을 따라 화려한 수사가 많아 당시 사람들이 '西崑體'라고 불렀다. 典章과 制度에 밝았으며 저서에 ≪武夷集≫ 등이 있다.

2) 通經學古〈者〉: 底本과 本集에는 '者'자가 없으나 위의 '文章華靡者'와 상대가 되므로 보충하였다.

3) 孫復石介 : 孫復(992~1057)은 宋나라 仁宗 때의 문인으로 字는 明復이고 平陽 사람이다. 泰山에 살면서 ≪春秋左氏傳≫을 가르쳤는데 명성이 널리 알려져 과거를 거치지 않고 國子監直講에 제수되었다. 泰山에 살았으므로 그의 학파를 泰山學派라 부르는데 石介, 文彦博, 祖無擇 등 유수한 학자를 배출하여 胡瑗의 安定學派와 더불어 宋學의 선구가 되었다. 저서에 ≪易說≫ 64편, ≪春秋尊王發微≫ 12편, ≪春秋總論≫ 3편, ≪孫明復小集≫ 1권이 있다. ≪宋史 孫復傳≫ 石介(1005~1045)는 宋나라 仁宗 때의 문인으로 字가 守道이고 奉符 사람이다. 학문에 독실하여 經書를 깊이 연구하였으며, 國子監直講, 太子中允을 역임하였는데 엄격하기로 유명하였으며 徂徠先生으로 일컬어졌다. ≪古文眞寶≫에 그의 글 〈擊蛇笏銘〉이 실려 있으며, 저서로는 ≪徂徠集≫, ≪怪說中國論≫, ≪唐鑑≫ 등이 있다. ≪宋史 石介傳≫

**近世士人**이 **纂類經史**하고 **綴緝時務**를 **謂之策括**하니 **待問條目**을 **搜抉略盡**하야 **臨時剽竊**하고 **竄易首尾**하야 **以眩有司**하면 **有司莫能辨也**니이다 **且其爲文也 無規矩準繩**이라 **故**로 **學之易成**하고 **無聲病對偶**[1]라 **故**로 **考之難精**하니 **以易學之士**로 **付難考之吏**하면 **其弊有甚於詩賦者矣**니이다

근세의 선비들이 經史를 같은 종류끼리 엮고 時務를 채집하여 엮은 것을 '策括'이라고 이름하는데, 질문에 대비한 조목을 거의 다 찾아 뽑아서 때에 따라 표절하고 앞뒤

를 바꾸어서 有司를 현혹시키면 有司가 이것을 구별하지 못합니다.

그리고 또 문장을 짓는 것이 일정한 기준이 없기 때문에 쉽게 배우고, 聲病과 對偶가 없기 때문에 평가를 정밀하게 하기 어려우니, 쉽게 배운 선비를 어렵게 평가하는 관리에게 맡긴다면 그 병폐는 詩賦보다도 더 심함이 있을 것입니다.

1) 聲病對偶 : 聲病은 四聲과 八病을 가리킨다. 四聲은 平聲, 上聲, 去聲, 入聲을 가리키며, 八病은 詩의 여덟 가지 병통으로 南朝의 梁나라 沈約이 주창한 시의 음률 법칙으로 五言句에서 詩律上으로 중요한 부분의 같은 聲調의 중복을 피하는 것이다. 첫 번째는 平頭이니, 제1과 제2의 글자가 제6과 제7의 글자와 同聲이어서는 안 된다. 예컨대 '今日良宴會 歡樂難具陳'은 '今'과 '歡'이 모두 平聲이다. 두 번째는 上尾이니, 제5와 제10의 글자가 同聲이어서는 안 된다. 예컨대 '青青河畔草 鬱鬱園中柳'는 '草'와 '柳'가 모두 上聲이다. 세 번째는 蜂腰이니, 제2와 제5의 글자가 同聲이어서는 안 된다. 예컨대 '聞君愛靚粧 切欲自修飾'은 '君'과 '粧'이 모두 平聲이고 '欲'과 '飾'이 모두 入聲이다. 네 번째는 鶴膝이니, 제5와 제10의 글자가 同聲이어서는 안 된다. 예컨대 '客從遠方來 遺我一札書 上言長相思 下言久別離'는 '來'와 '書'가 모두 平聲이다. 다섯 번째는 大韻이니, '聲'과 '鳴'이 韻일 경우에는 위의 아홉 자에 '驚'과 '傾' 등의 平聲字를 써서는 안 된다. 여섯 번째는 小韻이니, 本韻 한 자를 제외하고는 아홉 자 가운데 同韻인 글자를 두 자 이상 써서는 안 되는 것이니, 예컨대 '遙'와 '條'를 한 구에 쓰지 않는다. 일곱 번째는 旁紐이고 여덟 번째는 正紐이니, 열 자 이내에 두 자가 雙聲인 것을 正紐라 하고, 한 글자를 같게 하지 않고 雙聲이 있는 것을 旁紐라 하니, 예컨대 流와 六은 正紐가 되고 流와 柳는 旁紐가 된다. 八病 중에 上尾와 鶴膝을 가장 꺼린다. ≪詩人玉屑≫ 對偶는 漢詩를 짓는 데에 있어 가장 중요한 기법이다. 한 聯의 上下 句가 서로 짝이 되어 대조가 되게 하는 수사법으로 對仗이라고도 한다. 絶句에서는 對偶를 쓰지 않기도 하지만, 律詩에서는 頷聯과 頸聯은 반드시 對偶로 구성해야 한다. 蜂腰는 벌의 허리란 뜻으로 가운데가 모두 同聲인 것을 이르며, 鶴膝은 학의 다리라는 뜻으로 역시 위에서부터 아래가 모두 同聲인 것을 이른다.

唐之通牓[1]은 故(固)是弊法이라 雖有以名取人하야 厭伏衆論之美나 亦有賄賂(회뢰)

公行하고 權要請託之害하야 (一)〔至〕使恩去王室하고 權歸私門하며 降及中葉하야는 結爲朋黨之論하니 通牓取人을 又豈足尙哉잇가 諸科擧人이 多出三路[2)]하니 能文者는 旣已變而爲進士하고 曉義者는 又皆去以爲明經하고 其餘는 皆朴魯不化者也니이다

唐나라의 通牓은 진실로 병폐가 있는 법입니다. 비록 명성으로 사람을 뽑아서 衆論을 만족시키고 굴복시키는 장점이 있었으나, 또한 뇌물이 공공연히 행해지고 세력가들이 청탁하는 폐해가 있게 되어, 마침내 은혜가 王室을 떠나가고 권력이 私門(권력가의 집)으로 돌아가게 되었으며, 후대로 내려와 中葉에 이르러서는 朋黨論으로 고착되었으니, 通牓으로 사람을 뽑는 것을 또 어찌 숭상할 것이 있겠습니까?

여러 과거의 擧人들은 대개 세 길을 통해 나왔으니, 文章을 잘하는 자들은 이미 변하여 進士科를 하고, 經書의 뜻을 깨달은 자는 또 모두 떠나가서 明經科를 하고, 그 나머지는 모두 질박하고 노둔하여 변하지 못하는 자들입니다.

1) 通牓 : 唐나라의 과거제도는 試券에 封彌하지 않아 擧子의 신분이 그대로 드러났는데, 이는 시험관에게 擧子들을 선발할 적에 試券에만 의하지 않고 평소의 名望을 감안하여 선발할 수 있는 권한을 주기 위해서였다. 이에 시험관은 擧子들에 대한 평소의 才德과 名望 등을 수집하여 牓貼을 작성하고 이것을 참고하여 선발하였는데, 이 제도를 通牓이라 하였다. 그러나 이로 인해 청탁과 뇌물이 자행되었다.

2) 三路 : 세 가지 출세 길을 이른다. 宋나라의 과거는 모두 열 가지 종류가 있었는데, 그중에 進士科와 明經科와 學究科를 통해 관리가 된 자들이 많았으므로 이렇게 말한 것이다.

至於人才하야는 則有定分하야 施之有政에 能否自彰이니이다 今進士日夜治經傳子史하야 貫穿馳騖하니 可謂博矣어니와 至於臨政하야는 曷嘗用其一二리오 顧視舊學하면 已爲虛器어늘 而欲使此等으로 分別注疏[1)]하고 粗識大義하야 而望其人能增長이면 亦已疏矣니이다 臣은 故로 曰 此數者는 皆知其一而不知其二라하노이다

人才는 정해진 分數가 있어서 政事에 시행해보면 능력이 있고 없고가 절로 드러나게 됩니다. 지금 進士科에 급제한 자들이 밤낮으로 經傳과 子史를 공부해서 이

것을 다 꿰뚫고 자유자재로 구사하고 있으니, 博學하다고 이를 만합니다. 하지만 政事에 임하게 되면 어찌 그 가운데 한두 가지라도 써먹을 수가 있겠습니까? 예전에 배운 것을 뒤돌아보면 이미 쓸모없는 기물이 되었는데, 이들로 하여금 注疏를 분별하고 大義를 대강 알게 해서 이들이 더욱 성장하기를 바란다면 또한 너무 소략합니다.

그러므로 臣은 "이 몇 사람들은 모두 하나만 알고 둘은 알지 못한다."라고 말하는 것입니다.

1) 注疏 : 본래 注는 經書의 간단한 주석을 이르고 疏는 다시 이것을 주석하거나 부연한 것을 이르는데, 단순히 주석의 의미로도 쓰인다.

特願陛下留意其遠者大者하사 必欲登俊良하고 黜庸回하며 總攬衆才하고 經略世務하시면 則在陛下與二三大臣과 下至諸路職司[1]와 與良二千石[2]耳니 區區之法이 何預焉이리잇고 然이나 臣竊有私憂過計者하니 敢不以告릿고 昔王衍[3]好老莊에 天下皆師之하야 風俗陵夷하야 以至南渡하고 王縉[4]好佛하야 捨人事而修異教한대 大曆[5]之政이 至今爲笑라 故로 孔子罕言命은 則爲知者少也니이다 子貢曰 夫子之文章은 可得而聞也[6]어니와 夫子之言性與天道는 不可得而聞也라하니 夫性命之說을 自子貢不得聞이어늘 而今之學者는 恥不言性命하니 此可信也哉잇가

臣은 특별히 원하건대, 폐하께서 그 遠大한 것에 유념하시어 반드시 俊良한 사람을 등용하고 용렬하고 간사한 자들을 물리치며 여러 人才를 모두 끌어모으고 세상의 일을 經略하고자 하신다면, 이는 위로는 폐하와 두세 명의 大臣, 아래로는 여러 路의 職司와 훌륭한 二千石에게 달려 있을 뿐이니, 區區한 법이 무슨 상관이 있겠습니까?

그러나 臣은 속으로 사사로이 걱정하고 지나치게 계산하는 것이 있으니, 감히 아뢰지 않을 수가 없습니다. 옛날 王衍이 老莊을 좋아하자 천하 사람들이 모두 그것을 본받아서 풍속이 침체되어 결국 남쪽으로 쫓겨가 長江을 건너기에 이르렀고, 王縉이 佛教를 좋아하여 인간의 일을 버리고 異教를 닦았는데 大曆 연간의 政事가 지금까지도 비웃음을 받고 있습니다.

그러므로 孔子께서 命을 드물게 말씀하셨으니, 이는 命을 아는 자가 적기 때문입니

다. 子貢이 말하기를 "夫子의 文章은 얻어들을 수 있지만 夫子께서 性과 天道를 말씀하시는 것은 얻어들을 수가 없다."라고 하였으니, 性命의 말을 子貢조차도 얻어듣지 못했는데, 지금 배우는 자들은 性命을 말하지 않는 것을 부끄러워하니, 어찌 이것을 믿을 수 있겠습니까?

1) 諸路職司 : 路는 현재 中國의 省과 같으며, 여기의 職司는 각 路의 監司를 이른다. 宋나라 때에는 각 路를 통치하기 위해 轉運司·提點刑獄·安撫使의 三司를 두고 이들을 모두 監司라고 칭하였다.
2) 二千石 : 본래 漢代의 관리 등급으로 俸祿의 多寡에 따른 명칭인데, 여기에서는 지방을 관장하는 知州의 의미로 쓰였다.
3) 王衍 : 晉나라 惠帝·懷帝 연간의 정치가로 字는 夷甫이다. 無爲自然의 淸談을 좋아하여 老莊의 이야기로 일을 삼았는데 항상 玉柄과 麈尾를 쥐고 있었다고 한다. 司徒가 되어 국방을 책임졌으나 정사를 돌보지 않다가 자신은 前趙의 장수 石勒(後趙의 高祖)에게 죽임을 당하였으며, 나라는 거의 멸망에 이르고 강남으로 천도하여 東晉으로 명맥을 이어갔다. ≪晉書 王衍列傳≫
4) 王縉 : 唐나라 詩人 王維의 아우로 字는 夏卿이다. 代宗 때 정승으로 있으면서 재상인 元載와 함께 불교를 독신하고 代宗을 불교로 이끌어 세상의 비웃음을 샀다.
5) 大曆 : 唐나라 代宗의 年號(766~799)이다. 이때는 代宗이 지나치게 불교에 심취하고 재상인 元載가 정사를 농단하여 정사와 형벌이 문란한 시기였다.
6) 子貢曰……可得而聞也 : 이 내용은 ≪論語≫ 〈公冶長〉에 보인다. 孔子는 제자들을 가르칠 적에 문학과 행실, 忠信을 위주로 하고, 性命의 깊은 내용을 말씀하는 경우가 드물었다. 子貢은 뒤늦게 性命에 대한 말씀을 얻어듣고 감탄하여 이렇게 말한 것이라 한다.

今士大夫 至以佛老爲聖人하야 粥(鬻)書於市者 非莊老之書면 不售也나 讀其文하면 浩然無當而不可窮이요 觀其貌하면 超然無著(착)而不可挹하니 豈此眞能然哉잇가 蓋中人之性은 安於放而樂於誕耳니이다 使天下之士 能如莊周의 齊死生하고 一毁譽하고 輕富貴하고 安貧賤이면 則人主之名器[1]爵祿所以礪世磨鈍者 廢矣리니 陛下亦安用之리잇고 而況其實不能하고 而竊取其言以欺世者哉잇가

지금 士大夫들은 부처와 老子를 聖人이라고까지 말하여, 시장에서 책을 파는 경우 老莊의 책이 아니면 팔리지 않습니다. 그러나 老莊의 글을 읽어보면 하도 넓어 해당되는 데가 없어서 끝까지 究明할 수가 없고, 그 모습을 보면 超然하여 부칠 곳이 없어서 취할 수가 없으니, 이 어찌 참으로 그런 것이겠습니까?

中人(보통사람)의 성품은 放逸한 것을 편안히 여기고 虛誕한 것을 좋아합니다. 만일 천하의 선비가 莊周처럼 삶과 죽음을 똑같이 여기고 훼방과 명예를 동일하게 여기며 부귀를 가볍게 여기고 빈천을 편안히 여긴다면, 군주의 名器와 爵祿으로 세상 사람들을 장려하고 우둔한 자들을 연마하는 일이 폐해질 것이니, 폐하께서 또한 이들을 어디에 쓰시겠습니까? 더구나 그 실제는 능하지 못하면서 그 말만을 竊取하여 세상을 속이는 자들에 있어서이겠습니까?

1) 名器 : 爵位와 이에 따르는 수레와 의복으로, 신분의 高下와 貴賤의 등급을 표시하는데, 직접 벼슬자리를 비유하기도 한다.

**臣願陛下明勅有司**하사 **議之以法言**하고 **取之以實學**하사 **博通經術者**는 **雖朴不廢**하고 **稍涉浮議者**는 **雖工必黜**하시면 **則風俗稍厚**하고 **學術近正**하야 **庶幾得忠實之士**하야 **不至蹈衰季之風**하리니 **則天下幸甚**이리이다

臣은 원컨대 폐하께서는 분명히 有司에게 명하셔서 法度에 맞는 말로써 의논하게 하고 진실한 學問으로써 사람을 선발하여, 經學을 널리 통달한 자는 비록 질박하여도 버리지 마시고 조금이라도 浮荒한 의논에 해당되는 자는 비록 잘하여도 반드시 내치신다면, 풍속이 점점 후해지고 학술이 올바름에 가깝게 되어 거의 충성스럽고 진실한 선비를 얻어 쇠퇴한 末世의 풍속을 밟지 않게 될 것이니, 이렇게 되면 천하가 매우 다행일 것입니다.

## 02. 論邊將隱匿敗亡憲司體量不實箚子* 邊方의 장수가 패전하여 亡失한 것을 은닉하고 憲司가 사실대로 體量하지 않은 것을 논한 箚子

* 本集에는 이 편 머리에 '元祐三年閏十二月四日 翰林學士 知制誥 兼侍讀 蘇軾札

子奏'라는 25字가 있다. 이로써 이 글이 元祐 3년(1088)에 쓰여졌으며, 이때 蘇軾이 翰林學士 知制誥 兼侍讀으로 在任 中이었음을 알 수 있다. 憲司는 각 路를 다스리는 三司 중의 하나인 提點刑獄司를 이른다.

**借進讀寶訓**하여 **陳西戎失事**를 **不以實聞**하니 **忠直多矣**니라

≪三朝寶訓≫을 進讀하는 기회를 빌려서 西戎에게 패전한 일을 사실대로 상주하지 않은 것을 아뢰었으니, 참으로 忠直하다.

**臣**은 **近以目昏臂痛**으로 **堅乞一郡**하니 **蓋亦自知受性剛褊**하고 **黑白太明**하야 **難以處衆**이니이다 **伏蒙聖慈降詔不許**하시고 **兩遣使者**하야 **存問慰安**하시니 **天恩深厚**하야 **淪入骨髓**라 **臣謂 此恩**을 **當以死報**요 **不當更計身之安危**라 **故**로 **復起就職**이나 **而職事淸閒**하야 **未知死所**로소이다 **每因進讀之間**하야 **事有切於今日者**하면 **輒復進言**하야 **庶補萬一**하노이다

臣이 근일에 눈이 어둡고 팔이 아파서 굳이 한 고을을 내려주시기를 청원하였으니, 이는 또한 스스로 타고난 성품이 강직하고 편협하며 흑백이 너무 분명하여 여러 사람들과 함께 있기가 어렵다는 것을 알아서입니다. 그런데 聖스럽고 자애로우신 폐하께서 詔書를 내려 허락하지 않으시고 두 번이나 使者를 보내어 안부를 묻고 위로해주시니, 하늘(황제)의 은혜가 깊고 두터워 골수에까지 젖어들었습니다.

臣이 생각하건대 '이 은혜를 마땅히 죽음으로써 갚아야 할 것이요, 다시는 한 몸의 安危를 따져서는 안 된다.'고 여겼습니다. 그래서 다시 일어나 職位에 나아갔으나 맡은 일이 너무 閒職이어서 죽을 곳을 알지 못하겠습니다. 이에 매양 進讀하는 사이를 이용하여 오늘날에 절실한 일이 있으면 번번이 말씀을 올려서 행여 萬에 하나라도 보탬이 되기를 바라는 것입니다.

**昨日所讀寶訓**[1)]에 **有云 淳化**[2)]**二年**에 **上謂侍臣**하사 **諸州牧監**[3)]에 **馬多瘦死**하니 **蓋養飼失時**하야 **枉致病斃**라 **近令取十數槽**하야 **置殿庭下**하야 **視其芻秣**하고 **教之養療**하면 **庶革此弊**라하시니 **臣因進言**호리이다 **馬所以病**은 **蓋將吏不職**하야 **致圉**(어)**人**[4)]**盜減芻粟**하고 **且不卹其饑飽勞逸故也**니이다 **馬不能言**하야 **無由申訴**라 **故**로 **太宗至仁**하사 **深**

**哀憐之**하야 **置之殿庭**하고 **親加督視**하시니이다

어제 읽은 ≪三朝寶訓≫ 중에 아래와 같은 내용이 있었습니다. "淳化 2년(991)에 皇上께서 시종하던 신하에게 이르시기를 '여러 州의 牧監에서 기르는 말이 수척하여 죽는 것이 많으니, 이는 제때에 飼育하지 못하여 잘못 병들어 죽게 된 것이다. 근일에 십여 개의 말구유를 가져다가 宮殿의 뜰에 두고서 圉人들로 하여금 꼴을 먹이는 것을 살펴보며 또 말을 기르고 병을 치료하는 방법을 가르쳐주면 거의 이 병폐를 고칠 수 있을 것이다.'라고 하셨습니다."

이에 臣은 이 일을 인하여 말씀을 올립니다. 말이 병드는 이유는 將帥와 文官들이 직책을 제대로 살피지 못해서 圉人들이 말먹이와 곡식을 도둑질하여 말먹이를 줄이기 때문이고, 또 말이 굶주리는지 배부른지, 수고로운지 편안한지를 살펴보지 않기 때문입니다.

말은 말을 하지 못해서 하소연할 수가 없습니다. 그러므로 太宗께서는 지극히 인자하시어 이것을 깊이 가엽게 여기고 불쌍히 여기셔서 殿庭에 가져다 놓고 말을 먹이는 것을 직접 감독하며 살펴보신 것입니다.

1) 寶訓 : ≪三朝寶訓≫을 약칭한 것이다. 제왕의 업적 가운데 善政만을 모아 후세의 제왕들에게 교훈이 되도록 편찬한 책을 寶訓이라고 하는데, ≪三朝寶訓≫은 宋나라 太祖·太宗·眞宗의 善政을 기록한 책으로 仁宗 慶曆 연간에 재상 富弼이 편찬하였다.
2) 淳化 : 淳化는 宋나라 太宗의 年號(990~994)이다.
3) 牧監 : 말을 기르는 牧場을 이른다. 옛날 戰馬는 전쟁의 승패를 가르는 중요한 요소 가운데 하나였기 때문에 각 王朝에서는 여러 곳에 牧監을 두어 戰馬의 양성에 노력을 기울였다.
4) 圉(어)人 : 말을 기르는 사람, 또는 말을 기르는 직책을 맡은 관리를 말한다.

**民之於馬**에 **輕重不同**하니 **若官吏不得其人**이면 **人雖能言**이나 **上下隔絶**하야 **不能自訴**하니 **無異於馬**라 **馬之饑瘦勞苦**엔 **則有斃踣**(폐부)**奔逸之憂**하고 **民之困窮無聊**엔 **則有溝壑盜賊之患**이니이다 **然而四海之衆**은 **非如養馬**의 **可以置之殿庭**이요 **惟當廣任忠賢**하야 **以爲耳目**이니 **若忠賢疎遠**하고 **諂佞在傍**이면 **則民之疾苦**를 **無由上達**이니이다

백성은 말에 비하여 경중이 똑같지 않은데, 만약 관리가 적임자가 아니면 백성들이 비록 말을 하나 上下간에 의사가 소통되지 않아 스스로 하소연할 길이 없으니, 말과 다를 바가 없습니다.

말이 굶주려서 수척해지고 수고로움이 많으면 말이 병들어 죽거나 도망가는 근심이 있을 것이요, 백성이 곤궁하여 의지할 데가 없으면 시신이 시궁창에 뒹굴고 도적이 되는 근심이 있습니다.

그러나 四海의 많은 백성들은 말을 기르듯이 宮殿의 뜰에 갖다 놓을 수 있는 것이 아니요, 오직 충성스럽고 어진 관리를 널리 임용하여 사찰하는 耳目으로 삼아야 하니, 만약 충성스럽고 어진 이가 멀어지고 아첨하는 자들이 임금 곁에 있으면 백성들의 질병과 고통을 上達할 길이 없습니다.

**秦二世時**에 **陳勝, 吳廣**이 **已屠三川**하고 **殺李由**[1]로되 **而二世不知**하고 **陳後主時**에 **隋兵已渡江**이로되 **而後主不知**[2]하니 **此皆昏主**라 **不足道**어니와 **如唐明皇**은 **親致太平**하니 **可謂明主**로되 **而張九齡死**하고 **李林甫, 楊國忠用事**할새 **鮮于仲通**이 **以二十萬人**으로 **沒於雲南**이어늘 **不奏一人**하고 **反更告捷**이로되 **明皇不問**하야 **以至上下相蒙**이러니 **祿山之亂**에 **兵已過河**나 **而明皇不知也**하니이다

秦나라 二世皇帝 때에 陳勝과 吳廣이 이미 三川 지방을 도륙하고 太守인 李由를 죽였으나 二世皇帝는 이것을 알지 못하였고, 陳나라 後主 때에 隋나라 군대가 이미 揚子江을 건너왔으나 이것을 後主는 알지 못했으니, 이들은 모두 어두운 군주라서 굳이 말할 것이 없거니와, 唐나라 明皇(玄宗)과 같은 분은 직접 태평성세를 이룩하였으니 현명한 군주라고 이를 수 있습니다. 그런데 어진 정승 張九齡이 죽고 간신인 李林甫와 楊國忠이 권력을 행사하자, 鮮于仲通이 20만 군대를 雲南에서 戰歿시켰으나 한 사람도 죽었다고 아뢰지 않고 도리어 승리했다고 거짓으로 아뢰었는데도, 明皇은 이것을 따지지 않아 上下가 서로 은폐함에 이르렀습니다. 그리하여 결국은 安祿山의 난리에 반란군이 이미 黃河를 건너왔으나 明皇은 이것을 알지 못했습니다.

1) 陳勝吳廣……殺李由 : 陳勝과 吳廣은 秦나라 二世皇帝 때 맨 먼저 蜂起한 자들이며, 三川은 洛陽을 이른다. 洛陽은 본래 洛水 북쪽이라는 뜻인데, 또 인근에

伊水, 洛水, 黃河가 흐르기 때문에 三川이라고도 불렸다. 李由는 재상 李斯의 아들로 당시 三川의 태수를 맡고 있었는데, 鉅鹿의 전투에서 승리한 項羽에게 죽임을 당하였다. 여기에서 陳勝, 吳廣이 李由를 살해하였다고 말한 것은 蘇軾이 맨 먼저 봉기한 자들을 들어 말한 것이다. ≪史記 項羽本紀≫

2) 陳後主時……而後主不知 : 陳 後主는 南朝인 陳나라의 마지막 황제로 이름은 叔寶이며 高宗의 長子이다. 北朝를 통일한 隋나라 文帝가 천하를 통일하기 위해 開皇 9년(589) 막하 장수인 韓擒虎와 賀若弼로 하여금 揚子江 이남의 陳나라를 공격하게 하였으나, 後主는 천혜의 방비선인 揚子江만 믿고 酒色에 빠져 정치를 돌보지 않았다. 그러다가 韓擒虎가 渡江하여 궁궐을 급습할 때까지 아무것도 알지 못한 채로 포로가 되었다. 陳나라는 이로써 멸망하였으며, 중국은 隋나라로 통일되었다.

今朝廷이 雖無此事나 然臣聞去歲에 夏賊犯鎭戎[1]하야 所殺掠을 不可勝數라 或云至萬餘人이로되 而邊將乃奏云 野無所掠이라하니이다 其後朝廷訪聞하야 委提刑司體量[2]이러니 而提刑孫路 止奏十餘人하고 乞朝廷先賜放罪然後에 體量實數러니 至今遷延二年하야 終未結絶聞奏하니이다

지금 우리 조정에는 비록 이런 일은 없으나 臣이 듣건대, 지난해에 西夏의 적들이 鎭戎軍을 침범하여 우리 군사와 백성들을 죽이고 노략질한 것을 이루 다 셀 수가 없어서 혹자는 그들이 죽인 자가 만여 명에 이른다고까지 합니다. 그런데도 변방의 장수는 도리어 "들에 노략질당한 것이 없다."고 아뢰었습니다.

그 후 조정에서 방문하여 듣고서 提刑司에게 맡겨 體量(조사)하게 하였으나 提刑인 孫路는 "다만 10여 명이 죽었다."고 아뢰고, 또 '조정에서 먼저 죄인들을 석방하는 恩典을 내린 뒤에 실제의 수를 體量할 것'을 청하였는데, 지금까지 2년 동안 질질 끌면서 끝내 결말을 내어 아뢰지 않았습니다.

1) 夏賊犯鎭戎 : 夏賊은 西夏를 이르며 鎭戎은 鎭戎軍으로 宋나라는 郡 대신 軍을 설치하였는바, 鎭戎軍은 지금의 寧夏自治區와 陝西省 일대에 있는 高原지대로 당시 西夏와의 국경지역이다. 哲宗 元祐 2년(1087)에 西夏가 鎭戎軍의 4개 군영을 침범하여 백성들을 노략질하였으나, 이때 정확한 피해가 보고되

지 않았다.

2) 委提刑司體量 : 提刑司는 각 路의 三司 가운데 하나인 提點刑獄을 이른다. 提刑司는 각 路의 獄事를 관장하였으므로 提刑司로 하여금 鎭戎軍의 구체적인 피해를 조사하게 한 것이다. 體量은 事體(사실)를 조사함을 이른다.

凡死事之家는 官所當邺이니 若隱而不奏면 則生死啣寃이니 何以使人이릿고 此豈小事완대 而路爲耳目之司하야 旣不隨事奏聞朝廷하야 旣行蒙蔽하고 又乞放罪하야 遷延侮玩이 一至於此니잇고 臣謂 此風은 漸不可長이니 馴致其患이면 何所不有리오 此臣之所深憂也니이다 臣非不知陛下必已厭臣之多言하고 左右必已厭臣之多事니이다 然이나 受恩深重하야 不敢自同衆人하니 若以此獲罪라도 亦無所憾이니이다 取進止하소서

무릇 國家의 일로 죽은 자의 집안은 관청에서 마땅히 구휼해야 하는데, 만약 이것을 숨기고 아뢰지 않는다면 산 자와 죽은 자가 모두 원통함을 머금고 있을 것이니, 이러고서 어떻게 백성을 부릴 수 있겠습니까?

이것이 어찌 하찮은 일이기에 孫路가 耳目의 官司가 되어서 사실대로 조정에 아뢰지 아니하여 이미 사실을 은폐하였고 또다시 죄인을 석방할 것을 청해서 질질 끌면서 황제의 명령을 업신여기는 것이 마침내 이 지경에 이른단 말입니까?

臣이 생각하건대 이러한 풍습은 그 버릇을 키워서는 안 되니, 점점 자라 患亂이 된다면 무슨 일인들 있지 않겠습니까? 이것이 臣이 깊이 우려하는 바입니다.

臣은, 폐하께서 반드시 臣이 말을 많이 하는 것을 싫어하시고 좌우의 신하들도 반드시 臣이 일을 많이 만들어내는 것을 싫어한다는 것을 모르는 바가 아니오나 받은 은혜가 깊고 무거워서 감히 스스로 일반인들과 똑같이 자처할 수가 없으니, 만약 이 때문에 죄를 얻는다 하더라도 한하는 바가 없겠습니다. 부디 裁量하소서.

## 03. 論高麗買書利害箚子* 高麗가 중국에서 서적을 구매하는 데 대한 이해를 논한 箚子

* 원래의 제목은 〈論高麗買書利害箚子 三首〉로 모두 세 편으로 이루어져 있는데, 이 글은 그 가운데 첫 번째 편이다. 이 글은 本集의 첫 번째에 다음과 같은 내용

이 첨부되어 있다. "元祐 8년(1093) 2월 1일에 端明殿學士 兼翰林侍讀學士 左朝奉郎 禮部尙書 蘇軾은 차자를 올려 아뢰니다. 臣이 근래 都省(尙書省)에서 國子監에 내려보낸 書狀을 보니, 여기에 이르기를 '高麗 사신의 숙소에 있는 館伴들이 올린 문서에 의하면, 高麗의 사신들이 요청한 國子監의 서책을 인쇄해서 高麗 사신의 숙소로 가지고 와 交割해주기를 館伴들이 國子監에 요청했다고 합니다. 본 國子監에서 元祐 연간에 내린 조령을 조사해보니, 藩國에서 조공을 바치려고 온 사신이 서적을 구매하려 할 경우, 구매할 서책의 이름을 갖추어서 尙書省에 보고하게 하였는데, 금번에는 高麗에서 감히 구매하려 한다고 말하지 못하였습니다. 都省에서 禮部로 보낸 문서를 받고 상세히 살펴보고 있습니다.' 라고 하였습니다. 이에 臣이 얼마 후 지휘(지시)하여 본 禮部로 하여금 都省에 申稟하기를 '구매할 수 있도록 한 서책 이외에 ≪冊府元龜≫와 歷代의 史書와 ≪太學勅式≫에 대해서는 본 禮部에서 마음대로 구매하게 할 수가 없습니다. 삼가 바라건대 조정에서 상세히 참작하여 지휘해주시기 바랍니다.'라고 하였습니다. 얼마 후 都省에서 온 批狀(답장)을 보니, 여기에 이르기를 '조사해본 결과 지난번 高麗의 사신이 관문에 도착하였을 적에 이미 ≪冊府元龜≫와 ≪北史≫를 구매하도록 허락한 적이 있었다. 그런데 지금 都監과 禮部에서는 모든 사례를 다 조사하지 못하였다. 사신들이 구매하기를 요청한 서적은 정월 27일까지 禮部의 지휘를 내려보내어서 구매하도록 허락하고, 이를 담당하였던 관리들은 文簿에 올려라.'라고 하였습니다.〔元祐八年二月初一日 端明殿學士兼翰林侍讀學士左朝奉郎禮部尙書蘇軾箚子奏 臣近准都省批送下國子監狀 准館伴高麗人使所牒稱 人使要買國子監文書 請詳批印造 供赴當所交割 本監檢准元祐令 諸藩國進奉人買書具名件申尙書省 今來未敢支賣 蒙都省送禮部看詳 臣尋指揮本部令申都省 除可令收買名件外 其冊府元龜歷代史太學勅式 本部未敢便令收買 伏乞朝廷詳酌指揮 尋准都省批狀云 勘會前次高麗人使到闕 已曾許買冊府元龜并北史 今來都監本部竝不檢會體例 所有人使乞買書籍 正月二十七日送禮部指揮 許收買其當行人吏上簿者〕" 위의 내용은 吏文이어서 해석이 잘되지 않으나 참고하기 위해 함께 붙였음을 밝혀둔다.

**深憂遠識之言**이라

깊은 염려와 원대한 識見이 있는 말이다.

臣伏見高麗人使호니 每一次入貢에 朝廷及淮浙兩路 賜予饋送燕勞之費 約十餘萬貫이니 而修飾亭館하고 騷動行市[1]하고 調發人船之費는 不在焉이니이다 除官吏得少饋遺外엔 了無絲毫之利하고 而有五害하니이다 所得貢獻은 皆是玩好無用之物이어늘 而所費는 皆是帑廩(탕름)之實이요 民之膏血이니 此一害也니이다

臣이 엎드려 보니, 高麗에서 보낸 사신들이 한 번 들어와 朝貢할 때마다 朝廷과 淮河・浙江 두 路에서 이들에게 선물을 하사하고 음식을 내리고 연회를 베풀고 위로하는 비용이 약 10여만 貫인데, 이들이 머무는 관사를 수리하고 行市를 시끄럽게 동원하고 사람과 선박을 調發하는 비용은 여기에 포함되어 있지 않습니다. 官吏들이 약간의 선물을 얻는 것을 제외하고는 털끝만 한 이익이 없고 다섯 가지 폐해만 있습니다. 高麗에서 朝貢으로 올려서 얻는 것은 모두 노리개로 쓸모없는 물건들인데, 우리가 허비하는 것은 모두 國庫에 있는 財貨들이요 백성들의 피와 땀으로 만들어진 것이니, 이것이 첫 번째 폐해입니다.

1) 行市 : 行鋪 또는 行戶라고도 한다. 이들은 朝鮮朝의 六矣廛처럼 같은 업종끼리 같은 장소에 모여 장사하였으며, 정부에 세금을 납부하였다.

所至에 差借人馬什物하야 攪(교)擾行市하고 修飾亭館하야 民力倍하고 有倍費[1]하니 此二害也니이다

사신이 이르는 곳마다 사람과 말과 여러 가지 물건을 빌려주느라 行市를 교란시키며 使臣들이 머무는 관사를 수리하느라 백성들의 힘이 갑절로 들어가고 배상하는 비용이 있게 되니, 이것이 두 번째 폐해입니다.

1) 民力倍 有倍費 : 倍에 賠償의 뜻이 있으므로 이렇게 해석하였다. 그러나 이 부분이 本集에는 '民力暗有倍塡'으로 되어 있는데, 이를 근거로 해석한다면 '모르는 사이에 民力이 갑절이나 들어가고 있으니'라고 해석해야 할 것이다.

高麗所得賜予를 若不分遺契丹이면 則契丹安肯聽其來貢이리오 顯是借寇兵而資盜糧이니 此三害也니이다

高麗가 얻어가는 하사품을 만약 契丹에 나누어주지 않는다면, 契丹이 어찌 高麗가 와서 朝貢하는 것을 기꺼이 허락하겠습니까? 이는 분명히 적에게 兵器를 빌려주고 도둑에게 糧食을 가져다주는 미련한 행위이니, 이것이 세 번째 폐해입니다.

**高麗名爲慕義來朝**나 **其實爲利**라 **度**(탁)**其本心**하면 **終必爲北虜用**하리니 **何也**오 **虜足以制其死命**이요 **而我不能故也**니이다 **今使者所至**에 **圖畫山川形勝**하야 **窺測虛實**하니 **豈復有善意哉**잇가 **此四害也**니이다

高麗가 겉으로는 의리를 사모하여 와서 朝會한다고 하나, 실상은 이익을 위한 것입니다. 高麗의 本心을 헤아려보면 끝내 반드시 북쪽 오랑캐(契丹)에게 이용당할 것이니, 어째서인가 하면 오랑캐들은 충분히 高麗의 목숨(운명)을 제압하고 있으나 우리는 그렇게 하지 못하기 때문입니다. 지금 사신들이 이르는 곳마다 山川의 지형과 명승지를 그림으로 그려서 우리나라의 허실을 엿보고 헤아리니, 어찌 다시 좋은 뜻이 있겠습니까? 이것이 네 번째 폐해입니다.

**慶曆**[1]**中**에 **契丹欲渝**(투)**盟**할새 **先以增置塘泊**[2]으로 **爲中國之曲**이러니 **今乃招來其與國**하야 **使頻歲入貢**이면 **其曲**이 **甚於塘泊**이라 **幸今契丹恭順**하야 **不敢生事**어니와 **萬一異日有桀黠**(힐)**之虜**하야 **以此藉口**하면 **不知朝廷何以答之**릿고 **此五害也**니이다

慶曆 연간에 契丹이 盟約을 배신하고자 할 적에 먼저 塘泊을 더 설치했다는 것을 가지고 中國의 잘못이라고 트집을 잡았습니다. 그런데 지금 마침내 저들의 동맹국인 高麗를 불러와서 그들로 하여금 해마다 들어와 貢物을 바치게 한다면 塘泊보다 심한 트집거리가 될 것입니다.

다행히 지금 契丹이 공손하여 감히 사단을 일으키지 않고 있지만 만일 후일에 매우 호걸스럽고 간교한 오랑캐가 있어서 이것을 가지고 口實을 삼는다면 朝廷에서 어떻게 답변할지 알지 못하겠으니, 이것이 다섯 번째 폐해입니다.

1) 慶曆 : 宋나라 仁宗 때의 年號(1041~1048)이다. 幽·雲 16州를 놓고 격돌했던 宋나라와 契丹은 1004년에 澶淵에서 맹약을 맺고 강화하였는데, 이후 契丹은 전면전을 불사하는 강경책으로 宋나라를 압박하여 경제적 실리를 취하는 정

책을 펴서 자주 宋나라를 협박하였다. 慶曆 2년(1042)에 契丹은 塘泊의 증설과 국경 수비의 강화 등을 트집 잡아 전쟁을 불사하겠다고 협박하며 晉陽 등의 땅을 요구하였는데, 蘇軾의 말은 바로 이 사건을 가리킨 것이다.

2) 塘泊 : 宋나라 때 契丹을 막기 위하여 河北省의 雄州에서 바닷가에 이르기까지 9백여 리에 걸쳐 설치했던 방어선으로, 지역에 따라 堡壘와 驛站, 선박 등을 갖추어놓고 항시 왕래하면서 경계하여 契丹의 남침을 견제하였다.

臣은 心知此五害일새 所以熙寧[1]中通判杭州日에 因其餽送書中에 不稱本朝正朔[2]하야 却退其物이라가 待其改書稱用年號然後에 受之하고 仍催促進發하야 不令住滯하니이다 及近歲出知杭州에 却其所進金塔호되 不爲奏聞하고 及晝一處置沿途接待事件에 不令過當하며 仍奏乞編配狡商猾僧하고 幷乞依祖宗編勅[3]하야 杭, 明州竝不許發船往高麗호되 違者는 徒二年[4]하고 沒入財貨充賞하며 幷乞刪除元豐[5]八年九月內創立許舶客[6]專擅附帶外夷入貢及商販一條하니이다 已上事는 竝蒙朝廷一一施行하니 皆是臣素意欲稍稍裁節其事하야 庶幾漸次不來하야 爲朝廷消久遠之害니이다

臣은 마음속으로 이 다섯 가지 폐해를 알기에, 熙寧 연간에 杭州通判으로 있을 적에 저들이 선물을 보낸 文書 가운데에 本朝의 正朔을 쓰지 않은 것을 트집잡아 저들이 바치는 물건을 물리쳤다가 저들이 文書에 우리의 年號를 다시 써넣은 뒤에야 받아주었으며, 이어서 빨리 출발하도록 독촉하여 머물지 못하게 하였습니다.

그리고 근년에 나가 杭州를 맡게 되자, 그들이 올린 金塔을 물리치고 아예 朝廷에 上奏하지 않았고, 또 沿路에서 이들을 접대하는 일을 너무 융숭하지 않게 하도록 분명하게 조치하였습니다. 그리고 이어서 그들과 내통한 교활한 商人과 僧侶들을 유배보낼 것을 청하였고, 아울러 祖宗의 ≪編勅≫에 따라 杭州와 明州에서 모두 高麗로 배를 출발시키는 것을 허락하지 않았으며, 이 法을 어긴 자는 徒刑 2년에 처하고 財貨를 몰수해서 賞으로 충당할 것을 청했습니다. 아울러 元豐 8년(1085) 9월에 처음으로 제정된 '舶客에게 마음대로 外夷를 데리고 들어와 조공하고 또 물건을 팔 수 있도록 허락한 조항'을 삭제할 것을 청원하였습니다.

이상의 몇 가지 일은 모두 朝廷에서 일일이 시행하도록 허락을 받았으니, 이것은

모두 臣이 평소에 高麗의 조공하는 일을 차츰 억제해서 거의 점차 오지 않도록 만듦으로써, 朝廷을 위해 영원한 폐해를 사라지게 하고자 한 것입니다.

1) 熙寧 : 宋나라 神宗 때의 年號(1068~1077)이다.
2) 正朔 : 正月朔日(정월 초하루)의 준말로 책력을 뜻한다. 고대 중국에서는 王者가 새로 나라를 세우면 年號를 개정하고, 이에 따라 新曆을 반포하여 온 백성들로 하여금 따르게 하였는데, 주변의 국가들이 이 正朔을 받들어 쓰면 바로 신하로서 복종함을 의미하게 되었다. 高麗는 宋나라의 正朔을 받들어 쓰지 않아 물건을 바치는 글에 神宗의 年號를 사용하지 않고 있었으므로 蘇軾이 이를 트집잡아 高麗 사신이 보낸 물품을 되돌려 보낸 것이다.
3) 祖宗編勅 : 編勅은 詔勅을 편집한 책으로, 祖宗 이래 역대의 詔勅을 편집한 책을 이른다.
4) 徒二年 : 徒는 五刑 중의 하나인 徒刑을 이른다. 笞刑·杖刑·徒刑·流刑·死刑을 五刑이라 하는데, 徒刑은 세 번째로 중한 형벌로 비교적 죄가 중한 자를 관아에 구금하여 두고 일정한 勞役에 종사하게 하는 제도였다. 北周에서부터 시작하였으며 1년에서 5년까지의 등급이 있었으나, 시대마다 약간의 차이가 있었다.
5) 元豐 : 宋나라 神宗 때의 年號(1078~1085)이다.
6) 舶客 : 바다를 건너 외국과 무역하는 海商을 이르는데, 舶戶라고도 한다.

**今旣備員禮曹**하니 **乃是職事**라 **近者**에 **因見館伴**[1]**中書舍人陳軒等**이 **申乞盡數差勒相國寺行鋪**[2]하야 **入館鋪設**하야 **以待人使買賣**하니 **不惟移市動衆**하야 **奉小國之陪臣**[3]하야 **有損國體**라 **兼亦抑勒在京行鋪**하야 **以資吏人廣行乞取**하야 **弊害不小**하니이다 **所以具申都省**[4]하야 **乞不施行**이러니 **其乖方作弊官吏 竝不蒙都省略取問**하니이다 **今來**에 **只因陳軒等不待申請**하고 **直牒國子監**하야 **收買諸般文字**하니 **內有策(冊)府元龜**와 **歷代史及勅式**일새 **國子監**이 **知其不便**하고 **申稟都省**하야 **送下禮部看詳**하니이다

그런데 臣은 지금 이미 禮部의 자리를 차지하고 있으니, 이것은 바로 제가 맡은 일입니다. 근자에 館伴으로 있는 中書舍人 陳軒 등이 相國寺에 있는 점포를 모두 강제로 差出하여 高麗 사신이 머무는 관사로 들여보내 점포를 열게 해서 이로써 사신의

매매에 대비할 것을 청한 것을 보니, 이것은 비단 시장을 옮기고 사람들을 움직여서 작은 나라의 陪臣을 받들어 나라의 체통을 손상시킬 뿐만 아니라, 겸하여 또한 서울에 있는 상점들을 강제로 배정해서 관리들이 널리 물건을 요구하고 취하는 것을 도와주는 행위로써 폐해가 적지 않았습니다.

臣은 이 때문에 이것을 都省(中書省)에 자세히 보고해서 시행하지 않기를 바랐는데, 法을 어기고 폐단을 일으킨 관리들이 모두 都省에서 조금도 취조를 받지 않았습니다.

지금 陳軒 등이 신청을 기다리지 않고 곧바로 國子監에 公文을 보내어 여러 가지 文字(서책)를 수매하였는데, 이 안에는 ≪冊府元龜≫와 歷代의 史冊들과 ≪勅式≫이 들어 있었습니다. 國子監에서는 이것이 온당치 못함을 알고 다시 都省에 보고하여 이것을 禮部로 내려보내서 살펴보게 하였습니다.

1) 館伴 : 외국의 사신을 접대하기 위해 임명하는 임시 관직으로 朝鮮朝의 接伴使와 비슷하다.

2) 相國寺行鋪 : 相國寺는 開封府 동북쪽에 있던 사찰로 그 內庭이 매우 넓어 1만 명 이상을 수용할 수 있었다. 그러므로 여기에 行鋪들을 모아 시장을 설치하여 매월 5차례씩 개방하였는데 당시 전국에서 가장 번화한 시장이었다. ≪東京夢華錄≫ 行鋪는 行市와 같은 말로, 같은 업종끼리 같은 장소에 모여 장사하는 점포를 이른다.

3) 陪臣 : '겹 신하'라는 뜻으로 신하의 신하를 이른다. 諸侯는 天子의 신하이므로 諸侯의 신하는 天子에 있어 신하의 신하가 되는데, 高麗를 諸侯國으로 보아 高麗의 사신을 陪臣이라고 표현한 것이다.

4) 都省 : 尙書省을 이른다. 國政의 최고 기관으로 政務를 관장하여 모든 政令이 이곳에서 나왔다. 한편 軍務는 樞密院이, 財政은 三司使가 관장하였다.

5) 策(冊)府元龜 : 宋나라 眞宗 때에 편찬된 일종의 類書(백과사전)이다. 楊億과 王欽若 등이 황제의 명을 받들어 편찬하였는데, 六經과 子史의 자료를 근간으로 하여 역대 군주의 史蹟을 1천 권으로 집대성하였다. ≪太平御覽≫과 함께 宋代의 대표적인 類書로 꼽힌다.

臣謹按漢書하니 東平王宇[1]來朝에 上疏求諸子及太史公書[2]한대 當時大臣이 以謂

諸侯朝聘에 考文章하고 正法度하야 非理不言이어늘 今東平王이 幸得來朝에 不思制節謹度하야 以防遺失하고 而求諸書하니 非朝聘之義也니이다 諸子書는 或反經術하야 非聖人하고 或明鬼神하야 信物怪하며 太史公書는 有戰國縱橫權譎[3]之謀와 漢興之初의 謀臣奇策과 天官災異와 地形阨塞하야 皆不宜在諸侯王이니 不可予니이다한대 詔從之하니이다 臣竊以爲 東平王은 骨肉至親으로 特以備位藩臣이로되 猶不得賜어든 而況海外之裔夷요 契丹之與國乎잇가

臣이 삼가 ≪漢書≫를 살펴보니, 東平王 劉宇가 朝聘 왔을 적에 上疏文을 올려서 諸子의 책과 太史公(司馬遷)의 글을 요구하자, 당시 大臣이 이르기를 "諸侯가 朝聘을 올 때에는 文章(典章과 制度)을 상고하고 法度를 바로잡아서 도리가 아닌 것은 말하지 않아야 하는데, 지금 東平王은 다행히 朝聘을 오자 예절에 맞게 하고 법도를 삼가서 잘못을 막을 것을 생각하지 않고는 여러 책을 하사해줄 것을 요구하니, 朝聘하는 意義가 아닙니다. 諸子의 책들은 내용이 혹 經學과 상반되어 聖人을 비난하고, 혹 귀신의 일을 밝혀서 괴이한 일들을 믿으며, 太史公의 책에는 權謀術數를 부리는 온갖 책략과 漢나라가 일어난 초기에 謀臣들의 기이한 계책과 天官의 災異와 지형의 중요한 요새가 들어 있어서 모두 諸侯王에게 있어야 할 내용이 아니니, 하사해서는 안 됩니다."라고 하자, 詔令을 내려 이것을 따르게 하였습니다.

臣은 엎드려 생각하건대, 東平王은 骨肉의 至親으로 특별히 藩臣의 지위를 맡고 있었는데도 下賜받을 수 없었는데, 하물며 海外의 먼 오랑캐이고 契丹의 동맹국에 있어서이겠습니까?

1) 東平王宇 : 漢나라 宣帝의 아들인데, 甘露 2년(B.C. 52)에 東平王에 봉해졌다. 元帝가 승하하고 成帝가 즉위하자 來朝하였는데, 이때 글을 올려 諸子의 책들과 太史公의 글을 하사해줄 것을 청하였다. 당시 成帝의 元舅(큰외삼촌)인 平陽侯 王鳳이 大司馬와 大將軍의 직위를 겸하고 있었는데, 이런 서책이 제후왕에게 있는 것은 마땅하지 않다고 반대하자 마침내 하사하지 않았다. ≪漢書 宣元六王傳≫

2) 諸子及太史公書 : 諸子의 책은 ≪韓非子≫나 ≪莊子≫ 등을 이르는데, 이러한 책들은 儒家의 사상을 반대하고 孔子를 부정하였다. 太史公은 前漢의 司馬遷

으로 太史公書는 ≪史記≫를 이른다. ≪史記≫의 〈列傳〉에는 蘇秦·張儀 등 縱橫家와 漢나라 建國功臣인 陳平·蕭何 등의 傳記가 기재되어 있고 ≪史記≫ 〈天官書〉에는 天文과 曆法의 원리와 天文과 災異의 관계 등이 서술되어 있으며, 〈河渠書〉에는 천하의 地形과 要塞에 관련된 내용이 들어 있다.

3) 縱橫權譎 : 縱橫家들의 권모술수를 이른다. 縱橫家는 戰國時代에 성행했던 流派로 蘇秦, 張儀와 鄒陽 등 趨時附勢하여 권모술수의 계책으로 諸侯들 사이에 遊說한 자들을 지칭한다.

臣聞 河北榷(각)場[1]에 禁出文書하야 其法甚嚴이라하니 徒以契丹故也니이다 今高麗與契丹何異리잇고 若高麗可與인댄 卽榷場之法도 亦可兼廢니이다 竊聞昔年에 高麗使乞賜太平御覽[2]한대 先帝詔令館伴하야 以東平王故事爲詞하야 却之하시고 近日復乞한대 詔又以先帝遺旨라하야 不與하시니이다 今歷代史와 策府元龜及北史는 竊以謂前次本不當與니 若便以爲例면 卽上乖先帝遺旨하고 下與今來不賜御覽聖旨로 異同하야 深爲不便이라 故로 申都省하야 止是乞賜詳酌指揮호니 未爲過當이어늘 便蒙行遣吏人上簿書罪하니이다

臣이 들으니 河北 지방의 榷場에서 문서(서책)를 반출하는 것을 금지하여 그 法이 매우 엄격하다고 하니, 이는 오직 契丹 때문입니다. 지금 高麗와 契丹이 무엇이 다릅니까? 만약 高麗에게 주어도 된다면 榷場의 法 또한 아울러 폐지해야 할 것입니다.

엎드려 들으니, 전년에 高麗의 사신이 ≪太平御覽≫을 하사해줄 것을 청하자, 先帝(神宗)께서는 詔令을 내려 館伴으로 하여금 東平王의 故事를 구실 삼아 물리치게 하셨고, 근일에 또다시 요청하자 조칙을 내려 先帝의 遺旨라 칭하고 또다시 주지 않으셨다 합니다.

지금 歷代의 史冊과 ≪冊府元龜≫와 ≪北史≫는 엎드려 생각하건대 지난번에 본래 마땅히 주어서는 안 되는 것이니, 이제 만약 곧바로 주어서 이것을 준례로 삼는다면, 위로는 先帝의 遺旨에 어긋나고 아래로는 이번에 ≪太平御覽≫을 하사하지 않은 聖旨와 차이가 있어서 매우 온당하지 못하다고 여겨집니다.

그러므로 都省에 보고하여 다만 자세히 참작해서 指揮를 내려줄 것을 바랐으니, 이

것은 크게 잘못한 일이 아닌데도 곧바로 업무를 담당하였던 아전들이 견책을 받아 죄인의 장부에 기록되었습니다.

1) 榷(각)場 : 국경에 설치된 公用 무역시장으로, 국가에서 交易을 허가하고 세금을 징수하였다.
2) 太平御覽 : 宋나라 太宗 太平興國 2년(977)에 李昉 등이 황명을 받들어 편찬한 類書이다. 모두 1천 권에 天文, 地理, 人事 등 총 55개 분야로 나누어 정리되어 있다.

**臣竊謂無罪可書요 雖上簿薄責이나 至爲末事라 於臣에 又無絲毫之損하니 臣非爲此奏論이니이다 所惜者는 無厭之虜를 事事曲從이니 官吏(能)〔苟〕循其意하야 雖動衆害物이라도 不以爲罪하고 稍有裁節之意하면 便行詰責하리니 今後에 無人敢逆其請하야 使意得志滿하야 其來愈數(삭)이면 其患愈深이라 所以須至極論이니이다**

臣이 엎드려 생각하건대, 이들에게는 적용할 만한 죄가 없고 비록 가벼운 견책을 받아 죄인의 장부에 기록되었다 하더라도 이는 지극히 지엽적인 일이라서 臣에게 털끝만 한 손실도 없으니, 臣이 이 때문에 上奏하여 논하는 것이 아닙니다.

애석히 여기는 것은 만족할 줄 모르는 오랑캐의 요구를 사사건건 간곡히 따르는 것이니, 관리들이 만일 그들의 뜻을 따라 비록 백성들을 동원하고 물건을 해치더라도 죄로 여기지 않으며, 누군가 조금이라도 이들을 抑制하는 뜻이 있으면 곧 힐책하게 될 것입니다. 이 뒤에는 감히 저들의 요청을 거역하는 사람이 없어 저들이 의기양양하고 교만해져서 더욱 자주 오게 된다면, 그 폐해가 더욱 깊어질 것입니다. 이 때문에 지극히 論하는 것입니다.

## 04. 因擒鬼章論西羌夏人事宜劄子* 鬼章을 사로잡은 것을 인해서 西羌과 西夏의 일에 대한 마땅한 조처를 논한 劄子

* 本集에는 이 편 머리에 '元祐二年九月八日 翰林學士 朝奉郎 知制誥 兼侍讀 蘇軾札子奏'라는 26字가 있다. 이로써 이 글이 元祐 2년(1087)에 쓰여졌으며, 이 때 蘇軾이 翰林學士 知制誥 兼侍讀으로 在任 中이었음을 알 수 있다. 鬼章의

원래 이름은 鬼章青宜結로, 吐蕃(藩)의 족장 가운데 한 사람이다.

**此疏處分**은 **與歐陽公之議西事**[1]로 **竝關朝廷之大者**하니 **可謂經國手**니라

이 上疏文의 處分은 歐陽公(歐陽脩)이 西夏를 의논한 일과 함께 朝廷에 관계됨이 큰 것이니, 經國의 큰 솜씨라고 이를 만하다.

1) 歐陽公之議西事 : 歐陽公은 歐陽脩를 가리키며 西事는 西夏의 일로, 그가 箚子 등으로 올린 〈西邊事宜〉를 가리킨다.

**臣竊見**호니 **近者**에 **熙河路奏生擒鬼章**하야 **百官稱賀**하고 **中外同慶**하니이다 **臣愚無知**나 **竊謂安危之機 正在今日**하니 **若應之有道**하고 **處之有術**이면 **則安邊息民**이 **必自是始**요 **不然**이면 **將驕卒惰**하야 **以勝爲災**를 **亦不足怪**라 **故**로 **臣區區欲乞陳前後致寇之由**하고 **次論當今待敵之要**하오니 **雖狂愚無取**나 **亦臣子之常分**이니이다

臣이 엎드려 보니, 근자에 熙河路에서 鬼章을 생포했다고 아뢰어서 百官들이 축하하고 中外에서 모두 경하하고 있습니다.

臣은 어리석고 無知하나 속으로 생각하건대 국가에 대한 安危의 기틀이 바로 今日에 달렸으니, 만약 올바른 방도로 대응하고 훌륭한 방법으로 대처한다면 국경을 평안히 하고 백성들을 쉬게 하는 것이 이로부터 시작될 것이요, 그렇지 않으면 장수가 교만해지고 군사들이 태만해져서 전쟁의 승리가 도리어 재앙이 되는 것을 또한 이상하게 생각할 것이 없다고 여깁니다.

그러므로 臣은 區區하게 前後에 도적을 불러들인 이유를 아뢰고 다음으로는 當今의 敵을 대처하는 요점을 논하고자 하오니, 비록 미치고 어리석어서 취할 것이 없으나 이는 또한 臣子가 마땅히 해야 할 직분입니다.

**昔**에 **先帝用兵累年**하사 **雖中國靡弊**나 **然夏人困折**하야 **亦幾於亡**이라 **橫山之地 沿邊七八百里**에 **不敢耕者 至二百餘里**하니이다 **歲賜旣罷**하고 **和市亦絶**하니 **虜中匹帛**이 **至五十餘千**이요 **其餘老弱轉徙**하고 **牛羊墮壞**하야 **所失**을 **蓋不可勝數**라 **饑羸**(리)**之餘**에 **乃始款塞**하니이다 **當時執政大臣**이 **謀之不深**하야 **因中國厭兵**하야 **遂納其使**라 **每一使**에

賜予貿易이 無慮得絹五萬餘匹하니 歸鬻(육)之하면 其(民)〔値〕匹五六千이니 民大悅하니이다 一使所獲이 率不下二十萬緡하니 使五六至면 而累年所罷歲賜[1)]를 可以坐復이라 旣使虜로 因吾資以德其民하고 且飽而思奮하고 又使其窺我厭兵欲和之意하야 以爲欲戰欲和가 權皆在我라하니이다 以故로 輕犯邊陲하야 利則進하고 否則復求和하야 無不可者하니이다

옛날 先帝(神宗)께서 수년 동안 用兵을 하여 비록 中國이 피폐해졌으나 西夏도 곤궁하고 꺾여서 거의 망하게 되었습니다. 橫山지역 沿邊 7, 8백 리에 저들이 감히 농사를 짓지 못하는 곳이 2백여 리에 이릅니다. 그리고 해마다 오랑캐들에게 하사하던 것이 이미 없어지고 貿易 또한 끊기자, 오랑캐 지역에서는 비단 1匹이 5십여 緡(千)에 이르렀고, 그 나머지 노약자들이 이리저리 떠돌아다니며 소와 양이 제대로 사육되지 못해서 손실된 바는 이루 다 헤아릴 수 없을 정도였습니다.

저들은 굶주리고 파리해진 나머지 비로소 변방에 와서 화친을 요청했습니다. 이때 執政大臣이 깊이 도모하지 못해서 中國이 전쟁을 싫어함을 이유로 마침내 그들의 사신을 받아들였습니다.

그리하여 한 번 사신이 올 때마다 하사받고 무역하여 무려 5만여 匹의 비단을 얻어 가지고 돌아갔는데, 돌아가서 이것을 匹당 5, 6緡(千)에 팔면 저들 백성들이 물건이 싸기 때문에 크게 기뻐합니다. 한 사신이 얻는 것이 대체로 2십만 緡 이하가 되지 않으니, 사신이 대여섯 번만 오면 수년 동안 중지했던 歲賜錢을 앉아서 회복할 수 있게 되었습니다.

그리하여 오랑캐로 하여금 우리 물자를 가지고 자기 백성들에게 생색을 내고 배불리 먹어서 분발할 것을 생각하게 하며, 또 우리가 전쟁을 싫어하고 화친하고자 하는 뜻을 엿보고는 생각하기를 '싸울 것인가 화친할 것인가를 결정하는 권한이 모두 자신들에게 있다.'고 여기게 만들었습니다. 이 때문에 저들은 변경을 가벼이 침범하여 이로우면 진격하고 불리하면 다시 화친을 요구해 자기들 마음대로 하여 안 되는 것이 없습니다.

1) 歲賜 : 歲賜錢으로 宋나라에서 契丹과 西夏에 매년 공급하던 돈과 비단을 이른다. 명목은 宋나라가 天子國이어서 하사한다는 명칭을 사용하였으나 실제는 공

물과 다름이 없었다.

**若當時大臣**이 **因虜之請**하야 **受其詞**하고 **不納其使**하며 **且詔邊臣**하야 **與之往返商議**하야 **所獲新疆**을 **取舍在我**하며 **俟其詞意屈服**하고 **約束堅明然後**에 **納之**런들 **則虜雖背恩反覆**이나 **亦不至如今日之速也**요 **虜雖有易我意**나 **然不得西蕃解仇結好**하야 **亦未敢動**하리이다

만약 당시의 대신이 오랑캐의 요청을 따라 그들의 화친하는 글만 받고 사신을 받아주지 않으며, 우선 변방의 신하들에게 명하여 그들과 오고 가며 상의하게 해서 새로 얻은 지역을 점령하고 버리는 것을 우리가 결정할 수 있게 하며, 저들이 보내온 글뜻이 완전히 굴복하는 어조이고 약속이 견고하고 분명해지기를 기다린 뒤에 사신을 받아주었더라면, 오랑캐가 비록 배은망덕하고 반복무상하다 하더라도 오늘날처럼 쉽게 배반하지는 못했을 것입니다. 그리고 오랑캐가 비록 우리를 깔보는 마음이 있더라도 西蕃과 원한을 풀고 우호를 맺지 못하여 또한 감히 움직이지 못했을 것입니다.

**夫阿里骨**은 **董氈之賊臣**[1]**也**라 **挾契丹公主**하야 **以殺其君之二妻**하고 **董氈死**에 **匿喪不發**이라가 **逾年衆定**에 **乃詐稱嗣子**하고 **僞書鬼章, 溫溪心等名**하야 **以請於朝**하니이다 **當時執政**이 **若且令邊臣**으로 **審問鬼章等以阿里骨當立不當立**하야 **若朝廷從汝請**하야 **遂授節鉞**[2]이면 **阿里骨**은 **眞汝主矣**니 **汝能臣之**를 **如董氈乎**아하야 **若此等無詞**면 **則是諸羌心服**이니 **旣立之後**에 **必能統一都部**하리니 **吾又何求**리오 **若其不服**이면 **則釁端自彼**하니 **爵命未下**가 **曲不在吾**라 **彼旣一國三公**[3]이면 **則吾分其恩禮**하야 **各以一近上使額命之**하니 **鬼章等**이 **各得所欲**이면 **宜亦無患**이니이다

저 阿里骨은 董氈의 賊臣입니다. 契丹公主의 위세를 믿고 君主의 두 아내를 살해하였고, 董氈이 죽었으나 喪을 숨겨 발표하지 않다가 한 해가 넘어 무리들이 안정되자 비로소 嗣子라고 사칭하고는 鬼章과 溫溪心 등의 이름을 거짓으로 써서 우리 朝廷에 자기를 세워줄 것을 청했습니다.

당시의 執政大臣이 만약 우선 邊臣으로 하여금 鬼章 등에게 "阿里骨을 마땅히 세워

야 하는가? 마땅히 세우지 않아야 하는가? 만약 우리 朝廷에서 너희의 요청을 따라 마침내 阿里骨에게 節鉞을 내려준다면 阿里骨은 참으로 너희의 君主인 것이니, 너희가 신하 노릇하기를 예전의 董氈에게 하던 것처럼 잘할 수 있겠는가?"를 자세히 물어서, 만약 저들이 異議가 없다면 이것은 여러 오랑캐들이 진심으로 복종하는 것으로, 이미 阿里骨을 세운 뒤에는 반드시 여러 部族들을 통일할 수 있을 것이니, 우리가 또 무엇을 바라겠습니까?

그리고 만약 저들이 복종하지 않는다면 紛爭의 단서가 저들로부터 비롯되었으니, 爵命을 내리지 않는다 해도 잘못이 우리에게 있지 않습니다.

저들이 한 나라에 세 명의 우두머리가 있게 되면 우리가 그 恩惠와 禮를 나누어 각각 한 명의 上使에 가까운 예우로써 명할 것이니, 鬼章 등이 각기 원하는 것을 얻으면 마땅히 또한 근심이 없게 될 것입니다.

1) 阿里骨董氈之賊臣 : 阿里骨과 董氈은 모두 吐蕃의 군주들이다. 티베트 고원을 중심으로 건국된 吐蕃帝國은 唐나라 때 전성기를 구가하였으나 9세기 중엽에 내부의 혼란으로 멸망하고 여러 부족들이 각축하게 되었다. 宋나라 때에 이르러 唃厮囉(곡시라)의 부족이 가장 강성하였으므로, 宋나라에서는 그를 平西王으로 봉하였다. 唃厮囉가 죽고 吐蕃은 다시 분열되었는데, 唃厮囉의 셋째 아들인 董氈이 점점 세력을 확대하자 宋나라에서는 保順軍節度使를 제수하여 회유하였다. 이후 董氈은 宋나라의 신하를 자처하며 宋나라를 도와 西夏와 싸워 공을 세웠으며, 끝까지 宋나라와의 우호관계를 유지하여 결국 武威郡王으로 봉해져 吐蕃의 군주가 되었다. 그러나 元祐 元年(1086)에 董氈이 죽고 그의 양자였던 阿里骨이 뒤를 이어 즉위하여 宋나라로부터 군주로 봉해졌으나 鬼章, 溫溪心 등 강성한 족장의 지지를 받지 못하였다. 이에 阿里骨은 西夏와 密約하여 宋나라를 침범하였으나 패배하고는 다시 宋나라에게 사죄하고 국교를 회복하였다. 이 당시 宋나라를 배반하였으므로 '董氈의 賊臣'이라고 말한 것이다.
2) 節鉞 : 깃발과 斧鉞로 節度使를 임명할 때 사용하였으므로 여기서는 節度使를 직접 가리킨 것이다.
3) 一國三公 : 한 나라에 우두머리가 셋이나 되어 정사가 통일되지 못함을 비유하는 말로, 원래 ≪春秋左氏傳≫ 僖公 5년조에 보이는데, 여기서는 阿里骨이 확실한 吐蕃의 군주가 되지 못하고 鬼章, 溫溪心과 함께 권력을 나누어 갖는 경우

를 상정하여 말한 것이다.

當時執政이 不深慮此하고 專以省(생)事爲安하야 因其妄請하야 便授節鉞하니이다 阿里骨이 自知不當立하고 而憂鬼章之討也라 故로 欲借力於西夏以自重하야 於是에 始有解仇結好之謀하고 而鬼章亦不平朝廷之以賊臣君我也라 故로 怒而盜邊하고 夏人은 知諸羌之叛也라 故로 起而和之하니 此臣所謂前後致寇之由니 明主不可不知者也니이다 雖旣往不咎나 然可以爲方來之鑑이니이다

그런데 당시 執政大臣이 이것을 생각하지 않고 오로지 일을 줄이는 것을 편안하게 여겨서 오랑캐의 망령된 요청을 따라 곧바로 節鉞을 내려주었습니다.

阿里骨은 자신이 후계자가 되어서는 안 된다는 것을 스스로 알고는 鬼章이 자신을 토벌할 것을 우려했습니다. 그러므로 西夏의 힘을 빌어 자신의 위치를 견고하게 하고자 했기 때문에 비로소 西夏와 원한을 풀고 우호를 맺는 계책이 있었던 것입니다. 그리고 鬼章 또한 우리 朝廷이 賊臣(阿里骨)을 자기들의 君主로 세운 것을 不平하였기 때문에 노하여 우리 변경을 침략하였고, 西夏는 여러 羌族들이 중국을 배반하는 것을 알았기 때문에 자신들도 함께 일어나서 이들과 호응하였습니다.

이것이 臣이 말한 前後에 도적을 불러들인 이유이니, 明主께서 알지 않으시면 안 되는 것입니다. 비록 이미 지나간 일은 허물할 수가 없으나 앞으로 오는 일의 거울로 삼을 수는 있습니다.

元昊는 本懷大志하고 長於用兵하며 亮祚[1]는 天付兇狂하야 輕用其衆이라 故로 其爲邊患이 皆歷年而後定하니이다 今梁氏[2]專國에 素與人多不協하야 方內自相圖하니 其能以創(瘡)殘呻吟之餘로 久與中國敵乎잇가 料其姦謀하면 蓋非元昊亮祚之比矣니이다 意謂二聖[3]在位하야 恭默守成하사 仁恕之心이 著於遠邇하니 必無用武之意하야 可肆無厭之求라 蘭會[4]諸城과 鄜(부)延五寨를 好請不獲이면 勢脅必從이니 猖狂之後에 求無不獲이라하리니 計不過此耳니이다

元昊는 본래 큰 뜻을 품고 用兵術이 뛰어났으며, 그의 아들 亮祚는 천부적으로 흉

악하고 광포해서 그 무리를 함부로 부렸습니다. 그러므로 우리 변경의 폐해가 되어 모두 수년이 지난 뒤에야 안정되었습니다.

그런데 지금 梁氏가 국정을 독단함에 평소 사람들과 화합하지 못함이 많아서 지금 안에서 자기들끼리 서로 도모하고 있으니, 상처를 받아 신음하는 처지에 오랫동안 中國과 맞설 수 있겠습니까? 그 간악한 계책을 헤아려보건대 元昊와 亮祚에 비할 바가 아닙니다.

저들은 생각하기를 '두 聖人이 재위하시면서 공손하고 침묵하며 守成을 하여 仁恕의 마음이 遠近에 드러나고 있으니, 반드시 武力을 사용할 뜻이 없어 우리가 끝없는 요구를 할 수 있을 것이다. 그러므로 蘭州와 會州의 여러 城과 鄜延의 다섯 城寨를 좋은 말로 요청해서 얻지 못할 경우 힘으로 위협하면 반드시 우리들의 요청을 따를 것이니, 미친 짓을 한 뒤에 요구하면 얻지 못할 것이 없다.'고 여기는 것이니, 저들의 계책이 여기에 지나지 않습니다.

1) 亮祚 : 西夏의 2代 군주이다. 西夏를 개국한 元昊가 아들 寧林格에게 시해되자, 宋나라 仁宗 慶曆 8년(1048)에 한 살의 어린 나이로 즉위하였다. 성장하여 친정하게 되자 포악한 性情으로 宋나라, 契丹과 자주 전쟁을 벌였는데, 20년간 재위하다가 宋나라 神宗 熙寧 元年(1068)에 죽었다.
2) 梁氏 : 昭簡文穆皇后로 西夏의 군주 秉常의 왕비이다. 秉常은 亮祚의 아들로, 宋나라 哲宗 元祐 元年(1086)에 죽자 그의 아들 乾順이 7세의 나이로 즉위하니, 모친인 梁氏가 섭정하였다.
3) 二聖 : 宋나라 哲宗과 英宗의 妃인 宣仁聖烈高皇后를 이른다. 哲宗이 10세의 어린 나이로 즉위하자 太皇太后인 宣仁聖烈高皇后가 수렴청정하였으므로 말한 것이다.
4) 蘭會 : 蘭州와 會州를 이른다. 모두 지금의 甘肅省 일대인데, 神宗 때에 西夏로부터 수복한 다음 蘭州와 會州를 설치하고 熙河路에 편입시켰다.

今者에 竊聞호니 朝廷이 降詔諸路하야 勅勵戰守하야 深明逆順曲直之理라하니 此固當今之急務나 而詔書之中에 亦許夏人之自新하니 臣은 竊以謂開之太急하고 納之太速이라하노이다 曾未一戰에 而厭兵欲和之意가 已見(현)乎外하니 此復蹈前日之失矣라

**臣甚惜之**하노이다 **今旣聞鬼章之捷**하니 **或漸有款塞之謀**하야 **必將爲恭狠相半之詞**하고 **而繼之以無厭之請**하리니 **若朝廷復納其使**하시면 **則是欲戰欲和**가 **權皆在虜**라 **有求必獲**이요 **不獲必叛**하리니 **雖媮(偷)一時之安**이나 **必起無窮之釁**이라 **故**로 **臣願明主斷之於中**하사 **深詔大臣**하고 **密勅諸將**하사 **若夏人款塞**면 **當受其詞而却其使**니 **然後**에 **明勅邊臣**호되 **以夏人受恩不貲**어늘 **無故犯順**하니 **今雖款塞**나 **反覆難保**라 **若實改心向化**면 **當且與邊臣商議**요 **苟詞意未甚屈服**하고 **約束未甚堅明**이면 **則且却之**하야 **以示吾雖不逆其善意**나 **亦不汲汲求和也**니이다

이제 엎드려 들으니, 朝廷에서 여러 路에 詔書를 내려서 전쟁과 수비를 독려하여 저들에게 반항과 순종, 옳고 그름의 이치를 깊이 밝힌다고 하였습니다. 이것은 진실로 當今의 급선무이나 이 詔書의 안에 또한 西夏가 허물을 고쳐서 스스로 새로워질 것을 허락하였으니, 신은 엎드려 생각하건대 열어주기를 너무 급하게 하고 받아들이기를 너무 빠르게 한다고 여깁니다.

일찍이 한번 싸우기도 전에 전쟁을 싫어하고 화친하고자 하는 뜻이 이미 밖에 드러났으니, 이는 또다시 지난날의 전철을 밟는 것으로, 臣은 매우 애석하게 여깁니다.

이제 저들은 우리가 鬼章을 사로잡은 것을 이미 들어 알고 있습니다. 그렇다면 혹 점점 변방에 와서 화친을 맺으려는 계책을 세우고는 반드시 장차 공손함과 사나움이 반반씩 뒤섞인 글을 만들어 올리고 이어서 끝없이 재물을 요청할 것입니다. 이때 만약 조정에서 또다시 저들의 사신을 받아주신다면 이것은 싸울 것인가 화친할 것인가를 결정하는 권한이 모두 오랑캐에게 있게 되는 것입니다.

저들은 요구하는 것이 있으면 반드시 얻으려 할 것이요 얻지 못하면 반드시 배반할 것이니, 비록 한때의 편안함을 구차히 얻을 수는 있으나 반드시 무궁한 紛爭을 불러일으킬 것입니다.

그러므로 臣은 현명한 君主께서 마음속으로 결단하신 다음 대신에게 깊이 명하고 諸將들에게 은밀하게 타일러서, 만약 西夏가 화친을 청하거든 마땅히 그 글만 받아주고 사신을 물리치도록 해야 할 것이니, 그런 뒤에 변방의 신하에게, "西夏가 우리의 은혜를 받은 것이 적지 않은데 까닭 없이 난을 일으킨다. 이제 비록 저들이 화친을 청하나 이랬다저랬다 하여 믿기가 어려우니, 만약 실제로 마음을 고쳐서 敎化되고

자 한다면 우선 邊境에 있는 신하들과 상의할 것이요, 만일 글 뜻이 심히 복종하지 않고 약속이 심히 견고하거나 분명하지 않으면 우선 물리쳐서 우리가 비록 저들의 善意를 거스르지 않으나 또한 급급하게 화친을 구하지 않는다는 것을 보여주라."라고 분명히 신칙하셔야 할 것입니다.

**彼若心服而來**하면 **吾雖未納其使**라도 **必不於往返商議之間**에 **遽復盜邊**이요 **若非心服**이면 **則吾雖蕩然開懷**하야 **待之如舊**라도 **能必其不叛乎**잇가 **今歲涇原之入**[1]이 **豈吾待之不至邪**잇가 **但使吾兵練士飽**하고 **斥候精明**하야 **虜無大獲**이면 **不過數年**에 **必自折困**이라 **今雖小勞**나 **後必堅定**하리니 **此臣所謂當今待敵之要**니 **亦明主不可以不知者也**니이다

저들이 만약 진심으로 복종하고 온다면 우리가 비록 저들의 사신을 받아주지 않더라도 반드시 오고 가며 상의하는 사이에 대번에 다시 변경을 침범하지는 않을 것이요, 만약 진심으로 복종한 것이 아니라면 우리가 비록 완전히 마음을 열어 예전과 똑같이 잘 대해주더라도 저들이 배반하지 않을 것을 期必할 수 있겠습니까? 금년 涇原의 침입이 어찌 우리가 저들을 대하는 것이 지극하지 못해서였겠습니까?

다만 우리 군사들이 잘 훈련되고 배부르며 斥候를 철저히 하고 명확하게 해서 오랑캐가 큰 소득이 없게 한다면, 몇 년이 지나지 않아 반드시 저절로 꺾이고 곤궁해질 것입니다. 지금은 비록 조금 수고로우나 뒤에는 반드시 견고하게 안정될 것입니다.

이것이 臣이 이른바 '當今에 적을 상대하는 요점'이라는 것이니, 이 또한 明主께서 아시지 않으면 안 되는 것입니다.

1) 今歲涇原之入 : 哲宗 元祐 2년(1087) 7월에 西夏가 涇原路의 鎭戎軍을 침범하였으나, 劉昌祚가 거느린 涇原路의 군대가 이를 격퇴하였다.

**今朝廷**이 **意在息民**하야 **不憚屈己**어시늘 **而臣獻言**은 **乃欲艱難其請**하야 **不急於和**하야 **似與聖意異者**니이다 **然**이나 **古之聖賢**이 **欲行其意**인댄 **必有以曲成之**요 **未嘗直情而徑行也**니이다 **將欲翕之**인댄 **必固張之**요 **將欲取之**인댄 **必固予之**니 **夫直情而徑行**이면 **未有獲其意者也**니이다 **若權其利害**하야 **究其所至**하면 **則臣之愚計**는 **於安邊息民**에 **必久**

而固하야 與聖意로 初無小異하리이다

지금 朝廷에서는 백성을 편안히 쉬게 하는 데 마음을 두고 있어서 우리 몸을 굽히는 것을 꺼리지 않는데, 臣이 올린 내용은 도리어 오랑캐들이 청하는 것을 어렵게 만들어 화친을 급하게 여기지 아니하여, 聖上의 뜻과 다른 듯합니다.

그러나 옛날 聖賢들은 자신이 생각한 것을 실행하고자 하면 반드시 뜻을 굽혀 이루었고 일찍이 자기 감정대로 곧바로 행한 적이 없습니다. 장차 합치고자 하면 반드시 진실로 펴야 하고 장차 취하고자 하면 진실로 반드시 주어야 하니, 감정을 곧바로 행하고서 자신이 바라는 바를 얻은 경우는 있지 않습니다.

만약 利害를 저울질하여 그 이르는 바를 究明한다면 臣의 어리석은 계책은 변경을 편안히 하고 백성을 쉬게 함에 있어 반드시 오래가고 확고한 것이어서, 聖上의 뜻과 애당초 조금도 다름이 없을 것입니다.

然이나 臣竊度(탁)컨대 朝廷之間에 似欲以畏事爲無事者하니 臣竊以爲過矣라하노이다 夫爲國은 不可以生事나 亦不可以畏事니 畏事之弊는 與生事均하니이다 譬如無病而服藥이 與有病而不服藥으로 皆可以殺人이니이다 夫生事者는 無病而服藥也요 畏事者는 有病而不服藥也니이다 乃者에 阿里骨之請을 人人知其不當予어늘 而朝廷予之하야 以求無事하니이다 然이나 事之起 乃至於此하니 不幾於有病而不服藥乎잇가 今又欲遽納夏人之使하면 則是病未除而藥先止니 其與幾何잇고 臣於侍從之中에 受恩至深하니 其於委曲保全에 與衆獨異라 故로 敢出位하야 先事而言하오니 不勝恐悚待罪之至로소이다 取進止하소서

그러나 臣이 엎드려 헤아려보건대, 朝廷에 일(사단)을 두려워하는 것을 無事하다고 여기는 자가 있는 듯하니, 臣은 적이 잘못이라고 여깁니다. 나라를 다스림에 있어서는 일을 만들어내서도 안 되나 또한 일을 두려워해서도 안 되니, 일을 두려워하는 병폐는 일을 만들어내는 것과 똑같습니다.

비유하면 병이 없으면서 약을 먹는 것은 병이 있으면서 약을 먹지 않는 것과 함께 모두 사람을 죽일 수 있는 것과 같습니다. 일을 만들어내는 자는 비유하면 병이 없는데 약을 먹는 것이고, 일을 두려워하는 자는 병이 있는데도 약을 먹지 않는 것입니다.

근자에 모든 사람이 阿里骨의 요청을 허락해주어서는 안 된다는 것을 알고 있는데도 조정에서는 허락해주고 무사하기를 바랐습니다. 그러나 사단이 일어난 것이 마침내 이 지경에 이르렀으니, 이는 병이 있는데도 약을 먹지 않는 것과 가깝지 않겠습니까?

그런데 지금 또다시 대번에 西夏의 사신을 받아들이고자 하신다면, 이것은 병이 아직 제거되지 않았는데 먼저 약을 중지하는 격이니, 약을 먹지 않는 것과 얼마나 차이가 있겠습니까?

臣은 侍從官 가운데서 은혜를 받은 것이 지극히 깊으니, 폐하께서 곡진히 보전해주심에 있어 다른 사람과 유독 다릅니다. 그러므로 감히 지위를 벗어나 일에 앞서서 미리 말씀 올리는 것이니, 송구하여 죄가 내리기를 기다리는 지극한 마음을 이기지 못하겠습니다. 裁量하소서.

## 05. 乞詔邊吏無進取及論鬼章事宜箚子* 변방의 관리에게 進取하지 말도록 명할 것을 청하고 또 鬼章의 일에 대한 마땅한 조처를 논한 箚子

* 本集에는 이 편 머리에 '元祐二年九月二十七日 翰林學士 朝奉郎 知制誥 兼侍讀 蘇軾札子奏'라는 28字가 있다. 이로써 이 글이 元祐 2년(1087)에 쓰여졌으며, 이때 蘇軾이 翰林學士 知制誥 兼侍讀으로 在任 中이었음을 알 수 있다. 進取하지 말라는 것은 불필요하게 서둘러 西夏를 공격하여 그 땅을 점령하려 하지 말라는 뜻이다.

此乃文忠公搏虎手處니 惜乎라 世不能用이로다

이것은 바로 文忠公(蘇軾)이 호랑이를 맨손으로 때려잡는 솜씨가 나타나는 곳인데, 세상에서 이것을 쓰지 못한 것이 애석하다.

臣聞 善用兵者 先服其心하고 次屈其力이면 則兵易解而功易成이라하니이다 若不服其心하고 惟力是恃면 則戰勝而寇愈深이어든 況不勝乎며 功成而兵不解어든 況不成乎잇가

臣이 들으니, "用兵을 잘하는 자는 먼저 상대방의 마음을 굴복시키고 다음에 힘을 굴복시키니, 이렇게 하면 전쟁이 해결되기 쉽고 功이 이루어지기 쉽다."라고 합

니다.

만일 마음을 굴복시키지 못하고 오직 힘만 믿는다면 싸워서 승리하더라도 적의 침입이 더욱 심해지는데, 하물며 이기지 못함에 있어서이겠습니까? 또 功이 이뤄지더라도 전쟁이 해결되지 못하는데, 더구나 功이 이뤄지지 못함에 있어서이겠습니까?

**頃者**에 **西方用兵累年**은 **先帝之意 全在弔伐**이어시늘 **而貪功生事之臣**이 **惟務殺人爭地**하야 **得尺寸之土**하면 **不問利害**하고 **先築城堡**하고 **置州縣**하야 **使四夷爭畏中國**하야 **以謂朝廷專欲得地**하니 **非盡滅我族類**면 **不止**라하니이다 **是以**로 **併力致死**하야 **莫有服者**하니이다 **今雖朝廷**이 **好生惡殺**하야 **不務遠略**이나 **而此心未信**하야 **憎畏未衰**하니 **心旣不服**이면 **惟有鬪力**이니 **力屈情見**하니 **勝負**를 **未可知也**니이다

지난번 西方(西夏)에서 수년 동안 전쟁이 계속된 것은 先帝의 뜻이 오로지 백성을 위로하고 죄 있는 자들을 토벌함에 있으셨는데, 功을 탐하여 사단을 만드는 신하들이 오직 사람을 죽이고 땅을 다투기를 힘써서 한 자나 한 치 되는 땅을 얻으면 利害를 따지지 않고 먼저 城과 보루를 쌓고 州縣을 설치했습니다.

그리하여 四方 오랑캐들로 하여금 다투어 중국을 두려워하게 하여 '宋나라 朝廷이 오직 땅을 얻고자 하니, 우리 種族을 다 멸망시키지 않으면 그치지 않을 것이다.'라고 생각하게 만들었습니다. 이 때문에 저들이 힘을 합하여 죽기로 싸워서 굴복하지 않는 것입니다.

지금 비록 조정에서 살려주기를 좋아하고 죽이는 것을 싫어해서 멀리 經略하는 것을 힘쓰지 않는데도, 이 마음이 저들에게 믿겨지지 않아서 우리를 미워하고 두려워하는 마음이 줄어들지 않습니다. 마음이 진심으로 복종하지 않으면 오직 힘으로 싸울 뿐이니, 힘이 굽혀지면 實情이 나타나니, 勝負를 예측할 수가 없습니다.

**今日**에 **新獲鬼章**하니 **威震戎狄**이라 **邊臣賈**(고)**勇**하야 **爭欲立功**하야 **以爲河南之地**를 **指顧可得**이라하니 **正使得之**면 **不免築城堡**하고 **屯兵置吏**하야 **積粟而守之**하리니 **則中國何時息肩乎**잇가 **乃者**에 **王韶取熙河**에 **全師獨克**하니 **使韶有遠慮**하야 **誅其叛者**하고

(乃)〔易〕以忠順하야 卽用其豪酋而已런들 則今復何事리오 其所以兵連禍結하야 罷(피)弊中國者는 以郡縣其地故也니이다

오늘날 새로 鬼章을 사로잡았으니, 위엄이 戎狄에게 떨쳐졌습니다. 변방을 지키는 신하들이 용맹을 자랑하여 다투어 功을 세우고자 해서 말하기를 "河南 땅을 손가락으로 가리키고 돌아보는 사이에 얻을 수 있다."라고 합니다.

정말로 이 땅을 얻는다면 城과 보루를 쌓고서 군대를 주둔시키고 관리를 배치하여 양식을 저축해서 지켜야만 할 것이니, 이렇게 된다면 중국이 어느 때에나 편안히 쉴 수 있겠습니까?

근래에 王韶가 熙河를 점령할 적에 군대를 온전히 보존하고 完勝하였는데, 만일 王韶가 원대한 생각이 있어서 배반한 자들만 죽이고는 충성하고 순종하는 자들로 바꿔서 즉시 그 추장들을 등용했을 뿐이었다면 지금 다시 무슨 일이 있겠습니까? 그런데 전쟁이 계속 이어지고 禍가 생겨서 중국이 피폐해진 까닭은 그 땅을 郡縣으로 만들었기 때문입니다.

往者는 旣不可悔어니와 而來者를 又不以爲戒라 今又欲取講武城하야 曰 此要害地라 不可不取라하나니이다 方唐盛時하야 安西都護는 去長安萬里하니 若論要害하면 自此以西를 無不可取者라 使諸羌으로 知中國有進取不已之意하면 則寇愈深而兵不解하리니 其禍를 豈可量哉잇가 臣願陛下深詔邊吏하사 叛則討之하고 服則安之하야 自今以往으로 無取尺寸之地하고 無焚廬舍하고 無殺老弱하라하시면 未及朞年에 諸羌을 可傳檄而定하리이다 然이나 朝廷至意를 亦自難喩하야 將帥未必從也리니 雖日行文書라도 終恐無益이라 宜驛召陝西轉運使一員赴闕하야 面勑戒之하야 使歸以安將帥하고 而察其不如詔者하소서

지나간 일은 이미 후회해도 소용이 없지만 오는 일을 또 경계로 삼지 않습니다. 그리하여 이제 다시 講武城을 점령하고자 하여 말하기를 "이곳은 요해지라서 취하지 않으면 안 된다."라고 합니다.

唐나라의 전성기에 安西都護府는 長安과의 거리가 만 리였으니, 만약 요해지를 논한다면 講武城으로부터 서쪽은 취할 만하지 않은 곳이 없습니다. 이리하여 여러 羌族들로 하여금 중국이 끊임없이 進取할 뜻이 있음을 알게 한다면 적의 침략이 더욱 심

해지고 전쟁이 그치지 않을 것이니, 그 禍를 어찌 측량할 수 있겠습니까?

臣은 원컨대 폐하께서 변방의 관리에게 엄중히 명하시기를 "오랑캐들이 배반하면 토벌하고 굴복하면 편안히 해주어 지금 이후로는 한 자나 한 치의 땅도 점령하지 말고 저들의 廬舍를 불태우지 말고 노약자들을 죽이지 말라."라고 하신다면 1년이 못되어서 여러 羌族들을 檄文만 돌리고도 안정시킬 수 있을 것입니다.

그러나 조정의 지극한 뜻은 또한 본래 깨우쳐주기가 어려워서 장수들이 반드시 따르지는 않을 것이니, 비록 날마다 문서를 보낸다 하더라도 끝내 무익할까 염려스럽습니다. 마땅히 파발마로 陝西轉運使 한 명을 대궐로 불러들여 대면하여 신칙하고 경계하시어, 그로 하여금 돌아가 여러 장수들을 타이르고 詔書대로 하지 않는 자를 살피게 하소서.

臣又竊聞朝論호니 謂鬼章犯順하니 罪當誅死라 然이나 譬之鳥獸하야 不足深責이라 其子孫部族이 猶足以陸梁於邊하니 全其首領하야 以累其心하야 以爲重質이면 庶獲其用이라하니 此實當今之良策이니이다 然臣竊料컨대 鬼章이 兇豪素貴하야 老病垂死하니 必不能甘於困辱하야 爲久生之計라 自知生存終不得歸하고 徒使其臣子로 首鼠顧忌하야 不敢復讐하면 必將不食求死하야 以發其衆之怒요 就使不然이라도 老病愁憤은 自非久生之道니 鬼章若死하면 則其臣子專意復讐하야 必與阿里骨合하고 而北交於夏人하리니 此正(胡)〔吳〕越同舟하야 遇順風之勢라 其交必堅이요 而溫溪心이 介於阿里骨夏人之間하야 地狹力弱하야 其勢必危하니 若見幷而吾不能救하야 使二寇合三面하야 以窺熙河하면 則其患을 未可以一二數也니이다

臣이 또 朝廷의 의논을 들어보니, "鬼章이 순종하는 도리를 범했으니, 죄가 마땅히 죽어야 한다. 그러나 오랑캐들은 비유하면 새와 짐승과 같으니, 굳이 심하게 責望할 것이 못 된다. 그 자손과 부족들이 아직도 변방에서 날뛰고 있으니, 그의 목을 온전히 보존하여 그 마음을 옭매어서 중요한 人質로 삼으면 거의 활용할 수가 있을 것이다."라고 하는데, 이것은 참으로 지금의 좋은 계책입니다.

그러나 臣이 엎드려 헤아려보건대, 鬼章은 흉포하고 호걸스럽고 평소 신분이 귀한 자인데 지금 늙고 병들어 죽게 되었으니, 반드시 곤욕을 달게 여기면서까지 오래 살

계책을 도모하지는 않을 것입니다.

저 鬼章이 '생존한다 해도 끝내 돌아갈 수 없고, 다만 臣子들로 하여금 구멍 속의 쥐처럼 이럴까 저럴까 망설이게 해서 감히 복수하지 못하게 할 뿐'이라는 것을 스스로 알게 되면 반드시 먹지 않고 죽어 그 무리들의 분노를 誘發시키려 할 것이요, 또 만일 그렇지 않다 하더라도 늙고 병든 몸으로 근심하고 분노하고 있으니, 이는 본래 오래 살 수 있는 방도가 아닙니다.

鬼章이 만약 죽는다면 그 신하들이 온 마음으로 복수하고자 하여 반드시 阿里骨과 연합하고 북쪽으로는 西夏와 修交할 것이니, 이것은 바로 吳나라와 越나라가 한 배를 타고서 풍랑을 만나게 되면 서로 구원해주는 형세이니, 그 수교가 반드시 견고해질 것입니다.

그리고 또 溫溪心은 阿里骨과 西夏의 중간에 끼어 있으면서 영토가 좁고 국력이 약하여 그 형세가 반드시 위태로워질 것이니, 만약 溫溪心이 저들에게 합병을 당하는데도 우리가 구원하지 못해서 두 적으로 하여금 3面을 합하여 熙河를 엿보게 한다면 그 우환을 한두 가지로 다 헤아릴 수가 없을 것입니다.

**如臣愚計**는 **可詔邊臣**하야 **與鬼章約**호되 **若能使其部族**으로 **討阿里骨**하고 **而納趙純忠**[1] **者**면 **當放汝生還**이라하고 **質之天地**하야 **示以必信**하소서 **鬼章若從**이면 **則稍富貴之**하고 **使招其信臣而喩至意焉**이니이다 **鬼章**이 **旣有生還之望**하야 **不爲求死之計**하면 **其衆必從**하리이다 **以鬼章之衆**으로 **與溫溪心合**하야 **而討阿里骨**하면 **其勢必克**이니 **旣克而納純忠**이면 **雖放還鬼章**이라도 **可以無患**하리니 **此必然之勢也**니이다 **西羌**은 **本與夏人世仇**요 **而鬼章**은 **本與阿里骨不協**하니 **若許以生還**하면 **其衆必相攻**이니 **縱未能誅阿里骨**이라도 **亦足以使二盜相疑而不合也**리이다

臣의 어리석은 계책으로는 변방의 신하에게 명해서 鬼章과 약속하기를 "만약 너의 部族으로 하여금 阿里骨을 토벌하고 趙純忠을 받아들이게 한다면 마땅히 너를 석방하여 살려 보내주겠다."라고 하고, 이것을 天地神明에게 맹서해서 반드시 믿도록 보여주소서. 그리하여 만일 鬼章이 이것을 따르면 차츰차츰 그를 富貴하게 해주고 그가 신임하는 신하를 불러 지극한 뜻을 깨우쳐주도록 해야 합니다.

鬼章이 살아 돌아갈 희망을 가져 죽으려는 계책을 쓰지 않는다면 그 무리들이 반드시 따르게 될 것입니다. 鬼章의 병력으로 溫溪心과 연합해서 阿里骨을 토벌하게 된다면 그 형세가 반드시 이길 것입니다. 阿里骨을 이기고 난 다음 趙純忠을 들여보낸다면 비록 鬼章을 석방하여 돌려보낸다 하더라도 걱정이 없을 것이니, 이것은 필연적인 형세입니다.

西羌은 본래 西夏와 대대로 원수지간이고, 鬼章은 본래 阿里骨과 화합하지 못하고 있습니다. 우리가 만약 鬼章을 살려 돌려보낼 것을 허락한다면 그 무리들이 서로 공격할 것이니, 비록 阿里骨을 죽이지는 못하더라도 충분히 두 적으로 하여금 서로 의심해서 연합하지 못하게 만들 수 있습니다.

1) 趙純忠 : ≪宋史≫ 〈外國傳〉에는 '趙存忠'으로 표기되어 있다. 본명은 巴氈抹인데 宋나라에서 國姓을 하사하고 이름을 고쳐주었다. 阿里骨은 董氈의 양자이고 趙純忠은 董氈의 손자인데, 이때 阿里骨은 宋나라를 배반하였고 趙純忠은 宋나라에 歸附하였으므로 阿里骨을 토벌하고 趙純忠을 들여보내려 한 것이다.

昔에 太史慈與孫策戰[1]하야 幾殺策이러니 策後得慈에 釋不誅하고 放還豫章하야 卒立奇功하며 李愬(소)得吳元濟將李祐[2]하야 解縛用之하야 與同臥起라가 卒擒元濟하니 非豪傑名將이면 不能行此度外事也니이다 議者或謂 鬼章之獲에 兼用近界酋豪하야 力戰而得之하야 仇怨已深하니 若放生還이면 此等이 必無全理라하니 臣以謂不然이라하노이다 若鬼章이 死於中國이면 其衆이 讐此等必深이요 若其生還이면 其讐之亦淺하리니 此等이 依中國爲援이면 足以自全하리이다 自古로 西羌之患은 惟恐解仇結盟하니 若所在爲讐敵이면 正中國之利를 無可疑者니이다 臣出位言事하오니 不勝恐悚待罪之至로소이다 取進止하소서

옛날에 太史慈가 孫策과 싸워 거의 孫策을 죽일 뻔하였는데, 孫策이 뒤에 太史慈를 사로잡자 죽이지 않고 석방하여 豫章으로 돌려보내어, 끝내 太史慈가 孫策을 위해 뛰어난 공을 세웠으며, 李愬는 吳元濟의 장수 李祐를 사로잡자 포박을 풀고 그를 등용해서 起居를 함께하다가 끝내 吳元濟를 사로잡았으니, 호걸과 名將이 아니면 이처럼 사람의 예상을 뛰어넘는 일을 실행하지 못합니다.

의논하는 자가 혹 말하기를 "鬼章을 사로잡을 적에 鬼章이 사는 곳에서 가까운 지역의 酋豪(酋長)들을 함께 이용하여 힘써 싸우게 해서 鬼章을 사로잡았다. 이 때문에 鬼章이 이들과 맺은 원한이 이미 깊으니, 만약 鬼章을 살려 돌려보낸다면 이들이 반드시 온전할 리가 없다."라고 하는데, 臣은 그렇지 않다고 생각합니다.

만약 鬼章이 中國에서 죽는다면 鬼章의 무리가 이들을 원수로 여김이 반드시 깊을 것이요, 만약 살아서 돌아간다면 원수로 여김이 또한 얕을 것이니, 이들이 中國을 의지한다면 충분히 스스로 온전할 수 있을 것입니다.

예로부터 西羌에 대한 염려는 행여 자기들끼리 원한을 풀고 맹약을 맺을까 두려워하였으니, 만약 있는 곳마다 저희들끼리 서로 원수와 적이 된다면, 이것은 바로 中國의 이익임을 의심할 것이 없습니다.

臣은 지위를 벗어나 일을 말씀드리니, 송구하여 죄를 기다리는 지극한 마음을 이기지 못하겠습니다. 裁量하소서.

1) 太史慈與孫策戰 : 孫策(175~200)은 後漢 말기 三國의 정립시기에 吳나라를 창업한 군주이다. 孫堅의 장자로 孫堅이 죽은 다음 袁術에게 병력을 빌어 江東에 기반을 잡고 마침내 吳나라를 세웠다. 太史慈는 자가 子義이고 東萊 사람으로 吳나라 창업에 큰 공을 세운 맹장이다. 그가 劉繇의 막하에 있을 적에 孫策과 백중세로 싸우다가 뒤에 사로잡히자, 孫策이 간곡히 회유하여 孫策의 장수가 되었다. 劉繇가 豫章에서 죽자, 太史慈는 劉繇의 남은 병력들을 귀순시키겠다며 豫章으로 갈 것을 청하였다. 이에 孫策의 부하들이 모두 그가 가면 돌아오지 않을 것이라고 반대하였으나, 孫策만은 그를 믿고 허락하였는데, 과연 太史慈는 劉繇의 병력 1만 명을 거느리고 돌아와 孫策의 군대를 강화시키는 데 크게 기여하였으며 이후 많은 전공을 세웠다.

2) 李愬(소)得吳元濟將李祐 : 李愬는 字가 元直으로 唐나라 憲宗 때의 명장이다. 元和 연간에 淮西에서 節度使 吳元濟가 반기를 들자, 唐鄧節度使로 임명되어 吳元濟를 사로잡고 난을 평정하였다. 李祐는 본래 吳元濟의 장수였는데, 李愬에게 사로잡힌 다음 그의 정성에 감복하여 귀순하였다가 그가 蔡州城을 공격할 적에 선봉이 되어 吳元濟를 사로잡는 데 결정적인 역할을 하였다.

## 06. 乞約鬼章討阿里骨箚子* 鬼章과 약속하여 阿里骨을 토벌할 것을 청한 箚子

* 本集에는 이 편 머리에 '元祐二年十月七日 翰林學士 朝奉郎 知制誥 兼侍讀 蘇軾 札子奏'라는 26字가 있다. 이로써 이 글이 元祐 2년(1087)에 쓰여졌으며, 이 때 蘇軾이 翰林學士 知制誥 兼侍讀으로 在任 中이었음을 알 수 있다.

與前二箚倂看이니라

앞의 두 箚子와 함께 보아야 한다.

臣이 近者에 竊見劉舜卿賀表하니 具言阿里骨罪狀하고 又竊聞 舜卿이 乞削阿里骨官爵[1]이라하고 又竊聞 阿里骨上章請命한대 議者或欲許其自新이라하니이다 以臣愚慮론 二者之說이 皆未爲得이니이다 何者오 阿里骨은 兇狡反覆하니 必無革面洗心之理라 今聞其女已嫁梁乞逋[2]之子라하니 度(탁)其久遠이면 必須協力致死하야 共爲邊患이리이다 今來上章請命은 蓋是部族新破에 衆叛親離하니 恐吾乘勝致討하야 力未能支라 故로 匿情忍詬(垢)하야 以就大事하니이다 若得休息數年하야 蓄力養銳하고 假吾爵命하야 以威脅諸羌하야 誅不附己者하야 羽翼旣成하야 西北相應하면 必爲中原之憂요 非獨一方之病也리이다

臣이 근자에 劉舜卿이 올린 축하의 表文을 삼가 보니 阿里骨의 罪狀을 자세히 말하였고, 또 삼가 들으니 "劉舜卿이 阿里骨의 관작을 삭탈할 것을 청했다." 하고, 또 들으니 "阿里骨이 글을 올려서 황제의 命을 청하자, 의논하는 자들이 혹 스스로 새로워지기를 허락하고자 한다."라고 하였습니다.

臣의 어리석은 생각으로는 두 가지 說이 다 옳지 못하다고 여겨집니다. 어째서이겠습니까? 阿里骨은 흉악하고 교활하고 反覆無常해서 반드시 얼굴을 고치고 마음을 깨끗이 씻을 리가 없습니다.

지금 들으니 그 딸을 이미 梁乞逋의 자식에게 시집보냈다고 하니, 헤아려보건대 오래되면 반드시 두 적이 협력하여 죽기로 싸워서 함께 우리 변경의 우환이 될 것입니다.

지금 阿里骨이 글을 올려서 황제의 命을 요청한 것은 아마도 部族이 처음 격파되자 무리들이 배반하고 친척들이 이반하니, 우리가 勝勢를 타고 토벌하면 자신들의 힘이 지탱하지 못할까 두려워서 그러한 것입니다. 그러므로 실정을 숨기고 치욕을 참아서 大事를 이루려는 속셈입니다.

저들이 만일 몇 년 동안 휴식하여 힘을 쌓고 銳氣를 기르면서 우리의 爵命을 빌려서 여러 羌族들을 위협하여 자기를 따르지 않는 자들을 주벌해서 羽翼이 이루어진 다음 西北이 서로 호응한다면, 반드시 中國의 우환이 되고 비단 한 지방의 병폐에 그칠 뿐만이 아닙니다.

1) 舜卿乞削阿里骨官爵 : 劉舜卿이 임시로 熙河經略使를 맡고 있었는데, 당시 阿里骨을 肅州防禦使로 임명하였으므로 이 관직을 삭탈할 것을 청한 것이다.
2) 梁乞逋 : 西夏의 國相이다. 2대 임금인 亮祚의 后妃인 梁太后의 조카이며, 3대 임금 秉常의 國相인 梁乞埋의 아들로 아버지가 죽자 뒤를 이어 國相이 되었다. 梁氏는 2명의 太后를 배출하였는데, 秉常의 后妃이자 乾順의 생모로 乾順 즉위 후 섭정한 梁太后는 西夏의 昭簡文穆皇后로 칭해졌다.

且夏賊이 逆天犯順은 本因輕料朝廷하야 以爲必不能討己니 今若便從阿里骨之請이면 則其所料 良不爲過리이다 西蕃小醜 朝爲叛逆하고 暮許通和하면 則夏國之請을 理無不許하니 二寇滔天自若하야 欲戰欲和를 無不可者면 則西方之憂가 無時而止矣하리이다

또 西夏의 적들이 天理를 거역하고 中國을 배반하는 것은 본래 우리 조정을 깔보아서 반드시 자기들을 토벌하지 못할 것이라고 생각하기 때문인데, 지금 만일 곧바로 阿里骨의 요청을 따른다면 적들이 헤아린 바가 진실로 지나침이 되지 않는 것입니다.

西蕃의 작은 오랑캐들이 아침에 반역을 하고 저녁에 通和하는 것을 허용한다면 西夏의 요청을 도리상 허락하지 않을 수가 없을 것입니다. 두 적의 죄악이 하늘에까지 이르러 예전 그대로인데도 싸우고 싶으면 싸우고 화친하고 싶으면 화친하여 제멋대로 하지 못하는 것이 없다면, 西方의 우환이 그칠 때가 없을 것입니다.

然이나 遂從舜卿之請하야 削奪官爵이면 卽須發兵深入致討니 彼新喪大首領[1]하야 擧

國戒懼하니 我師深入호되 苟無他奇면 恐難以得志니이다 臣愚以謂 當使邊將으로 發厚幣하고 遣辯士하야 以離其腹心하고 壞其羽翼이니이다 今聞溫溪心等諸族이 已爲所質하야 勢未能動이요 而心牟欽氈이 在其肘腋[2)]하야 迹同而心異라하니 若用臣前計하야 使邊臣으로 與鬼章約호되 若能使其部族으로 與溫溪心欽氈等으로 合而討阿里骨하고 納趙純忠이면 卽許以生還이니 此正所謂以夷狄攻夷狄이니 計無出此者니이다

그러나 그대로 劉舜卿의 청원을 따라 阿里骨의 관작을 삭탈한다면 모름지기 즉시 군대를 출동하여 깊이 쳐들어가서 토벌해야 할 것인데, 저들이 처음으로 큰 首領을 잃고서 온 나라가 경계하고 두려워하고 있으니, 우리 군대가 깊이 쳐들어가더라도 만일 달리 기이한 방법이 없으면 우리의 목적을 얻기 어려울까 두렵습니다.

어리석은 臣은 생각하건대, 마땅히 변방의 將帥로 하여금 많은 폐백을 내고 辯士를 보내어서 저들의 心腹을 이간시키고 羽翼을 무너뜨려야 합니다.

지금 들으니, 溫溪心 등의 여러 부족들은 이미 인질이 되어서 형편상 도모할 수 없고, 心牟欽氈은 아주 가까운 곳에 있어서 행동은 같으나 마음은 다르다고 합니다.

만약 臣이 예전에 올린 계책을 따라 변경을 지키는 신하로 하여금 鬼章과 약속하기를 "만약 너희 部族으로 하여금 溫溪心과 欽氈 등과 연합하여 阿里骨을 토벌하고 趙純忠을 받아들이게 한다면, 즉시 살려 보내줄 것을 허락하겠다."라고 하는 것입니다. 이것은 참으로 오랑캐로써 오랑캐를 공격하는 방법이니, 이보다 더 좋은 계책은 없습니다.

1) 彼新喪大首領 : 이때 董氈이 죽고 阿里骨이 뒤를 이어 즉위하였으므로 말한 것이다.

2) 心牟欽氈在其肘腋 : 心牟欽氈은 吐蕃의 한 부족장인데 宋나라에 귀순하여 刺史에 임명되었으므로 가까운 곳에 있다고 말한 것이다. 肘腋은 팔뚝과 겨드랑이로 가까운 곳을 비유한다.

若朝廷이 便許阿里骨通和하면 卽須推示赤心하야 待之如舊요 不可復用計謀以圖此賊이니 數年之後에 必自飛揚하리니 此所謂養虎自遺患者也라 故로 臣願朝廷旣不納其通和之請하고 又不削奪其官爵하야 存而勿論하고 置之度外하야 陰使邊臣以計圖之가

**似爲得策**이니이다 **臣屢瀆天聽**하오니 **罪當誅死**니이다 **取進止**하소서

만약 朝廷이 곧바로 阿里骨과의 通和를 허락한다면 모름지기 즉시 赤心(眞心)을 모두 보여주어서 예전과 같이 대해야 할 것이요, 다시 계책을 써서 이 적을 도모해서는 안 될 것입니다. 이렇게 되면 적은 몇 년 뒤에 반드시 스스로 날뛸 것이니, 이것이 이른바 "호랑이를 길러서 후환을 남긴다."는 것입니다.

그러므로 臣은 원컨대, 조정에서 저들의 通和하자는 요청을 받아들이지도 말고 또 그 관작을 삭탈하지도 말고, 置之度外하고서 은밀히 변방을 지키는 신하로 하여금 계책으로써 도모하게 하시기를 바라는 것이니, 이것이 좋은 계책일 듯합니다.

臣은 여러 번 聖上의 귀를 번거롭게 하니, 죄가 죽어 마땅합니다. 裁量하소서.

宋大家蘇文忠公文抄 卷5

# 箚子

## 01. 論魏王在殯乞罷秋宴箚子* 魏王이 빈소에 있음을 논하고 가을잔치를 파할 것을 청한 箚子

* 本集에는 이 편 머리에 '元祐三年八月二十一日 翰林學士 朝奉郎 知制誥 兼侍讀 蘇軾札子奏 臣近准鈐轄教坊所關到撰秋燕致語等文字'라는 43字가 있다. 이로써 이 글이 元祐 3년(1088)에 쓰여졌으며, 이때 蘇軾이 翰林學士 知制誥 兼侍讀으로 在任 中이었음을 알 수 있다. 魏王은 이름이 頵(군)으로 英宗의 넷째 아들이며 神宗의 아우이고 哲宗의 숙부인데, 元祐 3년 7월에 별세하였다. 殯은 장례하기 전에 시신을 안치함을 이르는데, 天子는 7개월, 諸侯王은 5개월, 大夫는 3개월, 士는 1개월에 장례하였다.

**議合經制**라

의논이 나라의 큰 禮制에 부합한다.

**臣謹按 春秋左氏傳昭公九年**에 **晉荀盈**[1]이 **如齊**하야 **卒於戲陽**하야 **殯於絳**하고 **未葬**이러니 **晉平公**이 **飮酒樂**(악)한대 **膳宰**[2]**屠蒯**(괴)**趨入**하야 **酌以飮工**하고 **曰汝爲君耳**는 **將司聰也**라 **辰在子卯**를 **謂之疾日**이니 **君徹燕樂**(락)하고 **學人舍業**은 **爲疾故也**라 **君之卿佐**를 **是謂股肱**이니 **股肱或虧**면 **何痛如之**리오 **汝弗聞而樂**(악)하니 **是不聰也**라한대 **公說(悅)**하야 **徹樂**하니이다 **又按 昭公十五年**에 **晉荀躒**(력)이 **如周**하야 **葬穆后**러니 **旣葬除喪**하고 **周景王以賓燕**한대 **叔向譏之**하야 **謂之樂**(락)**憂**[3]라하니이다

臣이 삼가 살펴보건대, ≪春秋左氏傳≫ 昭公 9년에 晉나라 荀盈이 齊나라에 가다가 戲陽에서 죽어 絳邑에 빈소하고 아직 장례하지 못하고 있었습니다. 이때 晉나라

平公이 술을 마시면서 음악을 연주하자 膳宰인 屠蒯가 종종걸음으로 들어가서 樂工에게 술을 따라주어 마시게 하며 말하기를 "그대가 군주의 귀가 된 것은 군주가 밝게 듣는 것을 맡기 위해서이다. 日辰이 子와 卯에 있는 날을 疾日(꺼리는 날)이라고 하여, 이날에 군주가 燕樂을 철거하고 音樂을 배우는 사람들이 學業을 중지하는 것은 이날이 疾日이기 때문이다. 군주의 卿佐를 股肱이라 이르니, 팔다리가 없어졌으면(卿佐가 죽었으면) 이만한 애통함이 어디에 있겠는가? 그대가 이것을 듣지 못하고서 음악을 연주하니, 이것은 밝게 듣지 못한 것이다."라고 하자, 平公이 기뻐하고 음악을 철거하였습니다.

또 살펴보건대, 昭公 15년에 晉나라 荀躒이 周나라에 가서 穆后를 장례하였는데, 장례를 마친 다음 상복을 벗고 周나라 景王이 손님들에게 잔치를 벌이자, 叔向은 景王이 근심을 즐긴다고 비판하였습니다.

1) 晉荀盈 : 당시 晉나라의 大夫였다.
2) 膳宰 : 군주의 御膳을 맡은 관리의 首長을 이른다.
3) 荀躒(력)如周……謂之樂(락)憂 : 荀躒은 晉나라 大夫로 별명은 文伯 智文子이고, 穆后는 周나라 景王의 생모이며 叔向은 어진 대부인 羊舌肹의 字이다. 穆后가 죽자 晉나라 荀躒이 天子國에 가서 穆后의 장례에 참여하였는데, 뒤에 돌아와 景王이 잔치에 초대한 일을 叔向에게 말하였다. 이에 叔向은 "景王이 예의를 알지 못하여 居喪 중에 손님에게 연회를 베풀어주었으니, 이는 근심을 즐기는 것이다." 하고 비판하였다. ≪春秋左氏傳 昭公 19年≫

**夫晉平公之於荀盈**엔 **蓋無服也**요 **周景王之於穆后**엔 **蓋期喪也**어늘 **無服者未葬而樂**을 **屠蒯譏之**하고 **期喪者已葬而燕**을 **叔向譏之**하야 **書之史冊**하야 **至今以爲非**하니이다 **仁宗皇帝以宰相富弼**[1] **母在殯**이라하야 **爲罷春燕**하시니 **傳之天下**하야 **至今以爲宜**하니이다

晉나라 平公은 荀盈에게 服이 없고 周나라 景王은 穆后에게 期年喪인데, 服이 없는 자가 아직 장례하기 전에 음악을 연주한 것을 屠蒯가 비난하였고, 期年喪인 자가 장례를 끝내고 잔치한 것을 叔向이 비판하였습니다. 그리하여 이것을 역사책에 기록해서 지금까지 잘못으로 여기고 있습니다.

그리고 우리 仁宗皇帝께서 宰相인 富弼의 어머니가 빈소에 있다고 하여 봄의 잔치

를 중지시키셨으니, 이것이 온 天下에 전해져서 지금까지 당연한 일로 여겨지고 있습니다.

1) 富弼 : 宋나라 仁宗 때의 명재상이다. 契丹이 대거 침입하여 영토를 할양할 것을 요구하였는데, 이때 富弼은 영토를 주는 대신 거란의 군주와 혼인을 맺을 것을 주장하고 契丹에 사신 가서 契丹 군주를 설득하여 혼인을 성사시켜서 전쟁을 막았다.

**今魏王之喪**이 **未及卒哭**이어늘 **而禮部, 太常寺**(시)[1] **皆以謂天子絶期**하야 **不妨燕樂**이라하니 **臣竊非之**하노이다 **若絶期可以燕樂**이면 **則春秋**에 **何爲譏晉平公, 周景王乎**잇가 **魏王之親**이 **孰與卿佐**리오 **遠比荀盈**하고 **近比富弼之母**하면 **輕重亦有間矣**니이다 **魏王之葬**에 **旣以陰陽拘忌**[2]로 **別擇年月**이면 **則當準禮以諸侯五月爲葬期**니 **自今年十一月以前**은 **皆爲未葬之月**이니 **不當燕樂**이요 **不可以權宜郊殯**으로 **便同已葬也**니이다

지금 魏王의 喪이 아직 卒哭이 되지 않았는데, 禮部와 太常寺에서 모두 天子는 期年服을 입지 않으므로 燕樂을 하여도 무방하다고 하였으니, 臣은 적이 이것을 잘못이라고 여깁니다.

만약 期年服을 입지 않으므로 燕樂을 해도 된다면 ≪春秋左氏傳≫에 어째서 晉나라 平公과 周나라 景王을 비난했겠습니까? 魏王의 親함을 어찌 卿佐와 비교할 수 있겠습니까? 멀리 荀盈에게 견주고 가까이 富弼의 어머니에게 견주어볼 적에 輕重에 또한 차이가 있습니다.

魏王의 장례에 이미 陰陽家의 說에 구애되어 별도로 年月(날짜)을 정했다면 마땅히 禮에 "諸侯는 5개월로 葬期를 삼는다."는 것을 기준으로 삼아야 할 것이니, 금년 11월 이전은 모두 아직 장례하지 않는 달이 되므로 燕樂을 해서는 안 될 것이요, 형편에 따라 임시로 교외에 殯所한 것을 가지고 이미 장례한 것과 똑같이 여겨서는 안 될 것입니다.

1) 太常寺(시) : 禮部에 소속된 官司로 帝王이나 大臣들의 공적을 기록하고 諡號를 내리는 등의 일을 주관하였다.

2) 陰陽拘忌 : 陰陽은 陰陽家의 說로 年・月・日의 길흉을 점치는 擇日法을 이르

며, 拘忌는 陰陽五行上 장례에 좋지 않은 달이나 날짜를 이른다.

臣竊意 皇帝陛下 篤於仁孝하시니 必罷秋燕을 不待臣言이리이다 但至今未奉指揮하고 緣上件教坊致語[1]等文字를 準令合於燕前一月進呈이니이다 臣旣未敢撰이요 亦不敢稽延이니 伏乞詳酌하야 如以爲當罷어든 只乞自皇帝陛下聖意施行하시고 更不降出臣文字하소서 臣忝備侍從하야 叨陪講讀하니 不欲使人以絲毫議及聖明이라 故로 不敢不奏니이다 取進止하소서

臣은 적이 생각하건대 皇帝陛下께서 仁孝에 돈독하시니, 반드시 臣의 말을 기다리지 않고 가을잔치를 중지하실 것으로 여겨집니다.

다만 지금까지 이에 대한 陛下의 指揮를 받들지 못하였으며, 또 위의 잔치하는 일로 인하여 教坊에서 致語 등의 文字를 법령에 따라 잔치하기 한 달 전에 지어 올려야 합니다. 그런데 臣이 감히 이 글을 짓지 못하였고 또 감히 지체할 수가 없으니 엎드려 바라옵건대 자세히 살피시어 폐하께서 만일 마땅히 잔치를 중지해야 한다고 여기시거든, 다만 皇帝陛下께서 聖意로 시행하시고 다시 臣의 이 글을 아래에 내려보내지 마소서.

臣은 참람하게 侍從官의 지위를 맡아 외람되게 폐하를 모시고 講讀하고 있으니, 秋毫도 사람들의 비난이 현명하신 군주에게 미치게 하고 싶지 않습니다. 그래서 감히 아뢰지 않을 수가 없습니다. 裁量하소서.

1) 教坊致語 : 教坊은 宮中의 樂隊이며, 致語는 치하하는 글이다. 원래 樂工이 치하하는 말을 지어 올리는 것으로 되어 있으나, 대부분 문인들이 대신 지었다. 먼저 騈儷文 한 단락을 서술하는 것을 致語라 하고 이어 詩 한 장을 읊는 것을 口號라 하는데, 宋代에 성행하였다. 여기서의 教坊致語는 가을연회를 위해 준비된 致語이다.

## 02. 乞免五穀力勝稅錢箚子* 五穀力勝稅錢을 면제해줄 것을 청한 箚子

* 이 글은 哲宗 元祐 7년(1092)에 올린 箚子이다. 力勝稅는 商稅 중의 하나로 상인들이 지나갈 적에 받는 脚錢 즉 運送稅인데, 본래 곡물에 있어서는 부과하

지 않았으나 熙寧 연간에 처음으로 五穀에 대하여 징수하고 이를 '五穀力勝稅'라 칭하였다.

元祐七年十一月初七日에 龍圖閣學士 左朝奉郎 守兵部尙書兼侍讀蘇軾은 箚子奏하노이다 臣聞 穀太賤則傷農하고 太貴則傷末이라하니이다 是以로 法不稅五穀하야 使豊熟之鄕으로 商賈爭糴(적)하야 以起太賤之價하고 災傷之地로 舟車輻輳하야 以壓太貴之直(値)하니 自先王以來로 未之有改也러니 而近歲法令에 始有五穀力勝稅錢하야 使商賈不行하야 農末皆病하니이다 廢百王不刊之令典하고 而行自古所無之弊法하야 使百世之下로 書之靑史하야 曰 收五穀力勝稅錢을 自皇宋某年始라하리니 臣竊爲聖世病之하노이다

元祐 7년(1092) 11월 초7일에 龍圖閣學士 左朝奉郎 守兵部尙書 兼侍讀 蘇軾은 箚子를 올려 아뢰니다.

臣이 들으니, "곡물 값이 너무 싸면 농민에게 해롭고 너무 비싸면 末業(상공업)에 해롭다."고 합니다. 이러한 이유로 법령에 五穀에 세금을 부과하지 아니하여, 풍년이 든 지방의 商賈들로 하여금 다투어 곡물을 사들이게 해서 너무 싸진 곡물 값을 올리고, 또 재해가 있는 지역에서는 곡물을 실은 배와 수레가 모여들게 해서 너무 비싸진 곡물 값을 내리게 하였는바, 先王 이래로 이 법을 고친 적이 없었습니다.

그런데 근년의 법령에 처음으로 五穀力勝稅錢을 두어 商賈들이 통행하지 못하게 해서 농민과 상공인이 모두 폐해를 입고 있습니다.

역대의 帝王들이 바꿀 수 없는 좋은 法을 폐지하고 예로부터 없었던 나쁜 법을 시행하여, 百世의 뒤에 靑史에 쓰기를 "五穀力勝稅錢을 거둔 것이 皇宋 某年으로부터 시작되었다."라고 할 것이니, 臣은 속으로 聖世를 위해서 나쁜 일이라고 여깁니다.

臣이 頃在黃州할새 親見累歲穀熟하야 農夫連車載米入市로되 不了鹽茶之費한대 而蓄積之家 日夜禱祠하야 願逢饑荒하니이다 又在浙西할새 親見累歲水災에 中民之家有錢無穀하야 被服珠金하고 餓死於市하니 此는 皆官收五穀力勝稅錢하야 致商賈不行之咎也니이다

臣이 지난번 黃州에 부임해 있을 적에 직접 보니, 수년 동안 풍년이 들어서 농부들이 수레를 줄줄이 끌고 곡식을 싣고서 시장에 들어갔으나 소금과 차를 사는 비용도 마련하지 못하자, 곡식을 많이 쌓아놓은 집안에서는 밤낮으로 기도하고 제사하여 흉년이 들기를 기원했습니다.

또 浙西에 있을 적에 직접 보니, 수년 동안 水災가 들어 중등 이상의 家戶들이 돈은 있으나 곡식이 없어 진주와 金을 몸에 두르고서 시장에서 굶어 죽었습니다.

이는 모두 관청에서 五穀力勝稅錢을 거두어 商賈들이 통행하지 못하게 만든 잘못 때문이었습니다.

臣聞 以物與人이면 物盡而止하고 以法活人이면 法行無窮이라하니이다 今陛下每遇災傷에 捐金帛하고 散倉廩하사 自元祐以來로 蓋所費數千萬貫石[1)]이로되 而餓殍流亡이 不爲少衰하니이다 只如去年浙西水災에 陛下使江西, 湖北으로 雇船運米하야 以救蘇湖之民하시니 蓋百餘萬石이니이다 又計糴本과 水脚官錢하면 不貲요 而客船被差雇者[2)] 皆失業破産이로되 無所告訴하니 與其官司費耗가 其實如此론 何似削去近日所立五穀力勝稅錢一條하고 只行天聖附令[3)]免稅指揮리잇고 則豐凶相濟하고 農末皆利하야 縱有水旱이나 無大饑荒이리이다 雖目下稍失課利나 而災傷之地에 不必盡煩陛下出捐錢穀을 如近歲之多也니이다

臣이 들으니, "물건을 남에게 줄 경우 그 물건이 다 떨어지면 그만이지만, 法으로써 사람을 살려주면 법이 잘 시행되어 다함이 없다."라고 합니다.

지금 陛下께서 매번 災害를 만날 적마다 金銀과 비단을 出捐하고 창고에 있는 곡식을 풀어서 元祐 연간 이래로 허비한 곡식이 수천만 貫・石이지만, 굶어 죽은 시신과 流離하여 도망한 자들이 조금도 줄어들지 않았습니다.

예컨대 지난해 浙西에 水災가 있었을 적에 陛下께서 江西와 湖北으로 하여금 배를 세내어 쌀을 운반해서 蘇州와 湖州의 백성들을 구휼하게 하셨으니, 이때 들어간 비용이 백여만 石입니다. 또 쌀을 사들인 本錢과 선박의 수송비를 계산해보면 액수가 적지 않고, 또 客船 중에 차출되어 고용된 자들이 모두 생업을 잃고 파산하였으나 하소연할 곳이 없었습니다.

官司에서 물건을 소비하고 소모하는 것이 실상이 이와 같으니, 어찌 근일에 새로 확립한 五穀力勝稅錢 한 조항을 제거하고, 다만 天聖 연간에 발표한 附令에 稅를 면제하는 指揮를 시행하는 것보다 더 좋은 정책이 있겠습니까?

이렇게 되면 풍년 든 곳과 흉년 든 곳이 서로 구제하고 農業과 末業(商工業)이 모두 이로워서, 비록 水害와 旱害가 있더라도 크게 기근이 들지는 않을 것입니다.

비록 당장은 다소 稅收가 줄어들겠지만 災害가 있는 지역에 폐하께서 번거롭게 돈과 곡식을 근년처럼 많이 出捐하지 않아도 될 것입니다.

1) 貫石 : 貫은 돈 1千 文(錢)을 이르며, 石은 10斗를 이른다.
2) 客船被差雇者 : 客船은 타지방의 船主가 보유하고 있는 선박이며, 差雇는 품삯을 받고 동원됨을 이른다. 그러나 대부분 배삯을 지불하지 않았으므로 생업을 잃고 파산한 것이다.
3) 天聖附令 : 天聖은 仁宗의 年號(1023~1030)인데 이때 반포한 附令을 이른다. 附令은 추가한 법령인데, 이 附令에 의해 곡물의 경우 力勝稅가 면제되었다.

**今元祐編勅**에 **雖云 災傷地分**에 **雖有例亦免**이나 **而穀所從來**는 **必自豊熟地分**이니 **所過**에 **不免收稅**면 **則商賈亦自不行**이리이다 **議者或欲立法**하야 **如一路災傷**이면 **則隣路免稅**하고 **一州災傷**인댄 **則隣州亦然**하니 **雖比今之法**에 **小爲通疎**나 **而隔一路一州之外**엔 **豐凶不能相救**하야 **未爲良法**이니이다 **須是盡削近日弊法**하고 **專用天聖附令指揮**라야 **乃爲通濟**[1)]리이다

元祐 연간에 편집한 勅令에 "재해가 있는 지역에는 비록 세금을 걷은 전례가 있더라도 세금을 면제한다."라는 내용이 있으나 곡식은 반드시 풍년이 든 지역으로부터 수송해 와야 하니, 곡식이 경유하는 곳에 세금을 거두는 일을 면제하지 않으면 商賈들이 또한 자연 통행하지 않을 것입니다.

의논하는 자들은 혹 법을 다시 만들어서 만일 한 路에 재해가 들면 이웃 路의 세금을 면제해주고 한 州에 재해가 들면 이웃 州 또한 그렇게 하고자 하니, 비록 지금 법에 비하면 다소 숨통이 트이나 한 路, 한 州와 떨어져 있는 그 밖의 지역에서는 풍년 든 곳과 흉년 든 곳이 서로 구원하지 못해서 좋은 법이 되지 못합니다.

모름지기 근일의 나쁜 법을 모두 삭제하고 오로지 天聖 연간에 제정한 附令의 指揮를 따라야 비로소 크게 구제될 것입니다.

1) 乃爲通濟 : 本集에 따르면 '乃爲通濟' 밑에 '謹具逐條如後' 여섯 글자가 있고, 그 아래에 蘇軾이 앞에 언급한 '天聖附令'과 '元豐令'과 '元祐編勅'의 내용이 기재되어 있는데, 여기에는 빠져 있다.

右는 臣竊謂 若行臣言이라도 稅錢이 亦必不至大段失陷하리이다 何也오 五穀無稅하면 商賈必大通流하야 不載見(현)錢하면 必有回貨[1]하리니 見錢, 回貨 自皆有稅하야 所得이 未必減於力勝이요 而災傷之地에 有無相通하야 易爲振(賑)救하고 官司省費하야 其利를 不可勝計니이다 今肆赦甚近하오니 若得於赦書帶下하시면 益見聖德하야 收結民心하리니 實無窮之利이리이다 取進止하소서

이상의 법령들을 臣이 적이 생각해보건대, 만약 臣의 말을 따르더라도 稅收가 또한 반드시 크게 줄어들지는 않을 것입니다. 어째서이겠습니까? 五穀에 세금이 없으면 商賈들이 반드시 크게 유통해서 見錢(현금)을 싣고 가거나 아니면 반드시 돌아오는 길에 화물을 싣고 올 것이니, 見錢이나 화물에는 반드시 세금이 붙게 마련이므로 여기에서 얻는 바가 반드시 五穀力勝稅錢보다 적지 않을 것입니다.

그리고 재해가 있는 지역에서는 있는 것과 없는 것이 서로 유통되어 구휼하기가 쉬울 것이요, 官司에서는 구휼하는 비용이 절감되어 그 이익을 이루 말할 수 없을 것입니다.

지금 赦免을 내리실 때가 매우 가까워지고 있는데, 만약 赦免하는 글에 〈五穀力勝稅錢을 면제한다는 내용까지〉 겸해서 내리신다면 더욱 聖스러운 德이 드러나서 民心을 거두고 결속시킬 것이니, 실로 무궁한 이익일 것입니다. 裁量하소서.

1) 不載見(현)錢 必有回貨 : 見錢은 현금과 같으며, 回貨는 곡식 등을 싣고 팔러 갔다가 돌아오는 길에 다른 화물을 싣고 오는 것을 이른다.

## 03. 奏內中車子爭道亂行箚子* 宮中의 수레가 길을 다투어 행렬을 어지럽힌 것을 아뢴 箚子

* 本集에는 이 편 머리에 '元祐七年十一月十三日 南郊鹵簿使 龍圖閣學士 左朝奉郎 守兵部尙書 兼侍讀 蘇軾箚子奏'라는 37字가 있어 당시 蘇軾이 南郊鹵簿使로 있어 皇帝의 의장 행렬을 관장하였음을 알 수 있다. 內中은 大內의 가운데로 宮中을 가리킨다.

**得肅朝廷之體**하니 **與東方朔所劾奏董偃**[1)]**同**하니라

朝廷의 체통을 엄숙하게 하였으니, 東方朔이 董偃을 탄핵하여 아뢴 것과 같다.

1) 東方朔所劾奏董偃 : 東方朔은 漢나라 武帝 때의 문신으로, 字는 曼倩이며 平原 厭次 사람이다. 해학에 뛰어나고 辭賦에도 능했는데 武帝에게 直言과 諷諫을 잘하였다. 董偃은 武帝의 고모인 館陶公主(竇太主)의 어린 情夫로 武帝의 총애를 받았던 인물이다. 武帝의 총애가 지나치자 東方朔이 董偃의 잘못을 일일이 밝히며 탄핵하였는데, 武帝는 자신의 잘못을 뉘우치고 東方朔의 직언을 받아들여 董偃에 대한 총애를 거두었다.

**臣謹按 漢成帝郊祠甘泉泰畤**(치)와 **汾陰后土**[1)]할새 **而趙昭儀**[2)]**常從**하야 **在屬車**[3)]**間**이러니 **時**에 **揚雄**이 **待詔承明**이라가 **奏賦以諷**[4)]하니 **其略曰 想西王母欣然而上壽兮**여 **屛玉女而却虙**(복)**妃**[5)]라하니 **言婦女不當與齋祠之間也**니이다

臣이 삼가 살펴보건대 漢나라 成帝가 甘泉宮의 泰畤에서 郊祠를 지내고 汾陰에서 后土(土地神)에게 제사를 지낼 적에 趙昭儀가 항상 수행하여 屬車 사이에 있었는데, 이때 揚雄이 承明殿에서 待詔하다가 賦를 지어 諷諫하였습니다. 그 大略에 이르기를 "상상하건대 西王母가 欣然히 祝壽하는 술잔을 올림이여! 玉女를 물리치고 虙妃를 물리쳤을 것이다."라고 하였으니, 이것은 부녀자가 齋戒하고 제사하는 사이에 참여해서는 안 됨을 말한 것입니다.

1) 漢成帝郊祠甘泉泰畤(치) 汾陰后土 : 甘泉泰畤는 甘泉宮에 있는 泰畤에서 하늘

에 제사하는 것이며, 汾陰은 汾水 남쪽에서 后土의 신에게 제사하는 것이다. 郊祀는 교외에서 天地에 제사를 지내는 것이며, 甘泉은 甘泉宮으로 秦나라 때 離宮이었는데 漢나라 武帝 때 증축하였는바, 甘泉山에 있으므로 甘泉宮이라 개칭하였다. 泰畤는 泰一畤로 泰一(별이름)에 제사하는 장소인데 甘泉宮 안에 있었다. 汾陰은 지금의 山西省 榮河縣 북쪽에 있었는데, 汾水의 남쪽이라 하여 붙여진 이름이다.

2) 趙昭儀 : ? ~B.C. 7. 본명은 趙合德이다. 趙飛燕의 동생으로, 언니가 궁에 들어가 成帝의 총애를 받고 皇后가 되자, 그녀도 昭儀가 되어 昭陽宮에 거처하며 언니보다 더 총애를 받았다. B.C. 7년 成帝가 그녀의 방에 있다가 갑자기 죽자, 사람들이 그녀에게 죄를 돌렸으므로 결국 자살하였다.

3) 屬車 : 임금이 행차할 때 시종하여 따르는 수레를 이른다.

4) 揚雄……奏賦以諷 : 待詔는 皇帝의 詔命에 대비하여 특별히 복무함을 이르며 承明은 承明殿으로 未央宮 안에 있었다. 이때 문신인 揚雄이 皇帝의 명령에 따라 글을 짓기 위해 承明殿에서 대기하고 있다가 〈甘泉宮賦〉를 지어 올렸다. ≪漢書 揚雄傳≫

5) 屛玉女而却虙(복)妃 : 玉女와 虙妃는 모두 神女의 이름이다. 여기서는 천자의 후궁을 비유하였는데, 천자의 행차에 후궁들이 따라서는 안 됨을 풍간한 것이다.

臣今備位夏官하야 職在鹵(로)簿[1]하니이다 准故事컨대 郊祀旣成에 乘輿還齋宮하시면 改服通天冠, 絳紗袍[2]하고 敎坊鈞容[3]이 作樂還內하나니 然後에 后妃之屬이 中道迎謁이라도 已非典禮어든 而況方當祀事未畢하야 而中宮掖庭[4]이 得在勾陳豹尾之間[5]乎잇가 竊見二聖[6]이 崇奉大祀에 嚴恭寅畏가 度越古今하시니 四方來觀에 莫不悅服이니이다 今車駕方宿齋太廟[7]어늘 而內中車子 不避仗衛하고 爭道亂行하니 臣愚는 竊恐於觀望有損하야 不敢不奏하노이다

臣이 지금 夏官(兵部)에 자리만 차지하여 鹵簿使의 직책을 맡고 있습니다. 故事에 따르면 郊祀가 끝난 다음 황제가 타신 수레가 齋戒하는 宮으로 돌아오면 通天冠과 絳紗袍로 바꿔 입고 敎坊의 鈞容에서 풍악을 연주하는 가운데 궁궐 안으로 돌아오시니, 그런 뒤에 后妃의 무리들이 중도에서 皇帝를 맞이하고 拜謁합니다.

그러나 이것도 이미 떳떳한 禮가 아니거늘 하물며 祭祀하는 일이 아직 끝나지 않았는데, 中宮과 掖庭에 있는 妃嬪들이 勾陳과 豹尾의 사이에 있을 수 있단 말입니까?

엎드려 보건대 두 聖人이 큰 제사를 높이 받드시어 엄숙하고 공손하고 두려워하여 古今에 뛰어나시니, 사방에서 와서 구경함에 기뻐하고 복종하지 않는 이가 없습니다. 지금 황제께서 탄 수레가 막 太廟에서 宿齋하려고 하는데, 궁중에 있는 수레들이 衛仗(儀仗隊)을 피하지 않고 길을 다투어 行列을 어지럽히니, 어리석은 臣은 사람들이 구경하고 바라봄에 損傷됨이 있을까 염려되어 감히 아뢰지 않을 수 없습니다.

1) 備位夏官 職在鹵(로)簿 : 夏官은 兵部를 가리키며, 鹵簿는 의장을 말하는데, 여기서는 鹵簿使의 직책을 맡고 있음을 이른 것이다.
2) 通天冠絳紗袍 : 通天冠은 황제가 天祭 등의 큰 행사에 쓰는 禮冠이며, 絳紗袍는 붉은 깁으로 만든 도포인데 이 역시 성대한 禮服이다.
3) 教坊鈞容 : 教坊의 악대가 鈞容의 악곡을 연주함을 이른다. 教坊은 궁중에 소속된 악대로 宋나라는 唐나라 제도를 따라 4部의 악대를 두었다. 鈞容은 黃帝가 연주했다는 鈞天의 음악에서 온 것으로 軍樂에 속하였다.
4) 中宮掖庭 : 中宮은 中殿과 같은 말로 皇后가 거처하는 곳이며, 掖庭은 中宮 옆에 있는 궁전으로 妃嬪이 거처하는 곳이다.
5) 得在勾陳豹尾之間 : 勾陳은 鉤陳으로도 쓰는데 별 이름으로 紫微垣 안에 있다. 옛날 紫微星은 天子를 상징하였으므로 勾陳은 天子의 주위를 가리키며, 豹尾는 豹尾車로 천자가 순행할 적에 뒤따르는 수레이다.
6) 二聖 : 太皇太后인 宣仁高后와 哲宗을 이른다.
7) 宿齋太廟 : 제사하기 하루 전에 미리 太廟에 가서 재계함을 이른다. 太廟는 宗廟를 높여 칭한 것이다.

## 04. 乞校正陸贄奏議進御箚子* 陸贄의 奏議를 교정하여 임금에게 올릴 것을 청한 箚子

* 本集에는 이 편 머리에 '元祐八年五月七日 端明殿學士 兼翰林 侍讀學士 左朝奉郎 守禮部尙書 蘇軾 同呂希哲吳安詩豐稷趙彦若范祖禹顧臨札子奏'라는 51字가 있다. 이로써 이 글이 元祐 8년(1093)에 쓰여졌으며, 이때 蘇軾이 端明殿學士

兼翰林 侍讀學士 禮部尙書로 在任 中이었음을 알 수 있다. 陸贄는 唐나라 德宗 때의 名宰相으로 直諫을 잘하였는데, 陸贄奏議는 그의 奏議를 모은 ≪陸宣公奏議≫를 가리킨다.

長公所最得意識見이요 亦最得意條奏니라

蘇長公(蘇軾)이 가장 得意한 識見이고 또한 가장 得意한 上奏文이다.

臣等이 猥以空疎로 備員講讀이나 聖明天縱하사 學問日新하시니 臣等이 才有限而道無窮이라 心欲言而口不逮하니 以此自愧하야 莫知所爲로소이다 竊謂人臣之納忠은 譬如醫者之用藥하야 藥은 雖進於醫手나 方은 多傳於古人하니 若已經效於世間이면 不必皆從於己出이니이다

臣 등은 외람되이 공허하고 허술한 재능으로 講讀의 자리를 차지하고 있으나, 폐하의 聖明하심은 하늘이 내신 것이어서 學問이 날로 새로워지십니다. 臣 등의 재주는 한계가 있는데 道는 무궁하니, 마음에 말씀드리고 싶어도 입이 미치지 못합니다. 이 때문에 스스로 부끄러워 어찌할 바를 모르겠습니다.

엎드려 생각하건대, 人臣이 충성스러운 말씀을 올리는 것은 비유하면 의원이 藥을 쓰는 것과 같아서, 藥은 비록 의원의 손에 의해 올려지지만 藥의 처방은 대부분 古人에게서 전해오니, 만일 이미 世間에서 효험이 입증된 것이라면 굳이 다 자기에게서 나올 필요가 없습니다.

伏見 唐宰相陸贄는 才本王佐요 學爲帝師라 論深切於事情하고 言不離於道德하야 智如子房而文則過[1)]하고 辯如賈誼而術不疎[2)]하야 上以格君心之非하고 下以迪天下之志하니이다 但其不幸仕不遇時하야 德宗以苛刻爲能이어늘 而贄諫以忠厚하고 德宗以猜忌爲術이어늘 而贄勸以推誠하고 德宗好用兵이어늘 而贄以消兵爲先하고 德宗吝用財어늘 而贄以散財爲急하니이다 至於用人聽言之法과 治邊馭(어)將之方과 罪己以收人心하고 改過以應天道하며 去小人以除民患하고 惜名器以待有功하야 如此之流를 未易悉數니이다 可謂進苦口之藥石이요 鍼(針)害身之膏肓(황)[3)]이니 使德宗盡用其言이면

**則貞觀**[4]을 **可得而復**이리이다

엎드려 보건대, 唐나라의 재상 陸贄는 재주가 본래 王者를 보좌할 만하고 학문이 皇帝의 스승이 될 만하였습니다. 의논은 사정에 매우 간절하고 말은 道德을 떠나지 아니하여, 지혜는 子房(張良)과 같으나 문장은 그보다 뛰어나고 언변은 賈誼와 같으나 방법은 허술하지 않아서, 위로는 군주 마음속의 잘못을 바로잡고 아래로는 천하 사람들의 뜻을 인도하였습니다.

다만 불행히도 벼슬한 것이 좋은 때를 만나지 못해서, 德宗은 까다롭고 각박한 것을 能함으로 삼았는데 陸贄는 忠厚함으로써 간하였고, 德宗은 남을 시기하는 것을 방법으로 여겼는데 陸贄는 정성을 다하여 사람을 대할 것을 권하였고, 德宗은 用兵을 좋아했는데 陸贄는 전쟁을 그치는 것을 우선하였고, 德宗은 재물을 쓰는 것에 인색하였는데 陸贄는 재물을 흩어 백성을 구휼하는 것을 급선무로 삼았습니다.

인재를 등용하고 남의 좋은 말을 경청하는 방법과 邊境을 다스리고 將帥를 어거하는 방법에 있어서와, 군주가 자신을 책망하여 인심을 수습하고 잘못을 고쳐서 天道에 응하며 小人을 제거하여 백성들의 폐해를 제거하고 名器(벼슬)를 아껴서 功이 있는 이를 대우함에 이르렀으니, 이와 같은 일을 쉽게 다 셀 수가 없습니다.

그는 "입에 쓴 藥石을 올리고 몸에 해로운 膏肓을 치료했다."고 이를 만하니, 만일 德宗이 그의 말을 다 따랐더라면 貞觀의 훌륭한 정치를 다시 회복할 수 있었을 것입니다.

1) 智如子房而文則過 : 子房은 張良의 字이다. 秦나라 말기에 漢나라 高祖 劉邦을 도와 秦나라를 격파하고 楚나라 霸王인 項羽와 垓下의 싸움에서 승리하여 漢나라를 일으키고 蕭何, 韓信과 開國三傑에 올라 지혜가 높기로 유명하였으나 그가 남긴 문장은 없는 실정이다.

2) 辯如賈誼而術不疎 : 賈誼는 漢나라 文帝 때의 學者이며 政治理想家로 문장과 변설이 뛰어났으나 너무 급진적이어서 훈구파들에게 배척당하고 울분으로 일찍 죽었다. 그러나 그가 주장한 내용들은 현실성이 떨어지므로 蘇軾 역시 本書에서 비판하고 있다.

3) 進苦口之藥石 鍼(針)害身之膏肓(황) : 藥石은 약과 돌침으로 각종의 약과 치료법을 이르는데, 통칭 입에 쓴 약이 몸에 좋다고 한다. 膏는 명치 끝, 肓은 심장과 청경맥 사이로 膏肓은 약효가 미칠 수 없는 부분을 말한다.

4) 貞觀 : 唐나라 太宗의 年號(627~649)로 이 기간은 나라가 안정되고 백성들이 부유하여 태평성대의 대명사로 알려져 있다.

**臣每退自西閤**[1)]하야 **卽私相告**호되 **以陛下聖明**으로 **必善贊議論**하시리니 **但使聖賢之相契**로 **卽如臣主之同時**라하니이다 **昔**에 **馮唐論(李)〔頗〕牧之賢**에 **則漢文爲之太息**[2)]하고 **魏相條晁董之對**에 **則孝宣以致中興**[3)]하니 **若陛下能自得師**하시면 **則莫若近取之贄**니이다 **夫六經三史**와 **諸子百家**[4)]는 **非無可觀**하야 **皆足爲治**니이다

臣은 매번 西閤에서 물러나와 곧바로 사사로이 말하기를 "폐하처럼 聖明하신 군주는 반드시 陸贄의 의논을 좋게 여기실 것이니, 오직 성스러운 군주와 어진 정승이 서로 의기가 투합하는 것을 곧바로 신하와 군주가 동시대에 만난 것처럼 하여야 한다."라고 말하곤 하였습니다.

옛날 馮唐이 廉頗와 李牧의 어짊을 논하자 漢나라 文帝는 크게 탄식하였고, 魏相이 晁錯와 董仲舒의 對策文을 조목조목 아뢰자 孝宣帝가 이로써 중흥을 이룩하였습니다. 만일 폐하께서 스스로 스승을 얻으려 하신다면 가까이 陸贄에게서 취하는 것보다 더 좋은 것이 없습니다.

저 六經과 三史와 諸子百家는 볼 만하지 않은 것이 없어서 모두 충분히 이것을 가지고 나라를 다스릴 수 있습니다.

1) 西閤 : 서쪽 끝에 있는 궁전으로 端明殿을 가리킨다. 이때(1093)에 蘇軾이 端明殿學士 兼翰林 侍讀學士로 있었다.

2) 馮唐論(李)〔頗〕牧之賢 則漢文爲之太息 : 馮唐은 漢나라 文帝 때의 郎官이었으며, 頗牧은 廉頗와 李牧으로 戰國時代 趙나라의 명장들이다. 文帝가 匈奴의 침략 때문에 명장을 얻고자 하면서 趙나라 장수 李齊의 능력을 높이 평가하자 馮唐은 "李齊도 戰國時代의 명장인 廉頗와 李牧만은 못합니다."라고 하니, 文帝는 깊이 탄복하였다. 底本에는 頗牧이 李牧으로 표기되어 있으나 ≪唐宋八大家文鈔 校注集評≫에 의거하여 수정하였다.

3) 魏相條晁董之對 則孝宣以致中興 : 魏相은 漢나라 宣帝 때의 名相인데, 景帝 때의 정략가인 晁錯와 武帝 때의 학자인 董仲舒의 奏議를 시행할 것을 宣帝에게 건의하여 漢나라를 다시 일으켰다.

4) 六經三史 諸子百家 : 六經은 ≪詩經≫ · ≪書經≫ · ≪易經≫ · ≪春秋經≫ · ≪禮經≫ · ≪樂經≫의 여섯 가지 經書를 이르고, 三史는 ≪史記≫ · ≪漢書≫ · ≪後漢書≫의 세 가지 역사책을 이르며, 諸子百家는 先秦時代의 ≪老子≫ · ≪莊子≫ 등 여러 책을 이른다.

但聖言幽遠하고 末學[1]支離하야 譬如山海之崇深하야 難以一二而推擇이어니와 如贄之論은 開卷了然하야 聚古今之精英하니 實治亂之龜鑑이니이다 臣等은 欲取其奏議하야 稍加校正하야 繕寫進呈하오니 願陛下置之坐隅하야 如見贄面하시고 反覆熟讀하야 如與贄言하시면 必能發聖性之高明하야 成治功於歲月하리이다 臣等은 不勝區區之意하노이다 取進止하소서

다만 聖人의 말씀은 아득히 멀고 末學은 지루하여, 비유하면 산과 바다가 높고 깊어서 하나하나 미루어 가리기 어려운 것과 같습니다.

그런데 陸贄의 의논과 같은 것은 책을 펴놓으면 내용이 분명해서 古今의 精英을 모아놓았으니, 실로 治亂의 귀감이 될 만합니다.

臣 등은 이 奏議를 가져다가 약간 校正을 가하여 정서해서 올리고자 하오니, 원컨대 폐하께서 거처하시는 자리 주변에 이것을 두시고 陸贄의 얼굴을 보는 듯이 여기시며 반복하여 익숙히 읽어서 陸贄와 함께 말씀하시는 것처럼 여기신다면, 반드시 聖上의 高明한 재주를 開發해서 1년이나 몇 달(짧은 세월) 사이에 나라를 잘 다스리는 功을 이룩하실 것입니다.

臣 등은 區區한 뜻을 이기지 못하겠습니다. 裁量하소서.

1) 末學 : 학문의 大體와 根本을 버려두고 章句나 천착하는 末梢的인 俗學을 이른다.

## 05. 上圓丘合祭六議箚子* 圓丘에서 合祭하는 여섯 가지 의논을 올린 箚子

* 本集에는 이 편 머리에 '元祐八年三月日 端明殿學士 兼翰林 侍讀學士 左朝奉郎 守禮部尙書 蘇軾札子奏'라는 33字가 있다. 이로써 이 글이 元祐 8년(1093)에

쓰여졌으며, 이때 蘇軾이 端明殿學士 兼翰林 侍讀學士 禮部尙書로 在任 中이었음을 알 수 있다. 圓丘는 冬至에 천자가 天祭를 지내는 곳으로 둥글게 쌓은 단을 이르는데, 圓丘가 둥근 것은 하늘을 상징하기 때문이다. 한편 土地神은 네모난 단인 方澤에서 夏至에 제사하였는데, 方澤은 정방형의 단으로 땅이 네모난 것을 상징한 것이다. ≪周禮 春官 大司樂≫ 合祭는 夏至에 方澤에서 지내는 土地神에 대한 제사를 冬至에 圓丘에서 지내는 天祭에 합하여 제사 지내는 것을 이른다.

辨晢이라

분변이 명석하다.

臣은 伏見九月二十二日詔書節文[1)]하니 俟郊禮畢하야 集官詳議祠皇地祇(기)事와 及郊祀之歲에 廟饗典禮聞奏者하니이다 臣恭覩 陛下近者에 至日親祀郊廟하시니 神祇饗答하야 實蒙休應하니 然則圓丘合祭는 允當天地之心이니 不宜復有改更이니이다

臣이 9월 22일에 내린 詔書의 節文을 엎드려 보니, "郊祀의 禮가 끝나기를 기다려서 관원들을 모아 皇地祇(土地神)에게 제사하는 일과 郊祀하는 해에 太廟에 제향하는 典禮를 자세히 의논하여 아뢰라."고 하셨습니다.

臣이 엎드려 보건대 폐하께서 근자에 동짓날 郊祀와 太廟에서 제사하셨는데, 天神과 地祇가 흠향하고 보답하여 실로 아름다운 응험을 입게 되었습니다. 그렇다면 圓丘에서 하늘과 땅을 合祭(합하여 제사함)하는 것은 더욱 하늘과 땅의 마음에 합당하니, 마땅히 다시 고쳐서는 안 됩니다.

1) 詔書節文 : 詔書는 황제의 명령을 적은 문서를 이르며, 節文은 제사에 관한 예절 또는 의식 등의 규정을 이른다.

臣竊惟 議者欲變祖宗之舊하야 圓丘祀天而不祀地하니 不過以謂冬至祀天於南郊는 陽時陽位也요 夏至祀地於北郊는 陰時陰位也니 以類求神이면 則陽時陽位에 不可以求陰也라하니 是大不然하니이다 冬至南郊에 旣祀上帝면 則天地百神이 莫不從也니이다

古者에 秋分에 夕月於西郊하니 亦可謂陰位矣니이다 至於從祀上帝하야는 則以冬至而祀月於南郊는 議者不以爲疑어늘 今皇地祇亦從上帝而合祭於圓丘를 獨以爲不可라하니 則過矣니이다

臣이 엎드려 생각하건대, 의논하는 자들이 조정의 옛 제도를 변경하여 圓丘에서 하늘에만 제사하고 땅에는 제사하지 않고자 합니다. 이는 '冬至에 南郊에서 하늘에 제사함은 陽의 때에 陽의 자리이고 夏至에 北郊에서 땅에 제사함은 陰의 때에 陰의 자리이니, 같은 종류로써 神을 찾아보면 陽의 때와 陽의 자리에서 陰을 구해서는 안 된다.'고 여김에 불과할 뿐인데, 이것은 크게 옳지 않습니다.

冬至에 南郊에서 上帝를 제사하면 하늘과 땅의 모든 神들이 따르지 않는 것이 없습니다. 옛날 秋分에 西郊에서 저녁에 달을 맞이하여 제사하였으니, 이것도 또한 陰의 자리라고 이를 수 있습니다.

上帝에 從祀함에 있어서는 의논하는 자들이 冬至에 南郊에서 달에게 제사하는 것은 의심하지 않으면서, 이제 皇地祇 또한 上帝에 從祀하여 圓丘에서 合祭하는 것은 유독 불가하다 하니, 이것은 잘못입니다.

書曰 肆類於上帝하고 禋(인)於六宗하고 望於山川하며 徧於群神[1]이라하니 舜之受禪也에 自上帝로 六宗山川群神에 莫不畢告어늘 而獨不告地祇는 豈有此理哉잇가 武王克商하시고 庚戌에 柴望[2]하시니 柴는 祭上帝也요 望은 祭山川也라 一日之間에 自上帝而及山川하니 必無南北郊之別也리니 而獨略地祇는 豈有此理哉잇가 臣以知古者祀上帝면 則幷祀地祇矣니이다 何以明之오 詩之序曰 昊天有成命은 郊祀天地也[3]라하니 此乃合祭天地의 經之明文이어늘 而說者乃以比之豐年秋冬報也하야 曰 秋冬各報에 而皆歌豐年하니 則天地各祀에 而皆歌昊天有成命也라하니 是大不然하니이다

≪書經≫에 이르기를 "上帝에 類제사를 지내고 六宗에 禋제사를 지내고 山川에 望제사를 지내며 여러 神에게 두루 제사했다."라고 하였으니, 舜임금이 禪讓을 받았을 적에 위로는 上帝로부터 아래로는 六宗과 山川과 여러 神에 이르기까지 다 고유하지 않음이 없었는데, 어찌 유독 地祇에게만 고유하지 않을 리가 있겠습니까?

武王이 商나라를 이기시고 庚戌日에 柴·望을 지냈으니, 柴는 上帝에게 제사하는 것이고 望은 山川에게 제사하는 것입니다. 하루 사이에 위로는 上帝로부터 아래로는 山川에까지 미쳤으니, 반드시 南郊와 北郊의 구별이 없었을 터인데, 어찌 유독 地祇만을 생략할 리가 있겠습니까? 臣은 이로써 옛날 上帝에 제사할 적에 地祇를 함께 제사한 것을 미루어 아는 것입니다.

어떻게 이를 증명할 수 있는가 하면, ≪詩經≫의 小序에 이르기를 "〈昊天有成命〉은 郊外에서 하늘과 땅을 제사하는 것이다."라고 하였으니, 이것이 바로 하늘과 땅을 合祭한 經文의 분명한 글입니다.

그런데 해설하는 자가 도리어 이 詩를 가지고 〈豐年〉의 '가을과 겨울의 보답하는 제사'에 비하여 이르기를 "가을과 겨울에 각각 보답하는 제사를 지낼 적에는 모두 〈豐年〉을 노래하니, 그렇다면 하늘과 땅을 각각 제사할 적에는 모두 〈昊天有成命〉을 노래한다."라고 하니, 이것은 크게 옳지 않습니다.

1) 肆類於上帝……徧於群神 : 類·禋·望은 모두 제사 이름이다. 郊祀는 하늘의 上帝에게 정기적으로 지내는 제사인데, 특별한 일이 있어 上帝에게 제사하게 되면 郊祀의 禮와 똑같이 지내기 때문에 類라 이름한 것이다. 禋은 마음을 깨끗이 하여 제사한다는 뜻이고, 望은 멀리서 山川을 바라보고 차례에 따라 제사하기 때문에 望이라 한 것이다. 六宗은 여섯 가지 높이는 神으로 泰昭에서 제사하는 四時의 神, 坎壇에서 제사하는 추위와 더위의 神, 王宮에서 제사하는 해(태양)의 神, 夜明에서 제사하는 달의 神, 幽禜에서 제사하는 별의 神, 雩禜에서 제사하는 水旱의 神이다. 山川은 名山大川으로 東嶽인 泰山, 南嶽인 衡山, 西嶽인 華山, 北嶽인 恒山, 中嶽인 崇山의 五嶽과 長江, 淮河, 黃河, 濟水의 四瀆의 神이며, 여러 神은 구릉과 습지, 옛날 聖賢의 神과 같은 따위이다. ≪書經 虞書 舜典≫

2) 庚戌 柴望 : 柴는 섶을 태워 연기를 피워 올려서 하늘에 제사하는 것이다. ≪書經 周書 武成≫

3) 詩之序曰……郊祀天地也 : 序는 ≪詩經≫을 傳한 毛萇이 편마다 붙인 小序를 가리킨다. 〈昊天有成命〉과 아래에 보이는 〈豐年〉은 모두 ≪詩經≫ 〈周頌〉에 보이는데, 〈豐年〉의 小序에는 "가을과 겨울에 풍년이 든 것에 보답하는 제사이다."라고 하였다. 頌詩는 모두 神命이나 先祖의 功德을 칭송한 내용으로 제사

의 樂章이다.

豐年之詩曰 豐年多黍多稌(도)하야 亦有高廩(름)하야 萬億及秭라 爲酒爲醴하야 烝畀祖妣[1]하야 以洽百禮하니 降福孔皆라하니 歌於秋可也요 歌於冬亦可也니이다 昊天有成命之詩曰 昊天有成命이어늘 二后受之[2]하시니라 成王不敢康하야 夙夜基命宥密하야 於(오)緝熙하야 單厥心하야 肆其靖之라하야 終篇言天而不及地하니 頌은 所以告神明也니 未有歌其所不祭하고 祭其所不歌也니이다 今祭地於北郊에 歌天而不歌地는 豈有此理也잇가 臣以此知周之世에 祀上帝則地祇在焉하니 歌天而不歌地는 所以尊上帝니이다 故로 其序曰 郊祀天地也라하니이다

〈豐年〉의 詩에 이르기를 "풍년에 기장이 많고 벼가 많아, 또한 높은 곳집이 萬과 億과 秭이거늘, 술을 빚고 단술을 만들어, 祖妣에게 나아가 올려서 온갖 禮를 모두 구비하니, 福을 내리심이 심히 두루 하리로다."라고 하였으니, 이 내용은 가을에 노래하는 것도 괜찮고 겨울에 노래하는 것도 또한 괜찮습니다.

그러나 〈昊天有成命〉 詩에는 이르기를 "昊天이 이룬 命이 있으시어, 두 임금께서 받으셨네. 成王께서 감히 편안히 계시지 못하시어, 밤낮으로 命을 다지기를 크게 하고 치밀하게 하셨네. 아! 이어 밝혀 그 마음을 다하시니, 이러므로 천하를 안정시키셨네."라고 하여, 편을 마치도록 하늘만 말하고 땅을 말하지 않았습니다.

頌詩는 神明에게 고하는 것이니, 제사하지 않는 바를 노래하고 또 노래하지 않는 神을 제사하는 일은 있지 않습니다. 그런데 지금 北郊에서 땅에 제사함에 어찌 하늘만 노래하고 땅을 노래하지 않을 리가 있겠습니까?

臣이 이로써 周나라 시대에 上帝에게 제사하면 地祇도 그 안에 포함되어 있음을 알았으니, 〈昊天有成命〉에 하늘만 노래하고 땅을 노래하지 않은 것은 上帝를 높이기 위한 것입니다. 그러므로 그 小序에 이르기를 "郊外에서 하늘과 땅을 제사하는 것이다."라고 한 것입니다.

1) 祖妣 : 先祖의 祖考와 祖妣로 보기도 하며, 周나라의 시조인 后稷의 어머니인 姜嫄으로 보기도 한다. 姜嫄은 帝嚳의 元妃로 아들을 낳으려고 禖祭를 지내기 위해 들에 가다가 巨人의 발자국을 보고 그 발자국을 따라갔는데, 그 후 임신

하여 后稷인 棄를 낳았다는 전설적인 인물이다.

2) 二后受之 : 二后는 두 임금으로 文王과 武王을 가리킨다.

**春秋**에 **書不郊猶三望**이라한대 **左氏傳曰 望**은 **郊之細也**라하니 **說者曰 三望**은 **太山, 河, 海**라하고 **或曰**[1] **淮, 海也**라하고 **又或曰**[2] **分野之星**과 **及山川也**라하니이다 **魯**는 **諸侯也**라 **故**로 **郊之細 及其分野山川而已**어니와 **周有天下**하니 **則郊之細 獨不及五嶽四瀆乎**잇가 **嶽瀆猶得從祀**어늘 **而地祇獨不得合祭乎**잇가 **秦燔詩書**하야 **經籍散亡**하야 **學者各以意推類而已**니 **王鄭賈服**[3]**之流 未必皆得其眞**이니이다 **臣以詩書春秋考之**하면 **則天地合祭久矣**니이다

≪春秋≫에 이르기를 "郊祀를 지내지 않았는데도 오히려 세 望제사를 지냈다."라고 썼는데, ≪春秋左氏傳≫에 이르기를 "望은 郊祀의 작은 일부분이다."라고 했습니다. 이것을 해설하는 자가 이르기를 "세 望제사는 泰山과 黃河와 바다이다."라고 하였고, 혹자는 "〈泰山과〉 淮水와 바다이다."라고 하였고, 또 혹자는 "魯나라에 해당되는 分野의 별과 山과 내이다."라고 하였습니다.

魯나라는 제후국이기 때문에 郊祀의 작은 일부분이 그 分野의 별과 山·川에 미쳤을 뿐이지만, 周나라는 온 천하를 소유하였으니 郊祀의 작은 일부분이 어찌 五嶽과 四瀆에 미치지 않았겠습니까?

五嶽과 四瀆도 오히려 從祀할 수 있는데, 유독 地祇만 合祭할 수 없단 말입니까?

秦나라가 詩·書를 불태워 經籍이 흩어지고 없어져서 학자들이 각각 자기 생각으로 유추했을 뿐이니, 王肅과 鄭玄, 賈公彦과 服虔의 무리들이 반드시 모두 그 참된 뜻을 얻지는 못했을 것입니다.

臣이 ≪詩經≫, ≪書經≫과 ≪春秋≫를 가지고 고찰하여 보건대 하늘과 땅을 合祭한 것이 오래되었습니다.

1) 或曰 : 이것은 范寧의 說이다.

2) 又或曰 : 이것은 杜預의 說이다.

3) 王鄭賈服 : 王肅과 鄭玄, 賈公彦과 服虔으로 모두 郊祀의 제도를 논했기 때문에 말한 것이다.

議者乃謂 合祭天地는 始於王莽[1)]하니 以爲不足法이라하니이다 臣竊謂 禮當驗其是非요 不當以人廢니이다 光武皇帝는 親誅莽者也로되 尙采用元始合祭故事하니이다 謹按 後漢書郊祀志[2)]에 建武二年[3)]에 初制郊兆於洛陽하야 爲圓壇八陛하고 中又爲重壇하야 天地位其上호되 皆南鄕(向)西上[4)]이라하니 此則漢世合祭天地之明驗也니이다

의논하는 자들이 마침내 이르기를 "하늘과 땅을 合祭한 것은 王莽에게서 시작되었으니, 본받을 만한 것이 못 된다."라고 합니다. 臣은 엎드려 생각하건대 '禮는 마땅히 그 옳고 그름을 따져야 할 것이고, 사람이 나쁘다 하여 이 때문에 폐지해서는 안 된다.'고 여겨집니다.

光武皇帝는 직접 王莽을 주벌한 분인데도 元始 연간에 하늘과 땅을 合祭한 고사를 그대로 채용했습니다.

삼가 살펴보건대 ≪後漢書≫ 〈郊祀志〉에 이르기를 "建武 2년(26)에 처음으로 郊祀의 터를 洛陽에 만들어 圓丘의 壇 여덟 계단을 만들고 중앙에 또다시 이중의 壇을 만들어서 하늘과 땅이 그 위에 자리하였는데, 모두 남쪽을 향하고 서쪽을 위로 했다."라고 하였으니, 이것은 漢나라 때에 하늘과 땅을 合祭한 분명한 증거입니다.

1) 王莽 : 前漢 말기 外戚으로 漢나라를 찬탈하고 帝位에 올랐으며 國號를 新으로 바꾸었으나 곧 光武帝 劉秀의 토벌을 받고 멸망하였다.
2) 後漢書郊祀志 : ≪後漢書≫에는 〈郊祀志〉가 없고 〈祭祀志〉만 있으니, 이는 아마도 傳寫의 오류인 듯하다.
3) 建武二年 : 建武는 光武帝의 연호이다. 光武帝는 建武 元年(25) 鄗에서 즉위하고 鄗의 남쪽에다가 壇을 만들어 하늘과 땅에 즉위한 사실을 고유하였는데, 漢나라 平帝의 元始 연간에 王莽이 건의한 것을 그대로 따랐으며, 다음해 또다시 郊祀의 壇을 만들고 하늘에 제사하였다.
4) 天地位其上 皆南鄕(向)西上 : 西上은 天帝의 자리가 서쪽에 있음을 이른다.

又按 水經注[1)]에 伊水東北至洛陽縣圓丘東하니 大魏郊天之所니 準漢故事하야 爲圓壇八陛하고 中又爲重壇하야 天地位其上이라하니 此則魏世合祭天地之明驗也니이다

또 살펴보건대 ≪水經注≫에 이르기를 "伊水 동북쪽으로 가면 洛陽縣 圓丘의 동쪽

에 이르는데 이곳은 大魏(曹魏)가 하늘에 郊祀한 곳이니, 漢나라의 고사를 따라서 圓丘의 壇 여덟 계단을 만들고 중앙에 또다시 이중의 壇을 만들어 하늘과 땅이 그 위에 자리했다."라고 하였으니, 이것은 魏나라 때에 하늘과 땅을 合祭한 분명한 증거라 하겠습니다.

1) 水經注 : ≪水經≫은 ≪山經≫과 상대되는 말로 중국의 모든 물을 기록한 책인데, 작자는 분명하지 않다. ≪水經注≫는 삼국시대 魏나라의 酈道元이 지었다. 이 때문에 아래 글에 魏나라를 높여 大魏라 한 것이다.

**唐睿宗**이 **將有事於南郊**[1)]할새 **賈曾議曰 有虞氏**는 禘**黃帝而郊**嚳(곡)[2)]하고 **夏后氏**는 禘**黃帝而郊**鯀(곤)하니 **郊之與廟**에 **皆有**禘하니 禘**於廟**면 **則祖宗**이 **合食於太祖**하고 禘**於郊**면 **則地群祇望**이 **皆合於圓丘**호되 **以始祖配享**하니 **蓋有事祭**요 **非常祀也**니이다 **三輔故事**[3)]에 **祭於圓丘**호되 **上帝后土位皆南面**이라하니 **則漢嘗合祭矣**라하니이다 **時**에 褚**无量, 郭山**惲(운)[4)]**等**이 **皆以曾言爲然**하니이다 **明皇天寶元年二月**에 **勅曰 凡所祠享**을 **必在躬親**하리니 **朕不親祭**면 **禮將有闕**이라 **其皇地祇**에 **宜如南郊合祭**하라하고 **是月二十日**에 **合祭天地於南郊**러니 **自後**로 **有事於圓丘**면 **皆合祭**하니 **此則唐世合祭天地之明驗也**니이다

그리고 唐나라 睿宗이 장차 南郊에 제사 지내려 할 적에 賈曾이 건의하기를 "有虞氏는 黃帝에게 禘祭를 지내고 帝嚳에게 郊祀를 지냈으며, 夏后氏는 黃帝에게 禘祭를 지내고 鯀에게 郊祀를 지냈습니다. 郊祀와 사당(종묘)에는 모두 禘祭가 있으니, 사당에서 禘祭를 지내면 祖와 宗이 太祖의 사당에서 합하여 흠향하며, 郊祀에서 禘祭를 지내면 地祇와 여러 望제사의 神들을 모두 圓丘에서 合祭하는데 始祖로써 配享하니, 이것은 일이 있을 때에 특별히 지내는 제사이고 매년 지내는 일정한 제사가 아닙니다. ≪三輔故事≫에 이르기를 "圓丘에서 제사하되 上帝와 后土의 자리가 모두 남향한다."라고 하였으니, 그렇다면 漢나라도 일찍이 하늘과 땅을 合祭한 것입니다."라고 하였습니다. 그런데 이때 褚无量과 郭山惲 등이 모두 賈曾의 말을 옳다고 했습니다.

唐나라 明皇(玄宗)의 天寶 元年(742) 2월에 칙명을 내리기를 "모든 祠와 享은 반드시 朕이 몸소 친히 행할 것이니, 朕이 친히 제사하지 않으면 禮에 결함이 있게 될

것이다. 皇地祇에도 마땅히 南郊에서 合祭하는 것과 같이 하라." 하고는 이달 20일에 南郊에서 하늘과 땅을 合祭하였습니다. 이후로는 圓丘에서 제사 지내는 일이 있으면 모두 合祭하였으니, 이것은 唐나라 때에 하늘과 땅에 合祭한 분명한 증거라 하겠습니다.

1) 唐睿宗將有事於南郊 : 有事는 제사를 지냄을 이른다. 睿宗 太極 元年(712) 정월에 처음으로 南郊에서 祭天하려 하였는데 담당자가 건의하기를 "오직 昊天上帝에게만 제사하고 皇地祇의 神位는 설치하지 말자."고 하였다. 이에 諫議大夫로 있던 賈曾이 表文을 올려 "미천한 제가 典禮를 살펴보니, 마땅히 하늘과 땅을 合祭하여야 한다고 생각합니다." 하고 ≪禮記≫ 〈祭法〉을 근거로 들었다.
2) 有虞氏禘黃帝而郊嚳(곡) : 有虞氏는 舜帝이고 嚳은 帝嚳이다. 禘는 天子가 始祖의 사당을 세우고 始祖의 先祖를 이 사당에서 제사하면서 始祖로 배향하는 제사이며, 郊는 郊祭인데 이때 天帝에게 제사하면서 始祖를 배향한다.
3) 三輔故事 : 책명으로 三輔 지방의 고사를 모은 책이다. 前漢 때 長安 주위에 있던 京兆와 右扶風, 左馮翊을 三輔라 하였다.
4) 褚无量郭山惲(운) : 褚无量은 이때 國子祭酒였고, 郭山惲은 國子司業이었다.

今議者欲冬至祀天하고 夏至祀地하니 蓋以爲用周禮也니 臣請言周禮與今禮之別하노이다 古者에 一歲祀天者三[1]이요 明堂饗帝者一[2]이요 四時迎氣者五[3]요 祭地者二[4]요 饗宗廟者四[5]니 爲此十五者는 皆天子親祭也요 而又朝日, 夕月과 四望山川과 社稷, 五祀[6]와 及群小祀之類도 亦皆親祭하니 此周禮也니이다 太祖皇帝 受天眷命하사 肇造宋室하시니 建隆初郊에 先饗宗廟하고 竝祀天地하시며 自眞宗以來로 三歲一郊호되 必先有事景靈[7]하고 徧饗太廟하고 乃祀天地하시니 此國朝之禮也니이다

이제 의논하는 자들이 冬至에 하늘에 제사하고 夏至에 땅에 제사하고자 하니, 이는 周나라 禮를 따르려는 것인데, 臣은 周나라 禮와 지금 禮의 차이를 말씀드리겠습니다.

옛날에는 한 해에 하늘에 제사한 것이 세 번이고 明堂에서 上帝에게 제향한 것이 한 번이고 四時에 氣候를 맞이하여 제사한 것이 다섯 번이고 땅에게 제사한 것이 두 번이고 종묘에 제향한 것이 네 번으로, 이 열다섯 번의 제사는 모두 天子가 친히 제사하였습니다. 또 〈春分에는〉 아침에 해를 맞이하여 제사하고 〈秋分에는〉 저녁에 달

을 맞이하여 제사하며 사방으로 山川에 望제사를 지내고 社稷과 五祀와 또 群小의 神에 대한 제사에도 모두 天子가 친히 제사하였으니, 이것이 周나라의 禮입니다.

太祖皇帝(趙匡胤)께서 하늘이 돌아보는 命을 받으시어 처음으로 宋나라를 건국하셨는데, 建隆 연간에 처음 郊祀를 지낼 적에 먼저 宗廟에 제사하고 아울러 하늘과 땅에 제사하셨습니다. 眞宗 이래로 3년에 한 번씩 郊祀를 지냈는데 반드시 먼저 景靈宮에서 제사를 지내고 太廟에서 두루 제향하였으며, 그런 뒤에 비로소 하늘과 땅에게 제사하였으니, 이것이 우리 國朝(宋나라)의 禮입니다.

1) 一歲祀天者三 : 옛날 冬至에 圜丘에서 하늘에 제사하였고, 정월 上辛日에 圜丘에서 풍년을 기원하여 제사하였고, 孟夏에 圜丘에서 기우제를 지냈다.
2) 明堂饗帝者一 : 매년 季秋에 明堂에서 크게 祭享하였다. 明堂은 泰山의 明堂으로 옛날 政敎를 반포하고 제후들에게 조회를 받던 곳인데, 上帝와 先祖에게 제사하는 것도 모두 이곳에서 거행하였다.
3) 四時迎氣者五 : 立春에 봄을 맡은 神인 靑帝를 제사하고, 立夏에 여름을 맡은 神인 赤帝를 제사하고, 季夏에 土를 맡은 神인 黃帝를 제사하고, 立秋에 가을을 맡은 神인 白帝를 제사하고, 立冬에 겨울을 맡은 神인 黑帝를 제사한다.
4) 祭地者二 : 夏至에 皇地祇를 方丘에서 제사하고, 孟冬에 神州를 北郊에서 제사한다.
5) 饗宗廟者四 : 四時에 先祖에게 지내는 제사로 봄의 禴(약)祭, 여름의 祠祭, 가을의 嘗祭, 겨울의 烝祭를 이른다.
6) 五祀 : 天子가 올리는 제사로서 句芒, 蓐收, 玄冥, 祝融, 后土에게 社稷에서 血食으로 올리는 다섯 가지 제사를 이르는데. 이 내용은 ≪周禮≫ 〈春官 大宗伯〉에 보인다.
7) 景靈 : 宮의 이름으로 北宋의 眞宗이 聖祖인 太祖가 임어한 곳이라 하여 궁을 세우고 이곳에서 하늘과 땅, 社稷과 宗廟의 제사를 지냈다.

夫周之禮는 祭如彼其多로되 而歲行之를 不以爲難하고 今之禮는 親祭如此其少로되 而三歲一行을 不以爲易는 其故何也오 古者엔 天子出入에 儀物不繁하고 兵衛甚簡하고 用財有節하며 而宗廟在大門之內하여 朝諸侯하고 出爵賞을 必於太廟하니 不止時祭而已니이다 天子所治가 不過王畿千里하야 唯以齊祭禮樂으로 爲政事하니 能守此면 則天

**下服矣**라 **是故**로 **歲歲行之**하야 **率以爲常**하니이다

周나라 禮는 天子가 친히 제사함이 저와 같이 많은데도 해마다 행하는 것을 어렵게 여기지 않았고, 지금의 禮는 친히 제사함이 이와 같이 적은데도 3년에 한 번 행하는 것을 쉽게 여기지 않으니, 그 연고는 어째서이겠습니까?

옛날에는 天子가 나가고 들어올 적에 儀仗物이 많지 않고 군대의 호위가 매우 간략하고 재물을 쓰는 것이 절제가 있었으며, 宗廟가 대문(궁궐) 안에 있어서 제후들에게 조회받고 관작과 상을 내리는 것을 반드시 太廟에서 하였으니, 다만 時祭를 지낼 뿐만이 아니었습니다.

天子가 다스리는 곳은 王畿가 천 리를 넘지 않아서 오직 재계하고 제사하고 禮樂을 다스리는 것으로 政事를 삼았으니, 이것만 잘 지키면 천하가 복종하였습니다. 이 때문에 매년 이것을 행하고 따라서 떳떳함으로 삼았던 것입니다.

**至於後世**하야는 **海內爲一**하야 **四方萬里**가 **皆聽命於上**하야 **機務之繁**이 **億萬倍於古**하야 **日力有不能給**하니이다 **自秦漢以來**로 **天子儀物**이 **日以滋多**하야 **有加無損**하야 **以至於今**하니 **非復如古之簡易也**니이다 **今所行**이 **皆非周禮**라 **三年一郊**가 **非周禮也**요 **先郊二日而告原廟**[1)]하고 **一日而祭太廟**가 **非周禮也**요 **郊而肆赦**가 **非周禮也**요 **優賞諸軍**이 **非周禮也**요 **自后妃以下**로 **至文武官**히 **皆得陰(蔭)補親屬**이 **非周禮也**요 **自宰相宗室以下**로 **至百官**히 **皆有賜賚**가 **非周禮也**니이다 **此皆不改**하고 **而獨於地祇**하야는 **則曰周禮不當祭於圜丘**라하니 **此何義也**잇고

후세에 이르러서는 海內가 하나가 되어 사방 萬里의 넓은 지역이 모두 황제의 명령을 듣습니다. 그리하여 機務의 많음이 옛날보다 억만 배나 늘어나서 日力(시간)이 충분하지 못합니다. 秦·漢 이래로 천자의 儀仗物은 더욱더 많아져서 늘어나기만 하고 줄어들지 않아 지금에 이르렀으니, 다시 옛날처럼 간략하고 쉽게 할 수 있는 것이 아닙니다.

지금에 시행하는 것은 모두 周나라 禮가 아닙니다. 3년에 한 번 郊祀를 지내는 것도 周나라 禮가 아니고, 郊祀를 지내기 이틀 전에 原廟에 고유하고 하루 전에 太廟에 제사하는 것도 周나라 禮가 아니고, 郊祀를 지내고 사면령을 내리는 것도 周나라 禮

가 아니고, 호종한 군사들에게 넉넉하게 賞을 내리는 것도 周나라 禮가 아니고, 后妃 이하 문무백관에 이르기까지 親族들에게 蔭補를 내리는 것도 周나라 禮가 아니고, 재상과 종친으로부터 百官에 이르기까지 모두 恩賜가 있는 것도 周나라 禮가 아닙니다.

그런데 이것을 모두 바꾸지 않으면서 유독 地祇에 대해서만 "周나라 禮에 의하면 마땅히 圓丘에서 제사해서는 안 된다."라고 말하니, 이것이 무슨 意義입니까?

1) 原廟 : 宗廟 이외에 따로 세운 사당을 가리킨다. 漢나라 惠帝가 高祖를 위하여 沛宮을 原廟로 세운 데서 비롯한 것이다. 宋나라는 황궁에 종묘와 별도로 景靈宮을 두고 여러 전각의 신위를 봉안하였다.

**議者必曰 今之寒暑 與古無異**어늘 **而宣王**이 **薄伐玁狁**(험윤)[1]하야 **六月出師**하니 **則夏至之日**에 **何爲不可祭乎**아하니 **臣將應之曰 舜一歲而巡四岳**하야 **五月方暑而南至衡山**하고 **十一月方寒而北至常山**[2]하니 **亦今之寒暑也**어늘 **後世人主能行之乎**아 **周所以十二歲一巡者**는 **唯不能如舜也**니이다 **夫周已不能行舜之禮**어늘 **而謂今可以行周之禮乎**잇가 **天之寒暑雖同**이나 **而禮之繁簡則異**라 **是以**로 **有虞氏之禮**를 **夏商有所不能行**하고 **夏商之禮**를 **周有所不能用**하니 **時不同故也**니이다 **宣王以六月出師**하야 **驅逐玁狁**은 **蓋非得已**요 **且吉甫**[3]**爲將**하고 **王不親行也**어늘 **今欲定一代之禮**하야 **爲三歲常行之法**에 **豈可以六月出師爲比乎**잇가

의논하는 자들은 반드시 말하기를 "지금의 추위와 더위는 옛날과 차이가 없는데 周나라 宣王이 玁狁(匈奴)을 정벌하려고 6월에 군대를 출동하였으니, 그렇다면 夏至에 어째서 제사를 지낼 수 없겠는가?"라고 할 것입니다.

臣은 장차 여기에 응대하기를 "舜임금이 1년에 四岳을 순행하여 5월에 한창 더운데도 남쪽으로 衡山에 이르고 11월에 한창 추운데도 북쪽으로 常山(恒山)에 이르렀으니, 이때에도 또한 지금처럼 춥고 더웠는데, 후세의 군주가 이것을 행할 수 있겠는가? 周나라가 12년에 한 번 순행한 것은 舜임금처럼 하지 못한 것이다."라고 말할 것입니다.

周나라가 舜임금의 禮를 행하지 못했는데, 지금 우리가 周나라의 禮를 행할 수 있다고 한단 말입니까?

하늘의 추위와 더위는 비록 똑같으나 禮의 번거롭고 간략함은 다릅니다. 이 때문에 有虞氏(舜)의 禮를 夏나라와 商나라가 행하지 못한 것이 있었고, 夏나라와 商나라의 禮를 周나라가 쓰지 못한 것이 있었던 것이니, 이는 시대가 똑같지 않기 때문입니다.

宣王이 6월에 출병하여 玁狁을 정벌한 것은 부득이해서였으며, 또 이때 尹吉甫가 장수로 군대를 거느렸고 왕이 직접 출정한 것이 아닙니다. 그런데 이제 한 시대의 禮를 정하여 3년마다 떳떳이 행하는 법을 만들고자 하면서 어찌 周나라 宣王이 6월에 출병한 것을 가지고 비교한단 말입니까?

1) 宣王薄伐玁狁(험윤) : 玁狁은 匈奴의 별칭으로 이 내용은 ≪國語≫ 〈周語〉에 보인다.
2) 舜一歲而巡四岳……北至常山 : 常山은 恒山이다. ≪書經≫ 〈虞書 舜典〉에 이르기를 "歲 2월에 동쪽으로 순수하여 岱宗(泰山)에 이르고, 5월에 남쪽으로 순수하여 南岳에 이르고, 8월에 서쪽으로 순수하여 西岳에 이르고, 11월에 북쪽으로 순수하여 北岳에 이른다."고 하였다.
3) 吉甫 : 尹吉甫로 周나라 宣王의 신하인데 文武兼全한 인물로 알려져 있다.

**議者必又曰 夏至**에 **不能行禮**면 **則遣官攝祭祀 亦有故事**라하니 **此**는 **非臣之所知也**니이다 **周禮大宗伯**에 **若王不與**면 **則攝位**라하니 **鄭氏注曰 王有故**면 **則代行其祭祀**라하고 **賈公彦疏曰 有故**는 **謂王有疾及哀慘**이 **皆是也**라하니 **然則攝事**는 **非安吉之禮也**니이다 **後世人主不能歲歲親祭**라 **故**로 **命有司行事**하니 **其所從來久矣**니이다 **若親郊之歲**에 **遣官攝事**면 **是**는 **無故而用有故之禮也**니이다

의논하는 자들은 반드시 또 말하기를 "夏至에 禮를 행할 수 없다면 관원을 보내어 제사를 대행하는 것 또한 고사가 있다."라고 할 것이니, 이것은 臣이 알 바가 아닙니다.

≪周禮≫ 〈大宗伯〉에 이르기를 "만약 왕이 제사에 참여하지 못하면 攝位한다."라고 하였는데, 鄭玄의 注에 이르기를 "왕이 연고가 있으면 그 제사를 대행하는 것이다."라고 하였으며, 賈公彦의 疏에 이르기를 "연고가 있다는 것은 왕이 질병이 있거나 또한 喪을 당하여 슬픔이 있는 것이 모두 이것이다."라고 하였습니다. 그렇다면 제사를 대행하는 것은 편안하고 길한 禮가 아닙니다.

후세의 군주들이 해마다 친히 제사할 수 없기 때문에 有司에게 명하여 제사를 대행하게 하였으니, 그렇게 해온 지가 오래되었습니다. 그런데 만약 친히 郊祀를 지낼 해에 관원을 보내어서 제사를 대행하게 한다면 이는 연고가 없으면서 연고가 있을 적의 禮를 행하는 것입니다.

**議者必又曰 省(생)去繁文末節이면 則一歲可以再郊라하니 臣將應之曰 古者엔 以親郊爲常禮라 故로 無繁文이어니와 今世엔 以親郊爲大禮하니 則繁文을 有不能省也라 若帷城幔屋은 盛夏則有風雨之虞라 陛下自宮入廟出郊에 冠通天하고 乘大(太)輅하고 日中而舍하시며 百官衛兵이 暴露於道하고 鎧甲具裝하야 人馬喘汗하니 皆非夏至所能堪也니이다 王者父事天하고 母事地하야 不可偏也니 事天則備하고 事地則簡은 是於父母에 有隆殺(쇄)也니 豈得以爲繁文末節이라하야 而一切欲損去乎아 國家養兵이 異於前世라 自唐之時로 未有軍賞이로되 猶不能歲歲親祠(祀)라 天子出郊면 兵衛를 不可簡省이요 大(太)輅一動이면 必有賞給이라 今三年一郊에 傾竭帑藏이로되 猶恐不足하니 郊賚之外에 豈可復加리오 若一年再賞이면 國力將何以給이리오 分而與之면 人情豈不失望이리오하리이다**

의논하는 자들은 반드시 또 말하기를 "번거로운 문식과 지엽적인 예절을 줄이면 1년에 두 번 郊祀를 지낼 수 있다."라고 할 것입니다.

臣은 장차 응대하기를 "옛날에는 천자가 친히 郊祀 지내는 일을 떳떳한 禮라고 여겼기 때문에 번거로운 문식이 없었지만, 지금 세상에서는 친히 郊祀를 지내는 것을 큰 禮로 여기고 있으니, 그렇다면 번거로운 문식을 줄일 수가 없는 것이다. 예를 들면 장막으로 城을 만들고 장막으로 지붕을 만드는 것은 무더운 여름철에는 비바람이 몰아칠 우려가 있어 할 수 없는 것이다.

그리고 폐하께서 宮에서 사당으로 들어가고 교외로 나가실 적에 무거운 通天冠을 쓰고 太輅를 타고 거동하시어 한낮이 되어서야 비로소 관사에 머무시며, 百官과 호위병들이 길에서 땡볕에 몸이 드러난 채로 투구와 갑옷을 갖추고 있어서 사람과 말이 헐떡거리며 땀을 흘리니, 이것은 모두 夏至에 감당할 수 있는 일이 아니다.

王者는 하늘을 아버지로 섬기고 땅을 어머니로 섬겨서 한쪽으로 치우쳐서는 안 되는데, 하늘을 섬길 적에는 다 갖추고 땅을 섬길 적에는 간략히 하는 것은 아버지와 어머니에 대해 높이고 낮춤이 있는 것이니, 어찌 번거로운 문식과 지엽적인 예절이라 하여 일체를 다 덜어버리고자 한단 말인가?

그리고 국가에서 군대를 기르는 것은 前代와 다르다. 唐나라 때까지만 해도 군대에 賞을 내리지 않았으나 그때에도 천자가 매년 친히 제사하지 못하였다. 천자가 郊外로 나가게 되면 호위병을 줄일 수가 없고 太輅가 한 번 출동하면 반드시 상을 내리게 마련이다.

지금 3년에 한 번 郊祀를 지냄에 있어 內帑庫의 재물을 다 써도 오히려 부족할까 두려우니, 재정의 형편상 郊祀에 賞을 내리는 것 외에 어찌 더할 수가 있겠는가?

만약 1년에 두 번 상을 내린다면 국가의 재력이 장차 어떻게 지탱할 수 있겠는가? 그리고 나눠서 상을 내린다면 人情이 어찌 실망하지 않겠는가?"라고 할 것입니다.

**議者必又曰 三年一祀天**하고 **又三年一祀地**라하니 **此**는 **又非臣之所知也**니이다 **三年一郊**는 **已爲疏闊**이어늘 **若獨祭地而不祭天**이면 **是**는 **因事地而愈疏於事天**이니 **自古**로 **未有六年一祀天者**라 **如此則典禮愈壞**하니 **欲復古而背古益遠**이면 **神祇必不顧饗**하리니 **非所以爲禮也**니이다

의논하는 자들은 반드시 또 말하기를 "3년에 한 번 하늘에 제사하고 또 3년에 한 번 땅에 제사한다."라고 할 것이니, 이것도 신이 알 바가 아닙니다.

3년에 한 번 郊祀를 지내는 것도 이미 너무 드문 것인데 만약 홀로 땅에만 제사하고 하늘에는 제사하지 않는다면 이것은 땅을 섬긴다는 이유로 하늘을 섬기는 것을 더욱 소홀히 하는 것이니, 예로부터 6년에 한 번 하늘에 제사한 경우는 있지 않습니다.

이와 같이 하면 典禮가 더욱 파괴될 것이니, 옛날의 禮를 회복하고자 하면서 옛날과 위배되는 것이 더욱 심해진다면 神祇(天神과 地祇)가 반드시 돌아보고 흠향하지 않을 것이니, 이것은 禮를 행하는 바가 아닙니다.

**議者必又曰 當郊之歲**하여 **以十月神州之祭**로 **易夏至方澤之祀**[1)]면 **則可以免方暑擧事之患**이라하니 **此**는 **又非臣之所知也**니이다 **夫所以議此者**는 **爲欲擧從周禮也**니 **今以**

十月로 易夏至하고 以神州로 代方澤이면 不知此周禮之經耶잇가 抑變禮之權耶잇가 若變禮從權而可면 則合祭圓丘가 何獨不可리잇고 十月에 親祭地하고 十一月에 親祭天하야 先地後天은 古無是禮요 而一歲再郊면 軍國勞費之患도 尙未免也리이다

의논하는 자들은 또 반드시 말하기를 "郊祀하는 해가 되어 10월 神州의 제사로 夏至의 方澤의 제사를 바꾸면, 한여름 더울 때에 제사를 거행하는 폐해를 면할 수 있다."라고 할 것이니, 이것도 臣이 알 바가 아닙니다.

이것을 의논하는 까닭은 모두 周나라 禮를 따르고자 해서인데, 지금 10월로 夏至를 바꾸고 神州로 方澤을 대신한다면, 이것이 정상적인 周나라 禮인지, 아니면 權道로써 變禮를 행한 것인지 알지 못하겠습니다. 만약 權道로써 變禮를 행하는 것이 가능하다면 圓丘에서 合祭하는 것이 어찌 홀로 불가하단 말입니까?

황제가 10월에 친히 땅을 제사하고 11월에 친히 하늘을 제사해서 땅을 먼저 하고 하늘을 뒤에 하는 것은 옛날에 이런 禮가 없었고, 또 1년에 두 번 郊祀를 지내면 軍國의 수고로움과 비용이 많이 드는 폐해를 그대로 면치 못할 것입니다.

1) 以十月神州之祭 易夏至方澤之祀 : 神州는 中國을 가리키며, 方澤의 제사는 바로 地祇에 대한 제사를 이른다. 옛날에 하늘은 둥글고 땅은 네모지며 하늘은 높고 땅은 낮다 하여 地祇에 대한 제사를 方澤의 제사라 한 것이다. 10월에 지내는 神州의 제사로 夏至에 지내는 方澤의 제사를 대신한다는 의미이다.

議者必又曰 當郊之歲하야 以夏至로 祀地祇於方澤호되 上不親郊하고 而通爟火[1)]하야 天子於禁中望祀라하니 此는 又非臣之所知也니이다 書之望秩과 周禮之四望과 春秋之三望[2)]은 皆謂山川在境內요 而不在四郊[3)]者라 故로 遠望而祭也니이다 今所在之處俛(俯)則見地어늘 而云望祭면 是爲京師不見地乎잇가

의논하는 자들은 반드시 또 말하기를 "郊祀 지낼 해가 되어 夏至에 方澤에서 地祇를 제사하되 皇上께서 친히 郊祀를 지내지 않고 爟火를 통하여 천자가 궁중에서 바라보고 제사 지낸다."라고 하니, 이것도 臣이 알 바가 아닙니다.

≪書經≫의 望秩과 ≪周禮≫의 四望과 ≪春秋≫의 三望은 모두 제사하는 山川이 국경 안에 있고 저 四郊에 있지 않은 것입니다. 그러므로 멀리 바라보고 제사할 수

있다고 한 것입니다.

그런데 지금 제사 지낼 대상이 있는 곳은 고개를 숙이면 그 땅이 보이는 가까운 곳인데 이것을 望祭라고 한다면 京師에서 그 땅이 보이지 않는다는 말입니까?

1) 通爟火 : 爟火는 불을 들어 올림을 이른다. ≪周禮≫ 〈夏官 司爟〉에 이르기를 "모든 제사에는 爟에게 제사한다."라고 하였는데, 疏에서 "爟에게 제사함은 맨 처음 불을 낸 사람에게 제사하는 것이다."라고 하였다. 이때 權兵部侍郎으로 있던 杜純이 上林苑 안에 望祀하는 자리를 만들고 爟火를 설치한 다음 황제가 친히 南郊에서 제사할 해를 당하면 夏至에는 北郊에서 上公을 시켜 대신 제사하게 할 것을 청하였다.

2) 書之望秩……春秋之三望 : 望秩은 名山大川을 바라보며 차례로 제사하는 것이고, 四望은 사방으로 山川을 바라보며 제사하는 것이고, 三望은 泰山과 黃河와 바다를 바라보고 제사하는 것이다. ≪書經≫ 〈虞書 舜典〉에 이르기를 "2월에 동쪽으로 순수하여 岱宗(泰山)에 이르러서 섶을 태워 하늘에 제사하고 山川에 望秩했다.〔歲二月 東巡守 至於岱宗 柴 望秩於山川〕"라고 하였고, ≪周禮≫ 〈大宗伯〉에 이르기를 "나라에 큰 연고가 있으면 上帝에 旅제사를 지내고 四望을 한다.〔國有大故 則旅上帝及四望〕"라고 하였고, ≪春秋左氏傳≫ 僖公 31년조에 이르기를 "여름 4월에 郊祭에 대한 거북점을 네 차례 쳤으니, 거북점이 따르지 않으므로 마침내 희생을 죽이지 않았으나 오히려 三望을 했다.〔夏四月 四卜郊 不從 乃免牲 猶三望〕"라고 하였다.

3) 四郊 : 東·西·南·北 즉 사방의 郊外로 郊는 도성에서 백 리쯤 떨어진 곳을 이른다.

**此六議者**는 **合祭可否之決也**니이다 **夫漢之郊禮**는 **尤與古戾**하고 **唐亦不能如古**하니이다 **本朝祖宗**이 **欽崇祭祀**하사 **儒臣禮官**이 **講求損益**하니 **非不知圓丘方澤**이 **皆親祭之爲是也**나 **蓋以時不可行**이라 **是故**로 **參酌古今**하야 **上合典禮**하고 **下合時宜**하니 **較其所得**하면 **已多於漢唐矣**니이다

이 여섯 가지 의논은 合祭하는 것이 옳으냐 그르냐를 결정하는 중요한 내용입니다. 漢나라의 郊祀하는 禮는 더욱 古禮와 어긋났고 唐나라 또한 옛날처럼 하지 못했

습니다.

우리 宋나라는 祖宗들이 제사를 높이고 공경하여 儒臣과 禮官들이 가감할 것을 講究하였으니, 圜丘와 方澤이 모두 皇帝께서 친히 제사하는 것이 옳다는 것을 모르는 것이 아니었으나 때가 행할 수 없었습니다. 이 때문에 古今의 禮를 참작하여 위로는 典禮에 맞게 하고 아래로는 時宜에 맞게 하였으니, 그 얻은 바를 비교해보면 漢나라와 唐나라보다 훨씬 더 훌륭합니다.

**天地宗廟之祭**는 **皆當歲**徧이로되 **今不能歲**徧이라 **是故**로 徧**於三年當郊之歲**하고 **又不能於一歲之中**에 **再擧大禮**라 **是故**로 徧**於三日**하니 **此皆因時制宜**니 **雖聖人復起**라도 **不能易也**리이다 **今竝祀**는 **不失親祭**로되 **而北郊則必不能親往**하리니 **二者孰爲重乎**잇가 **若一年再郊而遣官攝事**면 **是長不親事地也**요 **三年間郊**에 **當行郊地之歲**하야 **而暑雨不可親行**하야 **遣官攝事**면 **則是天地皆不親祭也**니이다

하늘과 땅, 宗廟의 제사는 다 마땅히 해마다 두루 제사해야 하지만 지금 해마다 두루 제사할 수 없기 때문에 3년마다 郊祀하는 해에 두루 제사하고, 또 1년 안에 두 번 큰 禮를 거행할 수 없기 때문에 3일에 두루 제사하는 것이니, 이는 모두 때에 따라 마땅하게 만든 것으로, 비록 聖人이 다시 나오더라도 이것을 바꾸지는 못할 것입니다.

지금 하늘과 땅을 함께 제사하는 것은 天子가 친히 제사하는 禮를 잃지 않은 것이나 北郊에는 반드시 직접 가시지 못할 것이니, 사람을 시켜 한 해에 두 번 제사함과 친히 가시는 두 가지 중에 어느 것이 더 중합니까?

만약 1년에 두 번 郊祀를 지내면서 관원을 보내어 제사를 대행하게 한다면 이것은 영원히 친히 땅을 섬기지 않는 것이요, 3년에 한 번씩 번갈아 하늘과 땅에 郊祀를 지내는데 땅에 郊祀할 해에 무더위와 비로 인해 황제가 친히 제사를 행하지 못하시고 관원을 보내어 제사를 대행하게 한다면 이것은 하늘과 땅을 다 친히 제사하지 않는 것입니다.

**夫分祀天地**는 **決非今世之所能行**이니이다 **議者不過欲於當郊之歲**에 **祀天地宗廟**를 **分而爲三耳**니이다 **分而爲三**이 **有三不可**하니 **夏至之日**에 **不可以動大衆, 擧大禮**가 **一**

也요 軍賞을 不可復加가 二也요 自有國以來로 天地宗廟 唯饗此祭하고 累聖相承하야 唯用此禮하니 此乃神祇所歆이요 祖宗所安이니 不可輕動이라 動之則有吉凶禍福하야 不可不慮가 三也니이다 凡此三者를 臣熟計之컨대 無一可行之理하니 伏請從舊爲便하노이다

하늘과 땅을 나누어 제사하는 것은 결코 지금 세상에서 행할 수 있는 것이 아닙니다. 의논하는 자들은 郊祀하는 해에 하늘과 땅과 宗廟에 제사하는 것을 나누어 셋으로 만들고자 함에 불과합니다.

그런데 나누어서 셋으로 만드는 것에는 세 가지 불가한 것이 있으니, 무더운 하짓날에 많은 병력을 동원하고 큰 禮를 거행할 수 없는 것이 첫 번째 이유요, 군사들에게 더 이상 상을 줄 수 없는 것이 두 번째 이유요, 우리 宋나라가 생긴 이래로 하늘과 땅과 宗廟가 오직 이 제사만을 흠향하였고 여러 황제들이 서로 계승해서 오직 이 禮만을 사용하였으니, 이것은 바로 天神과 地祇가 흠향하는 바이고 祖宗의 영령들이 편안히 여기시는 바이니, 가벼이 움직여서는 안 됩니다. 움직이면 길흉과 화복이 뒤따라서 우려하지 않을 수가 없는바, 이것이 세 번째 이유입니다.

무릇 이 세 가지를 臣이 익숙히 따져보았는데, 한 가지도 행할 만한 이치가 없으니, 엎드려 청하건대 옛 제도를 따르시는 것이 편리할 듯합니다.

昔西漢之衰에 元帝納貢禹之言하야 毁宗廟하고 成帝用丞相衡之議하야 改郊位라가 皆有殃咎하야 著於史策[1)]하니 往鑑甚明하야 可爲寒心이니이다 伏望陛下詳覽臣此章하시면 則知合祭天地가 乃是古今正禮요 本非權宜시리이다 不獨初郊之歲에 所當施行이라 實爲無窮不刊之典이니이다 願陛下謹守太祖建隆, 神宗熙寧之禮하야 無更改易郊祀, 廟饗하야 以敉(미)寧上下神祇하시고 仍乞下臣此章하야 付有司集議호되 如有異論이면 卽須畫一解破臣所陳六議하야 使皆屈伏하시면 上合周禮하고 下不爲當今軍國之患하야 不可固執하야 更不論當今可與不可施行이니이다 所貴는 嚴祀大典을 以時定이니이다 取進止하소서

옛날 西漢(前漢)이 쇠퇴했을 적에 元帝가 貢禹의 말을 받아들여서 宗廟를 허물었고 成帝가 匡衡의 의논을 따라서 郊祀하는 자리를 고쳤는데, 모두 앙화가 있어서 이

것이 역사책에 드러나 있으니, 지난날의 경계가 매우 분명하여 참으로 두렵습니다.

엎드려 바라건대, 폐하께서는 臣의 이 글을 자세히 보신다면 하늘과 땅을 合祭하는 것이 바로 古今의 올바른 禮이고, 본래 마땅함을 저울질해서 임시방편으로 한 것이 아님을 아실 것입니다. 이것은 비단 처음 郊祀하는 해에 마땅히 시행해야 할 것일 뿐만 아니라 실로 무궁한 세대에 없앨 수 없는 규정이 될 것입니다.

원컨대 폐하께서는 太祖의 乾隆 연간과 神宗의 熙寧 연간의 禮를 삼가 지키시고, 다시 郊祀와 宗廟의 제향을 바꾸지 말아서 上下(天地)의 神祇를 편안하게 하시며, 이어서 臣의 이 글을 내려 有司에게 맡겨서 의논하게 하시되 만일 이론이 있으면 즉시 한결같이 臣이 아뢴 여섯 가지 의논으로 이해시켜 저들로 하여금 모두 굴복하게 하소서.

그리하여 위로는 周나라의 禮에 부합하고 아래로는 현재의 軍國의 폐해가 되지 않게 하시어, 저들로 하여금 고집할 수 없게 해서 다시는 지금 시행이 가능하냐 불가능하냐를 의논하지 않게 하셔야 할 것입니다.

여기에서 소중한 것은 엄숙한 제사의 큰 禮典을 제때에 정하시는 것입니다. 裁量하소서.

1) 昔西漢之衰……著於史策 : 前漢(西漢) 元帝 때에 貢禹가 일찍이 아뢰기를 "漢나라의 종묘제사는 古禮에 부합하지 않는 것이 많으니, 이것을 고쳐야 합니다."라고 하자, 元帝는 그 말을 따랐으며, 뒤에 韋元成이 丞相이 되어 郡國에 있는 사당을 없애고 太上皇(高祖의 아버지)과 惠帝의 여러 園寢과 사당을 없앴다. 그런데 뒤에 元帝가 병을 앓게 되자 꿈속에서 없앤 사당의 신들이 나타나 크게 견책을 하였다. 그 후 成帝가 즉위하자, 丞相 匡衡이 "甘泉과 河東의 제사는 신령이 흠향할 만한 장소가 아니니, 마땅히 正陽인 太陽의 자리로 옮겨야 한다." 하였다. 그리하여 甘泉에 있던 泰畤를 없앴는데 南郊에서 제사하던 날에 큰 바람이 불어 열 아름이나 되는 나무를 백여 개나 뽑았다고 한다. ≪後漢書 郊祀志≫

**蘇氏諸箚中**에 **此箚爲最**라 **歷覽宋時廷議**컨대 **亦無有能及之者**하니 **當與西漢韋元成, 劉歆等廟議**로 **相伯仲**이니라

蘇氏의 여러 箚子 가운데 이 箚子가 으뜸이다. 宋나라 조정의 의논을

차례로 살펴보건대 또한 여기에 미칠 만한 것이 없으니, 마땅히 西漢時代의 韋元成과 劉歆 등의 宗廟에 대한 의논과 서로 伯仲이 될 만하다.

## 06. 乞郡箚子* 郡職을 맡을 것을 청한 箚子

* 本集에는 이 편 머리에 '元祐三年十月十七日 翰林學士 朝奉郎 知制誥 兼侍讀 蘇軾札子奏'라는 27字가 있다. 이로써 이 글이 元祐 3년(1088)에 쓰여졌으며, 이때 蘇軾이 翰林學士 知制誥 兼侍讀으로 在任 中이었음을 알 수 있다.

**覽此而不爲嗚咽流涕者**는 **非人情也**니라

이 글을 보고서도 오열하고 눈물을 흘리지 않는 자는 人情이 없는 것이다.

**臣近以左臂不仁**하고 **兩目昏暗**하야 **有失儀曠職之憂**일새 **堅乞一郡**이러니 **伏蒙聖慈降詔不允**하시고 **遣使存問**하며 **賜告養疾**하시니 **恩禮之重**이 **萬死莫酬**니이다 **以臣子大義言之**하면 **病未及死**면 **皆當勉强**이니 **雖有失儀曠職之罰**이나 **亦不當辭**니이다 **然**이나 **臣終未敢起就職事者**는 **實亦有故**하니 **言之則觸忤權要**하여 **得罪不輕**이요 **不言則欺罔君父**하야 **誅罰尤大**라 **故**로 **卒言之**하노이다

臣이 근래에 왼쪽 팔이 마비되고 두 눈이 어두워서 威儀를 잃고 직책을 수행하지 못할 우려가 있기에 굳이 한 고을을 맡을 것을 청원하였는데, 聖스럽고 자애로우신 폐하께서 詔勅을 내려 윤허하지 않으시고, 사자를 보내어 存問(위문)하고 휴가를 주어 질병을 요양할 수 있도록 은혜를 베풀어주시니, 은혜와 예우의 중함이 만 번 죽어도 갚을 수가 없습니다.

신하의 큰 의리를 가지고 말한다면 병이 들어 죽기 전까지는 모두 마땅히 힘써 일해야 하니, 비록 威儀를 잃고 직책을 수행하지 못하는 벌이 있더라도 또한 마땅히 사양해서는 안 됩니다.

그러나 臣이 끝내 감히 일어나 직책과 일에 나아가지 못하는 것은 실로 또한 이유가 있으니, 이것을 말씀드린다면 권력을 쥐고 要路를 담당한 자에게 저촉되어 죄를

얻는 것이 가볍지 않을 것이요, 그렇다고 해서 말씀드리지 않는다면 君父를 속여서 주벌이 더욱 클 것입니다. 그러므로 끝내 말씀드리는 것입니다.

**臣聞之**호니 **易曰 君子安其身而後動**이라하고 **又曰 君不密則失臣**하고 **臣不密則失身**[1]이라하니 **以此**로 **知事君之義**는 **雖以報國爲先**이나 **而報國之道**는 **當以安身爲本**이니 **若上下相忌**하야 **身自不安**이면 **則危亡是憂**니 **國何由報**리잇고 **恭惟陛下踐祚之始**에 **收臣於九死之餘**[2]하고 **半年之間**에 **擢臣爲兩制之首**[3]하시니 **方將致命**이니 **豈敢告勞**리오마는 **特以臣拙於謀身**하고 **銳於報國**하야 **致使臺諫**으로 **列爲怨仇**하니이다

臣이 들으니 《周易》에 이르기를 "君子가 그 몸을 편안히 한 뒤에 動한다."라고 하였고, 또 이르기를 "군주가 愼密하지 않으면 신하를 잃고 신하가 愼密하지 않으면 몸을 잃는다."라고 하였습니다. 이 때문에 군주를 섬기는 의리는 비록 報國을 우선으로 하나 報國하는 방도는 마땅히 몸을 편안히 하는 것을 근본으로 삼아야 함을 알 수 있습니다.

만약 윗사람과 아랫사람이 서로 꺼려서 자신이 스스로 편안하지 못하다면 위태로움과 멸망을 근심해야 할 것이니, 무슨 방법으로 나라에 보답하겠습니까?

공손히 생각하건대 폐하께서 즉위하신 처음에 아홉 번이나 죽을 뻔한 臣의 목숨을 거두어주시고 반년 뒤에 臣을 발탁하여 兩制의 首長을 삼으셨으니, 臣은 장차 목숨을 바쳐야 할 터인데 어찌 감히 수고로움을 말씀드리겠습니까? 다만 臣은 자신을 도모하는 데에 졸렬하고 報國하려는 데 銳意해서 臺諫들로 하여금 줄지어 원수가 되게 하였습니다.

1) 易曰……臣不密則失身 : 이 내용은 모두 《周易》 〈繫辭傳〉에 보인다.
2) 九死之餘 : 九死는 九死一生과 같은 뜻으로 매우 위험한 고비를 넘기고 살아남을 이른다.
3) 兩制之首 : 兩制는 翰林學士와 知制誥를 이른다. 蘇軾이 元祐 元年(1086)에 中書舍人에 제수되었다가 얼마 후 翰林學士와 知制誥로 승진하였으므로 말한 것이다.

臣이 與故相司馬光으로 雖賢愚不同이나 而交契最厚라 光既大用에 臣亦驟遷하니 在於人情에 豈肯異論이리오 但以光所建差役[1]一事를 臣實以爲未便이라하야 不免力爭이러니 而臺諫諸人[2]이 皆希合光意하야 以求進用하니이다 及光既歿하야는 則又妄意陛下以爲主光之言이라하야 結黨橫身하야 以排異議하야 有言不便이면 約共攻之하니이다 曾不知光至誠爲民하야 本不求人希合하고 而陛下虛心無我하시니 亦豈有所主哉잇가 其後에 又因刑部侍郎范百祿[3]이 與門下侍郎韓維[4]로 爭議刑名[5]하야 欲守祖宗故事[6]하야 不敢以疑法殺人하고 而諫官呂陶[7] 又論維專權用事하니이다 臣本蜀人이라 與此兩人으로 實是知舊니 因此로 韓氏之黨이 一例疾臣하야 指爲川黨[8]하니이다

臣은 별세한 정승 司馬光과는 비록 어질고 어리석음은 똑같지 않았으나 교분은 매우 두터웠습니다. 司馬光이 크게 등용되고 난 뒤에 臣 또한 갑자기 승진하였으니, 인정상 어찌 그와 의논을 달리하고자 하였겠습니까?

다만 司馬光이 건의한 差役 한 가지 일을 臣은 실로 온당하지 못하다고 여겨서 어쩔 수 없이 강력하게 간쟁하였는데, 여러 臺諫들은 모두 司馬光의 뜻에 영합해서 등용되기를 바랐습니다. 그러다가 司馬光이 별세하자, 또 망령되이 폐하께서 司馬光의 말을 주장하실 것이라고 생각하여, 黨을 지어 멋대로 행동하고 異論을 배척하여, 온당치 못하다고 말하는 자가 있으면 약속하여 함께 공격하고 있습니다.

참으로 알지 못하겠습니다. 司馬光은 지극한 정성으로 백성들을 위해서 사람들이 자신에게 영합하기를 본래 바라지 않았고, 폐하께서는 마음을 비우시고 我執이 없으시니, 또한 어찌 고집하여 주장하는 바가 있으시겠습니까?

그 뒤에 또 刑部侍郎 范百祿이 門下侍郎 韓維와 함께 刑名을 가지고 논쟁해서 祖宗의 고사를 지켜 감히 의심스러운 법으로써 사람을 죽이지 않고자 하였고, 諫官 呂陶는 또 韓維가 권력을 독단하여 用事한다고 논죄하였습니다.

臣은 본래 蜀 지방 사람이라서 이 두 사람(范百祿, 呂陶)과 실로 친구간인데, 이로 인하여 韓氏의 무리들이 한결같이 臣을 미워하여 川黨이라고 지목하였습니다.

1) 差役 : 백성들을 차출하여 부역시키는 제도이다. 宋나라는 差役法을 시행해 오다가 神宗 때 王安石의 新法을 받아들여 免役法으로 바꾸었다. 免役은 일반 백성들의 부역을 면제하는 대신 돈을 내게 하고 그 돈으로 사람을 고용하여 부역

하게 하는 제도인데, 초기에는 蘇軾도 司馬光과 함께 免役法의 시행을 반대하였으나 뒤에는 생각을 바꾸어 免役法을 찬성하였다. 神宗이 승하하고 哲宗이 즉위하여 新法을 모두 폐지하고 다시 옛 제도를 사용하였는데, 이때 蘇軾은 司馬光과 의견충돌을 일으켰다.

2) 臺諫諸人 : 臺諫은 御史臺와 諫院이다. '여러 臺諫들'이란, 李定, 何正臣, 楊康國, 趙挺之 등을 가리킨다.

3) 刑部侍郎范百祿 : 范百祿은 字가 子功으로 成都 華陽 사람인데 蘇軾과 고향이 같아 친하게 지냈다.

4) 門下侍郎韓維 : 門下侍郎은 門下省의 副貳인데 당시 首長인 門下侍中을 잘 임명하지 않았기 때문에 실제로 門下省의 首長이 되어 知樞密院, 同知樞密院, 中書侍郎, 尙書左丞, 尙書右丞과 함께 執政大臣이 되었다. 韓維는 字가 持國으로 可封 雍丘 사람인데, 元祐 元年(1086) 5월부터 다음 해 7월까지 門下侍郎으로 재직하였다.

5) 刑名 : 刑法을 가리킨다.

6) 祖宗故事 : 祖宗은 神宗을 가리킨 것으로 熙寧 연간에 만든 刑法을 가리킨 것이다. 이때 조정에서는 싸우다가 사람을 죽였을 경우 정상을 참작할 만하면 살인자를 죽이지 않고 딴 형벌로 감형할 것을 논의하였는데, 刑部侍郎 范百祿은 熙寧 연간의 고사를 따라 죽이지 말 것을 주장하였으나 門下侍郎 韓維는 그 살인자를 죽여야 한다고 주장하여 논쟁을 벌였었다.

7) 諫官呂陶 : 呂陶는 字가 元鈞으로 成都 사람이다. 元祐 초년 殿中侍御史로 발탁되었다가 左諫議로 옮겨, '韓維가 권력을 독단하고 친구들을 끌어들인다.'고 탄핵하였다.

8) 川黨 : 川은 四川으로 蜀 지방을 가리키는데, 蘇軾이 蜀 지방 출신이므로 이렇게 칭한 것이다. 이때 또 洛陽 출신의 伊川 程頤를 중심으로 한 洛黨과 朔方 출신을 중심으로 한 朔黨이 있었는데, 洛黨에는 朱光庭, 賈易가 羽翼이었고, 朔黨은 劉摯, 王巖叟, 劉安世를 영수로 하고 羽翼이 매우 많았는데, 이들은 高宗의 紹聖 연간에 이르러 모두 元祐黨으로 몰렸다.

**御史趙挺之**[1) ]**在元豊末**에 **通判德州**할새 **而著作黃庭堅**[2)]이 **方監本州德安鎭**하니이다 **挺之希合提擧官楊景棻**(분)하야 **意欲於本鎭**에 **行市易法**[3)]한대 **而庭堅以謂鎭小民貧**하야

不堪誅求하니 若行市易이면 必致星散이라하야 公文往來하야 士人傳笑하니이다 其後에 挺之以大臣薦으로 召試館職이어늘 臣嘗對衆言호되 挺之는 聚斂小人이라 學行無取하니 豈堪此選이리오하니이다

御史 趙挺之가 元豐 말년에 德州通判으로 있을 적에 著作 黃庭堅이 막 本州의 德安鎭을 맡고 있었는데, 趙挺之가 提擧官 楊景棻에게 영합하여 本鎭에다가 市易法을 시행하려고 하자, 黃庭堅이 말하기를 "鎭은 작고 백성은 가난하여 苛斂誅求를 감당하지 못하니, 만약 市易法을 시행하게 되면 반드시 백성들이 별처럼 뿔뿔이 흩어지게 될 것이다."라고 하여, 공문이 여러 번 오고 가서 선비들에게 비웃음을 받게 되었습니다. 그 뒤에 趙挺之가 대신의 천거로 부름을 받아 館閣의 직책에 試用되자, 臣이 일찍이 여러 사람들을 대하여 "趙挺之는 苛斂誅求하는 小人이다. 학식과 행실을 취할 것이 없으니, 어찌 이 選拔을 감당할 수 있겠는가?"라고 말한 적이 있습니다.

1) 御史趙挺之 : 趙挺之는 字가 正夫로 密州 諸城 사람이다. 元豐 말년 德州通判으로 있다가 徽宗 때 재상이 되자 앞장서서 元祐黨人을 공격한 소인이다.
2) 黃庭堅 : 字는 魯直이고 號는 山谷이며 江西 分寧 사람으로 蘇門四學士의 한 사람이다.
3) 市易法 : 王安石의 新法 가운데 하나이다. 熙寧 5년(1072)에 실시하여 元豐 8년(1085)에 폐지되었다. 豪商들로부터 영세상인을 보호하기 위하여 중요한 도시에 市易務를 설치하여 영세상인이 팔지 못한 상품을 사주거나 또는 이를 저당으로 하여 연 2割의 이자로 자금을 융통해주었는데, 이 또한 관리들의 농간이 많아 영세상인들이 오히려 파탄에 이르는 경우가 많았다.

又挺之妻父郭槩 爲西蜀提刑時에 本路提擧官韓玠 違法虐民이어늘 朝旨委槩體量이러니 而槩附會隱庇한대 臣弟轍이 爲諫官하야 劾奏其事하야 玠槩竝行黜責하니이다 以此로 挺之疾臣이 尤出死力하니이다 臣二年之中에 四遭口語하고 發策草麻를 皆謂之誹謗하고 未出省榜[1]에 先言其失士하며 以至臣所薦士를 例加誣衊(멸)[2]하고 所言利害를 不許相見[3]하니이다

그리고 또 趙挺之의 妻父 郭槩가 西蜀의 提刑이 되었을 때에 本路의 提擧官 韓玠가

법을 어기고 백성들에게 포악하게 대하였으므로 조정에서 명령을 내려 郭槩에게 體量(조사)을 맡겼는데, 郭槩가 韓玠에게 붙어 죄를 숨기고 비호하니, 臣의 아우 蘇轍이 諫官이 되어 이 일을 탄핵해서 韓玠와 郭槩가 모두 쫓겨나는 벌을 받았습니다. 이 때문에 趙挺之가 臣을 미워함에 더욱 죽을 힘을 내고 있는 것입니다.

그러므로 臣은 2년 사이에 네 번 口舌을 만났고, 臣이 策問을 출제하고 麻紙에 草案한 것을 저들은 모두 "臣이 조정을 비방했다."고 비판하였으며, 臣이 省榜을 내기도 전에 먼저 "〈선발이 공정하지 않아〉 선비를 잃었다."고 말하였습니다. 심지어는 臣이 천거한 선비들에게 의례히 모함을 가하고 臣이 利害를 논한 것들을 서로 보는 것을 허락하지 않기까지 하였습니다.

1) 未出省榜 : 省榜은 進士科의 급제자 명단을 이른다. 宋나라는 禮部에서 선비를 선발하였는데, 禮部는 尙書省에 소속되었으므로 省榜이라 칭한 것이다. 中國은 進士科가 바로 朝鮮朝의 文科이다.

2) 臣所薦士 例加誣衊(멸) : 蘇軾이 元祐 3년(1088) 3월, 知貢擧가 되어 廖正一, 黃庭堅 등을 선발하였는데, 반대파에서 蘇軾이 부정하게 이들을 뽑았다고 비판하였다.

3) 所言利害 不許相見 : 蘇軾이 건의한 사안들을 臺諫들이 반대하여 조정에서 돌려 보지 못하게 함을 말한 것이다.

**近日王覿**(적)은 **言胡宗愈指臣爲黨**하고 **孫覺**은 **言丁隲**(즐)**云是臣親家**[1]라하니 **臣與此兩人**으로 **有何干涉**이완대 **而於意外**에 **巧構曲成**하야 **以積臣罪**하야 **欲使臣撓椎於十夫之手**[2]하고 **而使陛下投杼於三至**[3]**之言**하니이다 **中外之人**이 **具曉此意**하야 **謂臣若不早去**면 **必致傾危**라하니이다 **臣非不知聖主天縱聰明**하사 **察臣無罪**나 **但以臺諫氣焰**이 **震動朝廷**하야 **上自執政大臣**으로 **次及侍從百官**하고 **外至監司守令**하야 **皆畏避其鋒**하야 **奉行其意**하야 **意所欲去**면 **勢無復全**하니 **天下知之**로되 **獨陛下深居法宮之中**하사 **無由知耳**니이다

근일에 王覿은 "胡宗愈가 臣을 王覿의 黨으로 지목한다." 하였고, 孫覺은 "丁隲은 孫覺이 臣의 친한 집안이라고 말했다." 하니, 臣이 이 두 사람과 무슨 상관이 있기에

뜻밖에 교묘하게 얽고 거짓으로 만들어내 臣의 죄를 쌓았습니다. 그리하여 臣으로 하여금 열 사람의 손으로 방망이를 휘어 굽게 만들고, 폐하로 하여금 터무니없는 말이 세 번 이름에 베 짜던 북을 던지시게 하였습니다.

中外의 사람들은 모두 이 뜻을 깨닫고 臣이 만약 일찍 조정을 떠나가지 않으면 반드시 위태로워질 것이라고 말합니다. 聖主께서는 하늘이 내신 聰明이시니, 臣의 무죄함을 살피실 줄을 臣이 모르는 것은 아니오나, 다만 臺諫들의 기염이 조정을 진동해서 위로는 執政大臣으로부터 다음으로는 侍從하는 신하와 百官에 미치고 밖으로는 監司와 守令에까지 이르러 모두 그 예봉을 두려워하고 피하고 있습니다.

그리하여 이들의 뜻을 받들어 행해서, 그들 마음에 제거하고자 하는 바이면 형세상 다시 온전할 사람이 없으니, 천하 사람들은 모두 이것을 알고 있으나 오직 폐하만이 法宮의 가운데에 깊이 거처하셔서 알 길이 없는 것입니다.

1) 王覿(적)……是臣親家 : 王覿은 字가 明叟이고 泰州 如皐 사람인데 元祐 연간에 司諫으로 있으면서 蘇軾을 변호한 적이 있었고, 孫覺은 字가 莘老이고 高郵 사람인데 哲宗 초년에 右諫議大夫를 맡고 蘇軾과 친하였다. 이 때문에 胡宗愈 등의 반대파들이 "蘇軾은 王覿과 朋黨을 한다."고 비판하였고, 또 "蘇軾은 孫覺과 친한 집안이어서 변호한다."고 비판한 것이다.

2) 撓椎於十夫之手 : 撓椎는 방망이를 휘어 굽게 한다는 뜻으로 남을 모함하는 말이 蜂起하면 시비와 곡직을 분별하기 어려움을 비유한다. 漢나라 武帝 建元 3년(B.C. 138) 中山靖王 劉勝이 조회 오자, 武帝가 술자리를 베풀어주었는데, 劉勝은 음악소리를 듣고는 눈물을 줄줄 흘렸다. 武帝가 그 이유를 묻자 대답하기를 "여러 사람의 입김은 산을 표류시키고 모기소리가 모이면 우레소리를 이루며, 또 朋黨이 떼지어 일어나면 호랑이도 잡고 남자 열 명이면 방망이도 굽게 만들 수 있다 합니다." 하였다. 이는 그가 남의 모함을 두려워하여 한 말이었다.

3) 投杼於三至 : 동명이인의 曾參이 살인을 하자, 曾子의 어머니에게 사람이 찾아가 "당신 아들이 살인을 하였으니, 빨리 도망하라."고 하였다. 曾子의 어머니는 처음에는 믿지 않았으나 연달아 세 사람이 찾아와서 똑같은 말을 하자 그 말을 믿고는 베 짜던 북을 던지고 도망하였다고 한다. 이후로 이 고사는 터무니없는 말로 여러 사람이 반복하여 전하면 진실처럼 믿어지는 것을 의미한다. ≪史記 甘茂傳≫ 曾子는 孔子의 제자로 이름이 參인데, 효성스럽고 인자한 인물이다.

臣竊觀三代以下로 號稱明主는 莫如漢宣帝, 唐太宗이니이다 然宣帝는 殺蓋(합)寬饒[1]하고 太宗은 殺劉洎(계)하니 皆信用讒言하야 死非其罪하야 至今哀之하니이다 宣帝初知蓋寬饒忠直하야 不畏強禦하야 自候司馬로 擢爲太中大夫, 司隷校尉하니 不可謂不知之深矣러니 而蓋寬饒上書에 有云五帝官天下하고 三王家天下[2]라한대 而當時讒人이 乃謂寬饒欲求禪位라하니 宣帝不察하여 致使寬饒自剄北闕下하니이다

臣이 엎드려 살펴보건대 三代 이하로 현명한 군주라고 일컬어지는 분으로는 漢나라 宣帝와 唐나라 太宗만 한 이가 없습니다. 그러나 宣帝는 蓋寬饒를 죽였고 太宗은 劉洎를 죽였는데, 이것은 모두 참소하는 말을 믿어 그의 죄가 아닌 것으로 죽였습니다. 그리하여 사람들은 지금까지도 이들을 가엾게 여기고 있습니다.

宣帝는 처음에 蓋寬饒가 충직하여 강하고 포악한 자들을 두려워하지 않는다는 것을 알고는 候司馬로부터 발탁하여 太中大夫와 司隷校尉로 삼았으니, 그를 깊이 알지 않았다고 이를 수가 없습니다.

그런데 蓋寬饒의 상소문에 "五帝는 천하를 公的인 관청으로 삼아 禪讓하였고, 三王은 천하를 자기 집으로 삼아 후손에게 물려주었다."라고 하자, 당시 참소하는 사람들이 마침내 '蓋寬饒가 천자의 지위를 禪讓받고자 한다.'고 모함하니, 宣帝가 이것을 제대로 살피지 못하고서 蓋寬饒로 하여금 북쪽 대궐 아래에서 스스로 목 찔러 죽게 하였습니다.

1) 蓋(합)寬饒 : 字는 次公인데 孝廉으로 뽑혀 강직하기로 유명하였다.
2) 五帝官天下 三王家天下 : 五帝는 黃帝와 顓頊, 帝嚳, 帝堯, 帝舜이라고도 하고 黃帝 대신에 少昊를 넣기도 하며, 三王은 夏나라의 禹王, 商나라의 湯王, 周나라의 文王과 武王을 가리키는데, 위와 비슷한 내용이 ≪禮記≫ 〈禮運〉에 보인다.

太宗이 信用劉洎하야 言無不從하야 嘗比之魏文貞公[1]하니 亦不可謂不知之深矣러니 而太宗征遼患癰(옹)이어늘 洎泣曰 聖體不康이 甚可憂懼라한대 而當時讒人이 乃謂洎欲行伊霍之事[2]라하니 太宗不察하고 賜洎自盡하니이다 二主非不明也요 二臣之受知 非不深也로되 恃明主之深知하고 不避讒人積毀하야 以至身首異處[3]하야 爲天下笑하니이다

唐나라 太宗은 劉洎를 신용하여 그의 말을 따르지 않은 것이 없어 일찍이 魏文貞公(魏徵)에 견주기까지 했으니, 또한 깊이 알지 않았다고 이를 수가 없습니다.

그런데 太宗이 요동을 정벌하다가 종기를 앓자 劉洎가 눈물을 떨구며 말하기를 "聖體가 편안하지 못함이 매우 근심스럽고 두려울 만하다."라고 하였습니다. 당시의 참소하는 사람들이 "劉洎가 伊尹과 霍光의 일을 행하고자 한다."라고 모함하니, 太宗이 살피지 못하고 劉洎에게 自盡을 명하였습니다.

두 임금이 현명하지 않은 것도 아니고 두 신하가 군주에게 인정을 받은 것이 깊지 않은 것도 아니었지만, 이들은 현명한 군주가 깊이 알아줌을 믿고 참소하는 사람들이 훼방하는 것을 피하지 아니하여, 몸과 머리가 다른 곳에 처하여 천하의 비웃음거리가 되고 말았습니다.

1) 魏文貞公 : 文貞은 魏徵의 諡號이다. 魏徵은 唐나라 太宗의 名臣으로 간쟁을 잘 하여 諫官의 대표적인 인물로 알려져 있다.
2) 伊霍之事 : 伊霍은 伊尹과 霍光을 가리킨 것으로, 伊尹과 霍光의 일이란 바로 不肖한 후계자를 갈아치우고 새로운 사람을 군주로 옹립함을 이른다.
3) 身首異處 : 원래 죄인을 斬刑에 처하여 몸통과 머리가 따로따로 있게 함을 이르나, 여기서는 죽임을 당한 것을 과장하여 표현한 것이다.

今臣自度(탁)컨대 受知於陛下가 不過如蓋寬饒之於漢宣帝와 劉洎之於唐太宗也요 而讒臣者는 乃十倍於當時하니 雖陛下明哲寬仁이 度(渡)越二主나 然臣亦豈敢恃此不去하야 以卒蹈二臣之覆轍哉잇가 且二臣之死에 天下後世皆言 二主信讒邪而害忠良이라하야 以爲聖德之累하니 使此二臣者 識幾畏漸하야 先事求去런들 豈不身名俱泰하고 臣主兩全哉잇가 臣縱不自愛나 獨不念一旦得罪之後에 使天下後世로 有以議吾君乎잇가

지금 臣이 스스로 헤아려보건대 폐하에게 인정을 받는 것이 蓋寬饒가 漢나라 宣帝에 있어서와 劉洎가 唐나라 太宗에 있어서와 같음에 지나지 않고, 臣을 참소하는 자들은 도리어 당시의 열 배나 되니, 비록 폐하께서 명철하고 너그럽고 인자하심이 두 군주보다 월등히 나으시나 臣이 어찌 감히 이것을 믿고 떠나가지 않아서 끝내 두 신

하의 전철을 밟겠습니까?

그리고 두 신하가 죽자 천하와 후세 사람들은 모두 두 군주가 참소하는 자와 사악한 자들을 믿고서 충성스럽고 어진 사람들을 살해하였다고 비판하여 聖德의 累로 삼고 있습니다.

만일 이 두 신하가 기미를 알고 조짐을 두려워하여 일에 앞서서 미리 떠나갔더라면 어찌 몸과 명예가 모두 편안하고 신하와 군주가 모두 온전하지 않았겠습니까? 臣이 비록 스스로 제 몸을 아끼지는 않으나 어찌 하루아침에 죄를 얻은 뒤에 천하와 후세 사람들이 이로 인하여 우리 임금님을 비난하게 될 것을 홀로 생각하지 않을 수 있겠습니까?

**昔**에 **先帝召臣上殿**하야 **訪問古今**하시고 **勅臣今後遇事卽言**하시니이다 **其後**에 **臣屢論事**나 **未蒙施行**일새 **乃復作爲詩文**하야 **寓物託諷**하니 **庶幾流傳上達**하야 **感悟聖意**러니 **而李定, 舒亶, 何正臣三人**이 **因此言臣誹謗**이라하야 **遂得罪**[1]하니이다 **然猶有近似者**는 **以諷諫爲誹謗也**니이다

옛날 先帝(神宗)께서 臣을 불러 대궐에 오르게 해서 古今의 일을 물으시고 臣에게 지금 이후로 일(政事)을 만나거든 즉시 말하라고 명하셨습니다.

그 후 臣이 여러 번 일을 논했으나 시행되지 못했기에 마침내 다시 詩文을 지어 事物에 의탁해서 풍자하였으니, 이것은 행여 널리 퍼져 임금님께 도달해서 聖上의 마음을 감동시켜 깨닫기를 바란 것이었는데, 李定과 舒亶, 何正臣 세 사람이 이로 인해 臣이 조정을 비방한다고 말해서 臣이 마침내 죄를 얻었습니다. 그러나 이것은 오히려 近似한 점이 있으니, 諷諫을 비방이라고 하였기 때문입니다.

1) 作爲詩文……遂得罪 : 神宗 元豐 2년(1079) 8월에 御史인 李定, 舒亶, 何正臣은 蘇軾이 지은 詩를 '조정을 비방했다.'고 트집 잡아 체포해서 御史臺에 下獄시켰다가 黃州로 좌천시켰는데, 이를 '烏臺詩案'이라고 칭한다. 烏臺는 御史臺를 가리키고, 詩案은 詩로 인하여 罪案이 되었음을 이른다.

**今臣草麻詞**에 **有云民亦勞止**[1]라한대 **而趙挺之以爲誹謗先帝**라하니 **則是以白爲黑**하고

以西爲東하야 殊無近似者하니이다 臣以此로 知挺之嶮毒이 甚於李定, 舒亶, 何正臣이요 而臣之被讒이 甚於蓋寬饒, 劉洎也니이다 古人有言曰 爲君難이요 爲臣不易라하니 臣欲依違苟且하야 雷同衆人이면 則內愧本心하고 上負明主요 若不改其操하야 知無不言이면 則怨仇交攻하야 不死卽廢하리이다

그런데 지금 臣이 草한 麻詞(任命詞)에 이르기를 "백성들 또한 수고롭다."고 하자, 趙挺之가 "先帝를 비방했다."고 비판하고 있는데, 이것은 흰 것을 검다고 하고 서쪽을 동쪽이라 하여 전혀 近似한 것이 없습니다.

그러므로 臣은 이로써 趙挺之의 험하고 독함이 李定과 舒亶, 何正臣보다 더 심하고, 臣이 참소를 당하는 것이 蓋寬饒와 劉洎보다 더 심하다는 것을 알게 되었습니다.

옛사람이 말하기를 "임금 노릇하기가 어렵고 신하 노릇하기가 쉽지 않다."라고 하였으니, 臣이 이럴까 저럴까 망설이고 구차히 지내면서 여러 사람들에게 부화뇌동하고자 한다면 안으로는 본심에 부끄럽고 위로는 현명한 군주를 저버리는 것이요, 만약 지조를 변치 않고 아는 것을 모두 말씀드린다면 臣의 원수들이 서로 공격하여, 죽지 않으면 폐출될 것입니다.

1) 今臣草麻詞 有云民亦勞止 : 草麻詞는 黃麻紙에 군주의 임명장을 적은 글을 초안함을 이른다. 이때 蘇軾은 知制誥가 되어 呂大防을 左揆(左相)로 임명하는 黃麻紙에 任命詞를 草하였는데, 여기에 "하늘이 밝게 드러나시어 장차 태평성대의 시운을 열 것이요, 백성들 또한 수고로우니 편안히 쉴 날을 듣기 원한다.〔天維顯思 將啓承平之運 民亦勞之 願聞休息之期〕"라고 하였다. '民亦勞之'는 원래 ≪詩經≫ 〈大雅 民勞〉에 보이는 내용으로, 〈民勞〉는 厲王이 포악한 정사를 하여 백성들을 수고롭게 하는 것을 풍자한 시이다. 이에 蘇軾의 반대파들은 이것을 트집 잡아 "승하한 神宗을 厲王에 빗대어 비방했다."고 비난하였다.

伏望聖慈는 念爲臣之不易하고 哀臣處此之至難하사 始終保全하야 措之不爭之地하시고 特賜指揮하야 檢會前奏하야 早賜施行하소서 臣無任感恩知罪하야 祈天請命하야 激切戰恐之至로소이다 取進止하소서

엎드려 바라건대 성스럽고 자애로우신 폐하께서는 신하 노릇하기가 쉽지 않음을

생각하시고 臣이 이에 대처하는 것이 지극히 어려움을 가엾이 여기셔서 끝까지 보전하여 다투지 않을 자리에 놓아주시고, 또 특별히 지휘(지시)를 내리셔서 臣이 예전에 아뢴 것들을 조사하여 조속히 시행하게 하소서.

臣은 은혜에 감사하고 지은 죄를 알아서 하늘에 기원하여 명을 청하면서 激切하고 두려운 마음을 이기지 못하겠습니다. 裁量하소서.

## 07. 辯試館職策問箚子 一* 館職을 시험한 策問을 변명한 첫 번째 箚子

* 本集에는 이 편 머리에 '元祐元年十二月十八日 翰林學士 朝奉郎 知制誥 兼侍讀 蘇軾札子奏'라는 28字가 있다. 이로써 이 글이 元祐 元年(1086)에 쓰여졌으며, 이때 蘇軾이 翰林學士 知制誥 兼侍讀으로 在任 中이었음을 알 수 있다.

**以下二箚**는 **蘇子瞻忠義明辯**하여 **雖九死而不懼**하니 **亦子瞻供狀**이니라

이하의 두 箚子는 蘇子瞻(蘇軾)이 충의롭고 밝게 분별해서 비록 아홉 번 죽더라도 두려워하지 않은 내용이니, 또한 子瞻 자신에 대한 진술서이다.

**臣竊聞**호니 **諫官言 臣近所撰試館職人策問**[1]에 **有涉諷議先朝之語**라하니이다 **臣退伏思念**호니 **其略曰 今朝廷**이 **欲師仁祖之忠厚**인댄 **而患百官有司不擧其職**하야 **或至於婾**(투)하고 **欲法神考之勵精**인댄 **而恐監司守令不識其意**하야 **流入於刻**이라하니 **臣之所謂婾與刻者**는 **專指今之百官有司及監司守令**이 **不能奉行**하야 **恐致此病**이니 **於二帝**에 **何與焉**이리잇고

臣이 엎드려 들으니, 諫官들은 臣이 근래 지은 '館職에 임용할 사람을 시험한 策問'에 "先朝를 풍자하는 내용이 있다."고 말합니다.

臣이 물러나와 엎드려 생각해보니, 그 대략에 이르기를 "지금 朝廷에서 仁祖(仁宗)의 忠厚함을 따르고자 할진댄 百官과 有司들이 제대로 직책을 거행하지 않아서 혹 나태함에 이르게 될까 염려되고, 神考(神宗)의 정신을 가다듬어 전력을 다해 다스리신 것을 본받고자 할진댄 監司와 守令들이 그 뜻을 알지 못하여 각박함에 흘러 들어

갈까 두렵다."라고 하였는데, 臣이 말한 나태함과 각박함은, 오직 오늘날의 百官과 有司와 監司와 守令들이 이것을 제대로 받들어 시행하지 못해서 이 병통을 이루지 않을까 하는 두려움을 가리킨 것이니, 두 분 황제와 무슨 상관이 있겠습니까?

1) 試館職人策問 : 館職에 임용할 사람에게 시험 보이는 策問을 이른다. 元祐 元年(1086) 12월 翰林學士 知制誥로 있던 蘇軾은 이 策問을 지어 올려 畢仲游, 黃庭堅, 張耒, 晁補之 등의 名士들을 선발하여 보임하였는데, 左司諫으로 있던 朱光庭이 策問 가운데 뒤에 나오는 부분을 트집 잡아 不忠한 죄로 蘇軾을 탄핵하였다. 宋나라는 進士科에 급제한 다음 다시 策問試에 뽑혀야만 館職에 보임될 수 있었는데, 史館과 昭文館, 集賢殿을 三館이라 하고 이곳에 소속된 벼슬을 館職이라 하였다.

至於前論周公太公하고 後論文帝宣帝[1]하야는 皆是爲文引證之常이니 亦無比擬二帝之意니이다 況此策問第一第二首는 鄧溫伯[2]之詞요 末篇은 乃臣所撰이어늘 三首를 皆臣親書進入하야 蒙御筆點하야 用第三首하니이다 臣之愚意 豈逃聖鑒이리오 若有毫髮諷議先朝면 則臣死有餘罪리이다 伏願少回天日之照하사 使臣孤忠으로 不爲衆口所鑠(삭)[3]하소서 臣無任伏地待罪戰恐之至로소이다 取進止하소서

앞에서는 周나라의 周公과 太公을 논하고 뒤에서는 漢나라의 文帝와 宣帝를 논함에 있어서는 이것은 모두 글을 지을 적에 引證하는 常例이니, 또한 두 분 황제에게 비유하려는 뜻이 있지 않았습니다. 더구나 이 策問의 첫 번째와 두 번째 글은 鄧溫伯이 지은 것이고, 마지막 편은 臣이 지은 것인데, 세 首를 모두 臣이 직접 써서 올려 御筆의 낙점을 받아 세 번째 글을 사용하게 되었습니다. 臣의 어리석은 뜻이 어찌 聖上의 살피심을 피할 수 있겠습니까? 만약 털끝만큼이라도 先朝를 풍자하는 뜻이 있다면 臣은 죽어도 남은 죄가 있을 것입니다.

엎드려 바라건대 하늘의 태양과 같으신 聖上의 살피심을 다소 돌리시어, 臣의 외로운 충성이 여러 사람들의 입에 녹여지는 바가 되지 않게 하소서. 臣은 땅에 엎드려 죄가 내리기를 기다리며 지극히 두려운 마음을 이기지 못하겠습니다. 裁量하소서.

1) 前論周公太公 後論文帝宣帝 : 策問을 살펴보면 앞뒤 두 부분으로 나뉘는데 앞 부분에서는 논하기를 "秦나라는 너무 강함에 잘못되었고 周나라는 너무 약함에 잘못되었다. 옛날 周公이 魯나라를 다스릴 적에 친한 사람을 친애하고 높은 사람을 높였는데, 후세에 이르러 점점 쇠약해지는 근심이 있었다. 太公이 齊나라를 다스릴 적에 어진 사람을 중용하고 功이 있는 사람을 높였는데, 말류에는 또한 다투고 찬탈하는 화가 있었다.〔秦失其强 周失其弱 昔周公治魯 親親而尊尊 至其後也 有寖微之憂 太公治齊 擧賢而上功 而其末流 亦有爭奪之禍〕"라고 하였고, 뒷부분에서는 논하기를 "옛날 漢나라 文帝는 너그럽고 인자한 長者로서 조정에서 남의 잘못을 말하는 것을 부끄러워하기까지 하였으나 신하들이 태만하여 직책을 거행하지 않는 병폐가 있었다는 말을 듣지 못하였고, 宣帝는 名과 實을 따져, 法條文으로 다스리는 선비들이 모두 그 재능을 다하였으나 신하들이 지나치게 독촉하고 책망하는 잘못이 있었다는 말을 듣지 못했다.〔昔漢文寬仁長者 至於朝廷之上 恥言人過 而不聞其有怠廢不擧之病 宣帝綜核名實 至於文理之士 咸精其能 而不聞其有督責過甚之失〕"라고 하였다.

2) 鄧溫伯 : 누구인지 자세하지 않다.

3) 衆口所鑠(삭) : 사람들의 비방하는 말을 변명할 길이 없음을 이르는바, ≪國語≫ 〈周語〉에 이르기를 "여러 사람의 비방하는 말은 단단한 쇠도 녹여버린다.〔衆口鑠金〕"라고 한 말을 인용한 것이다.

## 08. 辯試館職策問箚子 二* 館職을 시험한 策問을 변명한 두 번째 箚子

* 本集에는 이 편 머리에 '元祐二年正月十七日 翰林學士 朝奉郞 知制誥 兼侍讀 蘇軾札子奏'라는 27字가 있다. 이로써 이 글이 元祐 2년(1087)에 쓰여졌으며, 이때 蘇軾이 翰林學士 知制誥 兼侍讀으로 在任 中이었음을 알 수 있다.

臣近以試館職策問으로 爲臺諫[1)]所言하니 臣初不敢深辯은 蓋以自辯而求去는 是不欲去也니이다 今者에 竊聞호니 明詔已察其實하사 而臣四上章에 四不允하시니 臣子之義에 身非己有라 詞窮理盡하야 不敢求去니이다 是以로 區區復一自言하노이다

臣이 근래 '館職을 시험한 策問' 때문에 臺諫에게 비난을 받았는데도 당초에 감히

깊이 변명하지 않았던 이유는, 스스로 변명하면서 떠나가기를 구하는 것이 바로 떠나고자 하지 않는 것이기 때문이었습니다.

그런데 지금 엎드려 들으니, 밝은 詔書가 이미 그 실상을 살피시어 臣이 네 번 사직하는 글을 올렸으나 네 번 다 允許하지 않으시니, 臣子의 의리에 그 몸은 저의 소유가 아닙니다. 그러므로 말이 다하고 이치가 다하여, 감히 떠나가기를 구하지 못하는 것입니다. 이 때문에 區區하게 다시 한 번 스스로 말씀드리는 것입니다.

1) 臺諫 : 원래 御史臺와 司諫院을 함께 칭하나 여기서는 당시 左司諫으로 있던 朱光庭을 가리킨 것이다.

臣所撰策問에 首引周公太公之治齊魯에 後世皆不免衰亂者는 以明子孫不能奉行이면 則雖大聖大賢之法이라도 不免於有弊也요 後引文帝宣帝仁厚而事不廢하고 核實而政不苛者는 以明臣子若奉行得其理하야 無觀望希合之心이면 則雖文帝宣帝라도 足以無弊也니이다 中間에 又言 六聖相受[1]에 爲治不同하나 同歸於仁하니 其所謂媮與刻者는 專謂今之百官有司及監司守令이 不識朝廷所以師法先帝之本意하야 或至於此也니이다 文理甚明하야 粲若黑白하니 何嘗有毫髮疑似하야 議及先朝리잇고 非獨朝廷知臣無罪可放라 臣亦自知無罪可謝也니이다

臣이 지은 策問에 맨 먼저 周公과 太公이 齊나라와 魯나라를 다스렸는데도 후세에 모두 쇠퇴하고 혼란함을 면치 못한 사실을 인용했던 것은 자손들이 선조의 법제대로 받들어 시행하지 못하면 비록 大聖人과 大賢人의 법이라도 병폐가 있음을 면치 못함을 밝히고자 해서였고, 뒤에 漢나라의 文帝가 仁厚하였는데도 일이 폐지되지 않았고 宣帝가 사실대로 엄격하게 조사하였는데도 政事가 까다롭지 않았음을 인용한 것은, 신하들이 만약 이치에 맞게 잘 받들어 시행하여 관망하고 영합하는 마음이 없으면 비록 文帝나 宣帝와 같은 군주라도 충분히 병폐가 없을 수 있다는 것을 밝히고자 해서였습니다.

중간에 또 여섯 聖君이 서로 계승함에 다스린 것은 똑같지 않았으나 똑같이 仁으로 돌아갔다고 말하였으니, 여기에서 말한 바 게으름과 각박함은 오로지 오늘날 百官과 有司와 監司와 守令들이 조정에서 先帝의 본의를 본받을 줄을 알지 못하여 혹 여기에

이르렀음을 말한 것입니다.

글의 조리가 매우 분명하여 분별하기가 흑백과 같으니, 어찌 털끝만큼이라도 의심스러운 것이 있어서 비난이 先朝에 미쳤겠습니까?

비단 조정이 臣에게 추방할 만한 죄가 없음을 알 뿐만 아니라 臣 또한 스스로 변명할 만한 죄가 없음을 알고 있습니다.

1) 六聖相受 : 宋나라의 여섯 임금으로 太祖, 太宗, 眞宗, 仁宗, 英宗, 神宗을 가리킨 것으로 보인다. ≪唐宋八大家文鈔 校注集評≫에는 周의 康王, 昭王, 穆王, 共王, 懿王, 孝王이라 하고 孝王 이후로 周나라가 쇠미해졌다고 하였으나, 蘇軾이 周나라의 여섯 임금을 六聖이라고 지칭하는 것은 마땅하지 않은 것으로 보인다.

**然**이나 **臣聞之**호니 **古人曰 人之至信者**는 **心目也**요 **相親者**는 **母子也**요 **不惑者**는 **聖賢也**라하니이다 **然**이나 **至於竊斧而知心目之可亂**[1]하고 **於投杼而知母子之可疑**[2]하고 **於拾煤而知聖賢之可惑**[3]하니이다 **今言臣者 不止三人**이요 **交章累上**하야 **不啻數十**이로되 **而聖斷確然**하야 **深明其無罪**하시니 **則是過於心目之相信**과 **母子之相親**과 **聖賢之相知**가 **遠矣**니이다

그러나 臣이 들으니, 옛사람의 말에 이르기를 "사람이 지극히 믿는 것은 마음과 눈이요, 서로 친한 것은 어머니와 자식이요, 의혹하지 않는 것은 聖人과 賢人이다."라고 하였습니다.

그러나 도끼를 도둑질함에 이르러서는 마음과 눈이 혼란될 수 있음을 알고, 베 짜던 북을 던짐에 이르러서는 어머니와 자식이 의심할 수 있음을 알고, 그을음이 묻은 밥을 주워 먹음에 이르러서는 聖人과 賢人도 의혹할 수 있음을 알게 되었습니다.

지금 臣을 비난하는 자들이 세 사람에 그치지 않고, 번갈아 글을 올려 수십 번에 그치지 않는데, 聖上의 결단이 확고해서 臣의 무죄함을 깊이 밝히시니, 이는 마음과 눈이 서로 믿고, 어머니와 자식이 서로 친하고, 聖人과 賢人이 서로 아는 것보다도 크게 뛰어난 것입니다.

1) 竊斧而知心目之可亂 : 남을 의심하면 그 사람의 동작이 모두 도둑으로 보이는 것

을 말한다. ≪列子≫ 〈說符〉에 이르기를 "어떤 사람이 도끼를 잃어버리고는 이웃집 아들이 훔쳐갔다고 생각하고 그의 걸음걸이를 보니 분명 도끼를 도둑질한 모습이고, 얼굴빛과 말하는 짓과 행동거지 역시 어느 것 하나 도둑 같지 않은 것이 없었다. 그러다가 얼마 후 잃어버린 도끼를 딴 곳에서 찾아내고 이웃집 아들을 보니, 이번에는 행동거지가 어느 하나도 도둑 같지 않았다."라고 하였다.

2) 投杼而知母子之可疑 : 母子는 孔子의 제자인 曾參과 그의 어머니를 이른다. 이는 아무리 믿는 자식이라도 여러 사람이 함께 그의 잘못을 말하면 결국 믿게 됨을 말한다. 자세한 내용은 본서의 권3 〈代滕甫論西夏書〉의 注에 보인다.

3) 拾煤而知聖賢之可惑 : 아무리 훌륭한 제자라도 남들의 비방이 있게 되면 聖人도 의심이 없지 못함을 이른다. 孔子가 陳・蔡에서 포위당하여 있을 적에 양식이 떨어져 끼니를 굶게 되었는데, 子貢이 어렵게 쌀을 구해 와 제자인 顔回와 仲由가 지붕 아래에서 밥을 짓고 있었다. 이때 그을음 한 덩이가 밥 속으로 떨어지자 顔回가 이것을 거두어 먹었다. 이것을 멀리서 본 子貢은 顔回가 밥을 훔쳐 먹는다고 생각하여 불쾌하게 여기고 孔子에게 아뢰었다. 孔子는 "여기에는 반드시 그럴 이유가 있을 것이다. 내 장차 물어보겠다."라고 하시고, 顔回에게 말씀하시기를 "내가 어젯밤 꿈에 신선을 만났으니, 아마 나를 도와주려나 보다. 네가 밥을 지어 올리면 그 밥으로 고수레를 하겠다."라고 하시자, 顔回는 대답하기를 "아까 그을음이 밥에 떨어졌는데 그대로 두자니 불결하고 버리기는 아까워서 제가 먹었습니다. 고수레는 밥을 지어 먹지 않고 바로 올려야 하는데 제가 먹었으니 고수레를 할 수 없습니다."라고 하였다. 이에 孔子는 "너와 같은 처지가 되면 나도 그 밥을 먹었을 것이다."라고 하시고 제자들을 돌아보며 "내가 顔回를 믿은 지가 어제 오늘이 아니다."라고 말씀하였다. ≪孔子家語≫ 여기서는 이 말을 과장하여 聖人인 孔子께서 賢人인 顔回를 의심한 것으로 본 것이다.

德音一出에 天下頌之하고 史冊書之하야 自耳目所聞見으로 明智特達하야 洞照情僞가 未有如陛下者하시니 非獨微臣區區欲以一死上報라 凡天下之爲臣子者聞之에 莫不欲碎首糜軀하야 效忠義於陛下也니이다 不然者면 亦非獨臣受曖昧之謗이라 凡天下之爲臣子者聞之에 莫不以臣爲戒하야 崇尙忌諱하고 畏避形迹[1]하야 觀望雷同하야 以求

苟免하리니 豈朝廷之福哉잇가

德音이 한 번 나오자, 천하 사람들이 이것을 칭송하고 史官이 史冊에 이것을 써서, 귀로 듣고 눈으로 본 것으로부터 밝은 지혜가 특별히 통달하여 실정과 거짓을 통촉하심이 폐하와 같은 분이 있지 않으니, 비단 미천한 臣이 區區하게 한 번 죽음으로써 위로 보답하고자 할 뿐만 아니라, 무릇 천하의 신하된 자들이 이 말을 들을 적에 머리를 깨부수고 몸을 가루 내어 폐하에게 충의를 바치고자 하지 않는 자가 없을 것입니다.

그렇지 않고 폐하께서 臣을 의심하신다면, 비단 臣이 애매한 비방을 받을 뿐만 아니라 무릇 천하의 신하된 자들이 이 말을 들을 적에 臣을 경계로 삼아서 忌諱함을 숭상하고 形迹을 두려워해서 觀望하고 부화뇌동하여 구차히 화를 면하기를 바라지 않는 이가 없게 될 것이니, 이것이 어찌 조정의 福이겠습니까?

1) 畏避形迹 : 남의 의심을 받지 않기 위하여 의심받을 만한 形迹을 피함을 이른다. 속담에 "오얏나무 아래에서는 관을 바로잡지 않고, 오이밭에서는 신을 고쳐 신지 않는다."라고 하였는데, 이런 것이 바로 形迹을 피하는 것이다.

臣自聞命以來로 一食三歎하고 一夕九興하야 身口相謀하야 未知死所하니이다 然이나 臣所撰策問은 以實亦有罪하니 若不盡言이면 是欺陛下也니이다 臣聞聖人之治天下也에 寬猛相資하고 君臣之間에 可否相濟[1]라하니 若上之所可를 不問其是非하고 下亦可之하며 上之所否를 不問其曲直하고 下亦否之하면 則是晏子所謂 以水濟水니 誰能食之[2]며 孔子所謂 惟予言而莫予違면 足以喪邦者[3]也니이다

臣은 명령을 들은 이래로 한 번 밥을 먹을 적에 세 번 감탄하고, 하룻저녁에도 아홉 번 일어나서 몸과 입이 서로 도모하여 어떻게 하여야 죽음을 바쳐 보답할지를 모르겠습니다. 그러나 신이 지은 策問에는 실제로 또한 죄가 있으니, 만약 다 말씀드리지 않는다면 이는 폐하를 欺罔하는 것입니다.

臣이 들으니, 聖人이 천하를 다스릴 적에 너그러움과 엄격함이 서로 조화를 이루고, 군주와 신하의 사이에는 可와 否로 서로 이루어야 한다고 하였습니다. 만약 윗사람이 옳게 여기는 바를 그 옳고 그름을 따지지 않고 아랫사람 또한 옳다고 하며, 윗사람이 그르다 하는 것을 그 잘잘못을 묻지 않고 아랫사람 또한 그르다고 한다면, 이

것은 晏子의 이른바 "물로써 물을 구제하는 것이니, 누가 이것을 먹겠는가?"라는 것이며, 孔子의 이른바 "오직 내가 말하는데 내 말을 어기지 않기를 바란다면 이는 나라를 망치기에 충분하다."는 것입니다.

1) 可否相濟 : 어떤 일을 의논할 적에 자기 의견을 솔직히 개진하여 가타부타 따져서 일을 이루도록 하는 것을 말한다.

2) 晏子所謂……誰能食之 : 晏子는 春秋時代 齊나라의 명재상인 晏嬰으로 자는 平仲이다. 齊나라 景公이 자기 의견에 동조하는 梁丘據를 보고 晏嬰에게 "梁丘據는 나와 和하다."라고 칭찬하자, 晏嬰이 이르기를 "梁丘據는 同이라고 하여야 하니 어찌 和가 될 수 있겠습니까? 임금이 可라고 말씀하시더라도 잘못된 것이 있으면 신하가 否라는 의견을 올려야 하고, 임금이 否라고 하시더라도 옳은 것이 있으면 신하가 可하다는 의견을 올려야 하니, 이 때문에 정사가 공평하여 백성들이 범하지 않는 것입니다. 그런데 지금 梁丘據는 그렇지 않아 임금이 可라고 하시면 무조건 可라고 찬성하고, 임금이 否라고 하시면 또한 무조건 否라고 하니, 이는 마치 물에 물을 탄 것과 같으니 누가 그것을 먹겠습니까?"라고 하였다. ≪春秋左氏傳 昭公 20年≫

3) 孔子所謂……足以喪邦者 : 魯나라 定公이 孔子에게 "한마디 말로 나라를 잃을 수 있다 하니 그러한 것이 있습니까?"라고 묻자, 공자께서 "군주가 '나는 임금된 것은 즐거울 것이 없고 오직 내가 말을 하면 신하가 어기지 않는 것이 즐겁다.'라고 하는 것이니, 이것이 나라를 잃을 나쁜 말입니다."라고 대답하였다. ≪論語 子路≫

**臣昔於仁宗朝**에 **擧制科**하야 **所進策論及所答聖問**이 **大抵皆勸仁宗勵精庶政**하고 **督察百官**하야 **果斷而力行也**니이다 **及事神宗**에 **蒙召對訪問**하고 **退而上書數萬言**이 **大抵皆勸神宗忠恕仁厚**하야 **含垢納汙**하고 **屈己以裕人也**하니이다 **臣之區區 不自量度**하고 **常欲希慕古賢**하야 **可否相濟**가 **蓋如此也**니이다

臣이 옛날 仁宗朝에 制科에 응시하여 올린 策問과 聖上의 물음에 답한 것은, 대체로 모두 仁宗께서 정신을 가다듬고 전심하여 政事에 힘쓰시고 百官들을 독찰하시어 과감하게 결단해서 강력히 시행할 것을 권한 것이었습니다.

그리고 神宗皇帝를 섬기게 되자, 召對와 訪問의 은혜를 입고 물러가 수만 자의 글을 올렸는데, 그 내용은, 대체로 모두 神宗께 忠恕하고 仁厚하여 치욕을 참고 남의 더러움을 포용하며 자신을 굽혀서 남을 너그러이 대하실 것을 권한 것이었습니다.

보잘것없는 臣이 자신을 헤아리지 못하고 항상 옛날 선현들을 바라고 사모해서 可와 否로 서로 이루고자 한 것이 이와 같습니다.

伏觀 二聖[1)]臨御已來로 聖政日新하야 一出忠厚하사 大率多行仁宗故事하시니 天下翕然하야 銜戴恩德하야 固無可議者니이다 然이나 臣私憂過計는 常恐百官有司矯枉過直하야 或至於媮하야 而神宗勵精核實之政이 漸致惰壞라 深慮數年之後에 馭吏之法漸寬하고 理財之政漸疎하고 備邊之計漸弛하면 則意外之憂를 有不可勝言者하니이다

엎드려 살펴보건대, 두 분 聖人께서 천하를 다스린 이래로 성스러운 政事가 날로 새로워져서 한결같이 忠厚한 데에서 나와 대체로 仁宗께서 옛날 하신 일을 많이 행하시니, 천하 사람들이 모두 따라서 은혜와 덕을 가슴속에 간직하고 떠받들어서 진실로 비난할 만한 것이 없습니다.

그러나 臣의 사사로운 근심과 지나친 계책으로는 百官과 有司들이 잘못된 것을 바로잡으려다가 지나쳐서 혹 안일함에 이르러, 神宗께서 정신을 가다듬어 엄격하게 사실을 조사하던 政事가 점점 무너지게 될까를 항상 염려하고 있습니다.

그래서 수년 뒤에 관리를 어거하는 법이 점점 느슨해지고 재물을 다스리는 政事가 점점 소홀해지고 변방을 방비하는 계책이 점점 해이해진다면 뜻밖의 憂患을 이루 다 말할 수 없게 될까 깊이 염려됩니다.

1) 二聖 : 太皇太后인 宣仁高后와 哲宗을 이른다.

雖陛下廣開言路하사 無所諱忌나 而臺諫所擊은 不過先朝之人이요 所非는 不過先朝之法이니 正是以水濟水라 臣竊憂之하노이다 故로 輒用此意하야 撰上件策問에 實以譏諷今之朝廷及宰相臺諫之流하니 欲陛下覽之하시고 有以感動聖意하야 庶幾兼行二帝忠厚勵精之政也니이다 臺諫若以此言臣하고 朝廷若以此罪臣이면 則斧鉞之誅도 其甘如薺리이다 今乃以爲譏諷先朝는 則亦疎而不近矣니이다

비록 폐하께서 言路를 넓게 여시어 忌諱하는 바가 없으시나, 臺諫들이 공격하는 대상은 先王朝(神宗)의 사람들에 지나지 않고 비난하는 바는 先王朝의 법에 지나지 않습니다. 이것은 바로 물로써 물을 구제하는 것이니, 臣은 적이 이를 근심합니다.

그러므로 번번이 이러한 뜻을 가지고 위의 策問을 지을 적에 실제로 지금의 조정과 宰相과 臺諫의 부류를 풍자한 것이니, 이는 폐하께서 이것을 보시고 聖스런 마음에 감동함이 있으시어 행여 仁宗과 神宗 두 분 황제폐하의 忠厚하고 부지런히 힘쓰신 政事를 겸하여 행하실 수 있게 되기를 바란 것입니다.

臺諫들이 만약 이것을 가지고 臣을 비난하고 조정이 만약 이것을 가지고 臣을 죄준다면, 臣은 斧鉞의 주벌도 냉이처럼 달게 받겠습니다. 그런데 이제 도리어 이것을 가지고 臣이 先王朝를 비난했다고 한다면 또한 엉성하여 사실에 가깝지 않습니다.

**且非獨此策問而已**라 **今者不避煩瀆**하고 **盡陳本末**하리이다 **臣前歲**에 **自登州召還**하야 **始見故相司馬光**한대 **光卽與臣**으로 **論當今要務**하야 **條其所欲行者**하니이다 **臣卽答言**호되 **公所欲行者**는 **諸事皆上順天心**하고 **下合人望**하야 **無可疑者**로되 **惟役法一事**는 **未可輕議**라 **何則**고 **差役免役**이 **各有利害**하니 **免役之害**는 **掊斂**(부렴)**民財**하야 **十室九空**하야 **錢聚於上**하야 **而下有錢荒之患**이요 **差役之害**는 **民常在官**하야 **不得專力於農**하고 **而貪吏猾胥得緣爲姦**하니 **此二害輕重**이 **蓋略相等**이라 **今以彼易此**하면 **民未必樂**이리이다한대 **光聞之**하고 **愕然曰 若如君言**이면 **計將安出**고하니이다

또 비단 이 策問뿐 아니라 지금 번거로움을 피하지 않고 本末을 다 아뢰겠습니다.

臣이 지난날 登州에서 부름을 받고 돌아와 별세한 정승 司馬光을 처음 만나보았는데, 司馬光은 즉시 臣과 함께 當今의 중요한 政務를 논하여 자신이 행하고자 하는 바를 조목조목 나열하였습니다.

臣이 즉시 대답하기를 "公이 행하고자 하시는 여러 일은 모두 위로는 天心에 순응하고 아래로는 사람들의 바람에 부합되어 의심할 만한 것이 없으나, 오직 役法 한 가지만은 가볍게 의논할 수가 없습니다. 왜냐하면 差役法과 免役法은 각각 이로운 점과 해로운 점이 있으니, 免役法의 폐해는 백성의 재물을 지나치게 많이 긁어모아 열 집에 아홉 집이 텅 비게 되어서 돈이 위로 모여 아래는 돈이 없는 근심이 있고, 差役法의 폐해는

백성들이 항상 부역하느라 관청에 가 있어서 농사에 전력하지 못하며 탐욕스러운 관리와 교활한 胥吏들이 이를 이용하여 부정한 짓을 자행할 수 있으니, 이 두 제도가 지닌 폐해의 輕重은 대략 서로 비슷합니다. 그런데 이제 差役法을 가지고 免役法을 바꾸고자 한다면 백성들이 반드시 즐거워하지 않을 것입니다."라고 하였습니다.

司馬光은 臣의 이 말을 듣고 깜짝 놀라며 말하기를 "만약 그대의 말과 같다면 계책을 장차 어떻게 세워야 하겠는가?"라고 하였습니다.

臣卽答言호되 法相因則事易成이요 事有漸則民不驚이라 昔三代之法은 兵農爲一이러니 至秦하야 始分爲二하고 及唐中葉하야는 盡變府兵하야 爲長征之卒[1])하니 自爾以來로 民不知兵하고 兵不知農하야 農出穀帛以養兵하고 兵出性命以衛農하야 天下便之하니 雖聖人復起라도 不能易也리이다 今免役之法은 實大類此어늘 公欲驟罷免役하고 而行差役하시니 正如罷長征而復民兵이니 蓋未易也리이다 先帝本意는 使民戶率出錢하야 專力於農하야 雖有貪吏猾胥나 無所施其虐이요 坊場河渡[2])를 官自出賣하야 而以其錢으로 雇募衙前[3])이면 民不知有倉庫綱運[4])破家之禍하리니 此萬世之利也니 決不可變이니이다 獨有二弊하니 多取寬剩役錢[5])하야 以供他用實封[6])하고 爭買坊場河渡하야 以長不實之價하니 此乃王安石, 呂惠卿之陰謀요 非先帝本意也니이다 公若盡去二弊하고 而不變其法이면 則民悅而事易成하리이다 今寬剩役錢은 名爲十分取三이나 通計天下하면 乃及十五요 而其實은 一錢無用하니 公若盡去此五分하고 又使民得從其便하야 以布帛穀米로 折納役錢하고 而官亦以爲雇直(値)면 則錢荒之弊를 亦可盡去하리니 如此而天下便之하면 則公又何求리잇고 若其未也면 徐更議之라도 亦未晩也리이다 光聞臣言하고 大以爲不然하니이다

臣이 즉시 다음과 같이 대답하였습니다.

"法은 서로 因習하면 일이 이뤄지기 쉽고, 일은 점차적으로 시행하면 백성들이 놀라지 않습니다. 옛날 三代時代의 법은 兵(군사)과 農(농민)이 하나로 되어 있었는데, 秦나라에 이르러 처음으로 나누어 둘로 만들었고 唐나라 중엽에 이르러는 府兵制를 모두 바꾸어 長征의 병졸로 삼았으니, 이로부터 백성들은 군대의 일을 알지 못하

고 군사들은 농사를 알지 못하여, 농민들은 곡식과 비단을 내어 군사들을 기르고 군사들은 생명을 내놓아 농민들을 보호해서 천하가 이를 편리하게 여기니, 비록 聖人이 다시 나오시더라도 바꾸지 못할 것입니다.

이제 免役法은 실로 이와 크게 유사한데, 公이 갑자기 免役法을 중지하고 差役法을 시행하고자 하시니, 이것은 바로 長征을 파하고 民兵을 복구하는 것과 같아서 시행하기가 쉽지 않을 것입니다.

先帝(神宗)의 본의는 '民戶들로 하여금 돈을 내어 사람을 사서 부역을 시키고 농민들은 농업에 전력하게 하여, 비록 탐욕스런 관리와 교활한 胥吏가 있더라도 그 사나움을 베풀 곳이 없게 하고, 坊場과 河渡를 관청이 스스로 방매해서 그 돈으로 품삯을 주고 衙前役을 모집한다면 백성들은 창고를 지키고 綱運하는 일로 집안이 패망하는 禍가 있음을 알지 못하게 될 것이다.'라고 여기신 것이니, 이는 萬代의 이익으로 결코 변경할 수 없습니다.

다만 여기에는 두 가지 병폐가 있으니, 寬剩役錢을 너무 많이 거두어 딴 비용으로 제공하고자 해서 따로 이것을 모아놓고, 또 坊場과 河渡를 다투어 사려고 해서 실제가 아닌 값으로 올려놓는 것이니, 이는 바로 王安石과 呂惠卿의 음모이고 先帝의 본의가 아닙니다. 公이 만약 두 가지 병폐를 다 제거하고 또 免役法을 바꾸지 않으신다면 백성들이 기뻐하여 일이 쉽게 이루어질 것입니다.

지금 寬剩役錢은 명목상 10분의 3을 취한다고 하나 천하를 통계해보면 바로 10분의 5에 이르며 실제로는 한 푼도 제대로 사용하지 않으니, 公이 만약 10분의 5를 받는 것을 다 제거하시고, 또 백성들로 하여금 형편에 따라서 布帛과 米穀으로 役錢을 대납하게 하고 관청에서도 이것으로 품삯을 지불하게 하신다면 돈이 유통되지 못하여 부족해지는 병폐 또한 모두 다 제거될 수 있을 것입니다.

이와 같이 해서 천하 사람들이 다 편안하게 여긴다면 公이 또 무엇을 바라시겠습니까? 만약 이렇게 하지 못할 바에는 서서히 다시 의논하여도 또한 늦지 않을 것입니다."

그러나 司馬光은 臣의 말을 듣고 크게 옳지 않다고 하였습니다.

1) 長征之卒 : 唐나라 玄宗 때 장기 복무하는 병졸로, 백성들 중에서 군인을 모집하여 우대하였다.

2) 坊場河渡 : 坊場은 관에서 설치하고 관리하는 市場을 이르며, 河渡는 나루터를 이른다.

3) 雇募衙前 : 衙前은 衙前役을 가리키는 것으로 관아의 사역을 맡았으며 內班과 外班으로 나뉘었는데, 內班은 衙前과 皁隷이고 外班은 포졸이다.

4) 綱運 : 화물을 함께 묶어 운반하는 것을 綱이라고 하는데, 여기에 명칭(字號와 編立)을 써서 열람하기에 편리하게 하는 것을 이른다.

5) 寬剩役錢 : 백성들에게 雇役錢을 올려 부과함으로써 인부를 사서 부역을 시키고도 남는 돈을 가리킨 것으로 보인다.

6) 實封 : 면역법을 시행하면서 징수한 雇役錢과 助役錢 중에 남은 돈을 다른 곳에 써야 하나 실제로는 쓰지 않고 封하여 보관함을 이른다.

臣又與光言호되 熙寧中에 常行給田募役法하니 其法은 以係官田과 及以寬剩役錢으로 買民田以募役人을 大略如邊郡弓箭手하니이다 臣時知密州에 推行其法하야 先募弓手하니 民甚便之하니이다 此本先帝聖意所建이러니 推行未幾에 爲左右異議而罷하니이다 今略計天下寬剩錢斛하면 約三千萬貫石이로되 兵興支用이 僅耗其半하니 此本民力이니 當復爲民用이니이다 今內帑(탕)山積하니 公若力言於上하야 索還此錢하야 復完三千萬貫石하고 而推行先帝買田募役法於河北河東陝西三路하면 數年之後에 三路役人을 可減太半하야 優裕民力이리니 以待邊鄙緩急之用이면 此萬世之利요 社稷之福也라한대 光尤以爲不可하니이다 此二事는 臣自別有畫一利害文字하야 甚詳하니 今此不敢備言하노이다

臣이 또 司馬光에게 다음과 같이 말하였습니다.

"熙寧 연간에 일찍이 給田募役法을 시행하였는데, 이 법은 官에 소속된 田地와 寬剩役錢을 가지고 백성들의 田地를 사서 부역할 사람을 모집하되 대략 변방의 고을에서 弓手와 箭手를 모집하는 것과 같이 하는 것입니다.

臣이 당시 密州를 맡아서 이 방법을 확대 시행하여 먼저 弓手들을 모집하였더니, 백성들이 매우 편하게 여겼습니다. 이것은 본래 先帝의 聖스러운 생각으로 만드신 제도였는데, 확대 시행한 지 얼마 되지 않아서 좌우 신하들의 異議에 의하여 중지되고 말았습니다.

지금 천하의 寬剩役錢과 곡식을 대략 계산해보면 약 3천만 貫·石이 되는데 군대

를 일으킬 적에 지출하는 것이 겨우 그 반을 소모하고 있습니다. 이것은 본래 백성들의 재력으로 만든 것이니, 그 쓰고 남은 것은 마땅히 다시 백성을 위해 사용하여야 할 것입니다.

이제 內帑庫에는 재물이 산처럼 쌓여 있으니, 公께서 만약 聖上께 말씀드려서 이 돈을 백성들에게 되돌려주어 다시 3천만 貫·石을 완비하고, 先帝의 買田募役法을 河北·河東·陝西의 세 道에 확대 시행하신다면 몇 년 뒤에는 세 路의 부역하는 사람들을 태반이나 줄여 백성의 힘을 넉넉하게 할 수 있을 것이니, 이로써 변방의 고을이 위급할 때의 비용에 대비한다면 이는 萬代의 이익이요 社稷의 福일 것입니다."

그러나 이에 대하여 司馬光은 더욱 옳지 않다고 하였습니다. 이 두 가지 일은 臣이 별도로 利害를 분명하게 밝힌 글이 있어 매우 상세하니, 지금 여기서는 감히 자세히 말씀드리지 않겠습니다.

**及去年二月六日勅下**에 **始行光言**하야 **復差役法**하니이다 **時**에 **臣弟轍**이 **爲諫官**하야 **上疏具論**하야 **乞將見(現)在寬剩役錢**하야 **雇募役人**하되 **以一年爲期**하야 **令中外詳議然後**에 **立法**하니이다 **又言 衙前一役**은 **可卽用舊人**이니 **仍一依舊數**하야 **支月給重難錢**[1]하고 **以坊場河渡錢**으로 **總計諸路**하야 **通融支給**이나 **皆不蒙施行**하니이다 **及蒙差臣詳定役法**에 **臣因得伸弟轍前議**하야 **先與本局官吏**[2]**孫永, 傅堯兪之流**로 **論難反復**하고 **次於西府及政事堂中**[3]에 **與執政**[4]**商議**나 **皆不見從**이니이다 **遂上疏**하야 **極言衙前可雇不可差**와 **先帝此法可守不可變之意**하고 **因乞罷詳定役法**하니이다 **當此之時**하야 **臺諫相視**하고 **皆無一言決其是非**하니이다

지난해 2월 6일에 칙명을 내리시어 처음으로 司馬光의 말을 시행해서 差役法을 복구하였습니다.

이때 諫官으로 있던 臣의 아우 蘇轍이 上疏文으로 자세히 논하여 '현재 寬剩役錢을 가지고 부역할 사람을 모집하되 1년을 기한으로 삼아서 中外로 하여금 자세히 의논한 뒤에 立法할 것'을 청하였습니다. 그리고 또 '衙前役 한 가지는 바로 예전에 衙前役을 해본 사람을 그대로 써야 하니, 인하여 예전 숫자를 한결같이 따라서 매달 重難錢을 지급해주며, 坊場과 河渡를 방매하여 마련한 돈을 가지고 여러 路를 모두 계산

하여 통합해서 지급할 것'을 청하였으나 모두 시행되지 못하였습니다.

그러다가 臣이 役法을 詳定하는 자리에 임명되었습니다. 이에 臣은 제 아우 蘇轍이 전에 했던 의논을 다시 펴서 먼저 本局의 관리인 孫永과 傅堯兪 등의 무리들과 논란을 반복하였고, 다음은 西府(中書省)와 政事堂에서 執政大臣과 상의하였으나 모두 제 말을 따라주지 않았습니다.

臣은 마침내 글을 올려 衙前役은 고용을 해야지 差役을 해서는 안 된다는 것과 先帝의 이 법을 지켜야 하고 변경해서는 안 된다는 뜻을 極言하였고, 인하여 役法의 詳定을 파할 것을 청하였습니다. 이때에 臺諫들은 모두 서로 얼굴만 바라보고 옳고 그름을 결단하는 한마디 말도 하지 않았습니다.

1) 重難錢 : 중복하여 부역시키면서 원래 주기로 한 품삯 외에 더 지급하는 돈을 이른다.
2) 本局官吏 : 本局은 吏部를 말한다. 당시 孫永은 吏部尙書, 傅堯兪는 吏部侍郎으로 있었다.
3) 西府及政事堂中 : 西府는 西掖으로 中書省을 가리키는데 궁중의 서쪽에 있기 때문에 西府 또는 西掖이라고 칭한다. 唐나라와 宋나라는 똑같이 궁중에 政事堂을 설치하여 재상들이 정무를 논하는 장소로 삼았다.
4) 執政 : 집정대신으로, 이때의 재상은 文彦博과 呂公著였다.

**今者差役利害**는 **未易一二遽言**이나 **而弓手不許雇人**은 **天下之所同患也**라 **朝廷知之**하고 **已變法許雇**하니 **天下皆以爲便**이로되 **而臺諫猶累疏力爭**하니 **由此觀之**컨대 **是其意專欲變熙寧之法**이요 **不復校量利害**하야 **參用所長也**니이다 **臣爲中書舍人**에 **刑部大理寺 列上熙寧已來不該赦降去官法**[1] **凡數十條**하야 **盡欲刪去**하니이다 **臣與執政屢爭之**하야 **以謂 先帝於此**에 **蓋有深意**하시니 **不可盡改**라하야 **因此得存留者甚多**하고 **臣每行監司守令告詞**[2]에 **皆以奉守先帝約束**하야 **毋敢弛廢**로 **爲戒**하니 **文案具在**하야 **皆可復按**하니이다 **由此觀之**컨대 **臣豈謗議先朝者哉**잇가

지금 差役의 利害는 한두 마디로 쉽게 말할 수 없으나, 품삯을 주고 弓手를 사는 것을 허락하지 않는 것은 천하 사람들이 함께 걱정하는 바였습니다. 조정에서 이것을

알고 이미 법을 변경하여 雇役할 것을 허락하니, 천하 사람들이 모두 이것을 편하게 여기고 있습니다.

그런데도 臺諫들은 아직도 반대하여 자주 상소하고 강력히 간쟁하고 있습니다. 이것을 가지고 관찰하건대, 이는 그 뜻이 오로지 熙寧 연간의 법을 바꾸려 하고, 다시는 利害를 비교하고 헤아려서 두 제도의 장점을 참작하여 쓰려고 하지 않는 것입니다.

臣이 中書舍人이 되었을 적에, 刑部의 大理寺에서 熙寧 연간 이래로 不該赦降去官法 수십 조항을 모두 나열해 올려서 다 삭제하여 제거하고자 하였습니다.

이에 臣은 執政大臣들과 여러 번 논쟁하여 이르기를 "先帝께서 이에 대해 아마도 깊으신 생각이 있으셨을 것이니, 모두 고쳐서는 안 된다."라고 하였습니다. 그리하여 이로 인해 이 법이 삭제되지 않고 보류되어 남은 것이 매우 많으며, 臣이 매번 監司와 守令들에게 告詞(사면령 교서)를 지어 내릴 적에 항상 先帝의 약속(법령)을 받들어 지켜서 감히 해이하게 하고 폐하지 말라는 것으로 경계하였습니다.

이런 文案들이 모두 남아 있어서 다시 살펴볼 수 있으니, 이것을 가지고 살핀다면 臣이 어찌 先王朝를 비방하고 비판하는 자이겠습니까?

1) 大理寺……不該赦降去官法 : 大理寺는 刑部에 소속된 관서로 옥송을 관장하였다. 不該赦降去官法은 확실하지 않으나, 大赦免令에 해당되지 않아 죄를 짓고 관직을 떠나가는 법으로 보인다.

2) 監司守令告詞 : 황제가 새로 부임하는 감사와 수령에게 당부하는 글로 朝鮮朝의 敎書와 같은 것으로 보인다. 다만 朝鮮朝에서는 觀察使 이상에게만 내리고 수령에게는 내리지 않았다. 감사는 각 路의 轉運使와 提點刑獄, 安撫使를 지칭한다. 이때 蘇軾이 知制誥로 있으면서 지방 관리들에게 내리는 글을 대신 지었으므로 말한 것이다.

所以一一屢陳者는 非獨以自明이요 誠見士大夫好同惡異하야 泯然成俗하니 深恐陛下深居法宮之中하사 不得盡聞天下利害之實也니이다 願因臣此言하야 警策在位하야 救其所偏하야 損所有餘하고 補所不足하시면 天下幸甚이리이다 若以其狂妄하야 不識忌諱라하사 雖賜誅戮이라도 死且不朽하리이다 臣無任感恩思報하야 激切戰恐之至로소이다 取進止하소서

제가 여기서 누누이 여러 번 아뢰는 까닭은 비단 자신을 해명하고자 해서일 뿐만이 아니요, 사대부들이 자기와 의견이 같은 것을 좋아하고 다른 것을 미워하여 완전히 풍속을 이룬 것을 진실로 드러내고자 해서이니, 폐하께서 法宮 가운데에 깊숙이 거처하셔서 천하의 利害에 대한 실상을 모두 듣지 못하실까 매우 염려됩니다.

원컨대 臣의 이 말로 인하여 지위에 있는 신하들을 경계하고 독책하시어 그 편벽된 바를 바로잡아 남는 것을 덜고 부족한 것을 보태게 하신다면 천하에 매우 다행한 일일 것입니다.

만약 臣의 말이 경솔하고 망령되어 거리끼고 두려워할 줄 모른다 해서 비록 주벌을 내리시더라도, 臣은 죽어도 은혜를 잊지 못하겠습니다.

臣은 은혜에 감사하고 보답할 것을 생각하여 激切하고 두려워하는 지극한 마음을 이길 수 없습니다. 裁量하소서.

## 譯者 略歷

忠南 禮山 出生
家庭에서 父親 月山公으로부터 漢文 修學
月谷 黃璟淵 瑞巖 金熙鎭 先生 師事
民族文化推進會 國譯硏修院 修了
高麗大學校 敎育大學院 漢文敎育科 修了
한국고전번역원 부설 고전번역교육원 漢學敎授
전통문화연구회 부회장(現)
해동경사연구소 소장(現)
古典國譯賞 受賞

論文 및 譯書

〈艮齋의 性理說小考〉〈燕岩의 學問思想硏究〉
≪四書集註≫ ≪詩經集傳≫ ≪書經集傳≫ ≪周易傳義≫ ≪古文眞寶≫
≪牛溪集≫ ≪旅軒集≫ ≪藥泉集≫ ≪百戰奇法≫ ≪武臣須知≫ 등 다수 國譯
≪宣祖實錄≫ ≪宋子大全≫ ≪高峯集≫ ≪茶山集≫ ≪退溪集≫ 등 共譯

東洋古典譯註叢書 54
譯註 唐宋八大家文抄 蘇軾 1

2010년 12월 30일 초판 발행
2011년 5월 30일 초판 2쇄

譯 註 成百曉
編 輯 古典國譯編輯委員會
發行人 李啓晃
發行處 社團法人 傳統文化硏究會
서울시 종로구 낙원동 284-6 낙원빌딩 411호
전화 : (02)762-8401 전송 : (02)747-0083
전자우편 : juntong@juntong.or.kr
홈페이지 : juntong.or.kr
사이버書堂 : cyberseodang.or.kr
온라인서점 : book.cyberseodang.or.kr
등록 : 1989. 7. 3. 제1-936호

인쇄처 : 한국법령정보주식회사(02-462-3860)
총 판 : 한국출판협동조합(070-7119-1750)

ISBN 978-89-91720-60-2 94820
89-85395-71-8(세트)

정가 22,000원

# 전통문화연구회 도서목록

## 基礎漢文教材 - 懸吐完譯

成百曉 譯註

- 四字小學 / 習字教本 6,000원/3,000원
- 推句 · 啓蒙篇 / 習字教本 5,000원/3,000원
- 明心寶鑑 7,000원
- 童蒙先習 · 擊蒙要訣 12,000원
- 註解千字文 / 習字教本 9,000원/3,000원

## 東洋古典國譯叢書

- 論語集註–개정증보판 成百曉 譯註 22,000원
- 孟子集註–개정증보판 成百曉 譯註 25,000원
- 大學 · 中庸集註–개정증보판 成百曉 譯註 8,000원
- 詩經集傳 上 · 下 成百曉 譯註 25,000원/23,000원
- 書經集傳 上 · 下 成百曉 譯註 23,000원/25,000원
- 周易傳義 上 · 下 成百曉 譯註 30,000원/35,000원
- 小學集註 成百曉 譯註 23,000원
- 古文眞寶 後集 成百曉 譯註 25,000원
- 海東小學 成百曉 譯註 10,000원
- 孝經大義 鄭太鉉 譯註 7,000원
- 校勘直譯 黃帝內經素問 · 靈樞 洪元植 校譯 각 27,000원
- 譯註 어우야담 1~3 玄惠卿 외 譯註 각 15,000원

## 東洋古典譯註叢書

- 春秋左氏傳 1~8 鄭太鉉 譯 18,000원/20,000원
- 莊子 1~4 安炳周 · 田好根 共譯 18,000원
- 古文眞寶 前集 成百曉 譯註 22,000원
- 戰國策 1~2 林東錫 譯註 16,000/18,000원
- 心經附註 成百曉 譯註 18,000원
- 近思錄集解 1~3 成百曉 譯註 각 16,000원
- 禮記集說大全 1 辛承云 譯註 18,000원
- 國語 1~2 許鎬九 외 譯註 16,000원/18,000원
- 신간 通鑑節要 1~9 成百曉 譯註 18,000원/20,000원/30,000원
- 신간 唐詩三百首 1~3 宋載卲 외 譯註 20,000원
- 근간 唐宋八大家文抄 韓愈 1 鄭太鉉 譯註 20,000원
- 근간 〃 歐陽脩 1~2 李相夏 譯註 20,000원
- 신간 〃 王安石 1~2 申用浩 · 許鎬九 共譯 20,000원
- 신간 〃 蘇軾 1~2 成百曉 譯註 22,000원
- 신간 〃 蘇轍 1~3 金東柱 譯註 20,000원
- 근간 〃 曾鞏 宋基采 譯註 20,000원
- 근간 說苑 1 許鎬九 譯註 20,000원
- 근간 東萊博議 1 鄭太鉉 · 金炳愛 共譯 20,000원

## 漢字漢文教育叢書

- 漢字教育新講 李應百 외 10,000원
- 韓中漢文淵源 李應百 13,000원
- 교양인을 위한 한자 · 한문 金基昌 外 12,000원
- 형성자 중심 한자교육시험백과 金鐘赫 25,000원
- 실용교양한문 李相鎭 15,000원
- 한문과 교육과정 변천과 내용체계 연구 元容錫 15,000원
- 한문과 교수-학습 모형 金載暎 13,000원
- 한자 자원 교육론 韓殷洙 16,000원
- 漢字漢文教育論叢 上 · 下 鄭愚相 25,000원

◆ 教授用 指導書 四字小學 咸賢贊 8,500원

- 〃 推句 · 啓蒙篇 咸賢贊 6,000원
- 〃 註解千字文 李忠九 15,000원
- 〃 明心寶鑑 李明洙 6,000원
- 〃 童蒙先習 田好根 8,500원
- 〃 擊蒙要訣 咸賢贊 15,000원

◆ 袖珍本 懸吐 基礎漢文教材 10,000원

- 〃 論語 · 大學 · 中庸 7,000원
- 〃 孟子 10,000원
- 〃 詩經 · 書經 · 周易 각 9,000원
- 〃 小學 · 孝經 10,000원
- 〃 古文眞寶前集 · 後集 각 10,000원

◆ 서울특별시 교육감 인정도서 (96-065~8)

초등학교 漢字 1~4단계

저자 : 정우상 안재철 정우인 한은수

3,750원 / 3,550원 / 3,550원 / 3,500원

## 동양문화총서

- 漢字部首解說 李忠九 편저 10,000원
- 中國學術概論 林東錫 15,000원
- 동양사상 정규훈 외 12,000원
- 훈민정음의 세계문자화 方錫淙 저 12,000원

◆ 경전으로 본 세계종교 60,000원

편저자: 길희성 김영경 김용표 이기동 이강수 이정배 홍성엽

- 그리스도교, 도교, 동학, 불교, 유교, 이슬람교, 힌두교

신간 創世記 譯註 方錫淙 譯註 25,000원